Dieter David Scholz
MYTHOS MAESTRO

Giuseppe Sinopoli zum Gedenken

Dieter David Scholz

MYTHOS MAESTRO

Dirigenten im Dialog

Die Deutsche Bibliothek – CIP-Einheitsaufnahme
Scholz, Dieter David:
Mythos Maestro : Dirigenten im Dialog ; Giuseppe Sinopoli zum Gedenken/Dieter David Scholz. – Berlin Parthas, 2002
ISBN 3-932529-76-6

© 2002 by Parthas Verlag GmbH
Erschienen in Zusammenarbeit mit ARTE Deutschland TV GmbH

Fotosatz und Reproduktionen: typossatz GmbH Berlin
Umschlaggestaltung: vier plus, Leipzig
Druck und buchbinderische Verarbeitung: Offizin Andersen Nexö, Leipzig
Printed in Germany

Abbildungen: Archiv Autor (10); Ariola Classics (2); BMG (1); Bayerische Staatsoper (1); Berliner Sinfonie-Orchester (1); Decca Records (1); Deutsche Grammophon (1); Deutsche Oper Berlin (1); Deutsches Symphonie Orchester (1); Erwin Döring (1); EMI Classics (2); Erika Fernscheid (1); Arwid Lagenpusch (2); Sony (1); Staatsoper Unter den Linden (2); Universal Decca (1)

Inhalt

Mythos Maestro
Statt eines Vorworts

Dieses Buch handelt von Diktatoren und Rattenfängern, Aristokraten und Poltergeistern, Showmakern und Priestern, Einzelgängern und Populisten, Kommandeuren und Träumern, von Zuchtmeistern und Chaoten, Pedanten und Anarchisten, von Geschäftsleuten und Idealisten, global Players, ›Übermenschen‹ und nicht selten von Primadonnen, Esoterikern und Coverboys der Musikszene, von alten und jungen, neu Hinzugekommenen und Arrivierten, Energischen und Sensiblen, von Dirigenten eben. Vielleicht kein anderer Berufsstand ist derart schillernd und facettenreich. Die Dirigenten mit ihrem ausgeprägten Hang zur Eitelkeit und zur Selbstdarstellung, aber auch ihrem offen zur Schau gestellten Willen zur Macht sind nicht nur Vermittler zwischen Partitur und Orchester, sondern sie sind die eigentlichen ›Helden‹ unseres Musiklebens. Sind Wanderer zwischen den Welten, globale Musikheroen, Götter in Schwarz, mit Macht und Nimbus, sind vielbewunderte, bestaunte, kritisierte und hofierte Stars, sind hochbezahlte Aushängeschilder, stilisierte Werbeträger und oft genug nichts als hochglanzpolierte Etiketten einer überwiegend kommerziell orientierten Musikszene, um nicht zu sagen Musikindustrie, in der Selbststilisierung und Selbstinszenierung zum Geschäft gehören.

Dirigenten faszinieren schon deshalb, weil sie Menschen beherrschen. Ein Dirigent dirigiert eine Orchester-Gesellschaft von Musikern. Er regiert nicht selten wie ein Diktator. Der Taktstock ist sein Zepter. Seinen Anweisungen gehorcht ein größerer Zusammenschluß von Individuen. Dirigent und Orchester bilden ein besonderes Abbild der sozialen Gesellschaft im Kleinen. Des Dirigenten Wille und Vision wird Klang. Mit möglichst warmem Herzen und klarem Verstand vermittelt er Emotionen und kontrolliert Klang, strukturiert Aufbau und Gestalt der Musik. Er ist ein Anführer, dessen Erfolg – wie beim Politiker – wesentlich von seinem Charisma abhängt; manchmal ist er auch ein Verführer, nicht nur der Orchestermusiker, sondern auch der Zuhörer. Auf selten eindeutige, manchmal geradezu magisch anmutende Weise teilt er dem Orchester seine Interpretationsauffassung mit und zieht zugleich den Zuhörer in seinen Bann. Er erwartet selbstverstänliches Befolgen seiner Anweisungen. Gehorsam und Unterordnung des Orchesters sind Pflicht. Aber auch Anteilnahme, Disziplin, sogar hin und wieder Andacht des geneigten Publikums. Der Dirigent hat eine nicht eben demokratisch zu nennende Macht-, wo nicht Allmachtsposition inne. Glanz und Gloria umschmeicheln ihn. Ein Berufsstand des neunzehnten Jahrhunderts.

Die hervorstechenden Wesensmerkmale und Charaktereigenschaften der Dirigentenpersönlichkeiten sind ebenso vielfältig wie ihre beruflichen und künstlerischen Selbsteinschätzungen, gelegentlich auch Selbstüberschätzungen. Aber auch ihre Interpretationsansätze, ihre musikalischen Naturelle und Techniken des dirigentischen Handwerks unterscheiden sich gravierend voneinander. Ganz zu schweigen von den Unterschieden ihrer geistigen Horizonte. Auch unter den Dirigenten gibt es Kosmopoliten und Provinzler, Intellektuelle und Biedermänner. Auf dem Musikmarkt tummeln sich neben echten Meistern ihres Metiers, erfahrenen Kapellmeistern, Musikerpersönlichkeiten von Format, Maestri eben, auch Scharlatane, Hochstapler, Schauspieler, Blender und Schwindler.

Angeber, Dünnbrettbohrer, Beamtennaturen, Karrieristen und Draufgänger prägen das negative Klischee des Berufsbildes, realitätsferne Idealisten, Esoteriker, Elfenbeinturmarchitekten und Wolkenkuckucksheim-Bewohner das positive. Uneitle Diener und gewissenhafte Vollstrecker kompositorischer Vorgaben, präzise und gründliche Kapellmeister, die ihr Handwerk von der Pike auf gelernt haben, gar nicht zu reden von inspirierten Klangmagiern oder ›genialen‹ Visionären der Musik, sind die Ausnahmen des Dirigentenstandes.

Und nicht immer sind die berühmten Dirigenten die besten. Chefpositionen, Schallplattenverträge und glänzende Auftrittsmöglichkeiten besagen gar nichts. Auch in der zweiten oder dritten Reihe, in der Provinz gibt es große Dirigenten. Im Rampenlicht zu stehen oder auf Schallplattenhüllen zu glänzen sagt im Zweifelsfall mehr über kaufmännische als über künstlerische Qualitäten aus. Bei nicht wenigen der international renommierten Maestri beruht das Geheimnis ihres Erfolges auf ausgeprägtem, wo nicht schamlosem Geschäftssinn und knallhartem, populistischem Kalkül. Bei manchen der von Agenturen oder Plattenfirmen aufgebauten ›Shootingstars‹ sind interpretatorische Phantasie, musikalische Intelligenz, gestalterischer Einfallsreichtum, musikhistorische und Repertoire-Kenntnisse und künstlerische Animiertheit seltene Tugenden.

Gemeinsam ist den meisten Dirigenten, so will es nicht nur das Vorurteil, ein berufsspezifischer Verhaltenskodex, der meist um so ausgeprägter ist, je teurer der Dirigent im Musikbusiness gehandelt wird. Im Club der Besten, zumindest aber der Teuersten zu sein, verlangt die Einhaltung der Spielregeln. Dafür kann man es sich dann leisten, nicht immer ›top‹ sein zu müssen. Im Club stützt einer den anderen. Alles greift ineinander. Man schiebt sich die Bälle zu. Wer einmal im Club ist, hat es geschafft. Und alle Mitglieder des Clubs sind selbstverständlich Freunde. Man tut zumindest so. Es dient dem ›Big business‹. Eine Hand wäscht die andere. Der Rubel rollt, ›Freude, schöner Götterfunken‹. Wenn nur Marketing und PR-Arbeit stimmen. Der Marktwert gehorcht den Gesetzen der Börse. Zeitgeist redet mit. Massenwirksamkeit hilft. Popularität kann aufgebaut werden. Wer schließlich herumgereicht wird an den ersten Konzertpodien und Opernhäusern der alten wie der neuen Welt, wer im Jet-Set rotiert, das entscheiden Manager und Agenten, Marketingchefs und Konzerne. Das Publikum zollt Beifall. Es geht im Karussell des internationalen Musikgeschäfts längst nicht mehr primär um die Musik und die künstlerische Qualifikation dessen, der sie dirigiert.

Das gängige Bild des Dirigenten ist vorgegeben. Seine Kennzeichen, hat er es erst einmal zu Namen und Macht in der Musikwelt gebracht, sind Unnahbarkeit, nicht selten primadonnenhaft egozentrische Kapriziertheit, Arroganz und betonte Bohèmehaftigkeit. Eine Aura von Glanz und Glamour umgibt die meisten Dirigenten. Das soziologische Phänomen der ›self fulfilling prophecy‹ will es so.

Hang zum Luxus, Launenhaftigkeit, zur Schau gestellte Autorität und ungehemmte Künstlerallüren verhindern oft die Wahrnehmung tieferer Wahrheiten hinter verständlicher Abschirmungstaktik. Unter der Oberfläche purer Notwendigkeit der Abgrenzung gegenüber zudringlichen Trabanten und Adoranten verbergen sich nicht selten zarte und sensible Seelen, die hinter schützenden, scheinbar undurchdringlichen Mauern das Gärtlein ihrer utopischen Empfindungen und Erkenntnisse hegen und das Elfenbein ihres Künstlertums vor Verwitterung durch den Dunst gemeiner Realität und schnöder Alltagsbanalität bewahren.

So der Mythos Maestro. Es ist ein Mythos des neunzehnten Jahrhunderts. Daß ihm weithin noch immer Rechnung getragen wird, offenbart unsere traditionelle Musikkultur. Daß viele Dirigenten wie Relikte, Fossilien, ja letzte Dinosaurier einer ausgestorbenen Zeit wirken, liegt auf der Hand. Daß es aber auch moderne Dirigententypen gibt, die sich menschlich-allzumenschlich als gewöhnliche Zeitgenossen und Musiker von heute zu erkennen geben, ohne Maske, ohne Fassade und ohne Frack- und Taktstockallüren, zeigen die Gespräche dieses Buches. Eben nicht alle Dirigenten sind Maestri. Es gibt auch unprätentiöse, bescheidene Kapellmeister, ernsthaft uneitle Realisierer kompositorischer Vorgaben, die mit sich reden lassen und ihr Tun selbstkritisch und offen reflektieren jenseits aller Selbstgefälligkeit und Selbstbeweihräucherung. Aber selbst manche der von der Gloriole der Unantastbarkeit und musikalischen Heiligkeit umstrahlten, international renommierten Pultheroen erscheinen, hinter der Schutzfassade ihrer – zugegeben – extremen beruflichen Existenz einer Ausnahmelebensform, als Persönlichkeiten, mit denen zu reden Gewinn ist. Bei anderen gerät die Selbstdarstellung an den Rand der Selbstentblößung. Aber auch das kann ja aufschlußreich sein. In jedem Falle scheint mir, wie schon in meinem Buch ›Mythos Primadonna‹, der Dialog unter vier Augen probates Erkenntnismittel. Die Auseinandersetzung darüber, worum es beim Dirigieren geht, worauf es dabei ankommt, ist das Hauptthema der folgenden Gespräche, in denen Dirigenten einmal jenseits ihrer uneindeutigen Kunst des Musizierens in Frage und Antwort, im geistigen Diskurs also, kennenzulernen sind.

Die Musik ist, so schrieb der Dirigent Hermann Scherchen allen Dirigier-schülern in sein Lehrbuch des Dirigierens, die ›geistigste Kunst‹. Und er bekannte mit Blick auf seinen eigenen Berufsstand freimütig: ›Das Geheimnis der Kunst ist das Geheimnis der Persönlichkeit‹. Persönliche Äußerungen, private Meinungen zur Musik und zur Musikausübung erschließen ein genaueres, differenzierteres Verständnis des am Pult oder im Plattenstudio Geleisteten. Durch die Bandbreite der ausgewählten Gesprächspartner dieses Buches wird vielleicht das breite Spektrum, der Facettenreichtum des Berufsstandes erkennbar. So manches Vorurteil wird bestätigt. Es gibt aber auch Überraschungen. Die Kapitelüberschriften des Inhaltsverzeichnisses wollen nicht nur pointiert die in diesem Buch versammelten Dirigenten charakterisieren, sie dürfen auch als Thesen zum Berufsverständnis des Dirigenten gelesen werden.

Den hier abgedruckten Gesprächen liegt die notwendige Entscheidung einer subjektiven Auswahl zugrunde. Manche populäre, wichtige oder interessante Namen wird man vermissen. Dies ist dem begrenzten Umfang eines Buches geschuldet. Es gibt aber auch andere Gründe, die zur vorliegenden Auswahl beitrugen: Manche Maestri scheuen den Dialog jenseits eingespielter Rituale der Selbstdarstellung, stellen Bedingungen, lassen sich nur von ›zuverlässigen‹, will sagen harmlos-unkritischen Hofberichterstattern und devoten Bewunderern interviewen.

In jedem Fall war das wichtigste Auswahlkriterium dieser Gespräche die Hoffnung auf diskursive Ergiebigkeit. Deshalb lag mir auch nicht an einer möglichst umfassenden Auflistung der ›Berühmtheiten‹ und VIP's des Berufsstandes. Sie sind in aller Regel Meister diplomatischer Ausweichmanöver und genau kalkulierter Zurückhaltung. Es kam mir mehr darauf an, aufschlußreiche und aufrichtige Äußerungen zur Sache als prominente Selbststilisierungen namhafter ›Pultheroen‹ in dieses Buch aufzunehmen. Natürlich hat die charakteristische, die farbenreiche Biographie, die individuelle Vita, die exotische und auch die kauzig-markante Persönlichkeit ihren unwiderstehlichen Reiz.

Selbstverständlich ist die Auswahl der folgenden Gespräche eine sehr persönliche, wie könnte es anders sein. Das Buch erhebt keinerlei Anspruch auf eine auch nur annähernd vollständige Abbildung der gegenwärtigen Dirigentenszene. Eher eine Typologie als eine Enzyklopädie der Dirigenten ist mein Anliegen, so etwas wie ein Kaleidoskop dirigentischen Selbstverständnisses in den unterschiedlichsten individuellen Brechungen, in subjektiven, zu verschiedenen Zeiten fixierten Momentaufnahmen. Es sind Schlaglichter, mehr nicht, aber vielleicht bezeichnende. Sie beanspruchen keinerlei umfassende Vollständigkeit des Informationswertes und der Aktualität. Im übrigen existieren Darstellungen der Geschichte des Dirigierens und Dirigenten-Enzyklopädien in ausreichender Vielfalt, wenn auch inzwischen fast ausnahmslos veraltet und nicht mehr auf dem Stand von heute.

Wenn dieses Buch über Dirigenten, alte und junge, arrivierte und (noch) unbekannte, Altmeister und Newcomer informiert und amüsiert, wenn es gelegentlich zum Nachdenken anregt, indem es den ›Mythos Maestro‹ hinterfragt und vielleicht sogar ankratzt, hat es seinen Zweck erreicht, aber es bleibt allen Musikromantikern zur Freude noch genügend ›Magie des Taktstocks‹ übrig. Daß das Buch nicht als Konkurrenz zu Norman Lebrechts ›Der Mythos vom Maestro‹ gedacht ist, das vor zehn Jahren erschien, versteht sich schon aufgrund der völlig anderen Konzeption von selbst.

Gewidmet habe ich dieses Buch Giuseppe Sinopoli, der plötzlich und völlig unerwartet im Alter von 54 Jahren am 20. April 2001 am Pult der Deutschen Oper Berlin während einer ›Aïda‹-Aufführung verstarb. Er war als kosmopolitische wie gelehrte Persönlichkeit und ungemein sinnlicher Künstler ein in vielerlei Hinsicht herausragender Dirigent wie Archäologe und Mediziner. Das Gespräch mit ihm ist mir besonders wichtig.

Bedanken möchte ich mich bei Dieter Hauer (SFB), Dr. Helge Grünewald (Berliner Philharmonisches Orchester) und Mandy Weiß (MDR-Kultur) für ermunternde Ratschläge, Gespräche und die Vermittlung von Kontakten. Besonderen Dank schulde ich meinem Freund und Kollegen Boris Kehrmann, der einige meiner englisch geführten Interviews transkribierte und übersetzte.

Den Gesprächen dieses Buches liegen Rundfunk-Interviews zugrunde, die ich für diverse ARD-Anstalten in den vergangenen sechs Jahren führte. Die einzelnen Situationen, Anlässe und Daten der Interviews anzumerken, hielt ich für verzichtbar, da die Inhalte der Gespräche relativ zeitlos sind. Um die sprachliche Spontaneität und den jeweils persönlichen Rede-Charakter des Interviewten so authentisch wie möglich zu erhalten, habe ich weitgehend darauf verzichtet, in die Interviewtexte stilistisch einzugreifen. Es sind schließlich Texte gesprochener Dialoge.

Dieter David Scholz, Januar 2002

Golo Berg
Ein guter Mensch bleiben

Herr Berg, zu Beginn der Saison 2001/2002 geben Sie am Anhaltischen Theater in Dessau und auch mit der Anhaltischen Philharmonie Ihren Einstand als neuer General-musikdirektor, vorab aber haben Sie bereits ihre Visitenkarte mit Webers ›Freischütz‹ geliefert, warum gerade mit dem Freischütz?

Ich hätte es leicht, jetzt eine etwas eitle Antwort zu geben, was ich aber nicht vorhabe, aber der ›Freischütz‹ war geplant. Das Stück war im Spielplan, wie überhaupt der ganze Musiktheaterspielplan der nächsten Spielzeit bereits fertig zu dem Zeitpunkt, als ich den Vertrag unterzeichnet habe. Ich habe in diese Pla-nungen keine eigenen Intentionen einbringen können. Trotzdem war es mir ein Anliegen, genau so wie dem Intendanten auch, daß wir bereits in dieser Spielzeit die Möglichkeit suchten, gemeinsam zu arbeiten. Es hat sich dann ter-minlich, wenn auch mit großer Mühe, machen lassen, daß ich den ›Freischütz‹ dirigiere, die Wiederaufnahme der ›Salomé‹ und ich bin ja immer noch mit Verdis ›Johanna d'Arco‹, wie die Oper in Dessau heißt, beschäftigt, die ich als Gast in der letzten Spielzeit herausbrachte.

Sie waren vorher Chefdirigent am Theater in Neustrelitz (Mecklenburg), danach sind Sie in gleicher Funktion ans Städtebundtheater Hof gegangen. Was hat Sie bewogen, ausgerechnet nach Dessau zu kommen, wo man zwar mit dem von Goebbels einge-weihten Riesenhaus für die Werktätigen der damaligen Fokker-Flugwerke ein großes, viel zu großes Haus zur Verfügung hat, aber doch viel zu wenig Geld, um es adäquat zu bespielen, ganz zu schweigen vom Publikum, das sich in manchen Aufführungen geradezu verliert in den Dimensionen dieses Hauses?

An Dessau reizt mich in erster Linie natürlich, daß es ein großes professionelles Haus ist mit einer sehr professionellen Arbeitsauffassung, seinem sehr profilier-ten, dominanten Intendanten Johannes Felsenstein, der selber inszeniert und daß es ein über die lokalen Grenzen weit hinaus renommiertes Orchester, die Anhaltische Philharmonie, beherbergt. Und in dem Moment, wo wir miteinan-der ins Gespräch kamen und überlegten, eine Zusammenarbeit ins Auge zu fassen, war es für mich keine Frage, von dem doch mehr oder weniger saturier-ten Bayern, einem Haus mit zwar sehr professionellen Plänen und großen Absichten, an das doch sehr viel formbarere Haus in Sachsen-Anhalt zu wechseln. Es reizt mich, diesem Dessauer Theater, das ja nach der Wende ganz neu anzufangen hatte, ein eigenes Profil zu geben, dem Orchester und dem Ensemble.

Nun ist ja Dessau im Schnittpunkt zwischen Berlin und Leipzig zwar ein großes Haus, aber doch in der sogenannten Provinz, weitab von wirklicher Urbanität, was den Reiz, aber auch die Grenzen eines solchen Hauses markiert. Das ist keine leichte Situation, zumal für einen jungen Dirigenten.

Ich weiß, Dessau ist eine Stadt, die vor der Wende über 100.000 Einwohner hatte und nun nur noch so etwa 85.000 Menschen beherbergt, eine Stadt, in der dieses Theater wie ein riesengroßer Tempel steht, scheinbar ohne Bezug zum Rest Im städtebaulichen Bild wirkt der im nationalsozialistischen Stil gebaute Kasten fast wie ein Fremdkörper. Aber ich glaube, die Grenzen des Machbaren sind in Dessau gar nicht so eng gesteckt! Ich habe im Konzertspielplan, den ich für die nächste Spielzeit in eigener Verantwortung geplant habe, mir jedenfalls keine Grenzen auferlegt und versucht, und das ist mein Anliegen, die Moderne als einen selbstverständlichen Bestandteil des Spielplans zu verankern. Ich werde mit meinem ersten Symphoniekonzert bereits ein ganz eindeutiges und unmißverständliches Zeichen setzen. Ich möchte andererseits aber auch die spezielle städtische Struktur, die eine Stadt wie Dessau heute zu bieten hat, als Angebot, als Anregung aufnehmen und versuchen, dem besonderen Profil der Stadt, das über das Künstlerische hinausgeht, zu entsprechen, um das Theater und natürlich auch das Orchester im städtischen Selbstbewußtsein mehr zu verankern als es bisher der Fall war.

Das sind hehre Worte und man wünscht Ihnen, daß Ihr Vorhaben gelingen möge. Die Moderne spielte für Sie ja bereits während Ihres Studiums in Weimar, wo Sie an der Hochschule ›Franz Liszt‹ studiert haben, eine besondere Rolle. Dort haben Sie sich intensiv mit Neuer Musik beschäftigt, auch mit einem eigenen Kammerorchester, das Sie gegründet haben. Schön und gut, aber ist es heute möglich, in der sogenannten Provinz Konzertsäle mit Neuer Musik zu füllen, die – Hand aufs Herz – doch immer nur ein gewisses Publikum anspricht?

Also, wenn ich es nicht für möglich hielte, wäre ich wahrscheinlich zum Scheitern verurteilt. Ich bin davon überzeugt, daß es mein Auftrag als Dirigent von heute ist, auch ›heutige‹ Musik zu dirigieren, unabhängig davon, ob sie vom Publikum verstanden wird. Ich bin außerdem der Überzeugung, daß das Publikum in Ostdeutschland trainiert ist, sich mit moderner Musik auseinanderzusetzen. Ob ich damit heute einen Konzertsaal füllen kann, ist allerdings eine berechtigte Frage. Wenn Sie meine persönliche Meinung zu moderner Musik

hören wollen: Ich glaube, daß sich zu viele moderne Komponisten von der Musik, von dem, was Musik als eigentliche Kunstform ausmacht, zu weit entfernt haben. Deshalb erlaube ich mir das Selbstbewußtsein, meine Auswahl moderner Musik nach ganz persönlichen Geschmackskriterien zu treffen. Ich möchte nur moderne Musik auf die Bühne bringen, von der ich das Gefühl habe, daß der Komponist ein echtes Bedürfnis hatte, sie zu schreiben und ein wirkliches Anliegen. Das schränkt das Angebot bereits sehr ein und erleichtert die Auswahl. Musik, die am Computer komponiert, um nicht zu sagen errechnet wurde, diese Musik ist sicher nicht diejenige, die den Konzertsaal füllt. Ich gehe sogar soweit, mich gelegentlich zu fragen, ob das wirklich Musik ist.

Dann frage ich Sie, welche moderne Musik liegt Ihnen denn am Herzen, welche wollen Sie den Dessauern bringen?

Also, ich will beispielsweise, und ganz ohne ein Feigenblatt von Beethoven, ein Stück wie ›Surrogate cities‹ von Heiner Goebbels auf die Bühne bringen. Das Stück dauert anderthalb Stunden und ist durchaus nicht eines, das es dem Zuhörer leicht macht. In Dessau kennt wahrscheinlich kaum ein Mensch diesen Komponisten und dieses Werk. Dennoch hab ich gesagt: Ich möchte etwas wagen, ich will Zeichen setzen. Weil ich von der Qualität dieses Stückes überzeugt bin und weil ich weiß, wenn das Publikum erst kommt, wird es sich am Ende von diesem Stück gefangennehmen lassen und begeistert sein. Ich glaube, dieses Werk ist eines der allerwichtigsten der in den letzten Jahren geschriebenen Stücke in moderner Musiksprache. Und der Komponist hat einen ganz eigenen, unverwechselbaren Stil gefunden. Ich werde im Laufe der Spielzeit auf jeden Fall Schnittke im Konzertplan haben, weil ich Schnittke für einen der großen Komponisten der Nachkriegszeit halte. Ich möchte auch Webern, Opus 6 spielen, weil ich glaube, daß hier vielleicht ein Schnittpunkt erreicht war, an dem die Musik sich zwar einer neuen Form untergeordnet hat, neuen Zwängen, aber doch gleichzeitig auch zu einer ganz neuen Qualität gefunden hat, und in einer neuen musikalischen Ausdrucksweise. Natürlich muß ich vorsichtig sein und werde manches hochserielle Stück in Dessau nie spielen dürfen.

Ein so großes Haus wie das Dessauer Theater ist wohl für jeden Dirigenten und wohl auch für jeden Regisseur eine Versuchung, großes Theater zu machen, Musiktheater zu machen. Aber die verlockende Größe des Hauses ist auch sein Problem. Ein so großes Haus mit einem Zuschauerraum mit mehr als 1500 Plätzen in der ›Provinz‹ zu füllen, ist nicht leicht. Selbst nicht für ein klassisches Mehrsparten-Haus mit Repertoirebetrieb. Was muß das Musiktheater, für das Sie ja hier Verantwortung übernehmen, im wesentlichen bieten?

Ich glaube, Musiktheater muß vor allem glaubwürdig sein. Das ist die allererste Herausforderung, der wir Künstler uns stellen müssen, und die ist gar nicht so leicht zu bewältigen, egal, mit welchen Konzepten man antritt.Glaubwürdigkeit heißt ja nicht unbedingt, daß alles realistisch sein muß und daß wir eine Eins zu Eins-Umsetzung auf die Bühne bringen müssen. Glaubwürdigkeit heißt einfach nur, daß der Zuhörer, der Zuschauer uns glauben soll, was wir vorhaben. Um auf den ›Freischütz‹ zurückzukommen, so sehe ich mich in diesem Stück einer ganz bestimmten Traditionslinie gegenüber, die das Werk seit seinem Bestehen in den Dienst einer Idee gestellt hat, die gar nichts mit der Musik zu tun hat. Eigentlich auch nichts mit dem Werk. Eine Idee, die am Anfang sehr viel zu tun hatte mit der Bestrebung, einen deutschen Einheitsstaat zu schaffen, eine Idee, die später pervertiert wurde. Man sollte nicht vergessen, wenn man in Dessau den ›Freischütz‹ aufführt, daß das Haus mit diesem Werk 1938 von Goebbels eröffnet wurde.

Aber läßt sich denn eine solche Reflexion, die hochinteressant und wichtig ist, mit den Konzepten Ihres Intendanten vereinbaren, der ja ein sehr realistisches Konzept von Musiktheater vertritt, das aus der Schule seines Vaters, Walter Felsenstein, stammt und zuweilen doch etwas ›gestrig‹ und ›oldfashioned‹ wirkt?

Das wird von Produktion zu Produktion immer neu zu überprüfen sein. Ich glaube nicht, daß es klug wäre, dazu jetzt bereits eine pauschale Antwort zu finden. Johannes Felsenstein und ich werden regelmäßig miteinander zusammenarbeiten. Wir haben vor, 2 Produktionen im Jahr gemeinsam herauszubringen, und wir werden von Mal zu Mal neu überprüfen, inwieweit unsere Konzepte kompatibel sind. Da sich zwischen uns ein sehr gerader und ehrlicher Ton etabliert hat, glaube ich, daß wir auch rechtzeitig erkennen würden, wenn das nicht der Fall wäre.

Glauben Sie mit Ihren sehr gegensätzlichen Erfahrungen in Mecklenburg und in Bayern, daß die Kultur, auch die Musiktheaterkultur, mehr und mehr zu einer Verkaufskultur, einer Eventkultur einer ›Freizeitindustrie‹ wird?

Wir sind auf dem Wege dahin. Das ist eine gefährliche Entwicklung. Ich glaube, daß die Theater sich diesem Trend unterordnen, daß sie zuweilen von der Politik sogar dazu angehalten werden. Obwohl ich politisch nicht unbedingt ein sehr konservativer Mensch bin, habe ich doch in Bayern gemerkt, daß es ein Markenzeichen konservativer Politik ist, daß sie die institutionalisierte Kultur sehr fördert, weil man sich zu diesem Bildungsauftrag bekennt, den eine Kulturinstitution wie Musiktheater hat. Ich glaube, daß Eventkultur, die projektbezogene Kulturförderung also, eine ganz wichtige Schiene der Kultur in Deutschland zerstört, die nicht zu ersetzen ist. Ich glaube nicht, daß die eventorientierte Kulturförderung die gewachsenen Strukturen der Theater und Orchester ersetzen kann.

Kommen Sie denn mit dem klassischen Bildungsauftrag des öffentlich subventionierten Theaters in Dessau noch beim Publikum an? Wenn ein Haus wie Dessau beispielsweise die ›Giovanna d'Arco‹, in welcher Fassung auch immer, auf die Bühne bringt, ergreifen es denn die Schulen in Dessau dann als Chance, Schiller zu lesen? Welche Schule hat denn Schiller noch im Unterrichtsangebot?

Die Frage ist berechtigt. Es wird nur noch eine ganz begrenzte Auswahl an klassisch-bürgerlicher Bildung überhaupt vermittelt an den Schulen. Das war übrigens auch im Sozialismus so, in dem ich ja aufgewachsen bin. Dort wurde das sogenannte ›klassische Erbe‹ auch nur in sehr begrenztem Umfang an der Schule vermittelt, und dann in der Regel sehr einseitig. Ich hatte das Glück in einem bürgerlichen Elternhaus aufzuwachsen, das mir diese Bildung außerhalb der Schule von Kindheit an mitgegeben hat. Aber ich bin enttäuscht zu sehen, daß es in diesem Bereich der Bildung heute noch viel schlechter aussieht.

Nun gibt es zwei Möglichkeiten für das Theater, darauf zu reagieren, zum einen über den schnellen Erfolg, den hat man, wenn man die Leute ködern kann, das geht meist mit dem klassischen Kulturgut nicht mehr, zum anderen gäbe es die Möglich-

keit, sich der allgemeinen Tendenz zu widersetzen. Aber das ist der dornigere, der steinigere Weg.

Für mich ist es keine Frage, daß dieser dornige, steinige Weg keine Alternative hat. Wenn wir einmal anfangen, uns an einen Trend zu heften oder dem Publikumsgeschmack einfach nur hinterher zu rennen, dann sind wir verloren. Es hat sich immer wieder in der Geschichte der Kunst bewiesen, daß man versuchen muß, entweder den Trend selber zu setzen oder sich einfach des Bildungsauftrages bewußt zu sein, um gangbare Wege zu finden. Das heißt natürlich vor allem, daß man die richtigen Partner finden muß, auch im Bildungswesen, in einer Stadt wie Dessau meinetwegen oder in Hof oder sonstwo. Man muß sich die richtigen Partner suchen, nur mit ihnen gemeinsam kann man etwas bewirken. Allein geht nichts. Zumal wenn die lokale Politik von der Notwendigkeit einer Sache nicht überzeugt ist.

Bei Ihrem konsequenten Standpunkt müssen Sie natürlich in Kauf nehmen, möglicherweise nicht auf die richtigen Leute im richtigen Augenblick zu treffen und nie in die sogenannte erste Riege vorzustoßen, die ja von ganz knallharten Marketingstrategen verwaltet wird, deren Marktgesetze vom Publikumsgeschmack, von Massenmedien, von Plattenfirmen oder Agenturen diktiert werden.

Sie haben natürlich Recht. Aber ich sehe es nicht als ein erstrebenswertes Ziel an, um diesen Preis in die erste Riege aufzusteigen und in den Club jener aufgenommen zu werden, die machen können, was sie wollen, aber kein Anliegen mehr haben außer einem kommerziellen. Und in dem man nur noch herumgereicht wird und Standards repetiert. Natürlich ist es schön, wenn ein Saal voll ist, auch wenn er nur voll ist, weil irgendein gut vermarkteter Name das Publikum anzieht oder weil es es in dieser oder jener Stadt zum guten Ton gehört, ins Theater zu gehen. Was ich zum Beispiel in Hof immer wieder erlebte. Das ist erfreulich, wunderbar, aber ich habe dann auch mit dem Publikum zu tun, das letztendlich nicht wirklich zuhört. Jeder Anwalt weiß in einer Kleinstadt, wenn er sich nicht im Theater zeigt, kriegt er kein Bein auf die Erde, und kein Bürgermeister gewinnt die Wahlen, wenn er nicht bei der Premiere gesehen wird. Einen ähnlichen Effekt haben wir, wenn die Leute halt ins nächste Barenboim-Konzert gehen. Es gehört zum guten Ton. Es ist Statussymbol einer bestimmten gesellschaftlichen Schicht.

Nun ist das ja nicht verkehrt, man kann ja als Künstler immer noch subversiv eine Botschaft rüberbringen. Leider passiert das aber oftmals nicht mehr. Ich bin sofort dabei zu sagen: Hauptsache, die Leute sind da, ich werde schon Mittel und Wege finden, sie zum Zuhören zu zwingen. Leider findet auf der angesprochenen Ebene oft nicht wirklich mehr ein unmittelbarer, freudiger, experimentierfreudiger Umgang mit Musik statt. Und der Zuhörer wird dazu auch nicht mehr gezwungen, was ich sehr schade finde. Wenn ich nur mein eigenes Kaufverhalten betrachte: Ich kaufe mir keine der Neuaufnahmen der Pultheroen großer Plattenfirmen. Weil mich das unendlich langweilt. Ich finde es dagegen spannend und hochinteressant, historische Aufnahmen anzuhören. Natürlich würde ich nicht wie Furtwängler dirigieren oder Toscanini, aber es ist einfach spannend zu hören, mit welchen Mitteln jemand versucht hat, eine musikalische Botschaft auszudrücken. Ob das noch die Mittel der Zeit sind, ob es meine Mittel sind, ob es überhaupt so etwas wie eine Modernität der Mittel gibt dabei, das ist ja im Grunde eine andere Frage. Das ist eher ein Thema für Adorno, um mit ›Musik auf der Höhe der Zeit‹ zu sprechen. Ich halte die Fortschrittsgläubigkeit in der Musik übrigens für ganz abwegig, auch in Beziehung auf interpretatorische Mittel.

Wie stehen Sie eigentlich zur historischen Aufführungspraxis? Es gibt Komponisten, da kommt man eigentlich, wenn man seriös arbeiten will, an den Errungenschaften der historischen Aufführungspraxis nicht vorbei.

Das ist nicht einfach zu beantworten. Natürlich setzt eine Rameau-Aufführung dem traditionellen Theater Grenzen. Rameau auf modernen Instrumenten zu spielen ist eine fragwürdige, heikle Angelegenheit. Aber wenn wir den Gedanken konsequent zu Ende führen würden, dann dürften wir eigentlich auch Schumann, Brahms oder die ›Symphonie phantastique‹ nicht mit modernen Instrumenten spielen. Aber wo setzt man da die Grenze?

Die Spezialisten der alten Musik können das ziemlich genau beantworten. Es gibt natürlich Musik, von der weiß man ganz genau, unter welchen Aufführungsbedingungen sie entstand, auf welchen Instrumenten sie gespielt wurde, für welche Instrumente sie geschrieben wurde und wie diese Instrumente gespielt wurden zur Entstehungszeit.

Aber das stellt sich ja nicht nur bei Rameau, Händel und Bach so dar, sondern auch bei Brahms, Schumann und Berlioz. Auch damals hat man anders Geige gespielt als heute, und das finde ich übrigens auch aufregend. Ob ich Bach spiele oder Brahms, die Aufgabenstellung ist doch die gleiche. Man hat sich als Dirigent damit auseinanderzusetzen, wie das Werk in seiner Zeit aufgeführt wurde, mit welchen Mitteln. Wenn ich die Mittel nicht habe, und das ist auf dem Level, auf dem ich mich zur Zeit bewege, der Fall, dann muß ich versuchen, mit dem Instrumentarium, das ich habe, die Dinge aufzuführen, oder ich lasse es. Das heißt für mich: Es hat keinen Sinn, Monteverdi oder Händel zu spielen, weil ich es nicht so umsetzen kann, wie ich es meinem musikalischen Gewissen nach möchte und wie ich es im inneren Ohr höre. Alles, was ich tun kann, ist, im Konzertprogramm zu versuchen, mit dem modernen Instrumentarium mich klanglich soweit als möglich an das anzunähern, was ein altes Instrumentarium an Klang hergestellt hat.

Sie haben eben das Wort ›inneres Ohr‹ gebraucht. Hermann Scherchen hat in seinem Lehrwerk des Dirigierens geschrieben, Dirigieren sei vor allen Dingen ein geistiges Tun. Nun gehört ja zum Dirigieren auch das Handwerk. Das muß man ja auch beherrschen. Obwohl mancher renommierte Dirigent sein Handwerk nicht beherrscht. Wir wollen keine Namen nennen. Was ist für Sie das Wichtigere, das Handwerk oder die geistige Durchdringung einer Musik?

Also, ich habe jetzt 10 Jahre Berufserfahrung. Am Anfang war natürlich das Handwerk das Wichtigste. Aber das habe ich sehr gut beherrscht, von Anfang an. Ich hatte das Glück, bei einem Kapellmeister Unterricht zu haben, der zwar nicht berühmt war, aber ein sehr guter Kapellmeister.

Welcher war das?

Gunter Kahlert in Weimar. Er hat mir gutes handwerkliches Rüstzeug mit auf den Weg gegeben. Am Beginn einer dirigentischen Karriere ist das Handwerk der sicherste und wichtigste Weg zur Auseinandersetzung mit dem Stück. Man muß sich am Anfang Strategien, ja geradezu Choreographien zurecht legen, wie man diese oder jene Symphonie handwerklich am besten bewältigen kann. Das tritt im Laufe der Zeit in den Hintergrund. Ich nehme das Handwerk als solches heute kaum noch wahr. Außer, wenn ich das ›Sacre du printemps‹ dirigiere und die Taktwechsel zu lernen habe, dann komme ich automatisch darauf zurück, aber wenn ich den ›Rigoletto‹ oder den ›Freischütz‹ dirigiere, werde ich nicht darüber nachdenken, wie löse ich dieses oder jenes Problem, jeden Übergang handwerklich. Irgendwann ist Auseinandersetzung mit Musik, ist Dirigieren tatsächlich ein geistiger Prozeß. Mehr ein geistiger Prozeß als ein Handwerk.

Wie vermitteln Sie dieses geistige Produkt Ihrer Beschäftigung dem Orchester? Orchestermusiker sind ja oftmals hauptsächlich Musik-Handwerker.

Es hat keinen Sinn, mit dem Orchester intellektuelle Auseinandersetzungen zu führen,. Die Musiker mögen das nicht. Diese Erfahrung muß man gemacht haben, als junger Dirigent vom Musiker irgendwann einmal gesagt zu bekommen: Paß auf, sag uns einfach wie laut wir spielen sollen, das ist es, was wir wissen wollen. Der geistige Prozeß findet vor den Proben statt und dann am Abend der Aufführung. Was auf den Proben stattfindet, ist vor allem Handwerk, aber ein anderes Handwerk. Es ist kein manuell-dirigiertechnisches Handwerk, sondern es ist eben das Handwerk der Probenarbeit, das Handwerk des Hörens und des Dirigierens, und es ist vor allem das Handwerk der Motivation. Das darf man nicht unterschätzen. Der Musikerberuf kann sehr eintönig sein. Die Pflicht des Dirigenten ist es, den Musiker zu motivieren.

Aber wie bringen Sie Ihre Utopie, die Sie im Kopf haben, in die Köpfe und Finger der Musiker?

Da gibt es viele Möglichkeiten, viele Wege. Jeder muß seinen Weg finden. Es gibt kein Standardrezept. Es ist auch abhängig vom Werk und vom Orchester. Jedes Orchester hat einen ganz eigenen Charakter, sein eigenes Profil. Das meiste funktioniert über Metaphern in der Probenarbeit. Der Musiker ist immer dankbar, wenn man ihm über die rein musikalische Auseinandersetzung hinaus einen Anhaltspunkt gibt, sich die Gedankenwelt des Dirigenten zu erschließen. Voraussetzung ist natürlich, daß es einen Grundkonsens gibt. Die wenigsten Musiker haben etwas davon, ausführlich über den Briefwechsel zwischen Brahms und Schumann zu diskutieren und in ein musikwissenschaftliches Problem während der Probenarbeit einzudringen, aber man kann davon ausgehen, daß die Musiker ihre Werke sehr gut kennen, wenn es nicht gerade ein ganz neues Werk ist. Ich kann eine Beethoven-Symphonie mit der Voraussetzung angehen, daß alle Musiker, oder der allergrößte Teil der Musiker sie sehr genau kennen. Zwar aus einer anderen Perspektive, aber doch nicht weniger detailliert als ich selber. Manchmal kann man in so einer Probenarbeit auch im Gespräch über Hintergründe, über geistige, vielleicht auch philosophische Hintergründe sehr weit kommen, manche Dinge erschließen sich unter Umständen aus der Biographie des Komponisten.

Wie gehen Sie mit Routine oder verhärteten Aufführungstraditionen um, mit denen Sie wahrscheinlich täglich konfrontiert werden?

Das sind zwei ganz verschiedene Paar Schuhe. Also Routine kann eine positive Angelegenheit sein. Wenn ich heute ein Stück dirigiere, das einige Monate nicht gespielt wurde, dann hoffe und verlasse ich mich sehr auf eine gewisse Routine im Orchester. Das ist eine Form von Routine, die ich sehr schätze. Es gibt natürlich auch eine andere Form von Routine, die jede kreative Arbeit unmöglich macht. Die zu unterbinden oder die überhaupt nicht entstehen zu lassen, ist eine der wichtigsten Aufgaben des Dirigenten in den Proben, im normalen täglichen Probenbetrieb. Aber ich muß natürlich auch meine eigene Perspektive auf ein Stück immer wieder überprüfen und bilanzieren, was ich zu dem Stück zu sagen habe und ob ich noch hinter meiner Lesart stehe, und ob ich auf der Höhe der Zeit bin.

Vor allem bei Beethoven ist das der Fall. Ich hab jetzt gerade die ›Neunte‹ in Nürnberg dirigiert und zum ersten Mal die kritische ›Del-Mar‹-Ausgabe dafür benutzt, dabei zum Beispiel die 2. Fagottstimme im letzten Satz zum ersten Mal ausprobiert. Das ist ein ganz überraschendes Erlebnis für mich gewesen. Man muß das, was man tut, immer neu reflektieren. Man muß neugierig bleiben. Nur so wird man Routine vermeiden, bei sich selbst und bei den Musikern.

Kann sich ein Dirigent Charakter und Moral leisten?

Ich erinnere mich gut an ein Gespräch, was ich vor ungefähr 10 oder 12 Jahren geführt habe, ich war damals Student bei einem Musiker der Weimarer Staatskapelle. Und ich sagte damals, ich war vielleicht ein bißchen blauäugig: Ich möchte ein guter Dirigent werden und ein guter Mensch bleiben. Der Musiker hat furchtbar gelacht und mir ins Gesicht gesagt: Vergiß es, das ist unmöglich! Das geht einfach nicht. Um sich als Dirigent durchzusetzen, muß man in gewisser Hinsicht ein Schwein sein! Und diese Fähigkeit in sich tragen. Ich verstehe ihn heute besser als früher, aber ich glaube trotzdem, daß es möglich ist, diesen Beruf auszuüben, ohne ein Schwein zu sein.

Haben Sie Dirigentenvorbilder oder Idole, von denen Sie Ihre Haltung gelernt haben?

Nein, nie. Ich hatte nicht das Glück, Toscanini live zu erleben. Wenn ich mich vergleiche mit jungen Dirigenten, die heutzutage ihr Dirigierstudium absolvieren und so viele Möglichkeiten haben, sich zu profilieren, dann bin ich natürlich ein bißchen neidisch, das ist klar. Ich hatte einfach nicht sehr viele Möglichkeiten in der DDR, in der ich aufwuchs und ausgebildet wurde, meinen Horizont zu erweitern, durch die Welt zu fahren und mir anzuschauen, wie anderswo etwas gemacht wurde. Ich durfte einmal, was für mich und meine Familie ein großes Wunder war, im August 1989 nach Salzburg. Dort habe ich mit Gielen gearbeitet. Gielen hat mich damals schon sehr geprägt. Also das Kennenlernen einer solchen Persönlichkeit war für mich schon eine enorme Erfahrung. Aber die Auswahl an wirklich profilierten Dirigenten in der DDR war sehr klein, man muß das einfach mal ganz ehrlich sagen. Es sind sehr wenige gewesen, die wirklich ein Profil hatten, das imstande war, einen jungen Dirigenten zu prägen und zu begeistern.

Da Sie das Thema ansprechen: fühlen Sie sich einer Tradition der Musikkultur der ehemaligen DDR verpflichtet oder ist das auch in Ihrem Leben eher eine einengende, vorübergehende, historische Erscheinung gewesen, die sich überlebt hat?

Ich empfinde keine besondere Verpflichtung gegenüber der DDR-Musik und der DDR-Musikgeschichte. Das kann ich wirklich nicht sagen. Ich möchte sogar behaupten, daß es eine homogene DDR-Musikgeschichte, wie oft behauptet, eigentlich nicht gegeben hat. Es wird sich irgendwann reduzieren auf einige wenige Namen, und die wenigen Namen, auf die es dann ankommt, die kann man einordnen in Prozesse, die über die geographisch begrenzte DDR weit hinausgehen.

Nun hat ja die offizielle DDR-Kulturpolitik immer so getan, als sei die DDR ein Musterland an Kultur und auch Musikkultur gewesen. Es wurde ja aus verschiedensten propagandatechnischen Gründen ein Eindruck erweckt, der womöglich gar nicht der Wirklichkeit entsprach. Wie sind Ihre Erfahrungen gewesen, war die Wirklichkeit des DDR-Musiklebens eine aus der politisch verordneten Abgegrenztheit, um nicht zu sagen Provinzialität bedingte Notlösung?

Also wenn man sich die Realität anschaute, irritierte einen doch folgendes: In der Sowjetunion hat es, neben der offiziellen Musikkultur immer eine zweite Ebene gegeben. Ein Schostakowitsch ist nicht zu verstehen, ohne sich auf die Suche nach dieser zweiten Ebene zu begeben. Michail Jurowski hat mir viel darüber erzählt. Der hat ja wirklich gekämpft gegen Windmühlen und hat sehr viel durchmachen müssen. Und man kennt ähnliche Erscheinungen auch aus anderen Diktaturen. Aus Systemen jedenfalls, wo eine Zwangsherrschaft ausgeübt wurde, sodaß sich kulturell eine Art Subkultur bildete, die unter Umständen eine Kultur des Widerstands war, und wenn es nur eine Kultur der inneren Emigration war. In der Sowjetunion war das eine reiche Kultur, diese Kultur der zweiten Ebene. In der DDR hat es eine solche meiner Ansicht nach nie gegeben. Mir ist jedenfalls davon nichts bekannt. Es gab einzelne Komponisten, die in einzelnen wenigen Werken vielleicht etwas getan haben, was nicht konform war mit der offiziellen Linie. Aber es hatte nie den Rang einer wirklich eigenständig entwickelten, mehr oder weniger homogenen Kultur. Es blieb, wenn überhaupt, beim Einzelereignis, und mir sind nicht einmal besonders aussagekräftige Einzelereignisse bekannt.

Aber es gibt DDR-Komponisten, die von sich heute mit geschwellter Brust behaupten, Sie hätten damals schon das Fähnchen der Aufrechten vor sich hergetragen, seien immer dagegen gewesen.

Es gab Komponisten, ich will jetzt keine Namen nennen, die haben irgendwann begonnen, postmodern zu komponieren, nicht ohne Gehalt, das hatte auch einen gewissen Anspruch, man vermutete auch ein gewisses seelisches Bedürfnis in dieser Musik. Manche haben eine zeitlang sehr experimentell gearbeitet. Bis zu dem Moment, wo sie Mitglieder der Akademie der Künste wurden. Spätestens in dem Moment war es vorbei mit den Experimenten.

*Da waren die Grenzen zwischen Politik und Kunst überschritten. Nun wurde ja in der
DDR das kulturelle Erbe besonders betont und man tat sich ja immer so viel darauf,
dieses Erbe zu pflegen und zu bewahren. Ist das die andere Seite der Medaille?*

Also diese Erbe-Diskussion ist vielleicht eher ein geschichtlich interessanter Fakt,
als daß sie wirklich beigetragen hätte zur Pflege einer klassischen Bildungstradi-
tion. Ich erkenne in dieser Tradition durchaus glaubhafte Momente der Auseinandersetzung, die ich sehr gerne übernehme. Wenn ich mir aber angucke, um
wieder zum Handwerklichen zu kommen, wie bestimmte Bogenstriche in Dresden seit 150 Jahren gemacht werden, dann hat das eine Dimension, in der 40
Jahre DDR, Erbepflege, überhaupt nichts bewirkt oder gar verändert haben.
Da ist halt vieles instrumentalisiert worden, als man plötzlich am Ende anfing,
Preußen zu entdecken und eine Luther-Renaissance einläutete. Wenn wir noch
eine Weile die DDR gehabt hätten, dann wären wir auch wieder bei Nietzsche
angekommen, der zu alten DDR-Zeiten in den Giftschrank verbannt war. Das
war doch alles so durchschaubar! Natürlich haben DDR-Intellektuelle wie Seis-
mographen genau wahrgenommen, ob in der Zeitschrift ›Sinn und Form‹ wieder
ein Anti-Nietzsche-Artikel von diesem oder jenem erschien oder nicht, selbstverständlich, das hat man alles sehr genau registriert, und als dann Luther plötzlich wieder auf der Tagesordnung stand, hat das natürlich auch viele gefreut. Zu
Recht, es war ja auch eine weitere Fessel, die sich löste. Aber diese Erbediskussion
an sich konnte kaum jemand ernst nehmen. Und wenn ich jetzt zurückblicke
oder in meinen Partiturenschrank schaue: Da gibt es die Gülke-Ausgabe von
Beethovens Fünfter, da gibt es viele Pommer-Ausgaben, die bis heute Gültigkeit
haben. Das sind aber, und das behaupte ich einfach, das sind hervorragende
Leistungen einzelner Leute, die man nicht in einen Gesamtkontext stellen kann.

*Bedauern Sie es eigentlich, daß Sie unter DDR-Bedingungen Ihre ersten Schritte
gemacht haben?*

Das ist ambivalent, es hatte einerseits viele Vorteile. Die Vorteile liegen auf der
Hand. Man mußte sich konzentrieren, ob man wollte oder nicht, konzentrieren
auf den Kern, auf den theoretischen Kern des Dirigierens. Andererseits, wenn
ich jetzt meinen Lehrer besuche und seine Klasse sehe und erfahre, dieser
bekommt einen Studienaufenthalt an der Sorbonne und jener geht nach New
York, was oft nicht unbedingt im Verhältnis zur individuellen Begabung steht,
aber das ist ein anderes Thema, kann ich einen gewissen Neid nicht zurückhalten. Das sind für mich verpaßte Chancen. Allerdings verleitet dieses Überangebot an Möglichkeiten auch zu Bequemlichkeit. Ich erinnere mich noch gut
an meinen ersten Klavierlehrer. Der besaß eine Nietzsche-Ausgabe. Jeder wußte:

Bei dem kannst du Nietzsche ausleihen. Also wurde von ihm Nietzsche geliehen. Dann verfiel der Klavierlehrer in einen religiösen Wahn und forderte den Nietzsche zurück, um ihn verbrennen zu können. Dieser Freundschaftsdienst wurde ihm verweigert. Nietzsche blieb im Umlauf, und man tat alles dafür, daß er nicht zu seinem Besitzer zurückkam. So etwas wäre bei unserem heutigen Überangebot nicht denkbar.

Wie stehen Sie zu dem spezifisch sächsischen Selbstbewußtsein beispielsweise mancher Gewandhausmusiker, die sagen: Wir haben eine jahrhundertealte Kultur und Tradition, das ist gut so, wir müssen nicht über den Tellerrand schauen. Wir spielen unseren Bach so, wie wir ihn immer gemacht haben?

Also da schlagen zwei Herzen in meiner Brust. Ich hege eine heimliche Bewunderung für solche Institutionen, die es schaffen, etwas über einen langen Zeitraum zu bewahren. Da ist zu einem bestimmten Zeitpunkt etwas zu einer Hochkultur entwickelt worden, zu einer einmaligen Differenziertheit der Auseinandersetzung im Kontext einer bestimmten Zeit, und man hat es in dieser Gestalt bewahrt. Das kann man im Moskauer Ballett oder im Leningrader Ballett genauso antreffen wie im Leipziger Gewandhaus. Ich bin nicht jemand, der sagt: Das ist überholt, diese oder jene Institution ist ein Dinosaurier, diese oder jene Institution ist ein Fossil in der musikalischen Landschaft. Möglich, daß sie vielleicht sogar ein Fossil ist, aber ich habe große Freude daran zu sehen, wie man Fossilien pflegt und wie man sie regelmäßig putzt und behütet als Rädchen der Tradition.

Aber leidet man nicht auch zuweilen darunter, daß diese Maschinerie eher lähmt, wo nicht tötet, als vitalisiert?

Also ich denke, die vielfältigen Möglichkeiten interpretatorischer Ansätze sind heute so groß, daß auch das Gepflegte, Tradierte durchaus bestehen kann neben anderem. Ich habe nicht das Bedürfnis, das abzuschaffen. Ich denke, die Zeit solcher musikalischer Revolutionen ist auch vorbei, auch Pierre Boulez sprengt heute keine Opernhäuser mehr.

Weil er von den Opernhäusern lebt…

Ich bin mittlerweile an einem Punkt, wo ich genauso gerne eine Fassung mit molto vibrato höre, in einer hochexplosiven, vielleicht sogar ein bißchen kitschigen Auffassung, die sich auf dem Fuß einer langen Tradition wähnt, wie eine den Ergebnissen der historischen Aufführungspraxis verpflichtete Interpretation mit modernen Instrumenten, die das ganze sozusagen skelettiert. Das sind zwei Dinge, die nebeneinander existieren können.

Fühlen Sie sich als ein deutscher Dirigent?

Ja! Ich habe natürlich Angst, falsch verstanden zu werden in Zeiten, in denen ein neuer oder alter, wiedererwachter Nationalismus gefährlich aufdämmert. Diese Angst muß man haben, wenn man so etwas sagt, aber ich merke, wenn ich mich von außen betrachte, daß ich das nicht verleugnen kann. Ich bin ein deutscher Dirigent in einer bestimmten Traditionslinie.

Haben Sie keine Bedenken, wenn Sie das so öffentlich sagen: Ich bin ein deutscher Dirigent?

Und ob! Aber mein Repertoire beschränkt sich ja nicht vornehmlich auf das Deutsche, also ich bin kein Strauß-, Wagner- und Pfitzner-Apostel. Pfitzner habe ich noch nie dirigiert. Ich sehe auch keinen Anlaß dazu. Ganz und gar nicht. Aber ich bin ausgebildet worden und habe Musik kennengelernt im Kontext einer deutschen Tradition. Es wäre falsch, das zu verleugnen. Das heißt ja nicht, unbedingt immer dieser Tradition urteilslos und ausschließlich zu folgen. Aber man ist auch falsch beraten, Trends zu folgen.

Wie ist das, sich als noch sehr junger Dirigent auf dem Markt der Eitelkeiten und der Trends, der Maestri, Pultheroen und Taktstockvirtuosen zu behaupten. Stoßen Sie da nicht permanent an die Frage: Was will ich eigentlich mit meinem Beruf?

Ich hatte neulich eine Diskussion mit meinem Agenten: Der natürliche Trieb des Agenten läuft darauf hinaus, jemanden zu pushen, ihn so schnell wie möglich nach oben zu bringen. Es ist möglich, eine Karriere wie die meinige zu beschleunigen, ohne weiteres. Aber ich habe ihm gesagt, ich möchte das auf gar keinen Fall. Es gab Experimente, bei denen ich sehr exponiert arbeitete, und ich habe gemerkt: es ist zu früh für mich. Es ist nicht ganz einfach, sich so etwas einzugestehen. Natürlich hat jeder einen gewissen Ehrgeiz und natürlich hätte ich auch nichts dagegen, mit einigen erstklassigen Orchestern sehr viel Geld zu verdienen. Aber das ist nicht das Entscheidende. Ich merke, daß ich die sechs Jahre in Neustrelitz gebraucht habe am Anfang meiner Laufbahn und auch die vier Jahre in Hof. Und ich werde die Zeit in Dessau brauchen. Ich kenne viele junge Dirigenten, deren Karriere steil und rasant nach oben schnellte, obwohl sie eigentlich nicht wirklich etwas zu sagen haben. Ich bin sicher, deren Karriere wird bald beendet sein. Mein Plan war es von Anfang an, die Laufbahn der klassischen deutschen Kapellmeistertraditon zu durchlaufen. In der Provinz anzufangen, ganz unten, und sich step by step höher zu arbeiten. Ich bin ein Mensch, der sich an seinen Aufgaben entwickelt und ich hoffe, nicht ohne Gewinn auch für die Institution und das Publikum.

Ivor Bolton
Partituren sind nicht gleich Partituren

Herr Bolton, Sie sind einer der gegenwärtig gefragtesten Dirigenten, ein ›Shooting star‹ der Alten und Klassischen Musik jenseits der Historischen Aufführungspraxis. Gleichwohl weiß man wenig über Sie. Deshalb die Frage: Wie sind Sie zur Musik gekommen?

In groben Zügen so: Ich sang im Kirchenchor in der Kathedrale von Blackburne, einer kleinen Stadt im Norden Englands, und war dadurch immer stark in der Kirchenmusik involviert. Dann ging ich nach Cambridge und studierte Orgel bei Peter Hurford und Gillian Weir. Dort habe ich sehr viel dirigiert, wie Cambridge überhaupt die meisten englischen Dirigenten hervorgebracht zu haben scheint. Es gibt dort ein wunderbares College-Leben, wo jedes College sein eigenes Orchester hat, wie schlecht es auch sein mag. Aber die besten Universitäts-Orchester sind ziemlich gut. Das kulturelle Leben dort ist sehr anregend, weil viele englische Jugendorchester nach Cambridge kommen, das ist eine Tradition, und darum ist das Niveau der studentischen Musiker dort sehr hoch. So begann ich, mich immer mehr für das Dirigieren zu interessieren. Danach ging ich ans Royal College of Music, wo es eine Dirigierklasse gab, und ich war sehr stolz darauf, ein Dirigierstudent zu sein, aber ich fand dort, offen gesagt, keinen sehr hilfreichen Unterricht. Meine Zeit in Cambridge hat mir mehr gebracht. Daneben habe ich viel als freischaffender Dirigent gearbeitet und als Continuo-Spieler viel beim English Chamber Orchestra, beim English Concert und in der Academy of St. Martin-in the Fields mitgespielt. Es hat mir viel Spaß gemacht, ein jobbender Londoner Musiker zu sein und zur Szene zu gehören.

Aber Ihre große Karriere begann nicht in England, oder?

Nein. Ich ging dann nach Glyndebourne und wurde dort Chorleiter unter Bernard Haitink, assistierte Leuten wie Simon Rattle, was wunderbar war … und so weiter. Das war der Wendepunkt in meiner kirchenmusikalischen Karriere. Dann begann ich in Glyndebourne Opern zu dirigieren, wurde musikalischer Leiter einer kleinen Wanderoper, der English Touring Opera, arbeitete an den englischen Opernhäusern, der English National Opera, der Opera North, der Welsh Opera. Der große Durchbruch kam dann wirklich am Bayeri-

Ivor Bolton *27*

schen Nationaltheater mit ›Giulio Cesare‹ 1994. Ich habe natürlich schon vorher im Ausland dirigiert, aber nicht auf diesem Level.

Wie kam es zu dieser Zusammenarbeit?

Charles Mackerras war ursprünglich für diese Produktion vorgesehen, sagte aber ziemlich kurzfristig ab, ich glaube, vier oder drei Monate vorher. Als ich gefragt wurde, hing es von der Gnade meines Orchesters ab, das mich von einer Reihe von Konzerten entbinden mußte, weil ich ja zurückkommen wollte. Und auch eine freundliche Direktion in Frankreich entband mich von einem ›Peter Grimes‹, den ich dort gerade einstudieren sollte. Ich mußte fragen, weil ich ja die Brücken hinter mir nicht abbrechen wollte. Aber sie sahen ein, daß München wichtig für mich war. Und das scheint eine Menge ins Rollen gebracht zu haben, weil München offenbar erfolgreich war. Das war mein Durchbruch in Deutschland.

Gab es Dirigenten, die Sie bewunderten?

Ja, natürlich. Als ich in Glyndbourne arbeitete, war Bernard Haitink für mich natürlich ein Idol, weil ich niemals wieder einem so eleganten Dirigenten wie ihm begegnet bin. Sie dürfen auch nicht vergessen, daß ich aus der Kirchenmusik komme. Da ist es natürlich beeindruckend, Leute aus der Nähe zu erleben, die sehr bewundert werden, wie Klaus Tennstedt, der damals in London eine wichtige Rolle spielte, oder man liebte die rohe Energie Georg Soltis. Das war ziemlich überwältigend. Aber jemandem bei der Arbeit zuzusehen, für ihn auf den Proben zu arbeiten und zu dirigieren, wenn er das Orchester von verschiedenen Standpunkten aus hören wollte, das war ein starker Einfluß.

Seltsam, daß Sie mir keinen Namen aus der Alten Musik-Bewegung nennen?

Als Dirigenten haben sie mich nicht so beeinflußt. Ich habe gerne Aufnahmen von Nikolaus Harnoncourt gehört, das hat mich ungeheuer beeindruckt: diese Unmittelbarkeit einiger seiner Bach-Kantaten, auch wenn sie ein bißchen rauh sind; da hüpft der Plattenspieler.

Aber es gibt doch eine starke englische Tradition Alter Musik?

Ja, ich gehe dem auch gar nicht aus dem Wege. Trevor Pinnock war mein Cembalo-Lehrer, und ich liebe es, wie er Cembalo spielt. Aber ich mag sein Spiel lieber als sein Dirigieren. Sie müssen bedenken, daß das English Concert demokratisch organisiert ist. Wenn Sie über das English Concert sprechen, dann sprechen Sie über diese Musiker als Ensemble und nicht über Trevor Pinnock, der ein wunderbarer Mensch ist. Und das gilt für viele englische Ensembles: ihre Ästhetik wird durch die Musiker bestimmt und nicht durch die Dirigenten. So sehe ich das jedenfalls. Nikolaus Harnoncourt ist ein anderer Fall, weil er als musikalische Persönlichkeit sehr ausgeprägt ist. Aber wenn ich auf meine Entwicklung als Dirigent sehe, dann lagen meine Idole eher woanders.

Aber Sie dirigieren doch hauptsächlich Musik des 18. Jahrhunderts?

Dafür bin ich heute bekannt, aber ich will nicht vollständig in diese Schublade gesteckt werden. Bei der Glyndebourne Touring Company habe ich alles von Britten über Puccinis ›Bohème‹, Tschaikowskys ›Eugen Onegin‹ und Verdis ›La Traviata‹ bis hin zu Rossini dirigiert. In Deutschland bin ich vor allem als Dirigent des 18. Jahrhunderts bekannt, weil ich in München mit Händel begonnen und dann ein bißchen Mozart gemacht habe. Ich bin gar nicht unglücklich darüber, weil ich diese Musik mag und immer dirigieren wollte. Aber ich wäre unglücklich, wenn sich meine Arbeit darauf beschränken würde. Es ist heute geradezu lebensgefährlich, wenn man das macht, was die Leute Alte Musik nennen, denn dann muß man ständig kämpfen, dieses Klischee wieder abzuschütteln. Ich kenne berühmte Alte-Musik-Dirigenten, die so stark dagegen ankämpfen, daß sie fast ihre künstlerische Heimat, ihre musikalischen Wurzeln vergessen. Das ist genauso falsch. Man muß mit seinem Lebensmittelpunkt im Einklang stehen und von dort immer weiter ausgreifen, aber man muß sich selbst treu bleiben. Ich wollte immer Händel-Opern machen, seit dem Tag, als ich zu dirigieren anfing.

Sie dirigieren normalerweise moderne Orchester mit Alter Musik.

Nein, das ist nicht die Regel. Ich arbeite mit dem Freiburger Barockorchester, mit dem Orchestra of the Age of Enlightenment, und ich habe mein eigenes Barockensemble, die St. James' Baroque Players. Wir erarbeiten von Zeit zu Zeit bestimmte Projekte und haben die auch auf CD eingespielt. Aber das ist kein Vollzeit-Orchester. Um auf Ihre Frage zurückzukommen: das ist die Realität. Ich liebe Oper, das ist ein wichtiger Teil meines Lebens. Und da es nicht so viele Opernhäuser mit Spezialensembles gibt und die finanziellen Gegebenheit es auch nicht erlaubt, so etwas aufzubauen, muß ich eben mit den Orchestern arbeiten, die ich habe. Aber ich habe da auch eine missionarische Ader: wir sollten einfach in der Lage sein, diese Musik mit modernen Orchestern anständig aufzuführen. Wir sollten alles gut spielen können und nicht sagen, das ist eine ferne Welt für uns, denn dann verleitet man die Orchester dazu, diese Musik nicht ernst zu nehmen. Das ist meiner Meinung nach die große Gefahr bei modernen Orchestern, daß sie sehen, daß diese Musik rein technisch nicht so schwer ist wie einige Werke des mittleren 19. und des frühen 20. Jahrhunderts, und dann denken sie, das machen sie mit links, und dann ist das Ergebnis nicht von der nötigen Detailliertheit. Hier kommt eben eine ganz andere Welt musikalischer Prinzipien zum Tragen: man muß viel sorgfältiger an der Phrasierung arbeiten und an der Staffelung des Klangs.

Aber die Übertragbarkeit von Alter Musik auf moderne Orchester hat Grenzen. Die Musik vor Monteverdi kann man nicht auf modernen Instrumenten spielen.

Monteverdi ist ein besonderer Fall, weil er in ›Poppea‹ und ›Ulisse‹ nur zehn Musiker hatte und im ›Orfeo‹ einige ausgestorbene Instrumente benutzte. Das ist aber eine ausgesprochene Ausnahme. ›Orfeo‹ haben wir natürlich auf dem Stimmton a = 465 Hz gespielt, was eine Veränderung im Vergleich zu den modernen Orchestern ist, diese Entscheidung über die historische Stimmtonhöhe. Außerdem braucht man natürlich Zinken und alte Zugposaunen, und die passen dann wieder nicht zu den modernen Stahlsaiten. Aber ›Orfeo‹ benötigt eigentlich auch kein Barockorchester, sondern ein Renaissance-Orchester, das auf den Florentiner Intermedien von 1589 basiert. ›Orfeo‹ markiert das Ende der Renaissance-Tradition. Die beiden späteren Opern, die für die öffentlichen Opernhäuser Venedigs geschrieben wurden, ›Ulisse‹ und ›Poppea‹, sind richtige Continuo-Opern, wo vor allem akkordisch begleitet wird. Amore in ›Poppea‹ ist die einzige Partie, die zwei Minuten lang von Streichern begleitet wird. Sonst spielen die Streicher nur die Ritornelle. In München hatten wir ein modernes Streichorchester, das allerdings sehr intensiv gelernt und geprobt hat, und dazu eine spezialisierte Continuo-Gruppe. Ohne diese Spezialisten im Continuo-Apparat geht es nicht, weil man dafür einfach die ganze Farbpalette dieser fünf Spieler braucht: Lirone, Chitarrone, Harfe, Cembalo und Orgel. Für den Puls der Monteverdischen Musik ist diese Continuo-Gruppe verantwortlich, da braucht man einfach Spezialisten, aber die Ritornelli kann man auch mit modernen Streichern spielen. Anders verhält es sich mit der französischen Barockmusik, die selbst für spezialisierte Barockorchester unglaublich schwer ist. Und weil wir die so selten spielen, brauchen wir länger, mit diesem Stil, dieser rhythmischen Komplexität, den ›notes inégales‹ und so weiter zu Rande zu kommen. Rameau ist unglaublich schwer zu spielen. Das würde sehr lange dauern und sehr kompliziert sein, das mit einem modernen Orchester einzustudieren. Die Stimmtonhöhe ist das nächste Problem, das müssen sie schon in a = 392 Hz spielen, weil das von fundamentaler Auswirkung auf die Besetzung des Haut-contre, der hohen Tenor-Partien ist. Wenn Sie das im modernen deutschen Stimmton a = 446 Hz spielen, ist das eine Tortur für die Sänger. Selbst wenn Sie jemanden finden würden, der das singen könnte, hätten Sie einen völlig anderen Eindruck.

Was müssen moderne Orchester zuerst lernen, wenn Sie Alte Musik spielen wollen?
Ich würde zuerst versuchen, sie dazu zu ermutigen, mehr als erweitertes Kammerensemble zu funktionieren, ihre Erfahrungen zu reaktivieren, die sie beim Streichquartett-Spiel gemacht haben. Das wäre das Allerwichtigste. Dann müssen sie ein Gespür für die inneren Qualitäten des Klangs entwickeln, denn Alte Musik ist meistens nicht besonders einfallsreich instrumentiert. Die Instrumentierung liegt in der Räumlichkeit des Satzes und im Relief des Gewebes selbst. Dieses Relief muß man herauszutreiben versuchen, denn ohne dieses Relief klingt diese Musik einfach nur eintönig, und man hört sie auf einem primitiven Level, was dann die Leute langweilt. Darum haben die Leute Händel-Opern immer so langweilig gefunden, aber in Wirklichkeit sind sie einfach nur schlecht aufgeführt worden, man hat das Notenbild einfach viel zu simpel gedeutet. Barocke Partituren enthalten zum Beispiel nur sehr wenige dynamische Angaben, um das mindeste zu sagen. Man hat das ›colla parte‹-Spiel nicht verstanden, daß an bestimmten Stellen gewisse Instrumente die Geigen- oder die Bratschen-Stimme selbstverständlich mitspielen, auch wenn das nicht ausdrücklich in der Partitur vermerkt ist. Man muß einfach wissen, wie die barocke Notation in der Art des 18. Jahrhunderts zu lesen ist. Partituren sind nicht gleich Parituren. Eine Partitur von Benjamin Britten oder Pierre Boulez ist überdeutlich ausnotiert, da gibt es wenig Interpretations-Spielraum, wenig, das offen gelassen wird, auch wenn sie dann sehr unterschiedlich unter verschiedenen Dirigenten klingen kann. In einer barocken Partitur müssen Sie zahlreiche fundamentale Entscheidungen selbst treffen. Bei Monteverdi kann es ihnen zum Beispiel passieren, daß Sie das Ganze eine Quarte zu hoch spielen, nur weil Sie das System der barocken Schlüssel, der ›Chiavette‹ nicht richtig verstanden haben. Das macht einen Riesenunterschied, wenn Sie da plötzlich Soprane statt Altistinnen oder hohe Männerstimmen singen lassen. Ein Minimum an fehlendem Wissen kann Sie völlig auf den Holzweg bringen. Das ist meines Erachtens die Arbeit des Dirigenten, das herauszufinden. Aber das ist natürlich keine Garantie für eine gute Aufführung. Ich nenne das eine ›pre-performance decision‹, eine der Aufführung vorausgehende Interpretations-Entscheidung. Und darin unterscheide ich mich auch von meinen Kollegen in der Alten Musik. Einige meiner Kollegen sind der Meinung, daß diese Interpretations-Entscheidung genügt, um eine gute Aufführung auf die Beine zu stellen. Man kauft sich oft Alte-Musik-Platten mit wunderbar-inspirierenden Ausführungen im Booklet, warum in den letzten 20 Jahren alles falsch gemacht wurde und wie man es richtig macht, und dann ist die Platte selbst

manchmal ziemlich langweilig. Das reicht eben nicht, man muß mit dem Klang arbeiten.

Glauben Sie, daß die Zukunft der Opernhäuser in der Alten Musik liegt?

Ich glaube, daß dieses Repertoire bereits gegriffen hat. Die Händel-Renaissance der letzten zehn Jahre zeigt, daß es ein Publikum dafür gibt und das aus gutem Grund, denn die Musik ist von hoher Qualität und das Drama ist von hoher Qualität. Das sind nicht bloß verknöcherte Strukturen. Wenn wir uns den Widerstand gegen Händel und die Tradition der verzierten Dacapo-Arie bei Leuten wie Gluck ansehen, dann merken wir, daß diese Haltung von den Kritikern des 19. Jahrhunderts einfach nachgesprochen wurde. Aber wir vergessen dabei, daß Händel immerhin 30, 40 Jahre lang der Star des Musiktheaters gewesen ist. Da muß er schon ein paar Qualitäten gehabt haben, und es ist unsere Aufgabe, diese Qualitäten zu finden und an den Mann zu bringen. Händel wird also bleiben. Gluck ist jetzt in einem viel größeren Maßstab als nur mit dem ›Orfeo‹ und der ›Iphigènie en Tauride‹ im Kommen. Das ist, meiner Meinung nach, einer der ganz großen Komponisten. Und Monteverdi ist sowieso schon fest im Repertoire. Die meisten größeren Häuser werden früher oder später ihre eigenen Monteverdi-Zyklen herausbringen.

Glauben Sie, daß Engländer einen besonderen Sinn für Alte Musik haben?

Nein. Wir hatten gute Ensembles, weil London eine internationale Stadt ist, die viele Leute anzog. Das war ein guter Boden für Alte-Musik-Ensembles. Aber heute diskutieren wir manchmal darüber, daß wir mittlerweile überholt worden sind von Ensembles wie dem Freiburger Barockorchester oder Concerto Köln, weil die wirklich als stabiles Ensemble auf dem höchsten Niveau kontinuierlich zusammenarbeiten können. Die Bereitschaft, so etwas zu subventionieren, gehört auf so vielen Gebieten nicht zu den englischen Tugenden. Das führt zwar nicht zu einer dramatischen Abwanderung der Talente, aber der kritische Punkt, an dem die Bewegung umkippt und eine Kettenreaktion auslöst, bleibt eben auch aus. Wir haben das wunderbare Orchestra of the Age of Enlightenment in London, das sich eine gute Nische geschaffen hat und mit guten Dirigenten zusammenarbeitet und nicht bloß mit den Dirigenten, die zur Gruppe gehören. Das ist, meines Erachtens, ein gutes Modell, wie so ein historisches Orchester erwachsen werden kann. Ein gutes Orchester darf nicht abhängig sein von einem Burschen, der ihnen die ganzen Aufträge verschafft. Die Selbständigkeit wird sie dann automatisch auf ein höheres Niveau heben. Diese Orchester müssen Gastdirigenten einladen und mit Leuten aus anderen Szenen zusammenarbeiten. Das ist ein beidseitiger Prozeß: jeder lernt vom andern, der Dirigent vom Orchester, das Orchester von jemandem wie Simon Rattle. Es ist schon komisch, daß die Berliner Philharmoniker jetzt den Principal Guest Conductor des Orchestra of the Age of Enlightenment zu ihrem Chefdirigenten gewählt haben.

Welche Erfahrungen haben Sie mit deutschen Orchestern gemacht?

Ich habe viel mit dem Bayerischen Staatsopern-Orchester gearbeitet, und ich muß sagen, ich liebe diese Leute, das sind wirklich meine besten Freunde. Sie haben mir unglaublich geholfen. Sie haben gesehen, daß ich einen anderen Zugang zur Musik habe als sie es damals gewohnt waren und haben mir auf faire Weise zugehört. Sie hätten ja auch sagen können: wer ist denn dieser exzentrische Engländer, der so komische Sachen von uns will? Vielleicht dachten ein oder zwei Musiker am Anfang so, und vielleicht denken sie immer noch so, aber die Mehrheit der Musiker hat mich warm aufgenommen. Das sind tolle Musiker und im ›Ariodante‹ haben sie wieder einen Schritt weiter nach vorn gemacht. Und das gilt eigentlich von allen Häusern, an denen ich gearbeitet habe, denn wenn wir diese Stücke spielen, sollten wir sie gut spielen und sollten alles in unserer Macht Stehende tun, sie so gut wie möglich zu spielen. Und dieses ganze Training kommt natürlich stillschweigend auch dem späteren Repertoire zugute. Die normale Konservatoriums-Ausbildung für traditionelle Musiker zielt darauf ab, daß die Absolventen das Repertoire der Mitte des 19. Jahrhunderts sehr gut bewältigen und den unhörbaren Bogenwechsel beherrschen, was eine grandiose Fähigkeit ist und viel harte Arbeit erfordert, aber in der Barockmusik nicht immer wünschbar ist. Diese Fähigkeit steht eben in der traditionellen Hierarchie höher als barocke Techniken. Darum verstehe ich auch, daß die Musiker vielleicht sagen: Wofür habe ich denn zehn Jahre lang gearbeitet, wenn ein historisierender Dirigent vor ein modernes Orchester tritt und sagt: bitte machen Sie das nicht! Ich verstehe, daß man Angst hat, lang erarbeitete und gute Gewohnheiten zu verlernen. Aber das ist auch eine Frage der geistigen Flexibilität. Ich dirigiere ja auch spätere Musik und kann dann wieder umschalten auf die barocke Spielweise. Das Wunderbare daran ist, daß man auf einmal merkt, was alles in dieser Musik liegt. Die Unterschiede zwischen verschiedenen Werken werden einem auf einmal viel deutlicher. Und je genauer man das kennt, was davor war, umso besser begreift man die Modernität eines Komponisten und das Neue, das er geschaffen hat.

Ziehen normale Opernorchester aus der Beschäftigung mit der Alten Musik Nutzen auch für ihre Interpretationen Neuer Musik?

Ja, beiden Sparten ist das Ungewohnte gemeinsam. Wenn Sie das Selbstvertrauen haben, mit einer ungewohnten Situation umzugehen ... Meine Erfahrung ist die, daß die Musiker dann mehr auf die Musik hören und nicht so sklavisch am Schlag des Dirigenten hängen, sondern wirklich anfangen, aufeinander zu hören. Ich sage oft zu Orchestermusikern: lassen sie uns keine Regel über den Gebrauch des Vibratos aufstellen, lassen sie uns nicht einfach generell weniger machen, sondern wenn der Satz weniger weiträumig ist, wenn Violinen und Cellli eng beieinander liegen, dann ist Vibrato anachronistisch. Wenn der Satz weiträumiger ist, hat der Klang mehr Freiheit zu atmen, hat man mehr Platz, auf jeden Ton zu hören. So funktioniert Klang. Das ist kein barockes Gesetz, das ist einfach die praktische Erfahrung. Ich sagen den Musikern dann: hören sie einfach darauf und machen sie es selber. Und dann fangen sie an, auf ihre Kollegen zu hören. Das klingt jetzt wie eine Selbstverständlichkeit. Aber meistens hören die Musiker eben nicht genau darauf, was ihre Kollegen spielen, was für eine Art von Melodie. Wir haben diese Fähigkeit alle, wir haben das gelernt, wir begleiten Lieder, wenn wir Pianisten sind oder wir spielen gemeinsam Kammermusik, aber wenn wir in größeren Gruppen spielen, vergessen wir das offenbar alles wieder. Besonders sehr große Ensembles sind schwierig, auch weil sie heutzutage sehr laut sind. Wenn man moderne Musik spielt, sind diese Erfordernisse, aufeinander zu hören, eben auch gegeben. Wenn sie Strawinskys Oktett oder Dumbarton Oaks spielen, müssen sie schon wissen, was die andern machen. Das kann man nicht in einem Vakuum spielen.

Wie gehen Sie mit der traditionelllen Aufführungspraxis romatischer Musik um?

Jeder im Orchester denkt: Ich bin musikalisch. Niemand würde sagen: Ich bin ein guter Techniker, aber unmusikalisch. Es ist sehr wichtig, das zu respektieren, und ich versuche, den Leuten zu zeigen, daß ich das respektiere. Das heisst nicht, daß ich vor Traditionen in die Knie gehe. Aber meine Aufgabe ist es, jeden Musiker zur Geltung kommen zu lassen. Natürlich muß ich die Struktur und die Interpretation vorgeben, und ich versuche das sehr schnell und effizient zu tun, sodaß die Dinge in der Arbeit früher oder später klar werden können. Orchester werden unaufmerksam, wenn sie nicht ziemlich bald verstehen, worauf die ganze Arbeit hinausläuft. Die Leute verlieren dann einfach die Geduld und sagen: wofür tun wir das eigentlich alles? Darum einige ich mich schon ziemlich am Anfang mit den Musikern über Dynamik und Phrasierungen. Und dann können wir uns ganz dem Klang widmen und sehen, wie wir ihn noch besser hinkriegen. Aber ich versuche, dem schnell eine Struktur zu geben. Und dann versuche ich die Aufmerksamkeit auf das kontrapunktische

Zusammenspiel zu lenken. Über Text spreche ich allerdings nicht viel. In der historischen Aufführungspraxis ist es seltsamerweise Brauch, daß ein Instrumentalist den Text auswendig kennt, wenn er eine Gesangslinie zu verdoppeln oder eine Echostimme zu spielen hat. Darauf lege ich keinen Wert.

Können Sie sich vorstellen, einmal Rossini, Offenbach, Wagner zu dirigieren?

Unbedingt. Ich brenne darauf, Wagner zu dirigieren, und ich werde auch ein bißchen zurückstecken und mir die Zeit dafür nehmen. Von Rossini habe ich schon eine ganze Menge in England gemacht: ›La gazza ladra‹, ›Barbiere‹, ›Cenerentola‹ und so weiter. Offenbach mag ich unheimlich gern, muß ich sagen. Ich habe auch schon eine Anfrage aus Wien, eine Operette zu dirigieren, aber wir müssen noch die Termine und all das koordinieren. Aber insgesamt möchte ich mein Repertoire in Ruhe erweitern. Wie ich bereits sagte, habe ich mir in Glyndebourne das 19. Jahrhundert-Standard-Repertoire von ›La Traviata‹ bis ›Ariadne auf Naxos‹ und Britten erarbeitet. Ich habe meine Lehrzeit ganz konventionell durchlaufen, nur auf der internationalen Ebene ist mein Name mit Monteverdi, Händel, Mozart verbunden, und das gefällt mir gar nicht und wird auch nicht so bleiben.

Glauben Sie, daß sich in der Wagner-Interpretation eine ähnliche Revolution der Auffürungspraxis ereignen kann wie auf dem Gebiet der Barockoper?

Das ist ja schon in vollem Gange. Die historischen Orchester nehmen ja schon Schumann mit historischen Instrumenten unter Gardiner auf, und Norrington hat die Wagner-Ouvertüren eingespielt, die sehr kontrovers diskutiert werden, und Berlioz. Einige dieser Aufführungen sind natürlich Pioniertaten, die auf der einen Seite kritisierbar sind, auf der anderen Seite aber auch eine neue Klarheit im Klangbild hervorbringen, um nur das Offensichtlichste zu nennen. Es ist einfach hochinteressant, zu untersuchen, wie Berlioz sein Orchester aufstellte, mit den Kontrabässen hoch über allem in der Mitte. Das ergibt einen vollkommen anderen Klang. Die Orchesteraufstellung ist meiner Meinung nach sehr wichtig. Aber wir können uns natürlich nicht sklavisch daran halten, sondern müssen das pragmatisch handhaben, da man nicht jeden Konzertsaal in eine Pariser Kirche und den Pariser Konservatoriumssaal verwandeln kann, wenn man Berlioz spielt. Aber wenn es wichtig ist und wenn man es irgendwie einrichten kann, sollte man schon eine Lösung dafür finden. Aber da sind natürlich viele Faktoren zu berücksichtigen. Eines der wichtigsten Probleme ist die Balance zwischen Streichern und Bläsern, die mit den modernen Instrumenten nur schwer herzustellen ist, besonders in der Struktur der modernen Sinfonieorchester mit ihren riesigen Streichergruppen, die die Holzbläser-Feinheiten völlig auslöschen können. Oder das Problem der wandernden Motive, das bei historischen Instrumenten kein Problem wäre. Dafür muß man versuchen, Lösungen zu finden. Was nicht heißt, daß die Streicher nicht spielen sollen.

Aber spezialisierte Ensembles mit einem spezialisierten Repertoire spielen es, weil sie besser geübt sind, auf einem höheren Niveau als ein konventionelles Orchester, das alles spielen muß.

Sie haben einen anderen Zugang zur Musik. Und dann können sie auf dem in einer Hinsicht wirklich besser sein, in einer anderen aber nicht so gut. Was zum Beispiel in Leipzig interessant ist: es gibt hier einige Leute im Gewandhausorchester, die auch Barockmusik spielen, was man nicht erwarten würde, eine Handvoll. Die fühlen sich dann wie die Fische im Wasser, und das wirkt sich dann auf das ganze Orchester aus. Man muß einfach eine gemeinsame Sprache finden, nicht nur eine musikalische, sondern auch eine Sprache, in der wir einander verstehen können, in der wir einem konventionell ausgebildeten Violinisten zum Beispiel deutlich verständlich machen können, was wir wollen.

Glauben Sie, daß die Organisation unseres Musiklebens mit den Universalorchestern, die täglich das gesamte Repertoire in Opern und Konzerthäusern spielen, in der Zukunft Bestand haben wird?

Ja, das wird sich noch eine ganze Weile halten. Die Ausbildung wird sich vielleicht ändern. Es gibt jetzt schon Geiger, die beides spielen, moderne und Barockvioline. Ich kenne Geiger, die nebeneinander in der London Sinfonietta und im Orchestra of the Age of Enlightenment spielen, und dasselbe gilt für eine ganze Reihe von Musikern des Philharmonia Orchestra oder des Leipziger Gewandhausorchesters. Und das wird zunehmen. Es ist auch für moderne Spieler wichtig, daß ihnen nicht einfach 150 Jahre regulärer Musik entgehen.

Aber ist es denn möglich, daß sich ein normales Orchester in so vielen verschiedenen Stilen auf demselben Niveau bewegen kann?

In diesem Fall wird der Dirigent außerordentlich wichtig: er muß den Schlüssel haben, um schnell den jeweils erforderlichen Stil zu erschliessen. Wenn man mit einem modernen Orchester arbeitet, muß man nicht nur in der Lage sein, seine Ideen mit Worten verständlich zu machen, sondern durch Gesten auch den Affekt der Musik darzustellen.

Aber ein weiteres Problem bei solchen Spezialisierungen liegt in der Knappheit der Probenzeit.

Das ist das Frustrierende an diesem System, aber alle Dirigenten klagen darüber, daß sie nicht genug proben können. Es ist wichtig, daß eine Neuinszenierung an einem Opernhaus gut geprobt wird. Wenn das nicht der Fall ist, wird die

Aufführung niemals gut werden, weil die Leute dann kein klares Bild von dem Stück haben, und dann ist noch unwahrscheinlicher, daß sie ein Jahr später mit einer Probe einen hohen Standard erreichen. Das deutsche Repertoire-System wird immer kritisiert, und ich kenne die Frustrationen, die mit ihm verbunden sind, auch. Auf der anderen Seite kriegt das deutsche Publikum aber auch eine ganze Menge für sein Geld. Ich weiß zum Beispiel, daß die Pariser frustriert sind, weil sie nicht genug Auswahl haben. Es ist schön zu wissen, daß man in einer großen Stadt wie München oder Berlin jeden Abend ein oder mehr Opern und Konzerte auf einem hoffentlich hohen Niveau hören kann. Das ist ein wunderbares Gefühl, und es ist auch wichtig für das Publikum, die Gewohnheit zu haben, da hin zu gehen, was in Deutschland meines Erachtens auch der Fall ist. In London hatten wir dieses furchtbare Chaos mit Covent Garden, aus dem wir jetzt hoffentlich allmählich rauskommen. Wir hatten eine Menge Probleme mit der Technik im neuen Haus, aber wir haben nur eine ganz kurze Spielzeit mit etwa 100 Aufführungen im Jahr, und davon sind Viele auch noch konzertant. Darum haben wir die Gewohnheit, in die Oper zu gehen, ein wenig verloren, was nicht heißt, daß die Leute nicht gehen. Aber es ist außerdem wahnsinnig teuer, sodaß ein Normalverdiener in die English National Opera gehen muß, wo alle Aufführungen englisch gesungen werden, was nicht in erster Linie das puristische Problem ist, ob man ein Werk in der Landes- oder in der Originalsprache aufführen soll, sondern das Problem, welche Sänger man findet, die das machen. Aber die Gewohnheit, in die Oper zu gehen, ist sehr wichtig, und das Repertoire-System nährt sie. Und dann liegt es bei den Künstlern, hart daran zu arbeiten, daß der Standard immer höher geschraubt wird.

Das Gegenmodell wäre das Stagione-System, das zum Beispiel in Italien praktiziert wird, wo Sie eine feste Besetzung für ein Stück engagieren, intensiv miteinander proben und dann eine Serie von Aufführungen rasch hintereinander abspielen.

Kein Dirigent würde sagen: nein, ich mag das nicht. In Brüssel machen sie das auch, in einem wundervollen Haus, aber das ist der pure Luxus. Aber die zeigen eben auch nur ganz wenige Stücke. Bologna bringt sechs Stücke im Jahr heraus.

Aber Oper ist Luxus.

Trotzdem würde ich das Repertoire-System verteidigen. Was ich in München vorfand, mit dem Bayerischen Staatsorchester: sie ringen unglaublich hart um gewisse Dinge, aber die Aufführung ist dann ein Ereignis. Die Leute kommen eine Stunde vor Vorstellungsbeginn, gehen ihre Stimme nochmal durch, und während der Aufführung herrscht dann eine unglaubliche Konzentration im

Orchester. Im Stagione-System, wo Sie ein Stück zehn oder zwölfmal hintereinander spielen, läßt die Spannung einfach nach. Als wir ›Giulio Cesare‹ in München nach zwei Jahren wieder aufnahmen, hatten wir einen Durchlauf, und manchmal waren die Aufführungen dann sogar besser als zwei Jahre vorher. In gewisser Weise hatten wir einen Lernprozeß durchgemacht und hatten auch einen gewissen Abstand gewonnen. Es geht natürlich auch umgekehrt, aber ich glaube, jeder muß in diesem System seine Rolle spielen. Der Dirigent darf nicht in Routine verfallen, was kein Dirigent von sich zugeben würde. Im Repertoiresystem hat man mehr Verantwortung, den Abend wirklich zu einem besonderen Ereignis zu machen, denn es könnte ja für irgendjemanden im Publikum seine allererste Oper sein.

Glauben Sie, daß die Oper als Gattung Zukunft hat?

Ja, sie hat ja schon vier Jahrhunderte überlebt. Meine Frau ist Kritikerin und sie sagt, daß es nie bessere Zeiten für Opernkomponisten gegeben hat, obwohl mich jetzt wahrscheinlich viele Komponisten, die um ihr Überleben kämpfen, für diese Aussage hassen werden. Oder allgemeiner: Oper ist natürlich ein Luxus, aber wir werden auch nicht ärmer, obwohl die Wirtschaft natürlich Hochs und Tiefs erlebt. Und ich glaube, Oper ist der Zweig der klassischen Musik, dem es gut geht. Sinfoniekonzerte verkaufen sich heute schwerer.

Ist es nicht seltsam, daß Oper im Moment populär ist, aber nur die Oper des 18. und 19. Jahrhunderts.

Ich finde nicht, daß man sich darüber zu sehr den Kopf zerbrechen sollte. Goethe wird ja auch nicht schlechter, weil er vor zweihundert Jahren lebte. Man kann von jeder Generation lernen. Große Kunst ist zeitlos und enthält allgemeine menschliche Wahrheiten.

Warum gibt es heute keine Opern mehr, die so beliebt sind wie die alten Stücke?

Es gibt doch welche, ›Peter Grimes‹ zum Beispiel.

Aber diese Oper ist doch auch schon an die fünfzig Jahre alt. Zu Mozarts Zeiten wurden fast ausschließlich neue Opern gespielt, und die Leute verstanden sie und mochten sie und gingen hin.

Wir sind eben ein interpretierendes Zeitalter, wir gehen in die Geschichte zurück bis zu Monteverdi und versuchen, die Schätze der Vergangenheit zu einem lebendigen Teil unserer Kultur zu machen. Darüber muß man sich überhaupt nicht lustig machen. Aber hinter Ihrer Frage liegt der Verdacht, daß sich die neue Musik in der Sackgasse der Unzugänglichkeit befindet. Ich vermute, daß das ein Reflex unserer pluralistischen Gesellschaft und der Massenkommunikation ist, daß man mehr oder weniger stilistisch eigenständige Musik haben kann oder Minimal Music oder fernöstlich beeinflußte Musik und daß es keine lineare Tradition mehr gibt, sondern auch eine Art von hermetischer Tradition. Die Bandbreite möglicher Einflüsse ist so unüberschaubar groß. Und dafür eine Stimme und ein aufnahmebereites Publikum zu finden, ist sehr schwer. Das funktioniert meistens eher über die CD als über ein Konzert, bei dem alle zur gleichen Zeit in der gleichen Stadt sein müssen. Ich finde das gar nicht so schlecht.

Aber gibt es zeitgenössische Musik, die heutigen Menschen den Spiegel ihres Lebens vorhält?

Ja, Mark-Anthony Turnage zum Beispiel hat gerade in London eine Oper geschrieben, ›The Silver Tassie – Der Pott‹ nach Sean O'Casey über einen Mann, der im Ersten Weltkrieg zum Krüppel wird und verbittert. Das ist ein sehr zeitgenössisches Stück über Verlust und unerfülltes Leben. Opern werden immer geschrieben werden. Da bin ich nicht so pessimistisch.

William Christie
Alte Musik stellt alles in Frage

Herr Christie: Monteverdi, Charpentier, Händel und Purcell sind Ihre Säulenheiligen, die sie auf die Ihnen und Ihrer Truppe eigene Weise anbeten. Wobei Sie nicht wenige Ungläubige mit Ihren Zeremonien bekehren. Ihre ›Gottesdienste‹ genießen, in Frankreich jedenfalls, geradezu Kultstatus. Ihr Ensemble ›Les Arts Florissants‹ hat allerdings auch einen ganz besonderen Klang.

Jedes Ensemble, jedes Orchester und jeder Chor entwickelt einen bestimmten Klang, wenn es lange genug zusammenarbeitet. Die Berliner Philharmoniker oder die Wiener Philharmoniker oder das Philadelphia Orchestra zum Beispiel haben alle ihren eigenen Klang. Das gleiche gilt für bestimmte Institutionen mit Mitgliedern, die viele Jahre lang zusammenleben, also zum Beispiel der Klang der englischen Kathedral-Chöre, New College Choir Oxford oder King's College Cambridge zum Beispiel. ›Les Arts Florissants‹ nehmen ständig neue Talente auf, aber sie haben die Eigenheit, daß die Musiker sehr lange bei uns bleiben. Und diese Leute haben mit mir eine besondere Art von Stil entwickelt, einen meiner Meinung nach sehr individuellen Stil. Unser Stil oder, besser gesagt, unsere Stile basieren im wesentlichen auf einem linguistischen Fundament. Wenn wir Musik erarbeiten, und wir erarbeiten Musik in vier verschiedenen Sprachen: Französisch, Italienisch, Englisch und Deutsch, dann versuchen wir ein Gefühl für das Wort, für die Sprache in diese Musik hineinzubringen. Ich dirigiere gerne Orchester, aber am glücklichsten bin ich, wenn ich menschliche Stimmen habe. Das ist das Wichtigste, wenn wir über Musik sprechen. Wenn wir am französischen Stil arbeiten, dann schimmert da die französische Sprache durch, wenn wir am italienischen Stil arbeiten das Italienische. Daran arbeiten wir sehr hart. Meiner Meinung nach wird Musik in vielen Fällen aus der Sprache geboren. Das ist der eine Aspekt unseres Stils. Der zweite zentrale Punkt sind die musikwissenschaftlichen Aspekte, daß man zum Beispiel weiß, wie bestimmte, ungewöhnliche Instrumente gespielt und gestimmt wurden, wie die historische Stimmung zu einer bestimmten Zeit an einem bestimmten Ort überhaupt war und so weiter. Ich spreche nicht von ›Authentizität‹, aber es ist essentiell für mich, mich über die historischen Gegebenheiten zu informieren.

Wieviel stammt davon aus der barocken Rhetorik, wieviel aus Ihrer eigenen Phantasie?

Wenn wir nicht über Authentizität sprechen, müssen wir über etwas anderes reden: und das bin ich. Historisch informierte Aufführungspraxis heißt, daß ich Zutaten verwende, Details, die sehr wichtig sind, angefangen bei den historischen Instrumenten. Aber es wäre unehrlich zu leugnen, daß ein großer Teil des Ergebnisses von mir kommt. Warum klingt mein Monteverdi anders als der eines anderen historisch informierten Dirigenten? Der andere Punkt, den man sich fragen könnte ist: Warum klingt unser Monteverdi anders als unser Purcell und unser Charpentier? Nun, wir versuchen Monteverdi diesen Überschwang, diese außerordentliche Vitalität mitzugeben, die italienisch ist. Unser Charpentier ist sehr verfeinert, sehr tänzerisch, sehr leicht und entspricht der französischen Musikästhetik des späten 17. Jahrhunderts. Und Purcell ist unberechenbar, eigenwillig, genial, eine Mischung aus den beiden Stilen, italienisch und französisch, und das versuchen wir hörbar zu machen durch diese Verbindung, die die Sprache darstellt.

Welchen Stil mögen Sie denn lieber, den französischen oder den italienischen?

Ich habe keinen Lieblingsstil. Wenn ich Charpentier spiele, denke ich nicht: ach, könnte ich doch Monteverdi spielen, der ist besser. Und wenn ich Charpentier spiele, denke ich nicht: Um Gottes willen, jetzt verpasse ich Purcell. Man hat eine Gruppe von Komponisten, die man mag, wie man Speisen oder Getränke oder Kleidung mag, aber wenn Sie einen guten Weisswein trinken, wollen sie keinen guten Rotwein trinken. Wenn Sie mich fragen würden, ob ich Schostakowitsch lieber mag als Purcell, würde ich sagen: Nein. Aber wenn Sie mich fragen, ob ich Monteverdi, Rameau, Bach oder Mozart lieber mag, dann sage ich auch: nein.

Trotzdem habe ich den Eindruck, daß Ihr Purcell trotz aller historischer Recherchen französischer klingt als der Purcell von englischen Ensembles.

Das liegt daran, daß Purcell meines Erachtens ein Franzose war. Jeder gute englische Komponist, der in den 1670er, 1680er Jahren in London lebte und am Hof wirkte, orientierte sich viel mehr an der französischen als an der italienischen Musik. Das ist mein musikwissenschaftlicher Standpunkt. Hätte Purcell länger gelebt, hätte er sich meiner Meinung nach dem italienischen Geschmack des späten 17. Jahrhunderts angenähert, d.h. Scarlattis, Stradellas, Steffanis und so weiter. Aber wenn man sich die Einzelheiten seines Stils ansieht und die Art und Weise, in der diese Musik aufgeführt wurde, besonders die Theatermusik, dann ist sein Vorbild zweifellos Frankreich. Das sind Dinge, die meine

42 William Christie

englischen Kollegen aus offensichtlichen Gründen geradezu ignoriert haben. Purcell ist für sie natürlich ein englisches Genie. Aber Fakt ist, und das sagt er selbst, daß er sich sehr stark an der französischen und italienischen Musik orientiert hat, um seine Musik zu verbessern. In den nächsten Jahren wird sich die Ansicht auch in den angelsächsischen Ländern durchsetzen, daß Purcell dem Kontinent und besonders Frankreich eine ganze Menge zu verdanken hat, was nicht heißt, daß er darum weniger genial oder begabt war. Es sagt nur etwas über das Verhalten der Komponisten, besonders in der weltlichen und in der Theatermusik aus. Aber das Vorbild war Frankreich, in überwältigender Weise.

Halten Sie es nicht für ein großes Problem, wenn das Publikum die Sprache nicht versteht, insbesondere bei den Monteverdi-Madrigalen, bei denen die Sprache so wichtig ist?

Ich glaube, daß wir das Publikum unterschätzen, wenn wir sagen: ach, Herr Christie, sie kennen die Mythologie nicht, sie verstehen das klassische Italienisch nicht oder: wir sind zu weit weg von dieser mythologischen Welt Ovids und der italienischen Renaissance. Ich bin immer wieder fasziniert, wie kenntnisreich und intelligent die Leute sind. 1987/88 ging ich mit einer Tragédie lyrique, Lullys ›Atys‹, in Amerika auf Tournee, eine sehr geschniegelte Sache. Natürlich habe ich, wie einige meiner Kollegen, zu mir selbst gesagt: Wir schmeißen Perlen vor die Säue, das ist ziemlich fürchterlich gesagt, aber ich dachte damals so. Wir spielen französische Musik des 17. Jahrhunderts vor Menschen, die nicht die geringste Ahnung von der französichen Tragödie oder überhaupt von antiker Mythologie haben. Ich hatte mich völlig getäuscht. Ich war überwältigt, wie sich die Leute vorbereiteten, wie sie auf der Treppe der Brooklyn Academy of Music saßen und die Übersetzung lasen. Und ich unterhielt mich mit Leuten, die unglaublich viel über Atys und Cybele und den antiken Mythos wußten. Natürlich gibt es immer Leute, die sich einen Dreck um Tancredi und Clorinda scheren, aber die Leute, die neben diesen Leuten sitzen, tun vielleicht das Gegenteil. Natürlich ist es unabdingbar, daß man den Leuten, sowohl in der Oper als auch im Konzert, Übersetzungen an die Hand gibt. Da lege ich allergrößten Wert drauf. Aber ich glaube nicht, daß das wirklich ein Problem ist. Wenn diese Musik so weit weg und so schwer zu verstehen ist, hätten wir nicht den Erfolg, den wir haben. Und das interessanteste Phänomen der Jahrtausendwende ist, daß die theatralischen Formen der Barockmusik, in der der Text essentiell ist, die Formen sind, die am meisten Erfolg haben. Natürlich gibt es Bachs Brandenburgische Konzerte und Händels Concerti grossi und Vivaldi, aber Händel-Opern und Tragédie lyrique erfüllen das Bedürfnis nach einer Botschaft, nach Text.

Aber glauben Sie nicht, daß diese positiven Reaktionen mehr auf die optischen Reize Ihrer Aufführungen zurückzuführen sind als auf die musikalischen?

Achtzig Prozent meiner Konzerte eines Jahres sind der Musik mit Text gewidmet und mit Ausnahme unserer Opernaufführungen machen wir nur sehr wenig in halbszenischer Form. Normalerweise stehen die Sänger einfach mit den Noten da und singen, aber offenbar ergreift diese Musik die Leute immer noch.

Warum ist Barockmusik Ihrer Meinung nach heute so populär?

Das sollten eigentlich Sie mir erzählen, denn Sie interessieren sich ja für mich. Ich glaube, es gibt eine ganz kindliche Faszination für das 18., 17., 16., ja sogar für das 15. und 14. Jahrhundert. Das Zauberwort heißt, glaube ich: Neuheit. Wenn ich mit jungen Leuten spreche – und eines der schönen Dinge bei der Alten Musik ist, daß das Publikum jung ist –, dann habe ich immer den Eindruck, was diese Leute an dieser Musik fasziniert, ist, daß sie neu ist. Sie haben sowas noch nie gehört. Wir spielen Musik, die nicht annähernd so viel gespielt worden ist wie Beethoven, Debussy oder Brahms, und das interessiert die Leute. Wenn Sie zehn Jahre lang Musik hören, können Sie sich sagen: ja, ich habe viel Beethoven gehört. Das ist phantastisch, denn Beethoven ist das größte Genie der Welt. Sie können sich die 9. Sinfonie jeden Monat anhören. Aber manch einer sagt sich dann natürlich auch: o. k., aber es gibt ja vielleicht auch noch was anderes. Was wir in den letzten Jahren wahrgenommen haben, ist der Umstand, daß es genauso viele Genies und Meisterwerke im 17. und 18. Jahrhundert gibt wie im 19. und 20. Und das ist etwas Neues für uns, diese Musik klingt neu, weil wir sie nicht so oft wie ›La Mer‹ von Debussy gehört haben. Und das ist einfach interessant, mal etwas Neues zu hören. Und zur Neuheit der Literatur kommt die Neuheit der alten Instrumente. Für viele Leute ist es immer noch schockierend, eine Lirone oder eine Barockoboe zu hören. Das tut zunächst mal weh, aber bringt auch ein neues Hörgefühl mit sich. Der dritte Punkt ist die barocke Rhetorik: Musik erzählt eine Geschichte, sei sie italienisch, französisch, englisch oder deutsch. Diese Musik, wie jede Kunst im 17., 18. Jarhundert, hatte vor allem ein Ziel vor Augen: den Hörer zu berühren, zu bewegen, eine Reaktion hervorzurufen. Und weil sie barock war und ein etwas übersteigertes Selbstwertgefühl hatte, wurde diese Botschaft mit großem Aufwand, mit großer Wirkung inszeniert. Wenn Sie eine Tragédie lyrique aufführen, dann wollen Sie Eindruck machen, überwältigen, bewegen, Tränen des Mitleids oder der Freude hervorrufen. Das ist der Zweck großer Kunst.

Glauben Sie, daß Barockmusik für Neulinge der klassischen Musik leichter zugänglich ist als andere Musik?

Nein, Mendelssohn und Schumann können jemanden, der nichts von Musik versteht, genauso packen. Sie haben Melodien, Rhythmen und sprechen eine Sprache, die unserer eigenen näher ist. Aber der Unterschied ist der: Barockmusik wollte nicht Kunstmusik sein. Man wachte morgens auf und hörte Musik. Es gab Musik für jede Lebenslage: ganz einfache Melodien, nach denen man tanzte, Musik für die Kirche, für die Tafel, für Begräbnisse, für Hochzeiten und so weiter. Diese Musik hat das ganze Leben umfaßt und zwar mehr, als die Kunstmusik des 19. und frühen 20. Jahrhunderts. Und darum gibt es natürlich auch Musik, die sehr einfach in ihrer Machart ist, aber ich glaube, in ihrer Wirkung und Funktion ist sie nicht einfach.

Herr Christie, einige Ihrer Kollegen haben bei Monteverdi angefangen und dirigieren heute Brahms und Wagner. Werden Sie das auch tun?

Ich glaube nicht. Ich bewundere die Leute, die das tun und finde es wichtig, daß es Leute wie John Eliot Gardiner und Roger Norrington gibt. Was sie machen, ist, die Alleinherrschaft und Autorität einer anderen Welt herauszufordern, die sich – um es etwas hochtrabend zu sagen – als Hort und Verteidiger der Tradition des 19. und frühen 20. Jahrhunderts aufspielt. Ich meine die Welt des modernen Dirigenten und des modernen Orchesters. Ich will nun nicht die einen verdammen und die anderen in den Himmel loben, aber diese neue Art von Dirigenten, die kompetent über Bach, Schütz und Monteverdi sprechen können, haben einen anderen Blick auf die spätere Musik. Sie haben einen intellektuellen Zugang, sie stellen Fragen und Dinge in Frage, sie bedienen sich eines intellektuellen Handwerkszeugs, das andere Dirigenten niemals gebrauchen mußten. Und das kommt von der Alten Musik. Es ist einfach interessant, die gesamte Berlioz-Tradition vom Standpunkt seines Orchesters in Frage zu stellen. Wäre es zum Beispiel nicht interessanter, sich Gedanken über die Blechblasinstrumente des 19. Jahrhunderts zu machen? Machen die nicht vielleicht einen Unterschied im Gesamtklang? Wie wirkten dieses Orchester, wenn dann der riesige Chor und die Solisten dazu kamen? Ergab das vielleicht ein natürlicheres Gleichgewicht, eine besssere Klangverschmelzung? Und die Antwort ist meines Erachtens sehr einfach: ja. Die nächste Frage ist: haben wir fehlerhafte Partituren benutzt? Die Dirigenten, die ich genannt habe, sind, glaube ich, mehr an den musikwissenschaftlichen Aspekten bei Berlioz, Beethoven, Schubert, Schumann interessiert als andere. Wir reinigen die Partituren, wir legen neue Lesarten vor, und das ist nur gesund. Natürlich kann man diese Partituren von Brahms und Schostakowitsch aus lesen, aber man kann sie eben auch von den früheren Stilen aus lesen, und das ist sehr interessant. Als ich

Frans Brüggen das erste mal Beethoven dirigieren hörte, habe ich geheult. Das war einfach überwältigend. Vielleicht ist das Orchester nicht das beste der Welt, es kann aber das beste sein. Aber das Wesentliche ist: sie haben Beethoven in einer vollkommen anderen Weise gespielt, als sie es vor 25 Jahren im Konservatorium gelernt haben und wir es immer noch tun, mit all den Stricharten und so weiter. Das ist das Wunderbare an der Alten Musik: sie bringt Bewegung in die Sache. Wenn man sich zum Beispiel die Pianisten anguckt: sie spielen Beethoven und Brahms nicht mehr mit so viel Pedal, selbst die modernen. Aber sie haben's vor 25 Jahren getan. Diese Art von Ernstnehmen der Details sickert jetzt allmählich bei den Modernen durch, und zwar durch solche Leute wie Roger Norrington und John Eliot Gardiner. Ich glaube, wir waren da ziemlich erfolgreich. Aber um auf Ihre Frage zurückzukommen, ob ich nächstes Jahr vielleicht Boulez dirigiere, meine Antwort lautet: nein. Ich habe eine sehr klare Position: es gibt so viel im 17. und 18. Jahrhundert, und ich fühle mich da sehr wohl. Ich habe zwar eine ›Missa solemnis‹ gemacht, aber die ›Missa solemnis‹, so revolutionär sie ist, ist für mich immer noch ein Stück aus dem 18. Jahrhundert, was ihre Bestandteile anlangt. Beethoven erweist Händel seine Reverenz, die ganze Tradition der Wiener Meßmusik ist in sie eingegangen – es steckt viel 18. Jahrhundert in dieser Messe, sie steht in einer Entwicklungslinie. Berlioz zu dirigieren würde mir dagegen Mühe bereiten, weil ich hier einen totalen Bruch sehe.

Die Romantik ist also Ihre Grenze?

Ja, aber gleichzeitig bin ich ein totaler Romantik-Fan. Ich liebe romantische Musik. Wenn ich morgen an einem großen Schumann-Werk teilnehmen könnte, wäre ich überglücklich. Aber ich glaube, ich würde es nicht tun.

Erinnern Sie sich an den Augenblick, als Sie sich in die Barockmusik verliebten?

Das ist eines der Dinge, die einfach passieren. Ich kann nicht sagen, daß ich mit sieben Jahren eines Morgens aufwachte und Bach stand an meinem Bett und sagte zu mir: Steh auf und wandle. Aber in gewissem Sinne ist genau das passiert. Als ich sieben oder acht Jahre alt war, hörte ich eine Aufnahme der B-Dur-Partita und der Französischen Suite von Bach, gespielt von Jörg Demus. Das war die hinreißendste Musik, die ich je gehört hatte. Ein oder zwei Jahre später hörte ich französische Musik, eine Aufnahme der ›Leçons de Ténèbres‹ von François Couperin in der Interpretation einer wunderbaren alten Dame, deren Kollege ich später am Pariser Konservatorium werden durfte: Laurence Boulay. Und ich habe diese Platte gehört, bis die Rillen platt waren. Schallplatten haben eine wichtige Rolle in meiner Begegnung mit Alter Musik gespielt. Kon-

zerte waren ein weiterer Zugang. Es wurde zwar nicht viel Barockmusik gespielt, aber es gab immerhin jedes Jahr den ›Messias‹. Und drittens gab es in
protestantischen Ländern wie Amerika, England und Norddeutschland einen
dritten Weg, Alte Musik kennenzulernen, und das war die Kirche. Meine Mutter
leitete einen Kirchenchor in unserer Gemeinde, und dadurch lernte ich Schütz,
Schein, Tallis, Gibbons, William Byrd im Gottesdienst kennen.

Hatten Sie Vorbilder, Idole, als Sie selber zu dirigieren begannen?

Ja, aber die werden Sie überraschen. Kurz bevor ich die Harvard University verließ, war ich in Tanglewood, dem Sommerfestival des Boston Symphony
Orchestra, und der große Mann dort war Leonard Bernstein. Und der war
damals wirklich mein Idol. Er war klug, fair, extrem fähig und äußerst zugänglich. Er hätte über Alte Musik sprechen können, er hat's nicht getan, aber als ich
ihn als Dirigenten vor einer Riesenmannschaft sah, da habe ich ihn wirklich wie
ein Idol bewundert. Auch Gustav Leonhardt war ein Idol. Außerdem bewunderte ich einige Sänger.

Musizieren Sie lieber in historischen Räumen als in modernen?

Nein, das macht keinen Unterschied. Es interessiert mich zu hören, wie Biber
im Salzburger Dom klingt oder eine Musik in dem Raum, für den sie komponiert wurde: François Couperin in seiner Kirche in Paris oder Charpentiers
Musik für die Princesse de Guise in den Archives Nationales. Aber ich bin kein
Maniac in dieser Frage. Was mir dagegen Sorgen bereitet, ist der Umstand, daß
man mich oft in sehr großen Sälen spielen lassen will, mögen sie nun alt oder
neu sein; Säle, die der Musik nicht entsprechen. Es macht mich traurig, wenn
man den Text nicht versteht und die Musik nicht hört, nur weil die Säle zu groß
sind.

Passen Sie Ihre Interpretationen größeren Sälen an?

Manchmal ja. Wenn mich jemand einladen würde, in Covent Garden zu spielen, würde ich sagen: o.k., aber dann brauchen wir 50 Leute im Orchester und
nicht 15. Als man mich einlud, ›Hippolyte et Aricie‹ von Rameau im Palais Gar-
nier in Paris zu dirigieren, habe ich mir klugerweise ein großes Orchester aus-
bedungen. Leider bekam ich nicht den Chor, den ich wollte. Aber das ist sehr,
sehr wichtig.

*Noch einmal die Frage nach der Historizität: betrachten Sie Ihre Aufführungen als
historische Rekonstruktionen oder als Interpretationen des 21. Jahrhunderts?*

Ich habe schon gesagt, ich kann mir nicht vorstellen, daß ich ›authentisch‹ bin.
Ich will es auch gar nicht sein. Erstens sind wir zu weit weg von diesen Leuten;
zweitens interessiert mich das überhaupt nicht. Es wurde soviel über ›Authen-

tizität‹ geschrieben, viel zu viel. Aber wir haben jetzt doch eine gewisse Übereinstimmung erzielt, daß wir Menschen des 21. Jahrhunderts sind, die bestimmte Mittel und die musikwissenschaftliche Forschung benutzen. Es gibt eine Anzahl von Dingen, die ich für wichtig halte: Stimmung, Stimmtonhöhe, alte Instrumente, historische Lehrbücher über Aufführungspraxis, aber ich verwende diese Dinge so, wie ich sie verstehe. Wenn Paul McCreesh, Trevor Pinnock, Christopher Hogwood, Ton Koopman, Jordi Savall dasselbe Stück spielen, klingt es jedesmal anders, das ist doch klar. Und es ist auch gut so.

Könnten Sie einige dieser Auffassungsunterschiede benennen?

Das umfaßt alles: es beginnt mit dem Tempo, mit der Phrasierung, der Wahl der Instrumente, denn oft ist die Instrumentation überhaupt nicht angegeben. Das hat mit den Musikern und Instrumenten zu tun, die man zur Verfügung hatte, mit der Besetzungsgröße, mit den Stimmen, die ich auswähle, mit Verzierungen und all den Dingen, die ich der geschriebenen Musik hinzufüge und hinzufügen muß, mit der Interpretation der Rhythmen, vor allem in französischen Werken, Stichwort ›notes inégales‹ … Das sind Dutzende von Entscheidungen, die von einem Interpreten verlangt wurden und werden.

Wie wählen Sie Ihre Sänger aus?

Das hängt ganz davon ab. Wenn ich Opern zu besetzen habe, suche ich Leute, die zu einer Rolle passen oder die vokalen Ansprüche erfüllen. Wenn ich Koloratur-Partien zu besetzen habe, suche ich junge, leichte, bewegliche Stimmen. Das hängt immer von der Partitur und, im Falle der Oper, vom Typus ab. Wenn ich Ensemble-Musik mache, suche ich Leute, die gerne mit anderen zusammensingen und auf die andern hören, das ist nicht bei jedem der Fall. Es gibt brillante Instrumentalisten, die aber mit niemandem zusammen spielen können. Die müssen einfach Solisten sein.

Können Sie Ihre Arbeitsweise beschreiben?

Das hängt von der Literatur ab, die wir erarbeiten und von der Art der Aufführung. Wir beginnen sechs Monate bis ein Jahr vor dem Konzert mit einem neuen Programm. Ich stelle den Mitwirkenden das Projekt vor, ich sage ihnen, wer ihre Partner sein werden. Bei unserem Abend mit Monteverdi-Madrigalen hatte ich mich entschlossen, daß diese Stücke auswendig vorgetragen werden. Also kamen die Sänger vorbereitet auf die erste Probe. Wir haben an der technischen Bewältigung gearbeitet, an der Stimmung. Es kommt zum Beispiel oft vor einem Konzert vor, daß wir einige Minuten darauf verwenden, die Terzen zu finden und das Gefühl für die historische Stimmung unter den Sängern herzustellen. Wir arbeiten an der sprachlichen Artikulation. Bei unseren Monteverdi- und Purcell-Programmen hatten wir zum Beispiel 10 Tage Wiederaufnahme-Proben, die die Tänze umfaßten, die halbszenische Inszenierung, die Musik, dafür auch Sprachlehrer für englisch und italienisch. Rita de Letteriis, die in Paris Italienisch unterrichtet, hat jeden Tag mit den Sängern gearbeitet, und zwar mit jedem Sänger einzeln und mit der ganzen Gruppe zusammen. Und in der gleichen Weise arbeite ich mit dem Orchester. Aber wir sind natürlich in einer glücklichen Lage, denn ich habe besonders für das italienische und französische Repertoire eine Continuo-Gruppe von Musikern, die nicht alle in Paris leben, aber die sich seit langem kennen: Anne-Marie Lasla, Erin Hadley, David Simpson, Stephen Stubbs. Und wir kennen unsere Reflexe, wir kennen uns so gut, daß ich Anne-Marie bloß Luft holen zu sehen brauche, um zu wissen, was sie im nächsten Augenblick tut. Das ist wichtig.

Es hat in Ihren Konzerten manchmal den Anschein, als würden Sie gar nicht dirigieren, sondern einfach Teil des Ensembles sein.

Warum soll man dirigieren, wenn man nicht muß? Viele dieser Bewegungen braucht ein Orchester gar nicht. Sie sind oft nur dazu da, die Show zu verkaufen. Wir haben einen großen Dirigenten-Mythos geschaffen: Dirigenten sind wichtig, und es gibt auch so etwas wie den großen Dirigenten. Das leugne ich überhaupt nicht. Ich blicke mit großer Demut zu Leuten wie beispielsweise Simon Rattle auf. Aber oft sind Dirigenten nur dazu da, Orchester zu unterwerfen oder sie aus ihrer Lethargie herauszupeitschen. Und manchmal machen sie eben nur auf Show, und da gibt's dann eine Menge überflüssige Gestikuliererei bei den Dirigenten. Es gibt viele Momente, ganze Minuten in einer Beethoven-Sinfonie, wo Sie dieses ganze Zeug überhaupt nicht brauchen. Das ist alles nur Show.

Sie bewegen bei der Aufführung auch Ihre Lippen. Singen Sie mit?

Nein, aber ich artikuliere den Text, den die Sänger singen. Das ist einfach eine bequeme Methode, die Sänger zusammen zu halten, wenn sie denselben Text singen.

Warum kommen Sie eigentlich so selten nach Deutschland?

Weil wir nicht eingeladen werden. Deutschland gilt als hochmusikalisches Land und hat ein Riesenangebot an Konzerten. Aber wenn man nach Deutschland kommt, merkt man doch, daß es eine Zurückhaltung gegenüber Alter Musik in der Art, wie wir sie machen, gibt. Das gilt auch für deutsche Ensembles wie Concerto Köln oder Musica Antiqua Köln. Die treffen immer noch auf Widerstand bei Leuten, die sagen, wir machen das lieber auf modernen Instrumenten in der Art, wie wir das immer gemacht haben und so weiter. Es ist schon bezeichnend, daß man in Deutschland noch immer ›Alte Musik‹ sagt und kein Wort für ›Early Music‹ hat.

Das liegt sicher auch daran, daß ein Haus wie die Pariser Oper Sie mit Ihrem Ensemble einlädt, Opern von Lully, Rameau, Händel zu machen, während ein Haus wie das Münchner Nationaltheater immer noch glaubt, Alte Musik von seinem Hausorchester spielen lassen zu können. Die Berliner Lindenoper ist da die einzige rühmliche Ausnahme, die dank Georg Quander ein Einsehen hatte.

Deutschland hat 50 Opernhäuser. Österreich hat 20. Für jeden jungen amerikanischen Sänger ist Deutschland das Paradies auf Erden, weil es so viele Arbeitsmöglichkeiten bietet. Aber es wird natürlich lahmgelegt von seinen verkrusteten Strukturen. Die Opernorchester müssen eben auch beschäftigt werden. Das schreckt natürlich Leute wie mich ab. Ich kriege das manchmal ziemlich bitter zu spüren, wenn wir Koproduktionen planen, aber die Häuser sagen: nur mit unserem Orchester. Und dann lehne ich, bisher jedenfalls, meist ab. München zum Beispiel sollte mit all seiner barocken Tradition eine Stadt der Alten Musik sein. Es ist erschreckend, aber es ist nicht mal eine Stadt der Neuen Musik. Es steht felsenfest auf dem Boden des 19. und frühen 20. Jahrhunderts. Ich habe eine Freundin in Starnberg, die viel für Alte Musik getan und einige Musik-Manager meinetwegen angesprochen hat. Und die sagten ihr, wir brauchen solche Leute hier nicht, wir haben hier alles, was wir brauchen.

Braucht man nicht auch größere Stimmen, wenn man Barockopern in Häusern wie der Staatsoper Unter den Linden oder im Münchner Nationaltheater aufführt? Gibt es einen Wandel in Bezug auf das Stimmideal?

Nein, das denke ich nicht. Am Konservatorium lernen Sie nicht Bach, Vivaldi, Rameau singen, sondern Massenet, Verdi und ein kleines bißchen Liedgesang. Und doch, wenn man über Stimmen spricht, ist es sehr wichtig zu beachten, daß die Historische Aufführungspraxis einen Geschmackswandel ausgelöst hat, der dem entspricht, für den Namen wie Roger Norrington und John Eliot Gardiner stehen. Wir hören heute Stimmen auf dem Konzertpodium und in der Oper, die dort noch vor 25 Jahren unvorstellbar gewesen wären. Was sind das für Stimmen? Leichtere Stimmen, Stimmen, die eher den Anforderungen des Belcanto entsprechen als denen des Verismo: Barbara Bonney, Dawn Upshaw... Das sind Stimmen, die man früher überhaupt nicht wahrgenommen hätte in den großen amerikanischen und europäischen Opernhäusern. Das Interessante ist, daß diese Stimmen, weil sie gut fokussiert sind und nicht gepreßt werden, genauso gut zu hören sind wie die großen Stimmen, von denen man immer sagt, daß man sie in den großen Opernhäusern unbedingt braucht. Es ist wahnsinnig, wenn Sie in Covent Garden Mozart hören, dann merken Sie, daß sich die Ästhetik gewandelt hat. Und das hat, glaube ich, viel mit uns zu tun.

Aber innerhalb der Alte-Musik-Szene hat sich doch das Gesangsideal auch geändert. Wenn Sie zum Beispiel an Anthony Rooleys ›Consort of Music‹ mit Evelyn Tubb und Emma Kirkby denken, die lange Zeit das Gesangsideal der Alten Musik verkörperten.

Man muß da sehr vorsichtig sein. Ich mag nicht alles, was meine Kollegen machen. Und ich glaube nicht, daß die englische Schule, die sie gerade nannten, repräsentativ für den gesamten Bereich der Alten Musik ist. Sie repräsentiert einen kleinen Ausschnitt: diesen kleinen, sauberen, ›weißen‹ Stimmklang. Und sie repräsentiert ein Repertoire, in dem Stimmvolumen nicht unabdingbar ist. Auf der anderen Seite gibt es Leute wie René Jacobs und mich, die seit Jahren große, reife Stimmen bevorzugen. Die Physiologie der menschlichen Stimme hat sich nicht geändert, solange Menschen auf der Erde leben. Im 17. Jahrhundert gab es genau das gleiche Problem: es gab Sänger mit großen Stimmen und Sänger mit kleinen Stimmen. Die Franzosen sagten damals: es gibt Stimmen für die ›Ballets‹, die großen Opernaufführungen, und Stimmen für die ›Airs‹, das Kammerlied. Nun kann es sein, daß wir kleine Stimmen mögen, weil wir intime Musik mögen, aber das läßt sich nicht generalisieren. Für mich war das nie eine Frage, daß ich große Stimmen mag. Aber die Frage ist interessant, denn Emma Kirkby hat eine ziemlich große Stimme. Ich nahm vor anderhalb Jahrzehnten eine große Hasse-Oper in Deutschland für den WDR auf, und Emma Kirkby sang damals die Titelrolle, ›Cleofide‹, und sie hatte so eine große Stimme, ich war überwältigt. Sie hätte eine große Karriere in diesem großen Repertoire statt im Kammerrepertoire machen können. Ich halte das für ein spezifisch englisches Problem.

Welche Rolle spielt Improvisation in Ihrer Arbeit?

Eine große, und zwar in jedem Sinne. Im französischen Air de cour, diesem zweiteiligen Lied, können Sie nicht einfach nur das singen, was in den Noten steht. Sie müssen eine Menge hinzufügen. Es gibt zum Beispiel ›grammatikalische‹ Verzierungen, die dem Sänger erlauben, einen besonderen Akzent auf betonte Silben zu legen. Es gibt Verzierungen, die der Gesangslinie Anmut und Schönheit verleihen. Es gibt Verzierungen, die es dem Sänger erlauben, die zweite Strophe von der ersten abzuheben.

Schreiben Sie Ihren Sängern die Verzierungen vor?

Wenn sie es brauchen, ja. Das Prinzip der Verzierungen, besonders in Italien, war, die Stärken einer Stimme besonders hervorzukehren. In diesem Sinne ist es Quatsch, einem Sänger vorzuschreiben, was er zu tun hat und herauszufinden, was er schon weiß. Wenn er eine gute Kopfstimme oder einen phantastischen Triller oder eine phantastische Koloraturentechnik hat, dann verwenden sie die natürlich auch in ihren improvisierten Kadenzen in der Dacapo-Arie. Aber wenn sie blöd sind oder keine Übung haben, nimmt man sie natürlich beiseite und schreibt ihnen was auf. Ich komme allerdings, anders als einige meiner Kollegen, nicht mit fünf Seiten Manuskript auf die Probe und sage: das will ich hören. Und ich schreibe auch meinen Continuo-Spielern nicht vor, was sie tun sollen, wie es heute manchmal geschieht.

Sir Colin Davis
Ein Dirigent ist kein Tierbändiger

Herr Davis, Sie halten in Dresden einen Kurs mit jungen Nachwuchsdirigenten ab, obwohl Sie vor ein paar Jahren noch in einem Interview gesagt haben: Dirigieren kann man nicht unterrichten.

Ja, dabei bleibe ich auch. Aber ich schaue mir mal den Nachwuchs an. Man kann allenfalls ein bißchen Schlagtechnik weitergeben, aber das macht ja noch keinen Dirigenten aus. Er muß natürlich schlagen können, aber das ist nicht so schwierig.

Was macht für Sie einen Dirigenten aus?

Sein Temperament. Sein Herz muß total und unbedingt für die Musik schlagen. Dann kann er mit seinem Körper alles ausdrücken, was er will.

Wie wollen Sie aber den jungen Dirigenten oder den Musikern, die Dirigent werden wollen, das beibringen?

Ich versuche, Ihnen eine Ahnung davon zu geben, wie sehr es auf das Gefühl ankommt, beispielsweise in einer Symphonie von Brahms. Sie sollen begreifen, daß aus diesem Gefühl sich Struktur und Ausdruck ergibt.

Sie haben Brahms schon genannt. Die Pflichtstücke der Kursteilnehmer sind Brahms und Mozart, die Linzer Symphonie und der ›Figaro‹. Warum diese Auswahl?

Im ›Figaro‹ können Sie lernen, wie man ein Rezitativ begleitet mit dem Orchester. Es ist nicht so leicht. Man muß wirklich alles dabei unter Kontrolle, gewissermaßen in der Hand haben. Mozart ist so natürlich und einfach, so transparent, daß man als Dirigent ganz nackt vor ihm und vor dem Publikum dasteht. Da kann man nichts vertuschen. Es ist nicht leicht, Mozart zu dirigieren. Eine ganz andere Welt ist Brahms. Brahms steht für die Romantik, so wie Mozart für die Klassik, und in diesen beiden konträren Komponisten ist alles zu finden und zu vermitteln, was man wissen muß.

Sie haben aus einer großen Anzahl von Bewerbern sechs ausgewählte Nachwuchsdirigenten zugewiesen bekommen, das sind ja relativ junge Leute, verfügen sie schon über dirigentische Erfahrungen oder sind es blutjunge Anfänger?

Sie sind wirklich Anfänger, haben sehr wenig Erfahrung, und das ist das Problem. Ein Dirigent lernt, was es heißt, zu dirigieren, wenn er vor den Leuten steht mit dem Taktstock in der Hand! Da muß er sich fragen, wie benehme ich mich vor einer großen Menge Menschen? Wie beeinflusse, lenke, inspiriere, motiviere, kontrolliere und dirigiere ich sie?

Kann das nicht an den Hochschulen gelehrt werden?

Nur bedingt, denn niemandem wird dort die Chance gegeben, von Anfang an zu dirigieren. Ich bin der Meinung, ein Mensch, der dirigieren will als junger Mann, der muß eigentlich sein eigenes Orchester gründen. Er muß einen sehr starken Willen haben, muß aber auch verführerisch und charmant sein. Und er muß das Glück haben, im richtigen Augenblick die Möglichkeit zu bekommen, dirigieren zu dürfen.

Das heißt, es kommt darauf an, in welchem Umfeld hält er sich auf, wem begegnet er, wer fördert ihn etc. Und vor allem: was gibt es für Möglichkeiten, ihn an den Ausbildungsinstitutionen, bei den Orchestern, praktisch zu fördern? Das wird ja immer schwieriger! Die meisten jungen Musiker, die Dirigenten werden wollen, haben viel zu wenig Kontakt mit dem Orchester.

Wie sieht es denn mit dem Dirigentennachwuchs aus, gibt es viele Leute, die dirigieren wollen?

Unglaublich viele Leute wollen dirigieren. Und die meisten haben keine Ahnung davon, was von ihnen verlangt wird in diesem ›Traumberuf‹.

Worauf kommt es in der Realität dieses Traums in erster Linie an?

Diese Frage zu beantworten ist ein weites Feld. Entscheidend ist aber, daß man erst einmal wissen muß, warum man dirigieren will! Musik ist eine so aufregende, kommunikative, verbindende und ›gesunde‹ Angelegenheit, daß sie niemals langweilig werden oder klingen darf. Gelangweilte Musiker oder egomanische Dirigenten versündigen sich an der Musik. Musik muß Menschen begeistern, verbinden, aufregen, rühren und zusammenbringen. Wenn sie es nicht tut, und dafür ist der Dirigent verantwortlich, ist sie sinnlos. Dessen sollte sich jeder Dirigent bewußt sein.

Obwohl Sie skeptisch waren, ob man Dirigieren lehren könne, haben Sie jetzt zum ersten Mal so einen Dirigierkurs geleitet, nachdem Sie sich in der Vergangenheit sehr viel mit Sängern beschäftigt haben und mit Orchestern. Wie kam es zu diesem Sinneswandel?

Der Anstoß kam von der Dresdner Musikhochschule. Man hat mich gefragt, ob ich so etwas machen wolle und ich antwortete, ich hätte zwar keine Erfahrung im Unterrichten, aber ich könnte es ja einmal versuchen. Ob die Idee gut war, weiß ich nicht. Es war ein Experiment, und ich sagte mir, die Hauptsache, das Orchester und die Studenten, die dirigieren wollen, langweilen sich nicht. Viel-

leicht ist es am Ende nur eine große Unterhaltungs-Show. Why not? Und wenn die jungen Musiker dabei etwas lernen, hat sie sich gelohnt. Ob sie etwas gelernt haben dabei, weiß ich nicht.

Haben Sie mit diesem Kurs nicht auch der Stadt Dresden Tribut gezollt, der Sie ja sehr eng verbunden sind?

Eher meiner Ehre. Aber ich bin immer sehr glücklich hier und habe die Stadt und die Leute inzwischen kennengelernt, und ich komme immer wieder gerne zurück an die Elbe.

Wie sind denn Ihrer Meinung nach die Prognosen für die sechs Auserwählten, die Sie jetzt hier unterrichten? Gibt es unter ihnen große Begabungen?

Das ist schwer zu sagen, denn diese armen Kinder – verzeihen Sie mir den Ausdruck – kommen hierher und sind meist recht gehemmt, und die Hauptsache beim Dirigieren ist doch, ganz frei zu sein. Beim Musizieren muß man frei sein! Nur dann ist man locker und denkt nicht an Technik. Nur dann hört man einfach nur zu und versucht, die Musik aus sich selbst zu realisieren. Aber dahin zu gelangen ist eine lange, harte Arbeit.

Womit wir wieder bei der Technik wären. Der Schlagtechnik beispielsweise, die so ganz unwichtig ja nicht ist.

Sie ist sehr wichtig, aber der Mensch der schlagen kann, muß so gut sein, daß er das Schlagen vergißt. Es muß automatisch da sein, wenn er es braucht. Schlagen muß man selbstverständlich können, aber nur, wenn es nötig ist. Wenn man immerfort ein komplettes Stück hindurch schlägt, ist es furchtbar.

Wie sehen Sie denn den dirigentischen Nachwuchs grundsätzlich?

Es gibt so viele Orchester, so viele Konzerte, die Möglichkeiten sind enorm. Aber wo findet man die Talente, die diese Möglichkeiten zu nutzen wissen? Ich weiß es nicht. Ich glaube, es gibt höchstens zwei wirklich talentierte Nachwuchsdirigenten pro Generation.

Sie selbst sind ja ein Paradebeispiel dafür, daß jemand ohne eine klassische Dirigentenausbildung in einer Dirigentenklasse eines Konservatoriums diesen Weg gegangen ist. Sie sind, was man einen Autodidakten nennt.

So in etwa, aber ich hatte gute Freunde, die mir geholfen haben, als ich als junger Mann anfing mit dem Dirigieren, und sie haben gesagt: das funktioniert nicht, das darfst du nicht machen, darauf mußt du achten, mach's lieber so… Und ich hatte als junger Mensch das Glück, von Anfang an mit großen Musikern zu arbeiten, mit dem Amadeus-Quartett, den Grünberg-Brüdern, viele Leute aus Wien waren damals in London, und wir haben viel zusammen musiziert. Ich habe viel gelernt von denen, die mich damals im praktischen Musizieren belehrt haben.

Aber Sie haben angefangen als Klarinettist?

Ja, das ist so. Aber ich war als junger Bursche ein frecher Hund und wollte schon mit Dreizehn ein Dirigent sein. Das war natürlich absurd und unvernünftig, aber trotzdem mein fester Wille, von dem ich mich nicht abbringen ließ. Und Sie sehen ja, ich bin Dirigent geworden, obwohl ich an der Royal Academy of Music nicht in die Dirigentenklasse aufgenommen wurde, weil ich nicht genügend Klavier spielen konnten. Ich habe es trotzdem geschafft, mir meinen Berufswunsch zu erfüllen und verdiene noch heute mein Geld damit. Damals war ich natürlich wütend, daß man mir Knüppel zwischen die Beine warf. Auch ein bißchen wütend über mich, denn ich wollte unbedingt die Opern von Richard Strauss am Klavier spielen, was zugegebenermaßen nicht ganz einfach ist. Heute weiß ich, daß es ein großer Vorteil ist, sie nicht am Klavier spielen zu können oder zu müssen, denn Oper lebt aus dem Gesang. Wer singt, muß aber atmen können. Wer Oper dirigiert, sollte das nie vergessen. Das Wesen der Oper ist Gesang, ist das Atmen. Oper, auf dem Klavier gespielt und erarbeitet, benötigt keinen Atem. Und das ist die Tragödie. Alle Operndirigenten, die vom Klavier herkommen, verkennen das Wesen der Oper, vielleicht das Wesen der Musik überhaupt. Musik lebt nur mit und aus dem Atem, finde ich.

Sie haben ja eigentlich am Anfang Ihrer Karriere lange im Schatten großer Dirigenten gestanden und haben erst dadurch, daß Sie beispielsweise für Otto Klemperer und Georg Solti eingesprungen sind, mit Nachdruck auf sich aufmerksam gemacht.

Aber ich hatte schon sehr viel mit kleineren Orchestern gearbeitet, was mir dann, als ich eine Chance erhielt, enorm zugute kam. Das erste große Stück, an dem ich mich beweisen konnte, war ›Don Giovanni‹. Wenn man diese für einen Dirigenten anspruchsvolle Oper nicht genauestens kennt, geht man baden und blamiert sich bis auf die Knochen. Dann ist die sogenannte große Chance vertan. Und sie kommt nicht wieder! Glücklicherweise hatte ich mir den ›Don Giovanni‹ zuvor bereits gründlich erarbeitet, kannte ihn also sehr gut und liebte ihn. Vielleicht war das Glück, Schicksal, Zufall, daß ich mit diesem Stück ins Rampenlicht treten durfte.

Aber ist es heute nicht oft so, daß viele junge Dirigenten Dinge dirigieren, die sie eigentlich nicht wirklich dirigieren können? Oder anders gefragt, zu denen sie eigentlich nichts wirklich zu sagen haben? Fehlt den heutigen jungen Dirigenten der Idealismus, der Enthusiasmus in der Sache und der bedingungslose Arbeitswille jenseits profitorientierten Karrieredenkens?

Unsere heutige Welt, auch die Musikwelt, ist nicht mehr so, wie sie in meiner Jugend war. Meine Idole, meine Ziele waren die großen Künstler, die ich getroffen habe. Zum Beispiel Yehudi Menuhin, Claudio Arrau, Clifford Curzon, ich könnte manche andere aufzählen. Das waren Künstlerpersönlichkeiten, an denen ich mich orientiert habe. Persönlichkeiten, die nicht nur als Künstler herausragten, sondern auch menschlich. Sie waren ja neben allem Virtuosentum wache und gebildete, sich unentwegt weiterbildende Zeitgenossen und bescheidene, ruhige und selbstkritische Menschen! Das war immer mein Künstlerideal, diese Einheit von aufrichtigem, warmherzigem und bescheidenem Menschen, wachem Zeitgenossen und nie sich in Selbstgenügsamkeit zufrieden gebendem Künstlertum. Natürlich wußte ich schon als junger Mann, daß der Weg dorthin lang sein würde, sehr, sehr lang. Man braucht sehr viel Geduld. Man muß immer und immer weiter studieren. Aber man muß auch das Leben leben und zu verstehen versuchen! Man muß lesen und man muß denken wollen. Nur so kann man die Reife eines Menschen wie Brahms und seiner Musik verstehen.

Also ist musizieren für Sie immer Ausdruck von Leben?

Selbstverständlich! Oder sollte sie nur Zeitvertreib sein? Nein, dafür sind die Komponisten nicht gestorben. Und wenn selbst ein Strawinsky sagt, die Musik hat keine Meinung, halte ich das – mit Verlaub gesagt – für puren Quatsch. Die Gesten der Musik bezeichnen unser inneres Leben. Nicht mehr, aber auch nicht weniger!

Halten Sie eigentlich die Behauptung, Sie seien der würdige Nachfolger von Sir Thomas Beecham, für zutreffend?

Keine Ahnung, ich habe den Thomas Beecham nicht gekannt. Ob ich würdig bin, das kann ich nicht beurteilen, ich bin einfach ein Nachfolger.

Sie haben einmal gesagt, die Partitur sei eine Landkarte beispielsweise des Mount Everest, aber nicht der Mount Everest selbst.

Natürlich, das ist doch selbstverständlich. Man sieht nur die Noten auf dem Papier, aber man hört nicht die Musik beim Partiturlesen. Die kommt erst beim Musizieren, beim Umsetzen in Klang mittels Technik, Kunstausübung und emotionaler Einfühlung und Gestaltung zustande. Musik hat etwas mit Leben zu tun. Musik wird immer nur zur Musik, wenn sie von Menschen gemacht wird. Die Noten sind dazu nur die Voraussetzung. Aber was man mit den Noten macht, das ist das Entscheidende. Notenpapier ist geduldig. Das kann man auch auffressen.

Wie verträgt sich diese Anschauung mit dem Begriff ›Werktreue‹?

Nur damit keine Mißverständnisse aufkommen: Ich bin absolut werktreu. Ich versuche es zumindest zu sein. Nehmen Sie Brahms. Ich versuche, in den Geist seiner Musik einzudringen. Warum ist seine Musik manchmal so deprimierend, so traurig, so zornig, wie beispielsweise in der dritten Symphonie? Wenn Brahms feroce schreibt, meint er feroce und es muß feroce bleiben. Das hat man zu respektieren. Wenn er dolce schreibt, muß das auch dolce sein. Aber zum Beispiel der langsame Satz aus der dritten Brahms-Sinfonie ist ein Liebeslied. Ein warmes, schönes, wunderbares Liebeslied. Man hört den armen alten Mann förmlich seufzen, in den Bratschen.

Aber jeder liebt anders, und es gibt viele Arten von Liebe. Ist es nicht vielleicht doch Ihre ganz persönliche Auffassung von Liebe, die Sie in diesem Stück lesen.

Ja, es kann sein. Ich versuche allerdings, meine Seele so weit zu öffnen wie möglich. Und hoffe nur, daß sie nicht zu eng ist für die vielen so ganz verschiedenen Schönheiten dieser Welt. Ich habe einmal gesagt: Dirigieren ist, wie den Vogel des Lebens in der Hand zu halten. Drückt man zu fest, stirbt er, läßt man zu locker, fliegt er davon.

Toscanini contra Furtwängler?

Nein, ich glaube, die Musik hat ihr eigenes Lebensgesetz. Man muß versuchen, es zu entdecken, man kann es spüren, wenn man sich bemüht. Wenn man es verstanden hat, kann man sich ruhig mal längere Pausen gestatten, breite Tempi, ohne daß man der Musik Gewalt antut. Als junger Mann will man natürlich schnell ans Ziel, neigt man zu forscheren Tempi und denkt immer schon an den nächsten Moment. Aber ich sage es noch einmal: die Musik muß atmen, sie will gelegentlich sogar resigniert wirken, sie fragt zuweilen und bekommt keine Antwort. Wenn man sie nur im Takt spielt, bleibt kein Platz für das Herz. Man muß zwischen den Taktstrichen dirigieren!

Um noch einmal auf den schon erwähnten Toscanini zurückzukommen, der ja bei aller Bewundernswürdigkeit ein Taktstock-Diktator gewesen sein soll. Was halten Sie von dem weitverbreiteten diktatorialen Gehabe von Dirigenten?

Forget it!

Wie schaffen Sie es denn, jenseits diktatorialer Anweisungen, Gebote und Verbote, Ihre Auffassung, Ihre Klangvision eines Stücks auf die Musiker zu übertragen?

Ich kann das nicht allgemeingültig beantworten. Das lebt aus der Situation, hängt auch vom Orchester ab; man spürt beispielsweise, daß die Musiker viel mehr in ihren Geigen haben als sie mir zunächst geben, ich verlange dann mehr. Aber nicht mit der Peitsche! Eher mit Zuckerbrot. Ich weiß ja, wie man mehr kriegen kann. Man darf nicht sagen: Ihr müßt machen, was ich will. Ich sage dann eher: Meine Herren, mit mehr Vibrato käme was Schönes raus, wollen wir uns das nicht mal anhören? Und dann hören sie das Ergebnis, und so lassen sie sich verführen, überreden, darauf kommt es an. Das Zeitalter der Pult-Diktatoren ist vorbei!

Sie plädieren also für Musizieren als Dialog zwischen Dirigent und Instrumentalisten.

Absolut. Denn Musizieren ist ein Dialog. Es kommt darauf an, daß alle mitreden und mitdenken und ihr Bestes geben, versteht sich. Ein Oboist oder Flötist kann plötzlich eine so phantastische Phrase spielen, daß wir alle zuhören müssen. Wenn wir's nicht tun, machen wir doch alles kaputt.

Dann plädieren Sie auch für ein spontanes Musizieren des Augenblicks.

In gewissem Sinne ja, denn Musik ist die Kunst des Augenblicks. Die Philosophen haben endlose Bücher darüber geschrieben. Musik ist ein Spiel mit der Zeit. Die Zeit ist unser Metier. Musik hat Anfang, Mitte und Ende wie unser eigenes Leben. Und man spürt das, sie ist etwas Lebendiges, ein Sinnbild für unser Leben.

Aber Sie haben Kollegen, die setzen ganz auf Präzisionsfanatismus.

Ja, ich bin auch so einer. Aber Präzision und Genauigkeit sind doch nur Eckpfeiler des Dirigierens. Was zwischen diesen Eckpfeilern passiert, darauf kommt es an, und das ist jeden Abend etwas anderes.

Sie haben ja mit sehr vielen Orchestern gearbeitet in sehr vielen verschiedenen Opernhäusern, in England vor allen Dingen, aber auch in den USA, in Frankreich, Italien und sehr viel auch in Deutschland. In den letzten Jahren haben Sie sich, eigentlich seit Sie beim Bayerischen Rundfunk Chefdirigent waren, dann doch sehr oft auf deutsche Orchester, die Dresdner Staatskapelle an erster Stelle, kapriziert. Warum?

Die Dresdner Staatskapelle hat ihren eigenen, unverwechselbaren Klang; das hat historische Ursachen, wie wir wissen. Und die Tradition dieses alten Orchesters lebt noch. Noch heute ist es so, daß die jungen Musiker, die ins Orchester aufgenommen werden, von der Hochschule kommen, an der die Damen und Herren von der Staatskapelle unterrichten. Das hat sich auch zu DDR-Zeiten nicht geändert. Und ich finde, daß die Musiker hier so überaus schön musizieren. Wie die Musiker in Dresden die klassische Musik spielen, das ist vielleicht beispielhaft für die ganze Welt, einfach wunderbar! Richard Wagners Charakterisierung dieses Orchesters als ›Zauberharfe‹ ist nicht übertrieben. Gar nicht zu reden von den für dieses Orchester typischen Instrumenten, die ihren sehr eigenen, unverwechselbaren Klang haben. Als ich Achtzehn war, hat mich der Klang dieses Orchester zum erstenmal bezaubert. Seither komme ich immer wieder gerne nach Dresden.

In Dresden versteht man sich bestens auf das deutsche und das romantische Repertoire. Wie spielen die Dresdner beispielsweise das französische, das Ihnen ja immer sehr wichtig war?

Ich bin sehr beeindruckt davon, wie flexibel die Musiker der Dresdner Staatskapelle sind. Sie spielen ja ein sehr breites Repertoire inzwischen. Und sie können alles. Sie sind viel offener als manche anderen deutschen Orchester, auch oder vielleicht gerade, weil sie zu DDR-Zeiten manches nie spielen durften oder konnten. Sie sind bereit, alles zu spielen. Aber sie wollen natürlich alles sehr ordentlich spielen, und es muß in Dresden unbedingt ›musiziert‹ werden.

Spielen Sie lieber mit englischen oder mit deutschen Orchestern?

Ich arbeite am liebsten mit den Londoner Symphonikern, mit den New Yorkern und mit der Dresdner Staatskapelle. Diese Orchester haben etwas gemeinsam: Sie sind entspannt. Sie sind nicht aggressiv, jedenfalls nicht bei mir! Und sie geben immer ihr Bestes!

Ich habe eben schon das französische Repertoire erwähnt. Sie haben ja als einer der ersten eine Berlioz-Rennaissance eingeleitet mit Schallplattenaufnahmen, die noch

immer Maßstäbe setzen. Wie kam das, daß Sie sich in den 60er Jahren so vehement für
Berlioz eingesetzt haben.

Ich war halt ein vehement junger Mann. Ich habe mich ja nicht nur für Berlioz,
sondern genauso vehement für Michael Tippett und Benjamin Britten eingesetzt. Was Berlioz angeht: Ich fand diese Musik so ungemein aufregend und
interessant. Und ich wollte, daß die Leute, anstatt ein blödes Buch über Berlioz
zu lesen, vielmehr seine Musik endlich hören sollten, Musik, die es wert ist,
heute angehört zu werden.

Fühlen Sie sich verpflichtet, der Musik Ihres Heimatlandes Rechnung zu tragen?

Sorry, nein, nicht sonderlich! Ich spiele nur die britische Musik, die ich wirklich
liebe. Für alles übrige fühle ich mich nicht verantwortlich. Ich habe natürlich
sehr viel für Tippett getan und für Elgar und für Benjamin Britten. Aber das
sind Komponisten und Stücke, die mir etwas sagen, die ich für wichtig halte.

Das heißt, so sehr viel mehr halten Sie in der englischen Musik nicht für besonders
wichtig?

Richtig, aber die Musik ist eine internationale Sprache. Und nicht alles in der
englischen Musik ist gut. Auch die deutsche Musik ist nicht immer gut. Das
gleiche gilt für französische. Wobei es immer auch darauf ankommt, wie man
die Stücke spielt. Ein Stück beispielsweise wie ›Samson et Dalila‹ ist die Mühe
wert, gespielt zu werden. Wenn es allerdings schlecht gespielt und gesungen
wird, ist es entsetzlich. Auch ›Carmen‹ ist entsetzlich, wenn sie schlecht gesungen und schlecht gespielt wird. Einfach furchtbar. Eine gute ›Carmen‹ kann
einen vom Hocker reißen!

Auch die ›Zauberflöte‹ kann ganz furchtbar sein.

Allerdings! Das Problem bei Mozart ist, daß die Leute immer denken, wenn sie
ihn gut gespielt hören, er sei so leicht zu spielen.

Wie sagte Nietzsche: Alle große Kunst kommt auf leichten Füßen. Warum ist Mozart
einer Ihrer Hausgötter?

Ich habe keine Ahnung. Vielleicht, weil er innerlich auch so ein Idealist war, wie
ich einer bin, unwürdig, seine Schuhe zu küssen.

Aber er war ja auch, wie wir jenseits aller Mozartverklärung und Mozartvergottung
wissen, ein Filou, ein Lebenskünstler, ein exzessiver Sinnen- und Genußmensch, ein
›Tunichtgut‹ und was noch …

Ja, ja, ich weiß, aber was ich in seiner Musik höre, ist diese unverlorene Kindheit
und dieser souveräne Intellekt. Er war so klug, er konnte alles schreiben. Und
sein Inneres ist immer anwesend in seinen großen Werken. Wie konnte er so
einen langsamen Satz wie den in der Jupiter-Symphonie schreiben, oder in der

Es-Dur oder g-moll-Sinfonie? Auch so ein Stück wie ›Don Giovanni‹ oder ›La Clemenza di Tito‹ sind einfach unfaßbar. Er war einfach ein großer Mensch. Was er sonst auch immer darüber hinaus noch gewesen sein mag. Aber er war bestimmt kein schlimmerer Mensch als Richard Wagner, wenn ich mir das zu sagen erlauben darf.

Eine sehr diplomatische Antwort. Sie haben den ›Tannhäuser‹ als erster Engländer in Bayreuth dirigiert.

Ja, ja, ich habe den ›Tannhäuser‹ dort gemacht, ich habe in London auch den ›Ring‹ x-mal dirigiert, auch ›Tristan‹ und ›Meistersinger‹ und den ›Fliegenden Holländer‹. Aber ich habe zwei Wagneropern nie in Opernhäusern dirigiert: ›Lohengrin‹ und ›Parsifal‹. Den ›Lohengrin‹ habe ich allerdings auf Schallplatte aufgenommen, in München.

Ich darf annehmen, daß Ihnen trotz Ihrer reichlichen Wagner-Erfahrung Wagner nie so nahe stand wie Mozart.

Exactly! Und schon gar nicht mehr in meinem Alter.

Wissen Sie, ich liebe die Komponisten nicht mehr, die über sich selbst weinen. Als ich neulich das Adagio aus der Fünften von Mahler gehört habe, dachte ich nur: oh my god, die Leiden des alten Werther.

Aber haben nicht gerade Dirigenten zu Selbststilisierungen eine Affinität? Sie leben doch oft von Primadonnenallüren, von Showbusiness und Selbststilisierung.

Kann sein. Aber es ist nicht mein Stil, mit geschlossenen Augen große Gesten in den Himmel zu malen, wenn ich dirigiere, und das auch noch verfilmen zu lassen. Was hat das mit Dirigieren zu tun?

Manche machen dabei sogar gute Musik, gelegentlich. Aber es ist nicht mein Stil. Und ich habe keine Lust, meine Kollegen zu kritisieren. Ich bin einfach ein anderer Typ von Dirigent. Mein Ego war immer mein Problem, und diesen Krieg mit meinem Ego habe ich bis heute nicht gewonnen. Er ist aber auch noch nicht zu Ende!

Aber hat nicht Dirigierenwollen immer etwas mit einem übersteigerten Geltungsbedürfnis zu tun?

Kann sein.

Mit Eitelkeit?

Ich wollte schon mit Dreizehn Dirigent werden. Man kann doch nicht behaupten, daß ein Kind von dreizehn Jahren eitel ist, bloß weil es die Welt erobern will wie Napoleon, oder?

Warum wollten Sie so früh schon dirigieren?

Weil die Musik für mich die größte Sache meines Lebens ist. Ich lebe für die Musik.

Ich hoffe, Sie haben das Leben nicht darüber vergessen!

Oh nein, ich habe fünf Kinder. Ich habe auch auf anderen als nur Konzert-podien fleißig gearbeitet.

Es gibt ja einige junge Dirigiertalente, die den Eindruck erwecken, ganz verbissen und eisern nur für ihren Beruf, ihre Karriere, die Musik zu arbeiten, aber das Leben nicht kennen.

Ja, das ist wirklich ein Problem. Denn Musik und Leben bilden eine Einheit. Man kann durchaus ein Menschenverächter sein, aber man muß die Menschen im Orchester lieben, sonst spielen sie nicht. Wenn ich vor einem Orchester stehe, muß ich diese Orchestermenschen annehmen, ich muß sie mögen, im Idealfalle soger lieben, denn ich will mein Bestes geben, und ich will auch aus ihnen das Beste herausholen. So jedenfalls ist meine Natur. Ich habe keine Lust, ein Tierbändiger zu sein.

Christoph von Dohnányi
Niemals Routine

Herr Dohnány, Sie sind seit 1984 Chef des Cleveland Orchestra.

Sogar ein bißchen länger, denn ich bin ja seit 1982 eigentlich schon designierter Musikdirektor gewesen, das heißt, ab da habe ich die Verantwortung für die Engagements, die Planung und all die mit der Leitung eines solchen Orchesters verbundenen Dinge gehabt. 1984 habe ich den Job offiziell angetreten, aber gebunden an das Orchester war ich schon seit 1982.

Was hat Sie gereizt, nach Cleveland zu gehen und der Alten Welt den Rücken zuzuwenden, zum Cleveland Orchestra, zu einem der Spitzenorchester der Welt, an dem Dirigenten wie George Szell und Lorin Maazel ihre Vorgänger waren? War es jenseits dieses Spitzenranges auch Unmut, Verzweiflung oder zumindest Verärgerung, wo nicht gar Überdruß an europäischen Zuständen im Konzert- und Opernwesen?

Ach nein, wissen Sie, im Grunde genommen hat doch jeder in einem Opernjob, wie ich ihn damals hatte, das lesen Sie heute täglich in der Zeitung, Probleme. Wir haben in Hamburg natürlich Probleme gehabt, finanzielle Probleme, Dienstprobleme und all diese Geschichten, es ist ja im Opernbetrieb hierzulande immer so ein Lavieren zwischen Verträgen, die wirklich einbetoniert sind und dies in gewissem Sinne auch sein sollten, andererseits aber eben ein Hoffen und Wünschen nach mehr Flexibilität. Und natürlich ist die Position eines Intendanten plus Chefdirigenten, wie ich Sie innehatte, eine besonders komplizierte Position. Einerseits wollen Sie alles fürs Orchester tun und andererseits müssen Sie alles vom Orchester verlangen, was laut Verträgen möglich und für das Haus notwendig ist. Da hat es manchmal ein bißchen geknirscht. Aber diese Probleme waren nicht in erster Linie ausschlaggebend dafür, daß ich in die Neue Welt ging. Nein, ich hatte nach 16 Jahren Opernintendanz, die ich hinter mir hatte damals, ich war ja vorher 9 Jahre in Frankfurt und dann 7 Jahre in Hamburg, einfach genug von diesem Job und fand es konsequent, nun den Weg zu gehen, den ja viele Dirigenten gegangen sind, den Weg von der Oper zum Konzert. Und dann bot sich die einmalige Chance, zu einem der führenden amerikanischen Orchester zu gehen. Dieser Versuchung konnte ich nicht widerstehen, zumal das Cleveland immer ein Orchester gewesen ist, das ich sehr, sehr

verehrt und gemocht habe. Mit ihm konnte ich mir all meine Träume und Wünsche des Konzertrepertoirs erarbeiten und erfüllen. Der Oper habe ich mich seither mehr oder weniger nur noch in Gastdirigaten zugewandt. Ganz aus dem Blickfeld geraten ist sie allerdings nie.

Wenn Sie in Cleveland aufhören, wollen Sie sicher wieder mehr in Europa dirigieren?
Ja, ich bin ja schon jetzt Principal Conductor beim Philharmonia Orchestra in London, ein großartiges Orchester mit großer Tradition. Ich werde diesem Orchester, wenn ich in Cleveland aufgehört habe, noch mehr Zeit widmen. Ich werde sicherlich mehr in Europa dirigieren, aber ich werde dann endlich auch Gelegenheit haben, die Orchester in Amerika zu dirigieren, die ich sehr lange nicht mehr dirigiert habe, weil ich Chef in Cleveland war, also die Orchester in Boston, New York, Chicago.

Auch Wien und Zürich will ich treu bleiben, aber ich will eigentlich, ehrlich gesagt, weniger dirigieren und mein Repertoire einschränken. Als Musikdirektor in Amerika mußte ich alles dirigieren. Nun möchte ich mich doch auf gewisse Repertoireschwerpunkte konzentrieren, auf wenige ausgewählte Opern und im symphonischen Bereich auf Werke, die mir immer wieder Neues abverlangen. Das ist eigentlich für mich das wichtigste, daß ich nie in Routine verfalle.

Wozu sicher ein anregendes wie befriedendes Privatleben enorm beitragen kann, zumal bei einem Jet-Set-Workaholic-Dasein als Dirigent.

Ja, deshalb ist der Mensch, mit dem ich zusammenlebe, für mich sehr wichtig. Ich brauche immer wieder, weil ich eben, leider Gottes, wie Günter Rennert das immer nannte, so ein Notenkopfleben führe, einen Menschen, der mich immer wieder ein bißchen in die allgemeine kulturelle Welt unserer Zeit zurückholt. Ich bin vielleicht eine etwas zu gründliche, zu verantwortungbewußte, zu tiefschürfende Persönlichkeit im Dirigentenbetrieb von heute. Ich befasse mich sehr intensiv mit den Stücken, die ich dirigiere, was zeitraubend ist. Ich dirigiere deshalb viel weniger als die meisten meiner Kollegen. Dennoch fällt es mir schwer, mich ausreichend mit Literatur, Kunst und Zwischenmenschlichem auseinanderzusetzen. Ich hoffe, das ändert sich in den nächsten Jahren ein wenig.

Musik ist als Klang etwas Ursinnliches. Welche Rolle spielt die Sinnlichkeit in Ihrem Leben außerhalb des Dirigierens?

Sinnlichkeit ist für jeden Dirigenten wesentlich. Was seine private Sinnlichkeit angeht, ich glaube, da gibt es sehr unterschiedliche Veranlagungen. Aber Musik ist selbstverständlich zu einem großen Teil geschrieben aus sinnlichem Antrieb, wie immer man das meinen mag, und das ist ja auch was sehr Schönes.

Vom Sinnlichen nicht nur in akustischer Hinsicht lebt die Oper. Mit ihr sind Sie ganz jung schon in Berührung gekommen. Sie haben in Lübeck angefangen und waren damals einer der jüngsten Opernchefs.

Ja, das war damals allerdings noch kein Sport, der Jüngste zu sein.

Ihre Ausbildung verlief etwas kurios. Sie kamen erst über den Umweg eines Jurastudiums zur Musik. Keine naheliegende Entwicklung. Dennoch die Frage: Gibt es Analogien zwischen diesen beiden unterschiedlichen Welten?

Wissen Sie, ich bin durch die politischen Zeitumstände in diese Entwicklung hineingeworfen worden. Als der Zweite Weltkrieg anfing, war ich neun Jahre alt, und das ist genau die Zeit, zwischen neun und fünfzehn, wo man im Grunde genommen als angehender Musiker viel Zeit hat, Musik zu machen und sich Repertoire anzueignen.

Das ist die Zeit, in der man den ganzen Beethoven vierhändig spielt, in der man Kammermusik macht, in der man begleitet und all diese Dinge in sich aufnimmt, die man in diesem Alter sehr, sehr leicht in sich aufnimmt, leichter als später. Und als ich in diesem Alter war, herrschte leider Krieg, es fielen Bomben, die Schule fiel oft aus, wir mußten Dächer decken und Fenster wieder reparieren. Es war weiß Gott keine musikalische bzw. musikbegünstigende Zeit für mich. Und dann wurden wir Kinder auch noch verschickt nach Bayern, dort war ich mit dem Dietrich Bonhoeffer zusammen, er war ein Bruder meiner Mutter, das sind alles Dinge gewesen, die sehr außergewöhnlich waren. An eine normale Entwicklung eines jungen Musikers war damals nicht zu denken. Als dann der Krieg vorbei war, habe ich sehr schnell Abitur gemacht, mit 16, und dann kam die große Frage: Hast Du zuviel verpaßt im musikalischen Bereich? Ich habe mir gesagt, ich mache auf jeden Fall Musik, aber ich will auch ein sicheres Studium machen. Ich entschied mich für ein Jurastudium für den Fall, daß ich merken sollte, daß es für die Musik vielleicht doch einfach zu spät ist, um wirklich vorwärts zu kommen. Als Jurist, sagte ich mir, könne ich immer irgendwie beruflich reüssieren, sogar beim Theater und bei einer Orchesterinstitution, notfalls bei einer Bank.

Als ich dann Jura studierte, es waren nur 4 Semester, mußte ich mir eingestehen, daß ich eigentlich mehr komponiere als Jura mache. Natürlich hatte ich ein gutes Gedächtnis damals, und ich hab die Juristerei ganz gut gemacht, aber es war eben nichts, das mir wirklich am Herzen lag. Als ich meiner Mutter sagte, ich wolle Musiker werden, brach sie in Tränen aus. Sie hatte mich natürlich schon mit Zwanzig als fertigen Juristen vor ihrem inneren Auge gesehen, was verständlicherweise damals für sie beruhigender gewesen wäre, als einen Sohn zu haben, der Musiker werden will. Aber es ist ja, Gott sei Dank, mit der Musik alles gut gegangen bei mir.

Trotzdem noch einmal die Frage: Sehen Sie Analogien zwischen Gesetzestexten und Partituren? Beides sind Texte, die der Interpretation bedürfen, Texte, die zunächst nur ein Skelett abgeben, oder nicht?

Daran ist etwas wahr, aber die Musik ist doch eine so andere Materie als die Jurisprudenz, daß jeder Vergleich hinkt. Eines aber ist sicher, daß Jura ohne Phantasie unmöglich ist und daß wir deswegen viele große künstlerische Begabungen unter Juristen finden, weil natürlich die Interpretation eine Frage der Phantasie und der gesteigerten menschlichen Qualitäten ist. Und das ist sicherlich beim Dirigenten á la longue auch das Entscheidende: die Persönlichkeit und die Phantasie der Interpretation, bei aller Disziplin der Partitur gegenüber, die notwendigerweise interpretiert und individuell ausgelegt werden will. Aber diese Einsicht hat mich damals nicht bewogen, Jura zu studieren. Es waren, wie gesagt, ganz praktische Gründe gewesen.

Diese Notwendigkeit und Fragwürdigkeit der Partiturauslegung mit all ihren Grenzen und Freiheiten ist ein zentraler Punkt ihres Berufes. Sie wissen, Sie haben Kollegen, die sich wenig um die Angaben der Komponisten kümmern und die Partitur nur als Knetmasse ihrer eigenen Visionen betrachten. Sie scheinen mir dagegen ein Purist mit großem Verantwortungsbewußstein zu sein, der versucht, die Partitur so wiederzugeben, wie sie vielleicht vom Künstler gedacht wurde, ist das richtig?

Ja, es ist für mich immer das Wichtigste gewesen, die Absichtserklärung des Komponisten zu erkennen. Sie können natürlich zwischen diesen 5 Linien mit ein paar Hilfslinien nicht viel niederschreiben, und Sie können auch dynamisch nicht viel festlegen. Was ist schon ein Mezzoforte, was heißt Forte? Das ist immer relativ im Vergleich zu anderem. Je unmusikalischer die Welt wurde, umso mehr haben die Komponisten in die Partituren hineingeschrieben. Das fing schon bei Richard Wagner an, oder denken Sie an Gustav Mahler! Beide hatten offensichtlich sehr wenig Vertrauen zu den Dirigenten, was man ihnen nicht einmal verübeln kann.

Heute schreibt man fast alles, was möglich ist, in die Partituren hinein; das heißt, wenn Sie heute machen, was in der Partitur steht, sind Sie im allgemeinen richtig gelagert. Aber auch heute gibt es Komponisten, bei denen sehr viel von der persönlichen Auffassung und Phantasie des Dirigenten abhängt. Aber wir sind heute im 20. Jahrhundert, und wir setzen vollkommen andere Prioritäten als die Dirigenten im 19. Jahrhundert. Im 19. Jahrhundert hatte Präzision keine Priorität. Die Musiker haben im Grunde genommen im 19. Jahrhundert Dinge wichtiger genommen, die vielleicht sogar der Präzision im Wege standen.

Die Aufführunspraxis war ja auch eine andere…

… eine absolut andere! Wir versuchen heute präzise zu sein und trotzdem der Phantasie Raum zu lassen. Das würde ich als mein Credo bezeichnen. Ich habe immer versucht, diese Gegensätze zu vereinen. Nur präzise zu sein ist total langweilig. Die Absicht, die Intention eines Komponisten zu erkennen ist allerdings wichtig! Ich bin freilich etwas skeptisch gegenüber den zuweilen radikalen musikologischen Tendenzen der letzten 30, 40 Jahre, die sich als ›Historische Aufführungspraxis‹ breit gemacht haben. So sehr ich sie begrüße, und wir ›normalen‹ modernen Musiker haben wahnsinnig viel davon gelernt, scheint es mir doch ein Versuch am untauglichen Objekt zu sein, das ist nun wirklich ein juristischer Ausdruck, weil die Zuhörer sich ja geändert haben. Wir können natürlich heute Beethoven zum Beispiel in einem Raum wie dem der Berliner Philharmonie kaum in kleiner Besetzung wie zu Beethovens Zeit spielen. Es waren damals andere Räume. Die Dritte Beethovens ist natürlich in einem ganz kleinen Raum aufgeführt worden. Aber wir wissen, was Beethoven, wenn er die Gelegenheit hatte, an Besetzungen für wünschbar hielt. Ich glaube, in der ›Weihe des Hauses‹ hatte er 16 Kontrabässe. Insofern muß man nicht päpstlicher als der Papst sein. Jeder Purismus der ›Historischen Aufführungspraxis‹ verbietet sich, aber strikt den Versuch zu unternehmen, die Absicht des Komponisten und den Eindruck, den er erwecken wollte und den Impact, den er auf die Menschen haben wollte, zu erforschen und zu erkennen, das hielt ich immer für zentral!

Ihr Großvater war ein berühmter ungarischer Komponist. Sie sind in einem musikalischen Elternhaus aufgewachsen. Haben Sie sehr früh mit dem Klavier angefangen?

Ja, ich habe schon sehr früh Klavier gespielt, ich hab auch sehr früh schon komponiert, schon zwischen fünf und neun, eben bis der Krieg anfing. Bis dahin hatte ich aber schon sehr viel Musik gemacht.

Mit achtzehn besuchte mich mein Großvater, der Dohnány Ernö, der Ungar, in Berlin. Er hatte ein Konzert mit den Budapestern Philharmonikern gegeben, und er kam nach Hause und spielte für uns ein bißchen Klavier. Dann hab ich ihm meine Kompositionen vorgespielt. In seiner Biographie, die seine Frau später geschrieben hat, liest man, daß er doch sehr beeindruckt von der Begabung dieses Jungen gewesen sei.

Hat er Ihnen das damals auch gesagt, daß er beeindruckt war?

Nicht direkt, er hat es sehr gemocht, das spürte man, und er war sehr lieb zu mir. Er ist ein sehr charmanter, netter Mann gewesen. Es war eigentlich auch alles nur eine kurze Begegnung, er spielte ›Für Elise‹, und ich spielte ein eigenes Stück für ihn, dann haben wir uns ein bißchen unterhalten, und dann haben wir Kinder jeder eine schöne Uhr geschenkt bekommen. Und dann war Großvater wieder verschwunden für die nächsten Jahre.

Noch einmal zurück zum Cleveland Orchestra. Es ist ein äußerst brillantes Orchester schon immer gewesen, spätestens seit George Szells Zeiten. Was haben die amerikanischen Spitzenorchester den europäischen voraus. Haben sie mehr Ehrgeiz und ein anderes, höheres Qualitätsbewußtsein?

Es kommt darauf an, was man mit Qualität bezeichnet. Die Amerikaner bringen zunächst einmal technisch sehr viel bessere Voraussetzungen mit. Sie haben brillantere Schulen als sie beispielsweise in Deutschland existieren. Ich war in der Juliard-School und war überwältigt, was dort und wie dort gelehrt wird.

Aber auch das Curtis-Institut ist eine fantastische Musikschule, um nur diese beiden zu nennen. Da wird die Ausbildung doch sehr professionell betrieben. Die amerikanische Mentalität ist natürlich auch eine andere. Das ist eine absolute Leistungsgesellschaft, auch in der Kunst. Das heißt, ein Musiker weiß, daß er nur dann durchkommt, wenn er wirklich unglaublich viel arbeitet und einfach gut ist, überdurchschnittlich gut. Die Mischung aus europäischem Selbstverständnis und amerikanischem Leistungsstreben wäre das anzustrebende Ideal. Die europäische Musikerfamilie ist natürlich der Musik, die wir ja auch drüben, auf der anderen Seite des großen Teichs, vor allem spielen, natürlich näher. Andererseits ist die europäische Musik in den USA keine Importware. Ich hab mal mit Staunen erlebt, daß die Wiener Philharmoniker, als ich mit ihnen über Programme sprach, zwei Stücke von Brahms ablehnten, weil sie der Meinung waren, das seien keine guten Stücke. Diese Arroganz hat in Amerika niemand! Dort wagt man so etwas nicht einmal zu denken. Dort ist vielleicht sogar der Respekt vor der, und nun sag ich es doch mal, ›Importware‹ Musik größer als in Europa. Obwohl die Wurzeln ja die gleichen sind.

Und doch ist es eine andere Gesellschaft als beispielsweise die deutsche oder österreichische.

In der Tat! Aber was in dieser amerikanischen Gesellschaft zustande kommt, braucht sich nicht hinter europäischen Maßstäben zu verstecken! Wir konnten zum Beispiel (im letzten Jahr) die Cleveland-Halle prächtig renovieren. Bedenken Sie, daß diese kleine amerikanische Stadt 36 Millionen Dollar für diese Renovierung zur Verfügung stellte. Weitere 80 Millionen Dollar kamen aus der Bevölkerung. Das waren zusammen 116 Miollen Dollar in einem Jahr für unsere Musik. So etwas ist sowohl in Berlin wie in Wien undenkbar! Solches Engagement für die Musik ist schlichtweg phänomenal. Privatinitiative ist in den USA das A und O der Zukunft eines jeden Orchesters. Rücklagen, Zinsen und Einnahmen in ganz anderen Kategorien als beispielsweise im hochsubventionierten deutschen Musikleben sind in den USA eigentlich die einzige Garantie dafür, daß die Orchester bezahlt werden. Und sie werden sehr hoch bezahlt. Die Musiker erhalten auch eine sehr gute Pension und eine sehr gute Absicherung. Was entscheidend ist: diese Privatinitiative, dieses Engagement existiert nur, weil noch sehr viele Menschen in so einer Stadt wie Cleveland leben, die die Musik wirklich lieben und weil die Ausbildung besser ist als bei uns, auch die allgemeine Wertschätzung der Musik. Das ist eine völlig anderer Struktur als bei uns.

Würden Sie den Schluß ziehen, daß unser hiesiger Musikbetrieb vielleicht inzwischen als etwas Selbstverständliches, dank der Historie der Duodez-Fürsten mit ihren vielen eigenen Hoforchestern und Hofopern, zu sehr verkrustet ist, übersättigt und daß es an frischem Wind fehlt?

Mit dem frischen Wind in der Kunst ist es, glaube ich, so eine Sache. Ich glaube nicht mal, daß es das ist, was in Europa, speziell in Deutschland und Österreich, fehlt. Aber wir müssen einfach realisieren, daß unsere heutige Zeit für den Musikerberuf eine Durststrecke ist, das ist gar keine Frage. Wenn Sie mal überlegen, wer im auslaufenden 19. Jahrhundert komponiert hat: Dvořák, Puccini, Strauss, Mahler, Bruckner, Wagner, Verdi. Und wenn man sich dann die letzten 10 Jahre des 20. Jahrhunderts anschaut, da werden Sie sehr viel weniger Brahms und Bruckner und all das in diesen Größenkategorien finden. Auch dieses Gespanntsein auf neue Produktionen, was damals in der Musikwelt selbstverständlich war, der Kampf um die neuen Stücke, von Brahms oder wem auch immer, das gibt es heute nicht mehr.

Nun hat sich ja auch die Funktion der klassischen Musik in der Gesellschaft geändert, sie hat ja nicht mehr denselben Stellenwert, den sie damals hatte, die Musik spielt ja auch in der Erziehung nicht mehr die Rolle wie noch im 19. Jahrhundert.

Natürlich hat die Musik durch die Demokratisierung der Gesellschaft gelernt, anzubieten, was von der breiten Masse gewollt wird. Die Musik bedient einen Markt. Das ist einfach so. Wir können nicht daran glauben, daß die Musik oder die Kunst sich aus dieser Gesellschaft, die eine marktbestimmte Gesellschaft ist, ausklinkt.

Nun wird, was gemocht wird, aber auch durch die Musik- und Freizeitindustrie bestimmt und durch die Medien.

Auch stilistisch wird auf diese Weise bestimmt, manipuliert, indoktriniert. Was verkauft werden soll, wird als spektakulär und sensationell angepriesen, beworben, etikettiert. Und wenn die Marketingstrategie aufgeht, dann tut sich plötzlich ein Markt auf. Wer hätte das gedacht. Der Beruf des Musikers wird heute weitgehend von Kommerzdenken geprägt. Das ist für die Musik und für die Kunst sehr schädlich.

Was Sie sagen, trifft meines Erachtens besonders auf die Gattung Oper zu. Sie haben an zwei Opernhäusern sehr lange gearbeitet, in Frankfurt und in Hamburg. Warum ist vor allen an den großen Häusern der künstlerische Output heute sehr gering, wohingegen die Kosten steigen. Der Apparat verschlingt meist schon neunzig Prozent des Etats, da bleiben höchstens zehn Prozent für die künstlerischen Projekte. Und wenn so ein Flaggschiff wie beispielsweise die Deutsche Oper Berlin zu Zeiten Götz Friedrichs nur noch vier Premieren pro Jahr zustandebrachte, sind betriebswirtschaftliche Fragen, Fragen der Legitimation einer solchen mehr als achtzig Millionen Steuergelder pro Jahr verschlingenden Institution doch erlaubt, oder?

Nun muß man sagen, die Oper war immer teuer, und ein Geschäft machen können Sie mit der Oper nie.

Sie war früher aber leistungsfähiger.

Das kann ich nicht verneinen. Aber es ist natürlich heute auch so in der Oper, daß die Interpretation immer wichtiger wird. Und das ist ja in der symphonischen Musik nicht anders. Die Leute gehen ja fast nicht mehr, um das Stück zu hören oder zu sehen, sondern sie gehen in die Oper oder ins Konzert, um den zu hören, der das Stück macht. Ich gebe zu, ich bin selber ein bißchen schuld an dieser Entwicklung, denn als ich in Frankfurt war, habe ich mich schon sehr entschieden dafür eingesetzt, daß die Oper von der visuellen Seite und der szenischen Seite her interessanter wird.

Sie brauchen sich dafür nicht zu entschuldigen, Ihre Frankfurter Zeit war – vor Gielen – eine Blütezeit der Frankfurter Oper.

Es hat viele Menschen gegeben, die bei uns angefangen haben. Einige der heutigen großen Regisseure haben ihre ersten Schritte damals bei mir in Frankfurt gemacht. Und das war ganz wichtig. Daraus hat sich inzwischen eine gewisse Hypertrophie, eine Überbewertung des Reinvisuellen, nach der Klärung der Bühne, im Sinne von Wieland's Scheibe, entwickelt. Man stopft jetzt wieder mehr in die Opern hinein, will sagen, die Operninszenierungen werden wieder üppiger und damit wieder teurer. Dann gibt es all diese Dienstleistungen … sie können sehr wenig rationalisieren in der Oper, und es ist ja alles teurer geworden. Wenn Sie heute ein Haus bauen, ist es ja auch wesentlich teurer als vor zwanzig Jahren. Auch Operndekorationen sind heute wesentlich teurer. Die Frage ist, und ich wäre dazu entschlossen gewesen, wenn ich in Hamburg geblieben wäre, ob man nicht wieder einen ganz starken Akzent auf die Bühnenmalerei legen sollte, das ist einfach billiger und praktikabler.

Wir hatten damals einen Obermaschinenschaden, und ich habe mich sogar damals dafür eingesetzt, die Obermaschine zwar in Ordnung zu bringen, aber im Grunde genommen all den Zirkus, den man heute so macht, daß ein Bühnenbild Millionen kostet und und dann wird das Stück fünfmal gespielt, nicht mehr mitzumachen. Ich war entschlossen, wirklich wieder Hänger von hervorragenden Künstlern malen und strukturieren zu lassen, und ich wollte in Hamburg sogar – ähnlich wie der John Neumeyer eine Ballettschule aufgemacht hat – eine Bühnenmalschule gründen, so daß letzten Endes wieder mehr gemalt und gehängt als gebaut wird. Ich glaube, wir müssen irgendeinen Ausweg finden, daß wir uns in der Oper nicht erdrücken lassen von der Ausstattung. Ich glaube, das ist ganz wichtig! Darüber sollte man nachdenken. Aber daß die Oper viel Geld kostet, daß die Verträge der Menschen, die dort im Kollektiv arbeiten, Geld kosten, daß man die Verträge auch einhalten muß, daß die Absicherung der Musiker und der Techniker weiß Gott so gut sein muß wie für jeden anderen Bürger, der Meinung bin ich schon. Aber man muß sich vielleicht auf der künstlerischen Seite etwas einfallen lassen, was weniger kostet, aber künstlerisch kein Minus bedeutet, sondern ein Zuwachs sein kann.

›Kinder macht Neues!‹, hat schon Richard Wagner gefordert.

Aber er hat ja auch immer Neues komponiert. Heute wird leider sehr wenig Neues komponiert, und noch weniger Großes.

Wagner hat in ihrer Karriere immer eine wichtige Rolle gespielt.

Ja, aber Wagner ist immer ein brisantes Unternehmen, weil man mit einem Publikum zu tun hat, das durch und durch emotionalisiert, wo nicht gar fanatisiert ins Opernhaus kommt und sich oft mit dem, was es dann sieht und hört, nicht einverstanden erklärt, weil es anders aussieht und anders klingt, als der Wagner, den es im Kopf hat. Also bei Wagner erntet man immer Proteste, setzt man sich immer zwischen alle Stühle. Ganz davon abgesehen, daß man nur selten die Sänger zur Verfügung hat, die man eigentlich benötigt. Wenn ich nur an meinen unvollendeten ›Ring‹ bei der Decca denke… Nun hab ich den ›Ring‹ ja schon teilweise in Frankfurt gemacht, dann in London und in Wien, wir werden in Cleveland auch den ›Siegfried‹ noch machen und vielleicht später mal die ›Götterdämmerung‹, sodaß mein Cleveland-›Ring‹ hoffentlich auch plattenmäßig zu Ende kommt, wenn auch wahrscheinlich nicht bei der Decca.

Was reizt Sie an Wagner?

Ganz einfach: er ist für mich der musikalische Shakespeare des 19. Jahrhunderts Er ist ein so unglaubliches Genie, mit einer einer so großen Vielseitigkeit, daß er zu den Komponisten gehört, mit denen man nie abschließt, mit denen man sich immer wieder auseinandersetzen muß.

Gibt es Bekenntnisstücke für Sie im symphonischen Bereich?

Es gibt schon Stücke, wo ich das Gefühl habe, also wenn es die nicht gäbe, wäre ich ärmer.

Können Sie ein paar nennen?

Einige Sinfonien von Schubert, Bruckner, Mozart und Beethoven, in denen ein paar Sätze so großartig sind, daß man sagt, Gott sei Dank, daß ich das kenne!

Was glauben Sie, bleibt im dritten Jahrtausend übrig vom Repertoire des neuzehnten und zwanzigsten Jahrhunderts?

Ich bin sicher, wir werden eine andere Einstellung zur Musik des 19. Jahrhundert bekommen, der ›Fidelio‹ ist ja bald 200 Jahre alt, und Beethoven wird ganz sicher eine andere Position im Repertoire bekommen. Ich glaube auch, daß einiges durch das Sieb der Geschichte fallen wird, was wir im 20. Jahrhundert noch sehr wichtig genommen haben. Vielleicht wird dafür einiges entdeckt, wir dürfen nicht vergessen, daß die Oper ›Cosí fan tutte‹ auch erst in den 30er Jahren des 20. Jahrhunderts wirklich in ihrer Bedeutung erkannt wurde.

Was wird vom 20. Jahrhundert bleiben, das ist ja eine noch viel spannendere Frage?

Von der ersten Hälfte sehr viel. Bei der zweiten Hälfte ist es als Zeitgenosse schwieriger zu beurteilen. Im Moment würde ich sagen: Es ist sehr weniges geschrieben worden nach dem 2. Weltkrieg, wovon ich glaube, daß es einen wirklich großen Bestandsfaktor beinhaltet, aber da kann man sich sehr irren.

Gottlob ist das Repertoire der Vergangenheit, aus dem sich ja ganz besonders die Oper – die sich ja ungebrochenen Zuspruchs erfreut – bedient, nahezu unerschöpflich.

Leider wird aus diesem Repertoire aber immer nur ein schmaler Ausschnitt repetiert. Was zur Folge hat, daß man sich, weil man permanent von der Vergangenheit lebt, zwangsläufig immer mehr darum kümmern muß, wie man diese Vergangenheit immer wieder neu darstellen, deuten, ›aktualisieren‹ und verkaufen kann. Wissen Sie, es ist als Dirigent furchtbar, wenn man immer wieder ›Carmen‹ machen muß!

Ich verstehe, was Sie meinen, aber natürlich kann ›Carmen‹ in fünf verschiedenen Lesarten fünfmal ein anderes Stück sein.

Ja, aber im Grunde genommen ist die Problematik von ›Carmen‹ so evident, daß ich eigentlich nur eine Carmen machen muß, und dann hab ich das Stück abgehakt. Ich muß auch ›Cosí fan tutte‹ nicht irgendwo in Korea spielen lassen. Das ist alles dummes Zeug, das sind Ausuferungen, die ich einfach dumm finde. Um die Substanz eines Stückes herauszuarbeiten, brauchen Sie auch nicht notwendig teure Dekoration. Große Regisseure haben das in schlechten Zeiten immer wieder bewiesen. Man sollte sich wieder mehr auf die Essenz der Opern konzentrieren.

Haben Sie Lust, diesen Karren noch einmal zu ziehen?

Ja, ich mache wieder mehr Oper in Zukunft. Ich will künftig jedes Jahr mehr oder weniger regelmäßig wieder in Covent Garden arbeiten, am Chatelet in Paris und in Zürichs Oper. Eine oder zwei Opern pro Jahr, gastweise, das macht mir Spaß. Aber ich möchte mich nicht mehr fest an ein Haus binden, ich glaube, ich habe meinen Obulus bereits entrichtet, ich habe das ausschließliche Operngeschäft lange genug gemacht, und ich verstehe etwas davon. Ich weiß aber auch, wieviel Zeit, Energie und Geduld das kostet, und ich kenne mich. Wenn ich etwas mal erlebt habe und glaube verstanden zu haben, interessiert es mich nicht mehr so sehr. Das betrifft auch die Organisation einer Oper. Ich fand das Theatermachen, im Sinne von Intendantsein, einmal sehr interessant: Wie funktioniert das, wie organisiert man etwas, wie kriegt man ein besonderes Inszenierungsteam zustande, eine gute Besetzung. Das interessiert mich heute nicht mehr in dem Maße wie früher. Mich interessiert heute das Produkt mehr.

Nun haben Sie ja auch in Frankfurt Zeichen gesetzt, und es waren andere Zeiten. Operntheater hatte noch Experimentiercharakter und diesen nach vorne gerichteten, naja, wie soll ich sagen, fast aufklärerischen Impetus, der heute dem Opernbetrieb fehlt.

Ja, wir wir hatten damals ein Riesenfeld von Möglichkeiten. Vor dieser Frankfurter Zeit war nicht viel Aufregendes passiert im Musiktheater. Ich hatte es gewissermaßen leicht, etwas Neues zu versuchen, und ich hatte ein wunderbares Team um mich herum, an Assistenten, Regisseuren und Organisatoren. Ich war sehr jung und fand das sehr aufregend, und ich glaube, es war eine der besten Opernzeiten nach dem Krieg, die wir da hatten.

War das Ihre schönste Zeit?

Im Theater, ja, in der Opernzeit! In Hamburg war schon mehr Kampf. Das war doch ein sehr etablierter, konservativer Betrieb, diese Staatsoper. Man darf auch nicht vergessen, daß ich in Frankfurt einen tollen Kulturdezernenten hatte, den Hilmar Hoffmann, der damals ein sprühender Bursche war und wirklich enorm viel für die Kunst getan hat. Und ich hatte in Mortier einen fabelhaften Assistenten. So einen Glücksfall an Konstellation gibt's nur einmal.

Und wir haben bedeutende Sängerpersönlichkeiten entdeckt. Wir hatten ja damals massenhaft begabte Leute engagiert, die Marton und die Varady, die Kotrubas und die Baltsa, die haben alle bei mir angefangen. So etwas erlebt man nur einmal.

Im Moment, glaube ich, ist das Opernleben ziemlich festgefahren, und die Sorge um den Fortbestand der Oper dominiert. Mir ist das Operntheater in den großen Städten zu defensiv geworden. Das, was ich manchmal in kleinen Städten noch erlebe, begeistert mich mehr. Dort ist die Oper lebendiger, frischer, sie muß sich mehr durchsetzen. Die großen Häuser sind gefährdet.

Stimmt es eigentlich, daß Georg Solti ihr Mentor war?

Ja, Solti hat mich in Frankfurt als Korrepetitor engagiert, und er hat mir viele Chancen gegeben. Ich konnte sogar bei ihm komponieren. Meine ersten Dirigate bei ihm waren eigene Sachen und Uraufführungen, später Operetten. Er war ein wunderbarer Chef. Er hat viel verlangt, aber wenn man bereit war, das einzulösen, hat er einem auch sehr viel Gelegenheit gegeben, zu zeigen, was man kann.

Haben Sie ihn bewundert?

Ich habe sehr viel gelernt bei ihm. Er war ein besessener Arbeiter. Und ich bin ja auch von Hause aus jemand, der versucht, den Dingen auf den Grund zu gehen. Ich habe an ihm bewundert, wie er sich um den Beruf gemüht hat. Er war insofern so etwas wie ein Idol, ähnlich wie – wenn es sich auch um einen ganz anderen Dirigententypus handelt – Furtwängler, der in meiner Kindheit und frühen Jugend einen unglaublich starken Eindruck auf mich machte. Auch während der Proben übrigens. Enorm bewundert habe ich natürlich – ich kann es nicht leugnen – die Möglichkeiten, die Herbert von Karajan hatte, das, was ihm vorschwebte, zu realisieren. Man kann zwar streiten über das, was ihm vorschwebte, das ist letzlich eine Geschmacksfrage, aber wie er in der Lage war, das zu realisieren, das war schon phänomenal.

Wie schnell er mit seinem Orchester erreichte, was er klanglich im Kopf hatte, das war erstaunlich.

Womit wir beim zentralen Problem eines jeden Dirigenten wären: Die eigene Vision in Klang umzusetzen.

Ja, Sie müssen die Musik im Kopf klingen hören! Wenn Sie mit dem Orchester arbeiten, gibt es sogar Momente, in denen das, was Sie sich vorstellen, was Sie als Klangvision im Kopf haben, so stark in Ihnen wird, daß Sie gar nicht mehr genau zuhören, was wirklich im Orchester klingt und was wirklich gespielt wird. Ich habe das selber erlebt. Ich habe eigentlich relativ gute Ohren. Und ich habe mich selber gelegentlich ertappt dabei, Dinge zu überhören, weil meine innere Vorstellung so stark ist, daß ich höre, was ich hören will und nicht, was effektiv im Orchester stattfindet. Das ist ein großes Problem beim Dirigieren. Eine andere, nicht geringere Schwierigkeit ist die Tatsache, daß Sie eigentlich immer die musikalische Zukunft vorausdenken und gleichzeitig den gegenwärtigen Moment dirigieren müssen. Insofern verlangt das Dirigieren von uns, wie übrigens ähnlicherweise auch vom Regisseur, daß wir uns etwas noch nicht Reales ausdenken müssen bis ins kleinste Detail und vorstellen, wie es zu realisieren ist. Dieses ›wie‹ muß man natürlich lernen.

Man kann das allerdings nur mit einem Orchester lernen. In der Musikhochschule können Sie mehr oder weniger nur etwas über Musik lernen. Dirigieren ist eine reine Frage der Erfahrung. Merkwürdigerweise sind die Orchester, je besser sie sind, umso eher in der Lage, den Willen und die Vorstellung von einem Dirigenten abzulesen, unabhängig von seinen technischen Fähigkeiten, seine Vorstellungen zu vermitteln. Es gibt Dirigenten, die sehr ungeschickt dirigieren und trotzdem unglaublich viel aus dem Orchester herausholen können. Viele haben keine Schlagtechnik und trotzdem können sie animieren und man versteht nicht, wie es geht, gerade auch bei Leuten, die aus der alten Musik kommen, die dann später Beethoven dirigieren, da ist man manchmal fassungslos, was die da machen am Pult, aber es vermittelt sich offensichtlich dennoch etwas, wenn eine Vorstellung vorhanden ist. Sie ist das Wesentliche. Wenn Wille, Phantasie und konkrete Vorstellung vorhanden und wirklich überzeugend sind, wird das auch verstanden vom Orchester.

Wie ist das mit den Sängern? Ich möchte Ihnen nicht zu nahe treten, aber Sie waren ja sehr lange mit einer Opernsängerin verheiratet, deren kürzlich erschienene Erinnerungen Sie sicherlich gelesen haben, …

… ich habe sie nicht gelesen.

Hat die Ehe mit Anja Silja Ihre Affinität zur Oper sehr beeinflußt?

Die Ehe mit Anja war eine für viele Jahre sehr schöne Beziehung für uns beide. Später kamen dann Komplikationen, die wohl unvermeidlich sind. Wissen Sie, ein Dirigent entwickelt sich meistens peu à peu in aufsteigender Linie in eine Karriere hinein, und ein Sänger nimmt naturgemäß meist eine entgegengesetzte Entwicklung. Auch wenn Anja, Gott sei Dank, immer noch wirklich wunderbare Erfolge hat mit gewissen Stücken, trifft das auch für sie zu.

Daß die Ehe mit Anja künstlerisch so fruchtbar für mich war, lag natürlich daran, daß sie für mich wirklich eine der größten Darstellerinnen der Opernbühne war und ist, ich kenne in der Oper eigentlich niemanden, der so überzeugend spielt und darstellt. Wenn wir Konflikte hatten, dann betrafen sie lediglich das Singen. Vom Singen hatten wir unterschiedliche Vorstellungen. In einem Stück wie ›Die Sache Makropoulos‹ ist das eine andere Geschichte, aber wenn Sie beispielsweise eine Oper wie ›Eugen Onegin‹ dirigieren, dann sind Sie natürlich schon drauf angewiesen, daß sie immer sagen müssen und sagen dürfen: Hoppla, das ist nun nicht ganz richtig. Und da haben wir dann manchmal arge Probleme miteinander gehabt. Aber im großen und ganzen haben wir uns sehr respektiert. Daß wir uns auseinanderentwickelten und voneinander trennten, hat seine Gründe sicher darin, daß eine Ehe mit einem Dirigenten nicht einfach ist, noch dazu mit einem wie mir, der andauernd in den Noten herumkrebst, und andererseits die Ehe mit einer Sängerin oder Darstellerin auch nicht eben einfach ist, zumal wenn sie, wie Anja, künstlerisch so völlig anders denkt und arbeitet, die eigentlich am liebsten bis fünf Minuten vor der Vorstellung – ich weiß nicht was –, Ski fährt oder so etwas. Sie hat eben eine völlig andere künstlerische Mentalität als ich. Wir haben uns auseinandergelebt, aber trotzdem haben wir auch eine tolle Zeit miteinander gehabt. Und wir haben ja auch ein paar großartige Produktionen zusammen gemacht, wenn ich nur an die ›Lulu‹ denke. Es liegt mir fern, irgend eine Art von Schuldverteilung vorzunehmen. Ich lese Anjas Buch übrigens deshalb nicht, weil ich weiß, daß ich davon, wie sie über uns schreibt, ganz sicher ein total anderes Bild hätte.

Wobei sie in ihrem bewegenden und würdigen Buch sehr fair über Sie schreibt, wie ich finde, und nichts Negatives über Sie sagt. Sie bestätigt eher aus ihrer Perspektive, was auch Sie eben sagten, daß Sie beide in ihrer künstlerischen Unterschiedlichkeit einfach inkompatibel gewesen seien, um es mal mit einem technischen Begriff auf den Punkt zu bringen. Und sie schreibt, daß die Sehnsucht nach Muttersein und Künstlerexistenz nur sehr schwer miteinander zu vereinbaren sind.

Sie hat am Anfang unserer Ehe gesagt, ich will nicht mehr singen und ich hör auf und ich bin nur für meinen Mann und die Kinder da, und dann hat sie das auch eine Zeit lang wunderbar durchgehalten. Aber plötzlich kam dann ihre Künstlernatur doch wieder durch und gewann Oberhand. Ich bin der erste, der das versteht! Wenn ich heute sage, ich hör auf zu dirigieren, könnte ich auch nicht garantieren, daß es dabei endgültig bliebe. Insofern mache ich Anja überhaupt keine Vorwürfe. Natürlich ist es immer schrecklich, wenn so etwas passiert in einer Ehe, aber es ist menschlich. Aber wahrscheinlich ist in einer Zeit, in der die Menschen alle so alt werden, eine Ehe ohnehin nur eine Halbzeit. Auch das ist eine schreckliche Wahrheit. Aber unseren Kindern geht es immerhin gut. Leider sind Anja und ich im Moment nicht mehr miteinander im Gespräch. Ich hoffe, daß sich das eines Tages ändern wird!

John Eliot Gardiner
Sich selbst erkennen mit Bach

Herr Gardiner, Sie haben sich mit ihrer Bach-Kantaten-Pilgerreise ein Jahr fast aus-
schließlich mit Bach beschäftigt und auseinandergesetzt. Wird man da nicht etwas
›Bachmüde‹?

Überhaupt nicht, und es war nicht fast ausschließlich, es war total ausschließlich mit Bach! Bach hat eine solche Breite des Ausdrucks und der kompositorischen Phantasie, daß man sich nie langweilen könnte bei seiner Musik. Im
Gegenteil, mein Enthusiasmus für seine Kantaten ist nach diesem Bach-Jahr
größer denn je.

Wenn man sich wie Sie an 80 Tagen im Jahr mit den Kirchenkantaten Bachs aus-
einandersetzt, soweit sie erhalten sind, setzt man sich ja auch ein Jahr lang mit dem
Christentum, mit dem Geist, mit einem bestimmten Geist des Christentums, wie Bach
ihn in seinen Kantaten versteht und repräsentiert, auseinander. Kann man sich mit
Bach beschäftigen, kann man ihn verstehen, ohne selbst überzeugter Christ zu sein?

Natürlich ist er ein durch und durch christlicher Komponist, aber ich glaube,
man muß nicht gläubig sein, um seine Musik zu verstehen, zu ehren und zu genießen. Ich glaube, der südamerikanische Komponist Mauricio Kagel hat es gut
formuliert, als er sagte: Heute glaubt niemand mehr an Gott, aber alle glauben
an Bach. Das ist vielleicht ein bißchen übertrieben, aber man versteht gut, was
er meint. Wir Musiker sind ohnehin nicht typisch gläubige Christen, es gibt
sehr viele Skeptiker unter uns, und es gibt Leute unter uns mit ganz anderen
weltanschaulichen und religiösen Überzeugungen. Aber durch Bachs Musik
werden wir im Moment der Bach-Aufführung gläubige Christen. Das kann man
nicht vermeiden, das kommt ganz von selbst. Die Überzeugungskraft, die Magie,
die Suggestivität von Bachs Musik ist gewaltig! Aber es ist nicht der theolo-
gische Aspekt, der im Vordergrund steht, sondern der menschliche Aspekt, der
uns so stark beeindruckt. Die Kantaten von Bach sind wirklich wie ein Spiegel
des eigenen Lebens, man kann sehr viel von seinen persönlichen Leidenschaften, Alltagsproblemen und -freuden kennenlernen und verstehen durch diese
Kantaten. Natürlich ist der Tod immer ein sehr großes Thema bei ihm, und
wenn man weiß, daß er nicht nur seine Eltern ganz früh in seinem Leben ver-

loren hat, ich glaube, er war zehn Jahre alt, als seine Eltern gestorben sind, sondern auch seine erste Frau, relativ jung und dann zehn von seinen zwanzig Kindern, alle waren jünger als drei Jahre, als sie starben, dann versteht man, wie zentral das Thema Tod für ihn war und wie wichtig für ihn Trost durch die Gottesliebe war und wieviel Stärke und Mut sie ihm wohl gegeben hat.

Wir wissen aber auch, daß Bach ein sehr ironisches Verhältnis zum christlichen Glauben hatte und zur Kirche. Auch das wird in seiner Musik immer wieder deutlich. Es ist auch keineswegs nur Christliches in seiner Musik, es ist ja auch sehr viel Weltliches, sehr viel Derbes, sehr viel Humoristisches und sehr viel Theatralisches sogar darin. Ist Bach nicht vielleicht sogar ein verhinderter Opernkomponist?

Nicht nur ein verhinderter, Sie haben vollkommen recht! Bach mußte, als er nach Leipzig kam, einen Vertrag unterschrieben, daß er keine opernhafte Kompositionen für die Kirche komponieren sollte. Trotzdem hat er sehr viel theatralische Musik komponiert und die Leute, die so bedauern, daß er keine Opern komponiert hat, daß er nicht nach Dresden gefahren ist, die verstehen nicht, wie theatralisch seine Bach-Kantaten sind, jedenfalls eine große Anzahl von ihnen.

Trotzdem finde ich es bedauerlich, daß es keine Oper von ihm gibt, es wäre doch spannend, eine Bach-Oper zu hören. Wie auch immer: diese Pilgerreise, sie nennen sie Bach-Kantaten-Pilgerreise, das Wort Pilgerreise verrät einen religiösen Aspekt, man pilgert zu einem Heiligtum, man pilgert zu irgendeiner christlichen oder religiösen Stätte. Ist dieses Großprojekt, das ja wirklich beispiellos in diesem Bachjahr 2000 war, für sie eine religiöse Veranstaltung oder doch vor allem nur eine Entdeckungsreise, auch für das Publikum, zu den weniger bekannten Kirchenkantaten, eine Hommage an den Kirchen-Komponisten?

Es ist eine Entdeckungsreise und eine Pilgerreise. Eine Entdeckungsreise, die Bachs Musik betrifft. Die Kantaten sind ja nach wie vor relativ unbekannt, oder sagen wir unpopulär. Aber diese Kantaten-Pilgerreise war auch eine persönliche Entdeckungsreise insofern, als wir Musiker durch diese exklusive, konzentrierte Erfahrung von Bachs Kantaten ein Jahr lang eine enorme Herausforderung hatten, nicht nur vom technischen Aspekt als Musiker her, sondern auch aus philosophischer und religiöser Sicht. Ich glaube, wir haben uns alle einigermaßen entwickelt dank dieser Pilgerreise. Man sollte das Wort übrigens nicht buchstäblich zu ernst nehmen, Ein ›Pilger‹, das ist mehr ein Symbol, und man muß nicht an einen spezifischen Ort pilgern. Wir sind zu verschiedenen Pilgerorten gefahren, quer durch Europa bis nach Amerika, nach New York. Wir waren in allen bedeutenden Orten, wo Bach selber musiziert hat, wo er

gewohnt hat, wo er gestorben ist, wo er aufgewachsen ist, wo besondere Stationen seines Lebens waren. Aber wir waren auch in sehr interessanten Pilgerzentren wie Santiago di Compostella, in Rom, und an Bachs Todestag waren wir auf der Insel Iona, an der Westküste Schottlands, in einem ganz kleinen Ort, aber mit einer fantastischen Stimmung, und diese Erfahrung, dort, an Bachs 250. Todestag ein Konzert geben zu dürfen, das war eine fantastische Angelegenheit, die das Publikum und wir Musiker niemals vergessen werden.

John Eliot Gardiner *81*

Wenn ich Sie richtig verstehe, dann könnte man in salopper Entgegnung auf Verdis ›tutto nel mondo e burla‹ am Ende des ›Falstaff‹ mit Bach sagen: ›Die ganze Welt ist eine Pilgerstätte‹.

Ich glaube, Bach würde Boitos und Verdis Motto, ›tutto nel mondo e burla‹ gut verstehen, denn er hat diese ganze Komödie von persönlichen und gesellschaftlichen Verzwicktheiten auf der Erde sehr wohl durchschaut. Und er hat sie mit sehr viel Ironie, mit Spaß, mit Humor, manchmal mit schwarzem Humor (den wir Engländer besonders mögen) kommentiert.

Ihre Bach-Pilgerreise fand an sehr vielen, weit auseinander liegenden Orten statt. Ursprünglich war es ja geplant, nur authentische Bachorte in Deutschland auszuwählen, es hat sich dann ausgeweitet ins Europäische, ja Internationale. Damit hat es etwas Missionarisches gewonnen. Fühlen Sie sich als Bach-Missionar?

Das wäre übertrieben, das Wort Missionar gefällt mir nicht so sehr, Enthusiast schon eher, ein Enthusiast von Bachs Musik, speziell seiner Kantatenmusik bin ich unumwunden. Es ist schon unglaublich, daß seine Kantaten auch heute noch so unterschätzt werden. Es gibt natürlich viele Aufnahmen von Bachs Kantaten, doch die Kirchenkantaten von Bach bleiben nach wie vor relativ unbekannt. Ich finde das bedauerlich, und das ist der Hauptgrund dafür, daß wir ein ganzes Jahr durch Deutschland und durch Europa gefahren sind, und ich glaube, das Publikum fand es nie langweilig, sondern immer wieder überraschend, welche Qualität, Kontraste und Vielfältigkeit es in dieser Musik gibt.

Ich wollte Sie gerade nach diesem Publikum fragen, nach den Reaktionen dieses Publikums, es ist ja ein sehr unterschiedliches an sehr unterschiedlichen Orten und mit unterschiedlichem Background gewesen.

Das stimmt, und manchmal waren die Kontraste wirklich sehr stark. Am Reformationstag beispielsweise waren wir in Wittenberg, das war der denkbar beste Ort für Bachs Kantaten am Reformationstag, BWV 79 ›Gott der Herr ist Sonn und Schild‹, BWV 80 ›Ein feste Burg ist unser Gott‹ und BWV 172 ›Nun danket alle Gott‹. Man hatte das Gefühl, die ganze Stadt und alle Lutheraner waren in der Schloßkirche anwesend, es war brechend voll, und das Publikum war enthusiastisch. Eine Woche später waren wir in Rom, in der Kirche Santa Maria Sopra Minerva. Der Gegensatz hätte nicht größer sein können. Es kamen 4.000 Zuhörer in diese Kirche, auch der Kardinal kam, und die haben in absoluter Ruhe unsere Aufführung angehört. Es war eine große Überraschung, daß ein italienisches Publikum, ein römisches zumal, in dieser Menge in die Kirche strömte um Bach, protestantische, lutherische Bach-Kantaten anzuhören; das hatten wir nicht erwartet.

Nun wissen wir, daß der italienische Katholizismus sehr tolerant und weltoffen ist, zumindest in künstlerischer Hinsicht.

Und Bachs Musik ist universal. Es ist völlig gleich, ob man Christ, Lutheraner oder Katholik ist, welche Eltern man hat, von welcher Farbe man ist, die Musik spricht mit so einem scharfen und direkten Impuls, daß sie jeden erreicht. Seine Musik ist so wunderbar in ihrer Wirkung und ihrem Aufbau, daß sie von jedem, ob in Wittenberg oder in Rom, verstanden werden kann. Aber es ist zuweilen sehr schwer für Musiker, Bach zu spielen, denn er hat gelegentlich absichtlich technische Schwierigkeiten in seine Kompositionen eingebaut, Stellen beispielsweise, wo er Noten für die Trompete geschrieben hat, die nicht auf dem Instrument zu spielen sind. Damit wollte er einerseits demonstrieren, was Vollkommenheit ist, eine göttliche Vollkommenheit und auf der anderen Seite menschliche Unvollkommenheit. Das ist für einen Musiker zuweilen schwer zu begreifen. Noch schwerer ist es, ›Unvollkommenheit‹ zu spielen. Aber ich finde es sehr menschlich von ihm, daß er solche philosophische Verzwicktheiten komponiert hat.

Ein Jahr Kirchenkantaten nach Bach: werden Sie nach dem Bach-Jahr auch weiterhin Bach spielen?

Wissen Sie, ich bin durch dieses Bach-Jahr so bereichert worden! Ich kehre jetzt erfrischt, mit ganz neuen Erfahrungen zurück zu meinem anderen, breiteren Repertoire jenseits von Bach. Aber das bedeutet nicht, daß ich in Zukunft überhaupt keine Musik von Johann Sebastian Bach mehr aufführe und dirigiere, nein, im Gegenteil: Ich glaube, erst jetzt habe ich vielleicht die nötige Erfahrung und die Reife, die großen Passionen Bachs aufzuführen. Sie gehören zu diesem Zyklus von Kirchenkantaten. Wohl nur, wenn man eine große Erfahrung hat mit den Kirchenkantaten, so wie meine Musiker und ich jetzt, kann man die Originalität von Bachs Passionen wirklich würdigen und die der weltlichen Kantaten.

Bach hat den größten und den wichtigsten Teil seines Lebens in Leipzig verbracht, und das waren, wie wir wissen, alles andere als ideale Arbeitsbedingungen. Er hat auch musikalisch mit Kompromissen leben müssen. Beispielsweise waren die Knabenchöre nicht so gut wie in Weimar. Sind Sie bereit, Kompromisse zu machen in Ihrer Bach-Interpretation oder anders gesagt, geht es Ihnen um möglichst authentische Bach-Wiedergabe?

Es ist unmöglich, Bach authentisch zu interpretieren. Aber man kann natürlich Bachs Instrumente kopieren, rekonstruieren oder Originalinstrumente sammeln und restaurieren. Die einzelnen Musiker meines Ensembles sind wirklich fantastische Experten auf dem Gebiet und meistern die Schwierigkeiten der Instrumente. Man kann sehr nahe an Bachs eigene Musizierpraxis herankommen mit Originalinstrumenten oder Nachbauten, die nicht einfach zu spielen sind. Aber man kann zu guten Ergebnissen kommen. Was die Gesangsstimmen angeht, da ist das Problem viel größer. Bachs ausschließlich männliche Besetzung aller Stimmen ist heute nicht mehr machbar. Der Stimmbruch fand zu Bachs Zeiten viel später statt als bei uns heute, wo die Knaben mit elf oder zwölf, spätestens mit dreizehn Jahren den Stimmbruch haben. Bach selbst, als er beispielsweise in Lüneburg war, er war damals sechzehn, siebzehn, konnte an einem und demselben Tag gleichzeitig zwei Oktaven singen. Das bedeutet, das Modell der Thomaner seiner Zeit, ob es gut oder schlecht war, sei dahingestellt, ist im strikt authentischen Sinne heute nicht mehr möglich. Deswegen hatte ich keine Alternative als meinen normalen Chor, den Monteverdi-Chor, für Bachaufführungen zu benutzen. Ich arbeite da natürlich mit sehr transparenten Stimmen, aber es sind dennoch erwachsene Leute, Profisänger, die zwar die Bedeutung aller Worte gut verstehen, wir haben ja Chormitglieder, die Deutsch als Muttersprache sprechen, aber es ist und bleibt ein Kompromiß, den man nicht vermeiden kann.

Dann sind Ihnen Worte wie ›Originalklang-Praxis‹ und ›Historische Aufführungspraxis‹ sicherlich suspekt.

Suspekt nicht, aber man sollte vorsichtig mit solchen Begriffen umgehen, weil Authentizität im engeren Sinne unmöglich ist. Was wir versuchen können, ist eine authentische Beziehung zum Konzept der Musik Bachs herzustellen. Aber wir dürfen nie vergesen, daß wir Menschen aus einem anderen Jahrhundert sind mit reichhaltigen musikalisch-stilistischen Erfahrungen, die sich ganz wesentlich von den Stilen der Bachzeit unterscheiden.

Wie würden Sie Ihre Musizierweise charakterisieren: ›Originalklang-Praxis‹, ›Historische Aufführungspraxis‹, ›Historisch informiertes Musizieren‹, oder wie?

Das sind doch nur Worte. Historisch informiert würde ich noch am ehesten als Etikett gelten lassen. Aber ich glaube, jede Generation, jeder einzelne Musiker sollte für sich selbst eine neue Interpretation entwickeln, eine Interpretation, die zu seiner Zeit gehört und zu der Welt, in der er lebt. Alles andere ist nur Propaganda.

Das Bach-Jahr hat Ihnen persönlich viel gebracht, auch dem Publikum Ihrer Pilgerreise, aber es gab ja neben Ihrem Bach-Projekt auch noch andere; außerdem wurden sehr viele neue Bach-Bücher und Bach-CD's veröffentlicht. Was bleibt von diesem Bach-Jahr der Veranstaltungs- und Veröffentlichungs-Superlative?

Die Erkenntnis, daß Bach wirklich der Vater der modernen Musik war, daß ohne ihn alles, was nach ihm kam, sich ganz anders entwickelt hätte, wenn es ihn nicht gegeben hätte. Mozart hätte anders komponiert ohne das Beispiel Bachs, das gilt auch für Beethoven, das gilt auch für Mendelssohn, für Schumann, für fast alle Komponisten des 19. Jahrhunderts. Aber auch Komponisten wie Strawinsky, Bartók, Alban Berg, Schönberg, Webern und noch weit modernere Komponisten, auch sogar Jazzkomponisten waren entweder in direkter Linie oder indirekt stark beeinflußt von Johann Sebastian Bach. Er war der größte Musiker, den es je gegeben hat. Seine breite, seine technische, seine professionelle Meisterschaft, ist bewundernswert. Es ist nicht nur die kompositorische Mathematik, nicht nur die Kontrapunktik oder der harmonische Satz, den ich an ihm bewundere. Ich finde, er hat unsere menschliche Situation auf der Erde durch Musik einzigartig dargestellt und illustriert mit seiner Musik. Ich glaube, er ist der Größte von allen, Alpha und Omega der Musik.

Nun haben das ja viele Musiker immer schon gewußt. Aber ist das Musikpublikum, sind die Musiker durch dieses Bach-Jahr klüger geworden in Sachen Bach?

Das weiß ich nicht. Aber ich bin sicher, unsere exklusive Erfahrung mit Bachs Musik in einem Jahr hat uns weiterentwickelt, uns Musiker. Wir genießen heute seine Musik viel mehr als früher, genießen sie nicht nur, sondern wissen sie in ihrer Breite und Tiefe noch mehr zu schätzen als am Anfang dieser zugegeben extremen Auseinandersetzung mit ihr. Dieses ganze Unternehmen war übrigens auch eine sehr aufschlußreiche Spiegelung unseres Privatlebens, denn es gibt so viele Aspekte von Bachs Privatleben mit seinen täglich-alltäglichen Unzulänglichkeiten, die uns gar nicht so fern sind, die er in seinen Kantaten reflektierte. Er war ja alles andere als ein Heiliger! Im Gegenteil: Er hatte Schwächen wie wir alle, und manchmal fiel es ihm sehr schwer, die Last seiner Schwächen und seiner Lebensmühen zu ertragen, zumal in Leipzig. Manchmal spürt man in seinen Kantaten förmlich, daß er, wenn er etwa von Heuchelei spricht, ganz spezifische Leute, prominente Leipziger Bürger im Auge hatte. Er wußte ja genau, von wem seine Musik gehört wurde. Auch heute möchte man manchen Leuten Bachsche Kantatenmusik vorspielen, damit sie sich in ihr erkennen.

Valery Gergiev
Geld spielt keine Rolle

Ist es richtig, daß Sie in naher Zukunft mit dem ›Ring des Nibelungen‹ auf Tour gehen?
Wir haben den ›Ring‹ in St. Petersburg produziert und für die Zeit danach
haben bei mir schon viele Häuser angefragt. Mir liegt aber daran, ihn erst einmal in aller Ruhe in Rußland, dann an verschiedenen Orten der Welt zu zeigen.
Ich habe ja bereits mehrere Wagner-Opern erarbeitet, sowohl mit dem Ensemble der Kirov-Oper als auch mit anderen Ensembles: an der Met etwa, den ›Parsifal‹ in Salzburg oder den ›Fliegenden Holländer‹ in St. Petersburg, den wir
auch in einer ganzen Reihe von Ländern gezeigt haben, zum Beispiel in Japan.
Und außerdem spielen wir Wagner auch regelmäßig in Konzerten.
Haben Sie eine besondere Beziehung zu Wagner?
Nein, wir haben auch viel Berlioz zum Beispiel gemacht und beschäftigen uns
auch mit Mozart.
*Sie haben das Mariinsky-Theater durch Gastspiele und CD-Aufnahmen weltberühmt
gemacht, sodaß es heute im Westen fast bekannter ist als das Bolschoi-Theater.*
Vielleicht.
Sind Sie stolz darauf?
Nein. Das war nie mein Ziel. Wir waren nie so kurzsichtig. Wir sehen uns nicht
im russischen Vergleich, sondern in einem weltweiten. Außerdem kenne ich die
Probleme, die Schwierigkeiten und die künstlerischen Leistungen des Bolschoi-
Theaters viel zu wenig. Ich könnte nicht einmal Ihre Vermutung bestätigen,
denn dafür müßte ich öfter nach Moskau fahren und mir die Aufführungen
ansehen. Ich höre nur, was mir die Leute erzählen. Ich glaube, diese Rivalität
besteht im Ballett stärker als in der Oper. In der Oper scheinen wir, wenn man
den Beobachtern trauen darf, moderner, vielleicht sind wir auch im Ballett
effektiver. Beim Ballett haben sie natürlich sowohl in Moskau als auch in
St. Petersburg starke Traditionen, die man nicht so einfach aufgibt. Man kann
versuchen, den Standard zu verbessern und das Beste daraus zu machen. Unsere
jungen Ballerinen sind einfach außerordentlich. Sie gehören heute zu den
besten der Welt. Darauf sind wir natürlich sehr stolz, denn ich bin Intendant
für Oper und Ballett und achte darauf, daß sich beide Sparten die Waage

halten. Wir versuchen eine annäherungsweise ideale Kombination dieser beiden Kunstsparten, zu denen dann auch die Qualität des Orchesters und des
Chors hinzukommt. Aber wenn Sie mich fragen würden, welches Opernhaus
der Welt alle Kollektive in idealer Qualität besäße, würde es mir schwer fallen,
eines zu finden; denn an einem Ort haben Sie ein starkes Opern-Ensemble,

am andern starke Ballett-Traditionen, am dritten ein phantastisches Orchester wie in Wien. Aber ein perfekt ausbalanciertes Opernhaus zu finden, ist sehr schwierig.

Sind die Bedingungen, unter denen die Musiker in Rußland arbeiten, tatsächlich so schwierig, wie oft gesagt wird?

Vielleicht ja, aber im Grunde langweilt es mich, über solche Dinge zu sprechen. Ich werde ständig gefragt: Wo kriegen Sie das Geld her? Wie werden Sie mit den Problemen in Rußland fertig? Das müssen Sie die Leute fragen, die darunter leiden, daß sie kein Geld oder keine Phantasie oder nicht die Fähigkeit zu konzentrierter Arbeit haben. Am Kirov-Theater arbeiten wir auf internationalem Niveau, sowohl in Rußland als auch im Ausland, denn beides ist uns gleichermaßen wichtig. Wir haben eben die interessanten Aufgaben zu finden wie den ›Ring des Nibelungen‹, ›Krieg und Frieden‹, ›Don Giovanni‹ oder den ›Feurigen Engel‹, und dann muß man konzentriert arbeiten. Diese Arbeit umfaßt die künstlerische Arbeit ebenso wie die Haustechnik, funktionierende personelle Strukturen, die sich am Kirov-Theater zunehmend verbessern, das Management, internationale Zusammenarbeit … Das alles ist bekannt und oft beschrieben worden, sodaß ich es hier nicht wiederholen muß.

Woher nehmen Sie die Kraft für Ihre enorme Arbeitsbelastung?

Wenn man über berühmte Dirigenten der Vergangenheit liest, wie zum Beispiel über Gustav Mahler an der Wiener Staatsoper, der als Genie natürlich außerhalb jedes Vergleichs steht, zumal ich ja auch kein Komponist, sondern nur ein Dirigent bin, so kann man diese Leute natürlich nicht kopieren, aber man kann doch von ihnen lernen. Bruno Walter in der kleinen Stadt Riga zum Beispiel hat mindestens so viel dirigiert wie Valery Gergiev am Kirov-Theater heute. Warum sollte ich mich für etwas Besonderes halten? O. k., ich dirigiere ziemlich viel und manchmal mag es ziemlich gut sein. Aber ein Dirigent muß eben viel arbeiten, besonders, wenn er außerdem Intendant ist. Als Herbert von Karajan Künstlerischer Leiter der Wiener Staatsoper war, war dort ja auch viel los.

Aber nicht alle Ihrer Kollegen dirigieren so viel wie Sie. Doch zu einer anderen Frage: das Mariinsky-Theater ist inzwischen bekannt für sein hervorragendes Ensemble. Wo bekommen Sie all die gut ausgebildeten, schönen Stimmen her?

Ich halte es nicht für dreckige Arbeit, mit jungen Sängern zu arbeiten. Ich halte es im Gegenteil für sehr wichtig. Darum hielt ich es in den letzten zwölf Jahren auch für meine Aufgabe, neue Stimmen zu entdecken. Ich veranstalte häufige Vorsingen. Meine Assistenten und mein Team arbeiten ununterbrochen mit jungen Sängern. Wir geben ihnen eine Chance oder dreimal eine Chance oder manchmal zehnmal. Wenn sie ein Potential haben, versuchen wir sie zu halten, wenn sie ignorant sind, wenn sie zum Beispiel absolut lernunwillig sind, stellen wir die Zusammenarbeit ein. So funktioniert das. Und manchmal gehen die Karrieren sehr schnell. Dann werden sie nicht nur im nationalen Vergleich zu vielversprechenden Talenten.

Ist es ein Problem für das Mariinsky-Theater, daß die Weltstars in den Westen abwandern, um mehr Geld zu verdienen?

Das war nie anders in meinen zwölf Jahren. Viele Leute haben prophezeit, das Kirov-Ensemble würde immer schwächer werden, weil die besten Sänger weggingen. Ich würde heute sagen, es ist immer stärker geworden. Aber lassen Sie uns noch zwei, drei Jahre warten, um das zu beurteilen. Wir befehlen den Sängern nicht: ›Geh' da nicht hin!‹ Wir machen sie im Gegenteil im Westen bekannt. Dumme Sänger verstehen das nicht, aber normale Menschen sehen ein, daß wir ihnen a) helfen und daß sie b) mit uns schneller wachsen können als ohne uns. Im Ganzen ist das ein natürlicher Prozeß.

Ich bin sicher, daß Sie viele Angebote aus aller Welt bekommen. Warum bleiben Sie am Mariinsky-Theater?

Weil ich keine attraktivere Position für mich sehe. Zwei oder drei Positionen im Westen könnten mich reizen, weil es dort phantastische Orchester oder phantastische Arbeitsbedingungen gibt. Aber ich arbeite ja bereits mit den besten Institutionen zusammen. Wenn Sie nach der Met fragen: Ich arbeite bereits dort. Wenn Sie mich nach Wien oder Berlin fragen, auch dort gastiere ich mit dem Kirov-Ensemble, und ich dirigiere die Berliner Philharmoniker. Natürlich ist Berlin eine kulturell wichtige Stadt in Europa. Aber Petersburg auch. Und wenn die Leute das vergessen, dann versuchen wir sie daran zu erinnern, daß St.Petersburg ein sehr bedeutendes kulturelles Zentrum ist.

Und es ist Ihr Zuhause.

Es ist mein Zuhause. Meine Mutter lebt dort, meine Familie, meine Freunde, und es ist ein kulturelles Zentrum. Wir haben nicht nur das Mariinsky-Theater, sondern die Eremitage, die Stadt ist wunderbar. Ich habe ein Festival gegründet, das so berühmt wie jedes andere Festival ist. Wenn Sie mir sagen würden, die Leute kennen die ›Weißen Nächte‹ nicht, würde ich Ihnen antworten, die Leute kommen zu Tausenden angereist, nur um dieses Festival zu erleben.

Bedeutet Ihnen die Familie viel?

Ja, sie wird mir immer wichtiger.

Das Mariinsky-Orchester hat einen ganz eigenen, wunderbaren Klang, der sich von allen anderen russischen Orchestern unterscheidet. Wie würden Sie ihn selbst beschreiben?

Unser Klang resultiert aus unserer gemeinsamen Arbeit. Er basiert a) auf meiner eigenen Klangvorstellung und b) auf einem Lernprozeß im Rahmen eines Repertoires, das andere russische Orchester gar nicht oder nur sehr selten spielen. Wir bewegen uns mit Selbstverständlichkeit zwischen Mozart und Mahler, Bruckner und Wagner, Brahms und Tschaikowsky hin und her und diskutieren jedesmal über die stilistischen Unterschiede: Vibrato, Attacke, Farbe. Ich mache daraus kein Geheimnis vor meinen Musikern, wie ich Wagner oder Tschaikowsky verstehe. Sie arbeiten mit mir. Und vergessen Sie nicht: ich verbringe mehr Zeit mit meinem Orchester als die meisten führenden Dirigenten. Ich sage nicht: Mein Orchester ist das beste, aber es ist eines der besten Orchester auf der Welt. Warum? Weil wir hart arbeiten, weil wir viel Energie in unsere Arbeit investieren. Wir sind nicht gleichgültig. Und die Musiker haben voneinander und aus unserer gemeinsamen Arbeit gelernt, wie man verschiedene Komponisten angehen muß: Strawinsky, Prokofjew, Mozart, Brahms und die Zeitgenossen. Und wir sind noch lange nicht am Ende, wir lernen täglich. Vor zehn Jahren konnte man über das Kirov-Opernorchester noch hinwegsehen: das Kirov-Orchester kann nicht gut sein, weil Opernorchester sowieso nicht gut sind. Viele Leute haben so gedacht. O. k., wir haben das eben geändert.

Sie schonen bekanntermaßen Ihre Musiker nicht. Beispielsweise haben Sie unmittelbar nach einer Hauptprobe schon die Premiere zu ›Don Giovanni‹ ausgesetzt. In Deutschland wäre so etwas aufgrund gewerkschaftlicher Bestimmungen unmöglich. Gibt es in Rußland keine Probleme mit den Gewerkschaften im künstlerischen Bereich?

Vor drei Jahren hatten wir Ärger mit der Gewerkschaft der Bühnentechniker, und ich habe mit ihnen gesprochen. Ich habe Ihnen gesagt: Wenn Sie sich mit mir anlegen wollen, dann suchen Sie sich andere Verbündete. Aber Sie brauchen Verbündete. Die Regierung zahlt Ihnen so und soviel. Ich war es, der ihnen die doppelte Dotierung ausgehandelt hat. Ich bin persönlich zum Premierminister gegangen, habe eine Stunde lang mit ihm geredet und erwirkt, daß er das Budget des Kirov-Theaters verdoppelt. Ich habe ganz allein Sponsoren für spezifische Projekte interessiert und viele Millionen Dollar herbeigeschafft. Ich hänge das nicht an die große Glocke, aber wenn die Leute das nicht einsehen, dann muß ich sie daran erinnern, daß das meine Arbeit für mein Haus ist, und zwar nicht nur für die Technik, sondern für alle Mitarbeiter, um ihnen die Anerkennung in der Welt zu verschaffen, die sie verdienen, und sie auf das künstlerische, technische, institutionelle und Management-Niveau zu heben, das ich von der Met, von Salzburg, vom Covent Garden, von den Wiener Philharmonikern her kenne. Ich arbeite ja nur mit fünf oder sechs Institutionen zusammen: La Scala, Wiener Philharmoniker, Royal Opera House, Metropolitan Opera, Salzburger Festspiele, das ist es praktisch.

Und die Wiener Philharmoniker…

Natürlich, die sind einer der wichtigsten Partner. Das ist eine unglaubliche Beziehung. Warum sollte ein Dirigent auch mit einem Orchester arbeiten, zu dem er keine gute Beziehung hat? Man muß es hundertprozentig genießen, hundertprozentig! Wenn Sie die Arbeit nicht hundertprozentig genießen, können Sie nicht glücklich sein, wenn Sie nicht glücklich sind, können sie kein guter Künstler sein. Mit dem Kirov bin ich glücklich, selbst wenn ich mal mehr will, wenn ich mit mir selbst unzufrieden bin oder mit den Sängern oder mit dem Orchester und dem Chor oder dem Ballett. Aber im allgemeinen bin ich sehr glücklich. Es ist eine sehr dynamische Truppe. Die Gewerkschaftsführer, um darauf zurückzukommen, und die Leute, die in anderen Fällen mit den Direktoren und Managern kämpfen würden, haben hier verstanden, daß ich dazu da bin, ihnen zu helfen, nicht, um ihnen Probleme zu bereiten. Das haben sie ziemlich schnell realisiert, und seit diesem Vorfall gab es keinerlei Reibung mehr.

Sie sind Chef eines russischen Orchesters. Welche Bedeutung hat das internationale Repertoire für Sie?

Ich versuche, soviel wie möglich aus der westlichen Kultur nach Rußland und von der russischen Kultur in den Westen zu bringen. Wenn es zuviel wird, wenn die Leute unglücklich sind, werden sie es uns schon sagen. Wir lesen die Zeitungen, wir hören auf unsere Freunde, wir hören auf unsere Kooperationspartner. Wir waren gerade fünf Wochen in Covent Garden, und es sind etwa 150 Artikel über uns erschienen. Normalerweise erscheinen über ein gutes Sinfonieorchester 5 Rezensionen und über ein Operngastspiel 10 oder, wenn die Truppe besonders gut ist, vielleich 20. Aber wir haben 150 bekommen, weil die Kultur anders ist, die Sprache, die Mentalität, die ethischen Vorstellungen, die Traditionen, die für ein ganzes Volk eines Landes stehen. Wir haben Traditionen, die aus dem 19. Jahrhundert, ja selbst aus dem 18. Jahrhundert stammen. Wir kommen aus einer Stadt, die historisch wie künstlerisch eine außerordentliche Bedeutung hat: wir haben die Musik Tschaikowskys, Strawinskys, Rimski-Korsakows und Mussorgskys hervorgebracht, die Musik von Schostakowitsch und Prokofjew, von Borodin, Ljadow und Glinka – das sind Leute, die in unserer Stadt gewohnt haben. Manche von ihnen sind eng verbunden mit der Operntruppe, die wir heute repräsentieren, dem Kaiserlichen Marien-

Theater. Warum sollten wir uns schämen, für diese Tradition unser Bestes zu geben? Darum setzen wir weiterhin alles daran, die Kraft dieser Tradition nicht nur zu erhalten, sondern zu steigern. Und darum arbeiten wir manchmal sehr hart daran, ›Boris Godunow‹, ›Chowantschina‹, ›Mazeppa‹, ›Pique Dame‹ teilweise in Neuinszenierungen, teilweise in alten Produktionen, weil sie phantastisch gemalt sind, im Repertoire zu halten. Manche Leute finden sie altmodisch, aber London hat sie geliebt, einschließlich der Kritiker, die normalerweise auf der Seite der Modernisten stehen. Irgendwie haben sie gespürt, daß dies anders ist, daß hier nicht einfach Altes und Verstaubtes, sondern die Tiefe der Tradition präsentiert wird. Und ich versuche im allgemeinen beides, den westlichen und den russischen Stil in vollkommener Ausgewogenheit zu erhalten oder zumindest in einer Ausgewogenheit, die ich selber mag. Ich kann ja nicht alle Leute nach ihrer Meinung fragen. Ich kann nicht auf jeden Kritiker hören, der mir sagt: Lieber Herr Gergiev, bitte dirigieren Sie keinen Wagner mehr. Da kann ich nur sagen: Schreiben sie nur, ich dirigiere weiter. Ich bin nicht dazu verpflichtet, auf jede Meinung zu hören. Ich habe meine eigene, und die ist ziemlich fest.

Wieviele Vorstellungen dirigieren Sie im Mariinsky-Theater und wieviele an anderen Orten?

Normalerweise jeweils 55 bis 60 in St.Petersburg und im Ausland, also Hälfte–Hälfte.

Und in New York sind Sie zehn Wochen im Jahr?

Wenn sie die Kirov-Gastspiele hinzurechnen, ja.

Und Sie studieren dort jährlich zwei Neuinszenierungen ein.

Normalerweise zwei, aber manchmal auch nur eine.

Wie halten Sie den Standard Ihres Orchesters zuhause, wenn Sie weg sind?

Wir vertrauen einander. Wenn ein Orchester und ein Dirigent für 10, 15, 20 Jahre zusammen bleiben, dann ist das etwas anderes, als was wir heute gewöhnlich sehen, daß Leute einen Zwei-, Dreijahresvertrag abschließen und dann gehen, dann kommt der Nächste und der Nächste und der Nächste... Wir machen in diesem Geschäft nicht mit, vom einen zum anderen Posten zu springen. Mein Orchester kennt mich als einen seßhaften Dirigenten, der dazu da ist, mit ihnen zu arbeiten und künstlerische Ergebnisse zu erzielen, was immer die Leute am Ende darüber denken. Wir jedenfalls finden es interessant, miteinander zu arbeiten Und wir gastieren dann in Japan oder in London und zur gleichen Zeit spielt das Ballett zuhause, und wenn das Ballett in Japan ist, spielen wir zuhause. Wir haben ja ein sehr großes Ensemble.

Das heißt, Sie haben ein großes Orchester, das in doppelter Besetzung antreten kann?

Ja, und ich habe gerade ein neues Orchester gegründet: ein Jugendorchester, das qualitativ wieder sehr vielversprechend ist, vergleichbar mit jedem anderen europäischen Jugendorchester, hoffe ich zumindest. Diese Musiker sind gut, sie sind enthusiastisch, sie sind bereits zwei oder dreimal auf Tournee gegangen. Uns gefallen diese jungen Leute. Wir sehen, wie sie rasch Fortschritte machen, wir fordern Qualität und harte Arbeit, aber wir brauchen diese stilistische Kompetenz so schnell wie möglich. Ich will nicht, daß sie nur auf Kraft oder auf Rhythmus spielen. Sie sollen ein Gespür für Farben bekommen, für die Kultur der einzelnen Stimmgruppen und hier an unsere besten Traditionen anknüpfen.

Ist es für Sie einfacher, im Osten oder im Westen zu arbeiten?

Ich gehe niemals dorthin zurück, wo ich Ärger hatte. Warum sollte ich? Wenn mich ein Orchester in England oder Spanien oder Italien nicht versteht, komme ich eben nicht wieder. Damit vergeudet man nur seine Zeit. Und Zeit ist kostbar.

Besonders für Sie.

Für jeden Dirigenten, den ich interessant finde. Ich habe viele Freunde – Mariss Jansson, Simon Rattle, Esa-Pekka Salonen, Christoph Eschenbach – und all' diese Leute meinen es ernst mit ihrer Kunst. Ich glaube nicht, daß sie so viel wie möglich dirigieren, nur um mit jedem Orchester, in jedem Saal, auf jedem Festival aufzutreten. Die konzentrieren sich, und die Kunst der Konzentration ist essentiell. Ich konzentriere mich eben auf das Kirov. Das kann mir keiner vorwerfen.

Lassen Sie mich Ihnen eine letzte Frage stellen: Welche Perspektiven haben Sie für das Mariinsky-Theater?

Meine Priorität ist, den Druck von meinen Leuten zu nehmen. Zweitens muß das Haus mehr oder weniger in der Weise, wie jetzt Covent Garden, renoviert werden, um technisch zu einem Theater des 21. Jahrhunderts zu werden. Wir brauchen mehr Raum für Bühnentechnik, mehr Kraft und mehr Know-how, damit wir auch szenisch internationalen Standard erreichen. Heute sind unsere bühnentechnischen Möglichkeiten sehr beschränkt, weil wir in einem Theater des 19. Jahrhunderts arbeiten. Aber mit der Mailänder Scala, die ebenfalls eine Sanierung plant, ist das nicht anders und in Covent Garden war das vor der Renovierung auch der Fall. Heute ist es ein phantastisches Haus, obwohl es immer noch ein paar Probleme dort gibt. Das sind meine zwei großen strategischen Ziele: den physischen und psychischen Druck von meinen Leuten zu nehmen, damit sie erfolgreich sein können und das Haus in drei bis fünf Jahren umzustrukturieren und umzubauen, d.h. innerhalb von drei Jahren die Renovierung des Zuschauerraums und die Erneuerung eines Teils der Bühnentechnik zu realisieren und innerhalb von fünf Jahren zu expandieren und aus dem Mariinsky-Theater ein Kulturzentrum zu machen wie das Kennedy-Center in Washington, das Lincoln-Centre in New York oder das Barbican-Centre in London.

Aber das ist eine Frage des Geldes, oder?

Geld macht mir keine Sorgen. Ich habe schließlich Qualität zu bieten. Qualität funktioniert wie ein Magnet. Jeder will ihr nahe sein. Jeder will bei den Erfolgreichen sein. Darum macht mir das Geld wirklich keine Sorgen.

Haben Sie eine ganz genaue Klangvorstellung im Kopf, die Sie Ihren Musikern abverlangen?

Darüber spreche ich nicht gerne. Ich will, daß die Musiker sie in meinem Sinne umsetzen, und die Leute sollen dann darüber diskutieren. Wenn ich anfange, darüber zu reden, geht das in die falsche Richtung. Ich weiß, was ich will. Ich mag nichts Kantiges, Hölzernes, Unelegantes. Ich brauche Kraft, aber gerundete, warme Kraft, keine stählerne, kalte, aggressive. Das hängt natürlich von der Akustik des jeweiligen Raums ab, aber in der Akustik unseres Saales oder der besten Säle, in denen wir spielen, versuchen wir natürlich sofort, unsere klanglichen Gewohnheiten anzuwenden. Wir reden ständig darüber. Aber ich schlage einen singenden, keinen mechanischen Puls. Das ist es, was ein Orchester interessant macht: das Singende. Eine Atmosphäre von Musikalität ist sehr wichtig, denn technisch sind viele Orchester gut, aber manche sind weniger interessant, weil sie nur daran arbeiten, zusammen zu sein und eine anständige Ensembleleistung hinzukriegen. Und andere Orchester sind interessanter, weil sie ein Timbre, eine Farbe, Licht und Schatten, Tiefe, einen cremigeren Klang, Expressivität haben. Sie können auch mal in einem leichteren Stil spielen, wie er von mancher französischen Musik gefordert wird oder besondere Klangfarben hervorbringen, wie bei Debussy und Ravel.

Fordern Sie von Ihren Musikern, Ihnen das zu geben, was Sie wollen, sind Sie also ein Taktstock-Despot oder sind Sie ein ›demokratischer‹ Dirigent?

Manchmal fordere ich, manchmal werbe ich, manchmal bekomme ich es einfach durch das Spiel meiner Hände und manchmal bekomme ich es nicht. Ich bin eben ein sterblicher Mensch.

Michael Gielen
Mit soviel Grips, wie einem der liebe Gott mitgegeben hat

Herr Gielen, Sie gelten als einer der engagiertesten Anwälte der Neuen Musik, Sie sind Komponist und Dirigent des Neuen, also der modernen Musik von Schönberg bis zur Gegenwart. Die Nähe zu Schönberg, überhaupt zur Neuen Wiener Schule, die ist Ihnen ja buchstäblich in die Wiege gelegt worden?

Na, dadurch, daß Eduard Steuermann mein Onkel war, lag das nah, ich wollte ja auch bei ihm studieren. Als es soweit war, der Krieg zu Ende und ich eventuell von Buenos Aires weg konnte, wo ich ja zehn Jahre gelebt habe, von meinem 12. Lebensjahr an, haben mich die Amerikaner nicht reingelassen nach Deutschland. Und dann habe ich mich entschlossen, nach Wien zu gehen. Das war 1951, im Sommer, als Steuermann einen Kurs machte – ich weiß nicht mehr genau, ob es in Darmstadt oder in Salzburg war; jedenfalls hatte ich mit ihm persönlichen Kontakt. Während des Krieges habe ich Briefe mit ihm gewechselt und um Hilfe für Interpretationsansätze gebeten, zum Beispiel, wenn ich Schönbergs op. 19 vorbereitete, damit fängt ja jeder wohl an, wenn er sich dafür interessiert, wie das mit dem Tempo beispielsweise ist. Und diese Briefe, die er mir geschrieben hat, sind ein ganz wichtiger Teil seiner Korrespondenz, weil sie so didaktisch sind. Sie sind schon in der Biographie, die es über ihn gibt, teilweise abgedruckt. Das hat die Witwe Clara noch in die Wege geleitet. Und demnächst wird ein Band mit Korrespondenz Steuermanns erscheinen, in dem diese Briefe natürlich auch wieder ein Grundstock sind. Aber um zu Ihrer Frage zu kommen: Ich finde, das ist eine der ganz primären Pflichten eines jeden Interpreten, die Musik seiner eigenen Zeit zu spielen. Die Motivation lag bei mir schon deshalb nah, weil ich ja selber komponiert habe und hoffentlich auch wieder mal Zeit finde, zu komponieren. Komponieren ist ein ganz wesentliches Kapitel in meinem Leben, und eben aus dem Kontakt mit Steuermann wußte ich, wie bescheiden man sein soll. Er hat mir einmal gesagt, obwohl er wirklich viel mehr davon verstand als ich: wir wissen beide, daß wir nicht Beethoven sind. Aber Musik selber machen ist die einzige Art, wirklich zu begreifen, was Musik ist, wie Musik funktioniert. Und ich war immer viel befriedigter und stolzer, wenn ich auf ein fertiges Stück blicken konnte, wie auch immer es gelungen war, als auf einen Erfolg als Dirigent. Natürlich ist das auch schön, aber das, was man selber macht, das ist schon der wesentlichste Teil, auch wenn man nicht Beethoven ist.

Aber einen großen Namen haben Sie sich als Dirigent gemacht.

Na ja, das Komponieren war immer ein Privatvergnügen, eine reine Sommerbeschäftigung. Das ist das, was ich mit Mahler gemein habe. Es ist mir bald klar geworden, daß ich nicht so originell bin als Komponist, daß ich das als Hauptberuf ausüben könnte. Außerdem hat auch mein Geltungsbedürfnis daran mitgewirkt, daß ich gerne dirigieren wollte. Und so ist das mein normaler Beruf, mein Brotberuf geworden, und das Komponieren ist mein Luxus.

Braucht man eigentlich, um Schönberg zu lieben oder zu verstehen und zu dirigieren, und das gilt eigentlich überhaupt für die atonale Musik, braucht man dafür eine spezielle Affinität?

Nein, ich hab ja immer behauptet, daß es im Wesentlichen keinen Unterschied gibt. Es ist ein Unterschied der Sprache, eventuell sogar nur ein Unterschied des Dialektes, aber gerade die Schönberg-Schule basiert ja vollkommen auf dem Erbe der ersten Wiener Schule, also auf Haydn, Mozart, Beethoven und Brahms. Sie führt diese integrale Kompositionstechnik mit anderen Mitteln fort, das kann man ja bei Adorno nachlesen, und ich glaube, das ist inzwischen auch allgemein akzeptiert. Wenn man sich mit Xenakis befaßt, von dem mir Stockhausen zwar gesagt hat, daß auch er in der Tradition steht, dann ist das doch schon eine ganz andere Syntax und sie braucht eine andere Art des Umgangs. Ich meine, bei Schönberg ist ja noch jede Stimme kantabel und die Vertikale ist, wenn auch nicht gesetzmäßig in dem Sinn, wie's bei der tonalen Musik ist, zwingend. Die Erfindung ist immer in der Horizontalen und die Vertikale ist gerade bei der Zwölftontechnik das Integral, das die Horizontale und die Vertikale gleichmäßig bestimmt. Also man kann mit den Noten, die's da in der Reihe gibt, die Melodie machen, aber man muß auch die Harmonie machen! Also da ist eine Identität des Materials, die sehr stark der früheren Tonalität entspricht, nur gibt es in atonaler ›Harmonie‹ keine Gesetzmäßigkeit, die formbildend wirken kann, sondern die Gesetzmäßigkeiten sind dann ganz andere.

Warum tut sich das Publikum, das breite Publikum immer noch so schwer damit, diese Musik so zu goutieren wie die Wiener Tradition, auf der sie basiert?

Ich glaube hauptsächlich deshalb, weil die Interpreten zu feige gewesen sind und zu konservativ und zu beschränkt, um diese Musik in ausreichendem Maße zu spielen, sodaß sie Allgemeingut wird. Es gibt ein Publikum, daß sich sehr dafür interessiert, aber das breite Publikum muß daran gewöhnt werden.

In jeder Position, die ich als Chefdirigent bekleidete, habe ich Programme gemacht, die das Publikum in diesem Sinne forderten. Das zwanzigste Jahrhundert war immer ein ganz wesentlicher Teil der Programme. Das Ideal – kein Programm ohne ein Werk des zwanzigsten. Jahrhunderts – das kann man nicht ganz durchhalten, aber doch weitgehend. Früher jedenfalls habe ich das immer getan. Und dann findet meistens eine Umschichtung des Abonnements-Publikums, soweit es Abonnements gibt, statt. Einige der älteren Herrschaften wollen das absolut nicht hören, sind nicht mehr flexibel, sind nicht neugierig und geben das Abonnement auf, hören woanders die Musik, die sie wollen. Einigen gefällt auch nicht, wie ich klassische Musik spiele, mein radikaler Ansatz stört wohl auf jeden Fall, nicht? Die Leut' wollen eher berieselt werden. Aber es kommt dann nach einiger Zeit, nach einer Durststrecke, doch ein anderes, interessiertes Publikum, und aus dem Publikum, das früher da war, gibt es erstaunlicherweise auch viele Menschen, die mir dann, wenn ich geh', dafür danken, daß endlich mal interessante Programme zu hören waren und daß sie endlich in den Konzerten etwas gelernt haben über ihre eigene Zeit.

Adornos Wort, daß Musik sedimentierter Geist sei, bedeutet ja auch, daß Musik machen immer eine Auseinandersetzung, ein Prozeß ist der Auseinandersetzung mit Geistigem. Bleibt denn dafür heute noch Zeit? Man hat ja oft, vor allem bei jüngeren Dirigenten, den Eindruck, daß Routine das Geistige verdrängt.

Nur bei den jüngeren? Nein, nein! Aber wissen Sie, die Frage ist, wieviel Grips der liebe Gott dem einen mitgegeben hat und dem anderen nicht. Nur, darüber kann ich nicht reden. Man hört es aber, wenn uneinsichtig musiziert wird. Also ein gewisser Grad an Eitelkeit beispielsweise verhindert, daß die Inhalte zur Geltung kommen. Wenn der Dirigent sich selber wichtiger nimmt als die Musik, dann wird es prekär, dann wird es wirklich sehr schwierig, auch wenn er ein hochbegabter Dirigent ist. Und da gibt's ja wirklich viele Beispiele. Ich will keine Namen nennen.

Es gibt natürlich auch Musik, die eigentlich nicht verstanden wird, wenn man sich nicht mit dem tieferen geistigen Sinn der Musik gründlich auseinandersetzt. Und dazu gehört auch das Umfeld nicht nur der musikalischen, auch der philosophischen, literarischen, der allgemein kulturellen Bildung.

Ich würde sagen, es ist nicht alle Musik so tief und so philosophisch und so ernst wie die, die Sie gerade ansprechen. Es gibt ja sehr viel leichtere Musik, die auch verdient gespielt zu werden, weil sie einen Unterhaltungswert hat oder weil man einen ganzen Abend lang nur tiefschürfende Musik gar nicht so recht aushält. Noch viel weniger eine ganze Saison davon. Es muß zwischen tiefschürfenden Musikstücken Momente des Amüsements geben, und diese Musik kann auch sehr gut sein, ohne den ganz großen Anspruch zu stellen. Sogar bei Mozart und bei Schubert gibt es ja solche Musik, in den Tänzen zum Beispiel.

Keine Frage. Aber Sie wissen ja selbst, wie das Repertoire aussieht. Es sind doch immer großkalibrige, schwergewichtige Brocken darunter. Und nicht selten wünschte man sich, der Dirigent hätte sich ein bißchen tiefergehend mit den Werken beschäftigt.

Ich weiß gar nicht nicht einmal, ob das etwas nützt. Also wenn, wie gesagt, Eitelkeit im Spiele ist. Wenn ein Dirigent zuviel macht, weil er so viel Geld braucht oder weil er glaubt, so viel Geld zu brauchen, wenn er nicht mehr die Zeit hat, sich gründlich mit den Stücken, die er dirigiert, auseinanderzusetzen und wenn er dazu nicht das Instrumentarium im eigenen Kopf mitbringt, das zu verstehen, dann nützen die besten Intentionen nichts. Aber wie wollen Sie das festmachen? Warum ist Otto Klemperer ein ganz großer Dirigent, obwohl er vielleicht nicht einmal der geschickteste war?

Worauf kommt es denn dann Ihrer Meinung nach bei einem Dirigenten an, jenseits intellektueller Möglichkeiten?

Das ist eine schwierige Frage, denn das ist doch zu einem Teil das, was man vom Lieben Gott mitbekommen hat, zum anderen Teil Erziehung, dann hat man Vorbilder… Das finde ich sehr, sehr wichtig, daß man als junger Mensch mit solchen Leuten im eigenen Beruf konfrontiert wird, die einem als Vorbild dienen können, weil sie sich der Musik opfern. Das vorzuleben, das ist, glaube ich, ein Hauptmoment, das zu fordern ist. Man kann in der Probe noch so viele richtige und kluge Dinge sagen, wenn man nicht die überzeugende Haltung vor dem Orchester hat, gelingt nichts. Nur wenn die Musiker feststellen: ja, der meint es ernst, der will nicht nur mit dem Arsch wackeln, der will nicht nur Geld verdienen, der will uns nicht blenden, sondern der gibt alles, was er hat, weil er die Musik versteht und liebt, nur dann versuchen sie, zu realisieren, wovon der Dirigent überzeugt ist.

Auch wenn die Überzeugung höchst subjektiv ist?

Man muß, glaube ich, als Interpret die Illusion aufgeben, je früher desto besser, daß man ein Werk objektiv darstellen kann. Das halte ich für unmöglich. Je nachdem, wie man seelisch und intellektuell gebaut ist und wie man erzogen ist, hat man gewisse Vorstellungen, d.h. der eine liest in demselben Text das, und der andere liest in demselben Text ganz was anderes. Also nehmen Sie die berühmten Beispiele Furtwängler – Toscanini mit einer Beethoven-Symphonie, nicht? Das ist so verschieden, es stehen aber dieselben Noten da, und es steht immer ›Allegro‹ darüber oder was auch immer. Es gibt sogar Metronome. Aber die haben nicht mal Toscanini so furchtbar interessiert. Und schließlich gibt's auch einen geschichtlichen Prozeß des relativen Verständnisses. Wie auch immer, alles, was der Interpret macht, ist subjektiv, das ist ein unabänderliches Faktum. Alles was man kann, ist zu versuchen, bescheiden genug zu sein, sich den Informationen, die aus der Partitur stammen, unterzuordnen. Und selbst dann kommt etwas Subjektives heraus, denn man kann nicht ein Mensch des 18. oder 19. Jahrhunderts sein, wenn man Musik dieser Zeit dirigiert, man kann nur der von heute sein, der das herausliest, was er heute in der Partitur sieht.

Sie haben vorhin davon gesprochen, daß der Dirigent sich im Idealfalle der Musik opfern müsse. Bedeutet dirigieren sich opfern?

Ja, der Dirigent muß sich der Musik darbringen. Und wenn man den Beruf des Dirigierens vorleben will, muß man sich darbringen, man muß alles, was man hat, hergeben. In diesem Sinne meine ich das.

Der Idealismus des Dirigenten, wie Sie ihn beschreiben, speist sich vor allem aus einer gewissen Ehrfurcht vor den musikalischen Werken, um nicht zu sagen, Werten. Was glauben Sie, wird in diesem angebrochenen einundzwanzigsten Jahrhundert bleiben von dem, was die sogenannte neuere Musik des zwanzigsten Jahrhunderts – von der Sie viel verstehen – zustande brachte? Was wird sich als zeitlos oder als dauerhaft interessant bewähren und im Repertoire festsetzen? Was wird ins Beinhaus der Musikgeschichte verschwinden?

Ich weiß es nicht. Aber es ist doch normal, daß achtzig Prozent der Produktion einer Zeit in das Nirwana eingeht. Es bleibt sehr wenig übrig. Was wissen wir denn von den Zeitgenossen von Beethoven und Schubert? Ja, Rossini, natürlich, der war der erfolgreichste, dagegen konnten die beiden anderen überhaupt nicht anstinken, nicht mal Beethoven, der sehr berühmt war. Aber daneben gab's Dutzende von Komponisten, die anständig komponiert haben, die sind heute aber vollkommen vergessen. Wenn Sie nur beispielsweise Mozarts Zeitgenossen Cimarosa oder Paisiello nehmen, die haben sehr hübsch komponiert. Alles, was die geschrieben haben, zeugt von Könnerschaft. Einige dieser Opern spielt man auch noch hier und da. Aber es ist doch überhaupt nicht vergleichbar mit Mozart. Das ist der Unterschied zwischen großer und nicht großer Musik. Aber wer entscheidet zu seiner Zeit, was große Musik ist und was nicht? Insofern weiß ich nicht, was von der Musik des zwanzigsten Jahrhunderts bleiben wird. Ich nehme an, daß das, was jetzt Erfolg hat, auch überleben wird. Also wenn in der Mitte der fünfziger Jahre Boulez, Stockhausen und Nono die großen Namen waren und als Außenseiter vielleicht noch Xenakis, dann nehm' ich doch an, daß man diese Musik auch später noch spielen wird. Die entscheidende Frage ist aber eigentlich die, wird es denn dieses Konzertleben des zwanzigsten Jahrhunderts noch weiterhin geben? Wird es dieses museale Denken der Musik gegenüber weiterhin geben, wird dieser große Graben zwischen Produktion und Reproduktion, zwischen Komponist und Publikum sich weiter vertiefen oder nicht? Denn mit den Bemühungen der Postmoderne, wieder tonal zu schreiben oder sich dem Publikum anzubiedern, ist es meines Erachtens überhaupt nicht getan. Das ist die totale Degeneration von Musik, wenn man sich nur verkauft. Aber ob und wann es einen neuen Schub der Moderne geben wird und ob der so ›gemanagt‹ wird, daß er das Publikum erreicht, das kann ich nicht sagen, ich bin doch kein Prophet.

Dann dürften Sie Ernest Ansermets Verdikt, die Zwölftonmusik oder die Atonale Musik sei eine Sackgasse, wohl kaum teilen.

Ansermet war, mit Verlaub gesagt, ein Reaktionär. Und ich behaupte, Ansermet war in der Sackgasse mit seinen Theorien. Es ist ohne Zweifel so, daß er nicht recht hatte in Bezug auf die Periode der sogenannten freien Atonalität, also der nach der Auflösung der tonalen Bindungen, in Bezug auf das also, was Schönberg und andere Leute, Varèse natürlich, der frühe Strawinsky, aber besonders die Jahrhundertfigur Schönberg zwischen 1907 und 1920 geschrieben haben. Seine Werke wie ›Erwartung‹, ›Glückliche Hand‹, ›Jakobsleiter‹ zum Beispiel, beginnend mit dem zweiten Streichquartett und Opus 11. Also wo jeder Moment aus der Phantasie entspringt, wo eine neue Harmonik geboren wird, eine ganz neue Sprache, die auch expressionistisch ist, das ist aber nicht das Wichtigste, sondern wo ein Material entwickelt wird, das dauernd aus der Phantasie und nur aus der Phantasie gespeist wird. Das ist einer der fruchtbarsten Momente und entspricht beispielsweise in der Malerei dem ›Blauen Reiter‹. Dagegen ist die Findung der Zwölftontechnik, auf die er ja so stolz war, weil sie wieder eine Art Gesetzmäßigkeit in die Musik brachte, ein Rückschritt in dem Sinn, daß es die Sachen kodifiziert, daß die Musik wieder eckig wird. Diese Regression der Regelhaftigkeit entspricht dem, was bei Strawinsky dann die Neoklassik ist, und das geht parallel mit der Entwicklung des Faschismus. Ich verdächtige weder Strawinsky noch Schönberg des Faschismus, aber das sind einfach welthistorische Fakten. Es wurde regressiv nach einer kurzen Phase von blühender Phantasie.

Der Musikbetrieb, das Konzertwesen, auch das Opernwesen, wird immer mehr kommerzialisiert und bestimmt von einem Mainstream, den die Plattenindustrie vorgibt, den die Medien vorgeben, es geht inzwischen alles Hand in Hand. Das Musikverständnis einer breiten Masse ist Teil einer Freizeitkultur, einer Freizeitindustrie, um nicht zu sagen Spaßkultur. Man könnte sogar mit Udo Zimmermann von einer Verkaufskultur sprechen. Hat denn Kunst, damit auch Musik, als Gefühls-, als Verstandeskultur, als Geisteskultur, angesichts dieser Entwicklung, die unaufhaltsam scheint, noch eine Chance auf lange Sicht hin?

Das hängt von den Menschen ab, die sich damit beschäftigen. Sicher wird die Mehrheit dieser Verdummung und Kommerzialisierung zum Opfer fallen. Andererseits gibt's ja eine große Verbreitung von relativ billigen CD's und anderen Aufzeichnungen, die auch sehr vielen Menschen, die nicht das Geld haben, oft in Konzerte zu gehen oder die abseits des Kulturbetriebs leben, die Möglichkeit gehen, sich mit Musik zu beschäftigen. Also nicht alles ist nur negativ. Andererseits gibt es gewisse populäre Klassik-Sender, in denen geradezu auf perverse Art Musik gemacht wird. Es ist einfach pervers, was da mit der großen Musik getrieben wird. Da läuft zwar den ganzen Tag irgendwas, aber es wird ja erbarmungslos hineingesprochen, und es wird verantwortungslos abgeschnitten, und es werden immer nur einzelne Sätze gespielt, nie ein ganzes Werk. Es ist auch im öffentlich-rechtlichen Rundfunk inzwischen so, daß die Sendezeiten verhindern, daß man ganze Werke sendet. Also, die Inseln sind unübersehbar klein geworden. Aber es gibt Konzertveranstalter, bei denen steht noch, ich betone das Wort ›noch‹, der öffentlich-rechtliche Rundfunk vorne an, die nicht so starken kommerziellen Zwängen unterworfen sind wie andere und die deshalb ein Repertoire kultivieren können, das sich ein kommerzielles Orchester nicht mehr leisten kann, weil es jede Woche ein neues Programm spielt, d.h. nur mit großen Verrenkungen überhaupt die nötigen Proben zustande bringt. Komplizierte Werke haben es da schwer. In den Vereinigten Staaten ist das ganz extrem so.

Noch ist der öffentlich-rechtliche Rundfunk eine der Inseln, die es sich leisten kann, große Werke, alte Musik, neue Musik, komplizierte Musik, Musik mit den nötigen Proben aufzuführen. Ein kommerzielles Orchester kann ein modernes Werk nur unter großen Schwierigkeiten produzieren, während der öffentliche Rundfunk ja seine Produktionszeiten selber festlegen kann und sagt: dazu brauchen wir so und so lang, und dann erst können wir das spielen. Das ist zwar nicht mehr so großzügig, wie es einmal war, aber es ist immer noch, im Vergleich zu den normalen Orchestern, ein Riesenluxus, den wir uns da leisten.

Allerdings weiß man nicht, wie lange dieser Luxus noch betrieben wird. Die ARD ist ja dabei, sich neu zu definieren, manche orakeln gar, sich auf lange Sicht selbst abzuschaffen. Die Entwicklung ist unübersehbar. Viele ARD-Hörfunkdirektoren schielen ja unverhohlen Richtung Klassik Radio, was sich in ihren immer populistischeren Programmvisionen deutlich niederschlägt.

Na ja, daß die Sendungen kurz sind, ist eine Sache, unter welchen Bedingungen sie produziert werden, eine andere. Es muß ja nicht, wie beispielsweise beim Symphonie-Orchester des Bayerischen Rundfunks, sein, daß der Chefdirigent mit nur einer Probe immer wieder dieselben Werke überall spielt, damit er recht viel verdient. Wir beim SWR probieren auch acht oder zehn Tage, wenn ein Programm besonders schwierig ist. Dafür spielen wir das Stück dann eben öfter. Unlängst haben wir die achte Sinfonie von Mahler, die ja ein besonders aufwendiges und teures Stück ist, aufgeführt und dann neunmal in verschiedenen Städten. Also das war auch logistisch ein Meisterstück von unserem Orchester-Manager. Was ich sagen will: es sind Dinge möglich, wenn man sie wirklich will. Die Hauptfrage lautet: Läßt man sich vermarkten? Läßt man sich verwurschten? Läßt man sich verkommerzialisieren? Läuft man mit? Will man das sogar? Oder will man dagegen etwas unternehmen? Es ist noch nicht unmöglich.

Gustav Mahler ist ein Komponist, der von Ihnen immer wieder dirigiert wurde, auch schon in Zeiten vor der Mahler-Renaissance. Mahler gilt nicht zu Unrecht als Ikone der in sich brüchigen modernen Musik, der nach dem Prinzip ›Montage‹ gearbeitet hat. Ein Begriff, der für Sie eine Schlüsselfunktion hat in der Auseinandersetzung mit Musik, speziell der Neuen Musik.

›Montage‹ ist das andere Prinzip gegenüber der Schönberg-Schule, die ja eben, wie bei Brahms und Beethoven, eine entwickelnde Technik hat, wo eines aus dem anderen hervorgeht. Bei Strawinsky, bei Varèse und auch bei Mahler gibt es ein parataktisches Nebeneinanderstellen der Dinge und sogar ein Zurechtschneiden der musikalischen Elemente wie beim Film. Es gibt das nahtlose Aneinanderfügen, manchmal auch disparater Elemente. Das eben ist Montage, das Gegenprinzip. Ich hab' relativ spät erst verstanden, daß man auch dieser Gegenrichtung zu der in meiner Jugend übermächtigen Schönberg-Schule Geltung verschaffen muß, weil sie im 20. Jahrhundert eben eine ganz besondere Wichtigkeit hatte. Ich glaube, daß man die Wichtigkeit von Komponisten wie Varèse gar nicht überschätzen kann als Gegengewicht zur mitteleuropäischen Kompositionsart der Schönberg-Schule. Zu Mahler habe ich allerdings eine besondere Beziehung. Jeder hat besonders enge Beziehungen in seinem Gefühlsleben zu gewissen Komponisten. Also, wenn ich bei Musik weine, dann ist es bei Schubert. Aber das ist mein Problem, das ist nicht mal Schuberts Problem.

Obwohl er ja viel geweint hat in seinem Leben, wie wir wissen. Und ein Leben führte, das mehr zum Weinen Anlaß gab als zum Lachen.

Richtig, trotzdem verstehe ich nach wie vor nicht, warum mich diese Musik so besonders anrührt. Ähnlich stark ist meine emotionale Beteiligung bei Mahler, aber der Hauptgrund, warum ich ihn so schätze – trotz einer Mahler-Renaissance, die vielleicht nicht immer aus den richtigen Gründen stattgefunden hat – ist der, daß Mahler die modernen Inhalte des zwanzigsten Jahrhunderts, die Inhalte der immer noch abgelehnten Schönberg-Schule, komponiert hat in einer Sprache, die jedem eingängig ist. Damit erreicht er Menschen selbst mit den nicht immer ganz geheuren und nicht immer angenehmen Inhalten unserer eigenen Zeit, also, wenn es um gesellschaftliche Konflikte geht, Krieg, Tod, Zerstörung …

Den Zuhörer erreichen ist eines der zentralen Probleme aller heutigen Musik. Zumal das breite Publikum von heute meist nur besinnungslos Musik in sich hineinschlürfen will. Es bezahlt dafür wie für ein gutes Dinner. Musikhören ist weithin Freizeitbeschäftigung. Soll Spaß machen und möglichst wenig anstrengend sein.

Ich weiß nicht, ob das in der Vergangenheit wirklich so viel besser war. Am Beginn des 19. Jahrhunderts hat man sich noch ziemlich bedenkenlos während der Musikstücke unterhalten, bei einem Thema, das einem gefiel, applaudierte man mitten im Satz, wie in der italienischen Oper, wo ein gelungener Ton beklatscht wurde, obwohl die Arie noch weitergeht. Daß man rein- und rausging während des Konzertes, daß die Fürsten während des Konzerts in der Loge ihr Abendessen einnahmen, das war war relativ normal damals. Diese heilige Stille, bevor es losgeht, ist eine relativ neue Errungenschaft. Also ich kann mir gar nicht vorstellen, wenn es nicht ruhig ist, wie man dann die Neunte Symphonie angehen kann.

Aber die Musik hatte eine andere Funktion, sie wurde in einem anderen Sinne ernstgenommen als heute, von einem anderen, einem aristokratischen oder bürgerlichen Publikum. Heute ist Musik doch nur Teil einer konsumierenden Freizeitbeschäftigung.

Es gibt ein Publikum, das die Musik wirklich liebt, und es gibt auch das, was Sie beschreiben, Leute, die aus ›Schickimicki‹-Gründen auch mal oder sogar regelmäßig ins Konzert gehen. Aber im allgemeinen empfinde ich ganz stark, daß die Reaktion des Publikums auf ein besonders gelungenes Konzert eine ganz andere ist als auf ein anständiges Konzert. Also, die Leut' sind nicht so dumm, wie wir immer glauben. Sie haben ein Gespür dafür, wenn etwas Besonderes passiert. Ich meine damit nicht das, was man heute ›Event‹ nennt, sondern das Gegenteil.

Aber Event-Kultur ist die Kultur der Zukunft, so scheint's, was man gerade in Berlin besonders beobachten kann, wo die Kulturpolitiker und die Kulturmacher von einem Event zum nächsten hasten…

Na ja, der ›Glöckner von Notre Dame‹, als Weltpremiere eines Musicals, ist natürlich ein Event. Aber das ist eben nur ein Event. Und ein Event ist natürlich, wenn der Präsident der Vereinigten Staaten am Brandenburger Tor spricht, und entsprechend ist es eben sensationell, wenn das und das passiert. Aber das Musikleben ist doch etwas anderes und ich hoffe, es ist noch ziemlich lange etwas anderes. Es gibt noch Abonnement-Reihen, es gibt noch Leute, die wollen alle zwei Wochen ins Konzert gehen, es gibt noch sehr viele Menschen, die das ernstnehmen. Aus Ihrer Fragestellung spricht ein so großer Pessimismus, daß er fast von mir sein könnte.

Es gibt ja auch ernstzunehmende Dirigenten, die sich als Stars oder als Subjekte einer Event-Kultur vermarkten lassen, es sind ja nicht nur Phänomene wie Politiker oder Musicals, die sich als Events vermarkten lassen. Es gibt Dirigenten, die spielen immer das Gleiche, immer gleich routiniert und in verkrusteten, unreflektierten Interpretationen, und die werden gehandelt wie Events. Diese Dirigenten lassen sich auch so vermarkten. Und das ist doch heute ein nicht unwesentlicher Teil des Musiklebens.

Ja, sicher, aber wirkliche Events sind halt selten. Wenn aber jemand wie Günter Wand seinen Bruckner zelebriert, hat das, obwohl man schon genau weiß, was da zu erwarten ist, immer noch einen ethischen Standort, der ganz hoch einzuschätzen ist.

Günter Wand war ja auch nie ein Event-Dirigent, nie ein vom Kommerz durchdrungener Pultstar. Schon seine Biographie verhinderte das. Auch Ihre Biographie ist ja bezeichnend für unser Jahrhundert, und sie ist bezeichnend auch für Ihre künstlerische Haltung. Sie wurden in Dresden geboren, Sie kamen dann als Kind nach Wien für kurze Zeit und sind dann aufgrund der politischen Gegebenheiten ausgewandert nach Argentinien. Sie wurden, könnte man sagen, entwurzelt, Sie haben sehr häufig die Schule gewechselt, Sie wurden in eine fremde Kultur geworfen …

Ja, meine Mutter war Jüdin, mein Vater war kein Nazi, und er wurde denunziert. Deshalb sind wir ausgewandert. Aber ich will gleich sagen, daß die Emigration für mich ein Riesenglück war, ein unglaubliches Glück…

Das ging ja nicht allen Emigranten so…

Nein, sicher nicht. Aber uns ging es gut im Exil. Mein Vater konnte in seinem Beruf als Opernregisseur, obwohl er eigentlich vom Schauspiel kam, in Buenos Aires arbeiten. Das war schon ein besonderer Glücksfall. Er war, nehme ich an, überhaupt zur Oper gegangen, um die Emigration zu ermöglichen, weil er sich gar nicht vorstellen konnte, was anderes als Kunst zu machen. Aber nicht nur, weil es uns materiell gut ging dort, sondern weil Argentinien damals noch ein ziemlich freies Land war, vor der Militärrevolution von 1943, so daß ich in ein demokratisches Land kam, wo die Leute einander leben ließen, war ein ungeheures Glück für mich. Meine Klassenkameraden, die auch Halbjuden waren, mußten schließlich zum Volkssturm und waren dann vier Jahre in Sibirien. Das blieb mir erspart. Und meine Mutter blieb am Leben. Außerdem konnte ich bei Emigranten studieren. Ich hab' Musik studiert bei Leuten aus Berlin und aus Wien, und diese Leute aus Wien waren sogar Schönberg-Schüler, also nicht direkt in der ersten Linie, aber es waren Leute darunter, wie mein Theorielehrer, der war Assistent von Webern gewesen bei den Arbeitersymphoniekonzerten, und meine Klavierlehrerin, das war seine Frau, die hatte den Klavierauszug zu Bergs Violinkonzert für die Uraufführung angefertigt. Auch das ist natürlich wieder ein großes Glück. Für das, was zu erwarten war von meinem Leben, falls ich Musiker würde, waren das genau die richtigen Lehrer. Das ist schon außerordentlich, so etwas war wohl nur in New York und in Buenos Aires möglich. Vielleicht noch in São Paulo. Aber es gab hunderte Städte, wo für Emigranten nichts auch nur annähernd Vergleichbares zu erwarten war. Noch dazu bekam ich ja einen weiten Horizont von dem, was Geschichte und Kultur ist, indem ich die spanische Literatur und Geschichte, die südamerikanische Kultur und eine andere Mentalität und Geographie kennenlernte. Ich lernte fremde Sprachen. Was hätte ich bei den Nazis gelernt, wenn ich ›zuhause‹ geblieben wäre, in Mitteleuropa? Diesen Horizont hätte ich nie erwerben können. Also unsere Emigration war in jedem Sinne nur ein ganz großes Glück. Ich kam mit Zwölf nach Argentinien und zuerst mußte ich natürlich Spanisch lernen und hatte nicht so viel Zeit, aber dann, als ich auf der Oberschule war, nach zwei, drei Jahren, konnte ich in ziemlich viele Proben gehen, und da war Erich Kleiber für mich schon ein Idol, selbst als ich noch gar nicht wußte, daß ich einmal dirigieren würde. Ich hab' auch Klavier gelernt wie alle braven Kinder, nicht? Ich hab' zwar nicht geübt *(lacht)*, aber ich hatte Klavierstunden, und Musik wurde für mich zunehmend wichtig, Und eben 1947, ich war noch nicht ganz Zwanzig, wurde ich Korrepetitor am Teatro Colón, wo Kleiber war. Der andere deutsche Dirigent, der auch immer kam, war Fritz Busch, also in der deutschen Saison. Es gab eine italienische, französische, russische und eben auch eine deutsche Saison. Und während des Krieges kamen die Leute aus New York, während sie sonst von Europa kamen. Fritz Busch war ja auch emigriert, er lebte in New York. Buenos Aires war viel europäischer als andere Großstädte in Südamerika, und das Orchester des Teatro Colón war ja schon seit 1930 von Otto Klemperers Gastspielen her einiges gewöhnt, also auch gut erzogen, meine ich.

Seit wann hatten Sie direkten Kontakt mit Erich Kleiber?

Seit meiner ersten professionellen Probe meines Lebens, da war ich noch nicht am Teatro Colón, sondern ich ging noch auf die Schule, ich war Siebzehn, kurz vor dem Abitur. Der Kleiber kam, um ›Tristan‹ einzustudieren und sein Korrepetitor, auch ein Deutscher, wurde krank, und dann riefen sie meinen Vater an: ›Sie haben doch einen Sohn, der spielt doch gut Klavier, hat der den ›Tristan‹ zu Hause schon mal gespielt?‹ ›Ja, ja, das spielt er dauernd.‹ ›Also schicken Sie ihn her.‹ Und ich kam dahin, und es war eine Solo-Probe mit Frau Flagstadt. Erich Kleiber, Kirsten Flagstadt und meine Wenigkeit. Nun gut, ich hatte den ›Tristan‹ für mich oft gespielt, ich konnte ihn halbwegs spielen, aber das war natürlich eine furchtbare Nervenprobe, neben dem bewunderten Kleiber, dem ich gerade mal ›Guten Tag‹ gesagt hatte bis dahin, und ich war noch nicht einmal mit der Schule fertig. Aber so begann es. Ich hatte Kleiber bewundert und hab' ihn später, als ich am Colón war, natürlich immer beobachtet, ich war jeden freien Moment bei seinen Proben, um ihn zu hören. Es gab unbeschreibliche Proben von ›Elektra‹, das waren ganz wunderbare Momente. Kleiber dirigierte auch den ›Rosenkavalier‹. Ich habe mich darum beworben, seine Proben zu spielen. Es war sehr schwer, seinem Rubato zu folgen. Aber ich schonte mich nicht. Kleiber war die erste große dirigentische Leitfigur für mich. Und dann kam, wie erwähnt, Fritz Busch. Später, nach Kriegsende, 1947, kam Furtwängler, auch Karajan kam einmal für Konzerte, auch Celebidache. Das waren allerdings sehr gemischte Eindrücke, wie diese großen, führenden Leute aus Mitteleuropa sich in dem ›Indianerdorf‹ Buenos Aires benahmen.

War denn Erich Kleiber ihr direktes Vorbild?

Nein, ich hatte ja das Glück, von Anfang an an großen Häusern zu sein und viele bedeutende Dirigenten kennenzulernen. Ich habe zum Beispiel in Wien dem Mitropoulos assistiert, den ich sehr, sehr verehre, weil er sich, wie ich zu Anfang sagte, völlig der Musik, der Sache aufgeopfert hat. Er zählte nicht, nur die Sache zählte für ihn, deshalb war er so groß! Das totale Gegenteil, ein völlig ichbezogener, aber auch bedeutender Dirigent war Herbert von Karajan, der in der Orchesterbehandlung seinesgleichen sucht. Er suchte in den Stücken ganz andere Inhalte wie Mitropolos oder Kleiber, aber Karajan war auch ein ganz anderer Menschentypus. Doch das Kapellmeisterliche, die Beherrschung des Metiers waren bei ihm unglaublich meisterlich. Von seiner Menschenbehandlung kann man das nicht sagen. Daran, daß er immer oben zu sein hatte, ließ er keinen Moment auch nur den geringsten Zweifel. Ich hab ihn ja jahrelang gesehen, verfolgt sozusagen, ich hab ihm auch assistiert, ich wurde an die Mailänder Scala geschickt, um für ihn das Orchester vorzubereiten, was sehr ehrenwert war, bei ›Walküre‹ und ›Tristan‹. Karajan war immer dominant. Erstaunlich, wie er das machte, daß er niemals in eine Verliererposition geriet. Er hat keine Sekunde Schwäche gezeigt, auch wenn es drüber und drunter ging. Ich erinnere mich an eine ›Tosca‹, in der der Klarinettist in Wien geschlafen hat und wo eine richtige Katastrophe passierte: Karajan dirigierte eisern weiter, er war nicht zu erschüttern.

Diese unerbittliche Autorität, das ›Darüberstehen‹ gehört ja wohl neben der Beherrschung des Kapellmeisterlichen wesentlich zu den Voraussetzungen des Berufs des Dirigenten, oder nicht?

Ich glaube, das Dirigenten-Bild hat sich doch seit Toscaninis Zeiten sehr, sehr gewandelt. Darüberstehen muß man ohne Frage in der Beherrschung des Metiers. Aber man darf sich auch einmal eine Blöße geben. Wenn ich mich irre, dann bitte ich um Entschuldigung, und das ist doch normal. Wenn die Musiker sich irren, müssen sie gar nicht um Entschuldigung bitten, das ist einfach normal, daß man sich in der Probe irrt. Ich habe allerdings oft erlebt, wie ein Dirigent, der sich irrt, das dann auf die Musiker schob, und das ist ungehörig.

Wann haben Sie sich eigentlich entschlossen, Dirigent zu werden?

Also, daß ich ausübender Musiker sein würde, war mir ziemlich früh klar, nämlich als ich anfing zu komponieren. Mit Neunzehn, Zwanzig sah ich aber an meinen eigenen Produkten, daß ich kein führender Komponist sein würde. Ich spielte zwar gut Klavier, aber ich übte nicht gerne. Und daher war mir auch klar, daß ich auch kein Pianist werden würde. Und das Nächstliegende, wenn man Korrepetitor an einem Haus wie dem Teatro Colón ist, war dann, sich in die dominante Position eines Dirigenten hineinzuwünschen.

Sie kamen nach Wien, 1950, glaub ich, war das? War das nicht schwierig für Sie, der Sie doch gewissermaßen kosmopolitische Weite in sich hatten und eine kritische, reflektierte Art, sich mit auch Neuer Musik auseinanderzusetzen, in diese doch sehr konservative, von Intrigen geschüttelte KuK-Musikmetropole Wien als Emigrant zurückzukommen?

Na, sicher. Die 12 Jahre hatten ihre Spuren hinterlassen, und es fiel sehr, sehr lange, ich glaube heute noch dem Wiener Publikum schwer, sich mit neuer Musik anzufreunden. Heute, wo es dieses Festival *Wien Modern* gibt, haben sich viele Gewohnheiten geändert. Es gibt ein Publikum für Musik des 20. Jahrhunderts, damals war dieses Publikum minimal. Aber ich blieb meiner Funktion treu, überall Außenseiter zu sein. Ich war eben als ein Pianist und dann ein Dirigent, der sehr viel Musik der eigenen Zeit machte, auch in Wien der Nachkriegszeit wieder ein Außenseiter, weil weder die Musiker, wenigstens die Mehrzahl der Musiker, noch die Mehrzahl des Publikums mit ›meiner‹ Musik viel zu tun haben wollten.

Sie haben nach Wien eine ganze Reihe verschiedenster Positionen an sehr unterschiedlichen Orten der Welt innegehabt, will sagen, Sie wurden mit sehr unterschiedlichen Auffassungen von Musik, von Musikausübung konfrontiert, haben sehr unterschiedliche Orchester dirigiert. Wie schafft man es, als Dirigent diese Unterschiede, die ja auch Unterschiede in der Professionalität sind, zu nivellieren oder einzubeziehen in seine eigenen Utopien und Visionen?

Man muß es lernen! Man muß es schlicht und ergreifend lernen, immer das Bestmögliche zu erreichen versuchen. Dabei wird man sich klar, daß je nach der Mentalität oder auch nach dem Ausbildungsgrad ganz verschiedene Grade der Perfektion oder Imperfektion erreicht werden können. Damit muß man als Dirigent leben. In die glückliche Lage, nur allererste Orchester zu dirigieren, kommen die allerwenigsten. Leonard Bernstein war wohl so einer, der wurde von Bruno Walter protegiert und war gleich von Anfang an ganz oben bei den besten amerikanischen und dann natürlich den besten europäischen Orchestern, aber er war ja auch eine Jahrhundertbegabung.

Aber selbst ein Dirigent, den ich für genial halte, Carlos Kleiber, der Sohn vom Erich, hat ja in Potsdam die ›Bohème‹ oder sowas dirigiert, nicht? Ich hab ihn auch am Salzburger Landestheater einmal gehört in seinen Anfängen. Der hat sich auch durchgeboxt, bis die Leute gesehen haben, daß er ein bedeutender Dirigent ist. Jeder Dirigent muß seinen Weg gehen, man muß seine Erfahrungen machen, sich durchboxen nach vorn und nach oben.

Meine fünf Jahre als Chef an der Königlichen Oper in Stockholm, nachdem ich in Wien nur der fünfte Kapellmeister gewesen war, war so ein Riesensprung nach vorne. Das war meine eigentliche Gesellenzeit. Da habe ich gelernt, wie man einstudiert und sich die Hörner ein bißchen abstößt, aber ich bin ziemlich weit gekommen, vor allem mit Willen und Fleiß und – ich gebe es zu – vielleicht nicht genug Liebe zu den Lieben *(lacht)*. Ich versuchte alles immer mit Kraft durchzusetzen. Mein nächstes Engagement, beim Nationalorchester in Brüssel, gab mir die Möglichkeit, mein Konzert-Repertoire auszuweiten. Ich dirigierte zwölf Programme pro Spielzeit, und das waren vier oder fünf Jahre. Und ich habe mich nie wiederholt. Das versuche ich immer, wenn ich irgendwo bin, so wenig Wiederholungen wie möglich zu dirigieren. In Cincinnati war ich sechs Jahre und habe außer der fünften Sinfonie von Beethoven kaum ein Werk wiederholt. Also, daß man in der Oper selbständig wird und daß man sein Konzert-Repertoire erweitert, das sind die entscheidenden Schritte, die ganz wichtig für eine Entwicklung sind. Danach war ich reif dafür, Generalmusikdirektor in Deutschland zu werden. Das war bei mir später als bei anderen Leuten. Ich würde heute jedem sagen, wenn du vierzig bist, mußt du das eigentlich geschafft haben. Aber da ich ein Spätzünder war, ich habe ja mit Fünfundzwanzig Jahren zum ersten Mal dirigiert, während andere Leute mit Neunzehn schon Chefdirigent in Los Angeles waren, war ich mit fünfzig erst Operndirektor und Generalmusikdirektor in Frankfurt. Frankfurt ist zwar nicht Berlin oder Wien, aber eine honorige Adresse war es damals schon.

1977 wurden Sie dort Generalmusikdirektor und Operndirektor, und Sie sind dann fast zehn Jahre dort geblieben. Es waren, zurückgeblickt, die letzten Glanzzeiten des Frankfurter Opernlebens. War es auch persönlich Ihre Glanzzeit, Ihre schönste, Ihre erfolgreichste, Ihre beste Zeit?

Auf jeden Fall war es schon dadurch, daß die Oper überregional Aufsehen erregte, die größte Ausstrahlung, die ich je erreichen konnte. Daß ein Haus wie Frankfurt am Main überregional in ganz Deutschland und auch in ganz Europa als bedeutend angesehen wurde, daß wir auch schon mal von besonderen Inszenierungen eine herausragende New Yorker Kritik hatten, öfter französische Kritiken, das war schon etwas. Das hat man im Konzertleben ganz selten. Da muß man schon reisen. Das konnte ich ja mit dem Südwestfunk-Orchester, mit ihm konnte ich sowohl Paris als auch Berlin und andere Städte fast regelmäßig besuchen. In Frankfurt war entscheidend, daß ich die richtigen Mitarbeiter hatte. Ich selber wußte zu wenig, da ich in Stockholm und Brüssel gelebt hatte, von der neueren Entwicklung der Inszenierungskunst, also von Darstellung auf der Bühne. Mein Glücksfall war, daß ich Christoph Bitter, den damaligen Leiter der Musikabteilung im Saarländischen Rundfunk als meinen Co-Direktor mitbrachte und er den Chefdramaturgen Klaus Zehelein, der damals in Oldenburg war. Die beiden wußten viel mehr vom Theater und von der Opernbühne als ich. Ich kannte Werke und hatte eine Idee von Musik, aber ich hatte im Grunde keine Idee von Szene, außer daß ich wußte, daß die meisten szenischen Darstellungen von Opern rettungslos veraltet sind und in ihrer Konvention die Inhalte der Werke verhüllen, egalisieren, ja aufheben. Und die Inhalte der Opern, die dann Zehelein als spiritus rector mit Bitter und mir dort machten, auch wenn es sich um die ›guten alten Opern‹ handelte, waren mit dem Inhalt, den sie wirklich haben, immer identisch. Wenn man bei uns in der ›Entführung‹ oder in ›Aida‹ sah, was wirklich in den Stücken passiert, dann war das aufregend, wenn auch meist sehr ungewöhnlich und schockierend für den normalen Abonnement-Opernbesucher, der eben nur die Lüge auf der Bühne gewöhnt ist. Das ›Wie‹ war das eigentlich Aufregende an der Frankfurter Zeit, wie wir ältere Oper gemacht haben. Wir haben ja nur eine einzige Uraufführung ganz am Ende, eine Oper von Zender, gemacht. Ich fand es damals sehr wichtig, daß wir Werke des Übergangs zur Moderne spielen sollten, zwischen Janáček, Schreker und Busoni. Das waren wichtige Aufführungen, die Modellcharakter hatten und die es eben – weil die Musik nicht zu avanciert ist – dem Publikum ermöglichten, einen Weg zur Moderne mitzugehen. Unser Hauptanliegen war es, ältere Werke wahrheitsgemäß, also nicht repräsentativ, sondern inhaltsorientiert auf die Bühne zu bringen.

Und zehn Jahre waren aber dann genug?

Für mich ja! Ich glaube, daß meine Kollegen gerne weitergemacht hätten. Aber ich fühlte mich erschöpft von dieser Zeit. Und wir hätten alle, glaube ich, ein Jahr zum Nachdenken gebraucht und hätten dann erst weitermachen können. Wir hätten auch andere Regisseure suchen müssen, andere Bühnenbildner, einen neuen Ansatz. Wir hatten den ›Ring gemacht‹, wir hatten die ›Trojaner‹ gemacht, wir hatten drei, vier Mozartopern gemacht, also, es hätte schon eines neuen Denkansatzes bedurft, um auf einem vergleichbaren Niveau weiterzumachen, aber dieses freie Jahr gibt es nicht am Theater. Man kann nicht jemanden anderes holen, der schnell mal ein Jahr übernimmt, und dann macht man weiter. Und deshalb habe ich es vorgezogen, ehe ich mich als erschöpft zeige und ehe sich das ganze Haus in Wiederholungen ergeht, mich zu verabschieden. Wir hatten immerhin einen eigenen Stil entwickelt, und ich wollte vermeiden, daß man sagt: ›Na ja, das ist die Frankfurter Masche!‹ Das wäre tödlich für uns gewesen. Wissen Sie, zu erkennen, wann man aufhören soll, das ist schon ein eigenes Talent, und dazu muß man auch die Möglichkeit haben. Ich hatte ja nach Frankfurt als Konzertdirigent und als Gastdirigent für Opern freie Bahn. Ich konnte sehr gut mein Leben damit verdienen. Außerdem wußte ich schon, daß ich zum Südwestfunk gehe, und ich fand, daß ich besonders geeignet bin für Rundfunkarbeit, für langes Partiturstudium, präzise Aufnahmen, ein außergewöhnliches Repertoire. Das ist es, was ich wollte. Ich wollte auch so etwas wie ein Legat hinterlassen durch eine Sammlung guter Aufnahmen von Hauptwerken im Archiv des Rundfunks. Daß es sich dann noch ergeben hat, daß es auch auf Platten erschienen ist, ist ein besonderes Glück.

Nikolaus Harnoncourt
Wir sind doch keine Museumswärter

Herr Harnoncourt, Sie dirigieren heute die Berliner Philharmoniker und die Wiener Philharmoniker, zwei der berühmtesten ›modernen‹ Orchester, Sie dirigieren Bruckner und Brahms, Johann Strauß und Giuseppe Verdi. Angefangen haben Sie allerdings mit Alter Musik und auf alten Instrumenten. Deswegen haben Sie ja auch 1952 Ihren Concentus musicus Wien gegründet. Sie sind einer der Väter der Historischen Aufführungspraxis.

Ja, die ersten Konzerte mit dem Concentus Musicus galten spätmittelalterlicher, Maximilianischer Musik, um 1500. Wir haben, bevor wir mit Barockmusik anfingen, sehr viel mittelalterliche Musik gespielt.

Ich habe mich schon auf der Musikhochschule mit sehr alter Musik beschäftigt und daran gezweifelt, die Musik zwischen 1200 und 1800 so zu spielen, als seien es Werke von Brahms oder Schubert. Und ich war damals schon der Meinung, daß alte Musik nicht veraltet ist, also auch nicht trocken und esoterisch klingen muß. Ein Gutteil der heutigen ›Aussprache‹ der Noten im Werk von Vivaldi, Händel, Bach oder Mozart schien mir das Produkt eines Interpretationsirrtums zu sein. Diesen Irrtum wollte ich korrigieren. Seit 1952 haben wir mit dem Concentus musicus auf alten Instrumenten und mit einer Artikulation, die nicht der gängigen entspricht, diesen Irrtum auszuwetzen versucht. Wobei die Entscheidung, alte Instrumente zu benutzen, stets eine musikalische und keine historische war! Das Etikett ›Originalklang‹ oder ›authentischer Klang‹ wurde uns von unseren Exegeten aufgedrückt.

Sie haben die ganz alte Musik aber schnell verlassen und sich der Musik des 17. und 18. Jahrhunderts zugewandt.

Ja, es war für mich eine Entscheidung notwendig geworden, auch eine moralische Entscheidung, und diese Entscheidung hat für mich geheißen: Die musikalische Schwelle, ab der ich mich mit der Musik befassen will, liegt etwa in der Mitte des 16. Jahrhunderts. Man kann nicht alles machen.

Warum glauben Sie, um 1550 einen Schnitt machen zu dürfen?

Weil vorher die Überlieferung zu mehrdeutig, zu unsicher ist.

Was halten Sie von dem Begriff ›Historische Aufführungspraxis‹?

Überhaupt nichts. Das ist ein ganz blöder Begriff. Weil es das nicht gibt, historische Aufführungspraxis. Was ist denn eine historische Aufführungspraxis? Was soll denn das sein? Wenn Sie den Begriff zerlegen, dann bleibt überhaupt nichts übrig. Dann haben sie am Schluß ein Häuferl mit lauter Mist.

Sie meinen Hypothesen?

Ja, Hypothesen, nicht einmal Hypothesen. Es gibt keinen einzigen historischen Aufführungspraktiker. Die sind alle gestorben, vor hunderten von Jahren. Schon die erste Frage ist: Was ist historisch? In meinen Augen ist historisch alles, was älter ist als meine eigene unmittelbare Erinnerung. Also zum Beispiel die Aufführungspraxis der Nachkriegszeit ist schon historisch, der Musik der 40er Jahre und der frühen 50er Jahre. Die damalige Aufführungspraxis ist historische Aufführungspraxis. Wo wollen Sie denn verbindliche Aussagen bekommen über eine ehemalige Aufführungspraxis, wenn sämtliche Aufführungspraktiker von damals tot sind? Das, was sie aufgeschrieben haben, es gibt Schulwerke, ist mehr Theorie als Praxis. Schulwerke beinhalten in der Regel das, was dem Schüler vermittelt werden soll, was er nicht weiß. Das sowieso Gewußte steht da nicht drin. Das heißt, das Basiswissen ist überhaupt nicht aufgezeichnet, nur das zusätzliche Wissen. Wenn man dann nicht intelligent genug ist, Quellen lesen zu können, und, das muß ich sagen, ist in diesem Bereich leider sehr häufig, betrachtet man die zusätzliche Information, die akademische Information als das Basiswissen. Das ist aber ein Irrtum. Beispielsweise Fragen wie Vibrato, Geigenhaltung... Man kann eine ganze Menge Details darüber in den Schulwerken erfahren. Sie können nachlesen, ob man den kleinen Finger bei einer Laute an diese Stelle oder an jene Stelle setzen soll, und als sich die 300 besten Lautenisten der Welt bei einem Kongreß versammelten, das habe ich erlebt, ich habe dort einen Vortrag gehalten vor zehn oder vor zwanzig Jahren, und ich kam am 6. Tag des Kongresses dorthin, da hat schon niemand mehr mit den anderen gesprochen, weil die einen die Meinung vertraten, daß der kleine Finger hier abgestellt werden soll und die anderen haben die Meinung vertraten, daß das vollkommen falsch, daß das total unhistorisch, daß das geradezu ein Verbrechen an der wirklichen Lautenkunst sei und daß der kleine Finger natürlich dort hingehöre. Was das letzten Endes noch mit Musik zu tun hat, frage ich mich. Die hätten doch ihre Instrumente wegschmeißen sollen, wenn sie über solche Sachen diskutieren. Darum geht es aber, es geht um solche Dinge. Wir haben etwas, was sehr bald historische Aufführungspraxis sein wird und wo wir solche Dinge erkennen können. Wir haben zum Beispiel die Wiener Oboen, die werden nur in drei Orchestern der

Welt gespielt. Die werden bei den Wiener Philharmonikern, den Wiener Symphonikern und im Österreichischen Rundfunkorchester gespielt. In der Volksoper manchmal ja, manchmal nein, das ist aber nicht mehr ein Muß. Dann haben wir die französischen Oboen, das ist ein Oboen-System, nach dem weltweit sonst gespielt wird. Und dann haben wir Spieler. Und Sie können immer wieder erleben, das habe ich oft erlebt und auch initiiert, weil es mich selber sehr interessiert hat, sie haben Instrumente der verschiedensten Systeme, die spielen nicht allein, die werden von unterschiedlichen Spielern gespielt und dann haben sie fünf Spieler, die jeder eine vollkommen andere Philosophie, Religion des Oboenspiels vertreten. Und das Frappierende daran ist – ich bin kein Oboist, also ich höre nicht die letzten Feinheiten, die vielleicht die Oboisten hören – daß sie im Kreis beisammen sitzen wie Opium-Raucher und sich reihum die Oboe in die Hand geben, einer nach dem andern, die Rohre wechseln, einer spielt mit dem Rohr des Wieners auf der französischen Oboe und umgekehrt, und da wird so lange hin- und herprobiert, bis man einen Unterschied herausfindet. Aber der wirklich große Unterschied, das ist die Persönlichkeit des Spielers. Ich kann ihnen natürlich sagen, daß man auf einer Oboe kein schönes tiefes C spielen kann, weil das immer zu tief ist und weil man das nicht im Piano spielen kann und auf der Wiener wohl, dafür kann man was anderes nicht machen. Dann haben wir Barock-Oboen. Wir haben im Concentus 30 Jahre lang eine originale Oboe von 1721 verwendet, also genau aus der Bach-Zeit, aus Leipzig, und haben eine begründete Hoffnung, daß uns dieses Instrument eine ganze Menge Lehren erteilt hat darüber, wie man es spielen soll. Aber so lange wir nicht den Spieler dieses Instruments, der damals gespielt hat, wirklich damit hören, so lange wissen wir nicht, wie es klang. Wir haben versucht, Indizien, also wenn Sie's juristisch sehen, Indizien nachzugehen und zu sehen: was will das Instrument und was will die Musik, für die das geschrieben ist, und dann sind wir auf ein Ergebnis gekommen. Aber dieses Ergebnis historische Aufführungspraxis zu nennen, das ist eine gewaltige Frechheit.

Aber Sie haben doch mit ihrem Buch über die ›Klangrede‹ ein allgemeines Verständnis von sogenannter ›Historischer Aufführungspraxis‹ geprägt: Musik als Rhetorik in Tönen.

Aber auch der Vertreter der Klangrede will mit der Musik ein Gefühl vermitteln und um dieses Gefühl zu vermitteln, muß er es selbst erleben können, um es andere erleben zu lassen.

Aber der Vertreter der Klangrede vermittelt es in Form einer Sprache und nicht in Form einer Droge.

Daß Musik eine Sprache ist, daran gibt es für mich überhaupt keinen Zweifel, und zwar auch nichtsprechende Musik.

Auch bei Brahms?

Ja. Für mich ist auch Architektur eine Sprache. Ich muß sagen, wenn ich ein von einem bedeutenden Architekten entworfenes und gebautes Gebäude sehe, empfinde ich das als Sprache. Ich würde sagen: Kunst ist eine Sprache, die gelesen werden muß, Architektur wie Malerei und Musik. Nur: ich kann dann nicht von historischer Aufführungspraxis sprechen. Wenn ich ein Bild aus dem 16. Jahrhundert sehe, dann ist die Frage, ob meine Vorkenntnisse und die Vorkenntnisse, die der Maler von seinem Publikum erwartete, einigermaßen übereinstimmen. Die Frage lautet: ist das Vokabular, das er benützt, mir begreiflich oder nicht. Eine Musik, die nicht sprachlich ist, die kann ich mir nicht vorstellen. Natürlich kann ich sagen: nach 1850 ist sie mehr Malerei als Sprache, das kann ich schon sagen, weil, was dann die Musik sprachlich macht, viel mehr mit der Malerei als mit der Rede zu tun hat.

Meinen Sie nicht, daß ein Kriterium der Historischen Aufführungspraxis das analytische Verfahren ist, der Versuch, die verschiedenen Bauelemente scharf zu konturieren und sowohl in ihrem Zusammenwirken als auch in ihrer Individualität herauszuarbeiten?

Man könnte das so sehen, aber damit setzt man sich auch wieder auf einen Professoren-Sessel und könnte sagen: wer das nicht tut, macht keine historische Aufführungspraxis. Ich sage nicht, daß ich historische Aufführungspraxis vertrete. Ich sage das nicht. Möglichst nicht. Ich wundere mich, daß Vertreter der ›historischen Aufführungspraxis‹ in Anführungszeichen, das wirklich elementar Rhetorische an der Musik, das die sogenannte historische Aufführungspraxis ja überhaupt erst einmal kennzeichnen müßte, daß die das oftmals überhaupt nicht erkennen. Ich halte ja nicht dagegen, daß man alle Möglichkeiten ausreizt und austestet. Nur daß man dann sagt: das ist richtig, daß sich das Dogmatische einstellt, das lehne ich ab. Die Wege sind wunderbar. Ich finde, man kann gar nicht genug Farben in die Musik reinbringen. Aber dann zu behaupten: diese und nur diese sind die richtigen Farben, das sind die Farben von Bach, das halte ich für falsch.

Aber haben die Erfahrungen der letzten dreißig Jahre da nicht einen Bewußtseinswandel hervorgebracht? Man spricht nicht mehr von ›Originalklang‹, man spricht auch nicht mehr von ›authentischer Aufführungspraxis‹, man sagt eben ›historisch‹ oder ›historisierend‹.

Ich gebe zu, das klingt schon ein bißchen besser.

Warum spielen Sie Mozart ab der 24. Sinfonie auch mit dem Concertgebouw-Orchester?
Ich bin zutiefst davon überzeugt, daß man nicht alles haben kann. Sie kriegen immer irgend etwas nicht. Wenn Sie etwas haben wollen, dann müssen sie etwas opfern. Alles haben zu wollen, dazu ist die Welt zu defekt. Irgendetwas fehlt immer. Ich will alles haben, das ist klar. Das ist der unerfüllbare Wunsch nach dem Optimum. Aber der ist unerfüllbar, das müssen wir wissen. Eine Perfektion gibt es nicht. Jetzt kann ich sagen: ich will das unbedingt haben, dafür bin ich bereit, auf etwas zu verzichten. Oder ich will jenes unbedingt haben, dafür bin ich bereit, auf etwas anderes zu verzichten. Und diese Fragestellung, das ist die, mit der ich ständig zu tun habe. Um ein einfaches Beispiel zu nehmen: Ich stelle mal die Hypothese auf, daß unsere abendländischen Instrumente um das Jahr 1500 herum auf ihrem möglichen Gipfelpunkt angelangt sind, und zwar jedes: Blechinstrumente, Holzblasinstrumente, Streichinstrumente und daß von da ab... Also die Instrumente aus der Zeit, die ich kenne, sind in ihrer Weise von einer Perfektion, daß sie nicht verbesserbar sind. Und von da ab muß jede Verbesserung mit einem Anführungszeichen versehen werden, muß jede Verbesserung mit einer Verschlechterung bezahlt werden. Und es ist immer nur die Frage, ist sie mir das wert. Das ist die Frage. Aber es ist nicht so, daß man sagt: die Flöte klingt mir nicht laut genug oder ich kann auf dieser Flöte nur eineinhalb Oktaven spielen. Ich habe eine Flöte, auf der eineinhalb Oktaven einfach unglaublich klingen. Ich will aber zwei Oktaven und brauche noch fünf Töne mehr, dann werden durch das, was ich dazu tun muß, um diese fünf Extra-Töne zu bekommen, alle fünfzehn bis jetzt gespielten Töne schlechter. Die Fragestellung wird dann anders. Man will die Instrumente lauter haben, dann muß man etwas an der Qualität ändern. Man will sie sicherer haben. Man will, daß man auf einem Instrument nicht so leicht kiekst.
Sicherheit und Schönheit sind nicht kompatibel. Jeder Schritt in Richtung Sicherheit ist ein Verlust an Schönheit. Es ist bei den Streichern der Fingersatz, den ich nehme. Nun stehe ich als Musiker vor der Frage: ich will das Kunstwerk so großartig wie möglich, wie es ist – das Kunstwerk selbst ist ja vorhanden, an dem mäkele ich nicht herum, die Komposition ist da – und die will ich in ihrer Vollkommenheit mit einem ganz hohen Prozentsatz an Qualität bringen. Wenn ich jetzt sage: ich verzichte auf jede Sicherheit, ich nehme nur das maximale Maß an Schönheit, das wäre, sagen wir, der moralisch höchststehende Standpunkt, dann kriegen sie auch bei den besten Musikern 30 Kiekser, und der Eindruck, den der Hörer mit nach Hause nimmt, ist nicht, daß es fabelhaft war,

nur sind einfach 30 Kiekser passiert, sondern das war fürchterlich, weil jeder einzelne Kiekser für den mehr oder weniger laienhaften Hörer so eine Katastrophe ist, daß er einen Großteil der Schönheit auslöscht, die schon war.

Ich denke ganz anders darüber. Ich fordere jeden Spieler auf, das Risiko bis zur äußersten Kante zu treiben. Aber damit beantwortet sich auch die Frage von vorhin: warum mache ich eine Sache mal mit historischen Instrumenten, mal nicht. Ich habe Qualitäten mit den historischen Instrumenten, die ich mit den neuen Instrumenten nicht habe. Ich habe Qualitäten mit den neuen Instrumenten, die ich mit den historischen nicht habe. Das hat noch gar nicht so viel zu tun mit dem Alter der Musik.

Dann gibt es eine Qualität, die man sehr selten berücksichtigt: das ist ein gewachsenes Orchester. Also ein Orchester wie das Concertgebouw-Orchester, die Berliner Philharmoniker, die Wiener Philharmoniker, die Dresdener Staatskapelle, da könnte man eine Reihe anführen, haben einen gewachsenen Klang, eine gewachsene Ästhetik, die sie sehr genau von anderen Orchestern unterscheidet. Das wird immer weniger, aber es ist noch einigermaßen vorhanden, und das halte ich für einen sehr hohen Wert. Und um diesen Wert zu bekommen, auf etwas anderes zu verzichten, das sind Entscheidungen. Und ich sage ja nicht, ab jetzt mache ich das nurmehr so, denn ich mußte ja auf etwas verzichten; das wird mich immer wurmen, das wird mich immer irritieren; und ich werde das nächste mal vielleicht die andere Entscheidung treffen, damit ein bißchen diese Lücke füllen, aber das totale Glück ist unerreichbar, das gibt es nicht.

Außerdem bin ich kein Museumswärter, der alte Musikinstrumente hütet und verpflichtet ist, nur diese vorzuführen. Ich mache nur, was mich interessiert. Natürlich versuche ich, möglichst viele Kenntnisse über das Werk und seine Wiedergabe zu erwerben, um es dann mit meinen maximalen Möglichkeiten für die heutige Zeit verständlich zu machen. Ich will mich nicht in ein Spezialistentum, in eine Dogmatikerposition drängen lassen. Es kommt mir nicht auf das ›Historisch-Echte‹ an, sondern immer nur darauf, wie es am besten klingt. Und darauf, was man noch entdecken kann jenseits der ausgetretenen Pfade der Interpretationskonventionen, um nicht zu sagen: Interpretationsirrtümer.

Aber was machen Sie, wenn Sie Monteverdis ›Orfeo‹ aufführen?

Der ›Orfeo‹ ist von Monteverdi ganz genau instrumentiert. Ich kann mir eine dem Werk einigermaßen gerecht werdende Aufführung, die nicht die historischen Instrumente berücksichtigt, bei ›Orfeo‹ nicht vorstellen. Wegen der Zinken, wegen der Posaunen, das ist mit einem modernen Posaunenchor überhaupt nicht möglich. Wegen der Harfe, wegen des Regals, wegen der ›organo di legno‹, das sind ganz viele solche Dinge. Ich kann mir sehr viele Werke von Bach nur als ziemlich starkes Unglück vorstellen, wenn sie auf heutigen Instrumenten gespielt werden. Die sind einfach, nach meiner Ästhetik, dafür nicht geeignet. Es müssen andere Gründe dafür sprechen, daß ich das doch mache. Es kommt mir darauf an, so nah wie möglich an den Geist eines Werks heranzukommen. Jenseits von stromlinienförmiger Schönheit und von glattem Wohlklang. Ich habe zum Beispiel viel weniger Probleme mit den Oratorien von Händel. Dann gibt es Musik, wo ich historische Instrumente mehr interessant als wichtig finde. Also zum Beispiel die ›Symphonie fantastique‹ von Berlioz, da finde ich die Instrumente sehr interessant, aber mir ist das überhaupt nicht wichtig. Es ist mir ganz wurscht im Grunde genommen. Ich finde dann wieder die Instrumente bei Strawinsky sehr interssant, welche verwendet werden, oder bei Alban Berg, aber das ist fast von Werk zu Werk verschieden.

Und dann kommt etwas dazu, was meiner Meinung nach zu wenig beachtet wird. Wenn ein bekanntes sinfonisches Werk aus dem Standard-Repertoire, also etwa eine Sinfonie von Beethoven, Brahms oder Bruckner, die jeder Mensch kennt, wenn die mit historischen Instrumenten aufgeführt wird, ist meiner Meinung nach der musikalische Gewinn sehr gering, aber der Sensations-Anteil für den Hörer, der aufmerksam gemacht werden muß, er höre jetzt etwas, das von dem Gewohnten ganz abweicht, der ist störend, ablenkend von der Substanz des Werkes. Und diese Sache, daß man aus der Verwendung von Instrumenten – und man darf nicht vergessen: Instrumente sind Werkzeuge, um ein Werk darzustellen – wenn man aus der Verwendung der Instrumente die Hauptsache macht oder im Hörer suggeriert, daß das die Hauptsache ist, daß das eigentlich das ist, weshalb wir das Werk jetzt spielen, das ist eine sehr gefährliche Sache.

Aber die Sensation oder das Event – um ein heute so beliebtes Wort zu benutzen – ist ja nicht, daß ein Orchester mit historischen Instrumenten Bruckner spielt, sondern daß Harnoncourt, Norrington, Gardiner oder Herreweghe zu den Berliner Philharmonikern gehen.

Wissen Sie, daß ich zu den Berliner oder Wiener Philharmonikern gehe, das war für mich immer selbstverständlich. Da soll man sich nicht wundern. Ich habe ja siebzehn Jahre bei den Wiener Symphonikern als Cellist gespielt und davon zehn Jahre unterm Chef Karajan. Es gab überhaupt gar keinen ersichtlichen Grund in meiner musikalischen Laufbahn, daß das nicht dort enden soll.

Sie haben oft geäußert, oberste Priorität bei ihrer Gestaltung hätte für Sie die lebendige

Darstellung des Werkes. An zweiter Stelle kämen die aufführungspraktischen Techniken als Hilfe, um das Werk lebendig darzustellen, und an dritter Stelle kommt erst der Klang der Instrumente für Sie.
Ich will Ihnen ein Beispiel geben: Das heutige Fagott mischt sich nicht mit den Streicher-Bässen. Da kann man machen, was man will. Wenn man einen sehr raffinierten Fagottisten hat, der selbst persönlich Erfahrung mit Holzfagotten hat, die wirklich aus Holz sind, dann kann er das durch seine eigene Phantasie ein bißchen kompensieren, aber ich bleibe dabei: Es ist sehr wichtig und es kann einen irritieren, wenn man es selber kennt und wenn man sich schon mal richtig an diesen Klängen begeistert hat. Wenn es mit den richtigen Klängen vollkommen falsch artikuliert wird, dann ist die Musik kaputt. Die Musik ist nicht kaputt, wenn die Klänge falsch sind, aber die Artikulation stimmt: ich werde nie begreifen, das kann mir kein Kontrabassist der Welt erklären, warum die Baßgeiger auf Metallsaiten spielen. Es gibt keinen Grund. Es gibt nur den Grund, daß es praktischer ist auf der Reise. Das ist aber kein künstlerischer Grund. Man braucht die Instrumente nicht so oft nachzustimmen. Die Saiten sind nicht hygroskopisch, das heißt, in einem feuchten Land muß man sie nicht nachziehen. Es kann sogar sein, daß sie in einem sehr feuchten Ort gar nicht sehr gut ansprechen. Negativgrund: die Instrumente gehen alle kaputt, weil der Zug um so vieles höher ist. Eine Stahl-Violin-E-Saite hat zwischen 9 und 10 kg Zug zwischen Steg und Sattel und eine Darm-E-Saite hat zwischen 2 und 3 kg Zug. Da können Sie sich vorstellen, was sich da abspielt an diesem kleinen Punkt der Geige. Und dasselbe gilt für die Kontrabässe. Eine Stahlsaite spricht sofort an, das heißt, Sie hören baaa. Eine Darmsaite hat einen Einschwingvorgang, das heißt, die macht nicht baaa, sondern Ssssbaaa. Wie ein Ton beginnt, das macht die Farbe des Klanges aus. Wenn Sie den Einschwingvorgang wegstreichen, klingen fast alle Instrumente gleich. Bei den Orgeln ist das ganz wichtig. Jede Orgelpfeife macht fiibaa fiibaa fiibaa. Im 19. Jahrhundert hat man plötzlich gesagt: das sind Geräusche. Die Geräusche müssen weg. Im Orgelbau gibt es den sogenannten Kernstich. Also eine Manipulation am Labion der Pfeife. Und dann hat sie das nicht mehr. Dann kommt sofort der Ton. Wir finden heute die Orgeln des 19. Jahrhunderts grauenvoll, weil Sie diesen aalglatten Ton haben. Man kann ein kompliziertes Musikstück garnicht verstehen, weil man nicht den Anfang des Tons hört. Auch bei den Orchesterinstrumenten verstehen wir das nicht.
Ich kann Ihnen sagen, ich habe einem ganz berühmten Orchester vor einem oder zwei Jahren gesagt, als ich ein paar ältere Herren mit den Kontrabässen

sah: Wenn Sie das so spielen, wie das früher geklungen hat mit den Darmsaiten, daß wir dieses leichte Summ haben, anders kann dieser Tanzcharakter überhaupt nicht kommen, das geht einfach nicht. Da hat sich rausgestellt, daß in diesem Orchester kein einziger Baßgeiger wußte, wie ein darmsaitenbespannter Kontrabaß klingt. Kein einziger wußte das. Wenn Sie heute einen Kontrabassisten fragen: wieso spielst du mit Stahlsaiten, da sagt der: weil das viel besser klingt und so. Das ist alles nur blabla, das stimmt gar nicht, denn der hat in seinem ganzen Leben nie Darmsaiten gespielt. Der weiß gar nicht, ob das besser klingt oder das. Und jetzt sag ich Ihnen: im Konzert morgen spielen die drei Bassisten mit Darmsaiten. Die haben nie mit Darmsaiten gespielt. Und ich habe denen gesagt: warum spielen Sie auf den schönen kostbaren alten Bässen auf Stahlsaiten? Es hat keinen Schwung. Der Ton geht überhaupt nicht in die Beine. Ich kann keine Tanzmusik machen mit solchen Kontrabässen, das geht überhaupt nicht. Eines Tages kamen die – haben das offensichtlich intern diskutiert – mit Darmsaiten. Dann hatte es eine Zeit gedauert, bis sie sich dran gewöhnt haben. Jetzt spannen sie, bevor sie mit mir arbeiten, Darmsaiten auf. Das ist ziemlich teuer. Und sie haben es schon mal gewagt bei anderen Dirigenten, aber die haben ihnen gesagt, was soll denn das, die klingen ja nicht. Das ist ein reiner Unsinn. Das sind Dinge, die habe ich schon getestet in den vierziger Jahren. Im Musikverein in Wien, auf meinem Cello mit Stahlsaiten und mit Darmsaiten. Mit Darmsaiten klingen die Instrumente am Ohr leiser und im Saal stärker. Der Klang trägt besser. Ich finde, je tiefer die Instrumente, desto wichtiger werden die Darmsaiten. Die Celli mit Stahlsaiten stören mich schon etwas, Kontrabässe find' ich zum Verzweifeln. Die großen Weltorchester müßten sagen, das war ein Irrtum, das hätten wir nicht machen sollen, da war der Preis zu hoch.

Lassen Sie bei den Philharmonikern Darmsaiten aufziehen?

Das kann ich nicht. Nein, ich greife nicht ein in die Substanz des Orchesterklanges. Wenn ich mit einem Orchester sehr befreundet bin, dann sage ich, laßt uns mal zusammenkommen und überlegen, warum wir das eigentlich machen.

Denken Sie eigentlich bei Ihren Entscheidungen ans Publikum?

Kaum.

Warum haben Sie die Aufnahmen der Mozart-Sinfonien mit dem Concertgebouw gemacht. Die Hornkonzerte mit dem Concentus musicus klingen doch auch perfekt.

Da müssen Sie ein bißchen aufs Datum schauen. Ich habe zu dieser Zeit überhaupt nicht daran gedacht, die Sinfonien mit historischen Instrumenten zu machen. Ich habe angefangen mit der ›Haffner‹-Sinfonie, das war die erste, glaube ich, die ich mit dem Concertgebouw gemacht habe. Ich habe in dieser Zeit überhaupt nicht daran gedacht, diese Musik mit historischen Instrumenten zu spielen. Und ich bin sehr, sehr weit gekommen mit dem Orchester. Wenn mich damals jemand gefragt hätte, warum machst du das nicht auf den alten Instrumenten, dann hätte ich gesagt, weil wir diese Musik überhaupt nicht spielen auf den alten Instrumenten. Wir haben die Hornkonzerte als Ausnahme da hinein genommen, weil es mit dem Hermann Baumann einen Hornisten der Extraklasse gegeben hat, der selbst schon so weit war, daß er die Hornkonzerte auf dem Naturhorn spielen konnte und wollte. Da war überhaupt kein Umfeld da. Der hätte gar nicht die Orchester gefunden, mit denen er die hätte spielen können. Und wir sind mit ihm einen ganzen Tag über diesen Konzerten gesessen, das war, glaube ich, 1971 oder 1972, das war ganz früh. Ich muß sagen, ich war sehr glücklich. Das war für mich auch ein ganz interessantes Abenteuer. Ich wollte wissen, wo geht das hin, was geschieht da. Das hätte ich zu dieser Zeit auch noch nicht gewußt. Und daß ich zu der Zeit sagte, natürlich spielen wir die ›Haffner‹-Sinfonie und die Es-Dur und die ›Jupiter‹, die spielen wir alle mit alten Instrumenten, das ist heute leicht zu sehen, aber das hat damals noch ganz anders ausgesehen. Und wir spielen die späten Sinfonien auch. Wir spielen zum Beispiel auch die ›Schöpfung‹ von Haydn mit dem Concentus, da haben wir eine tolle Aufführung gemacht letztes Jahr, aber die Aufnahme haben wir im Live-Mitschnitt gemacht mit den Sinfonikern. Das ist aber schon einige Zeit her. Heute hätte ich kein Problem mehr. Ich finde, man soll nicht zu sehr dran denken. Wenn man dran denken muß, ja, das ist aber mit alten Instrumenten, das ist nicht gut. Das soll selbstverständlich sein.

Ich habe eine spezielle Frage außerhalb des Kontextes: bei der ›Haffner‹-Serenade haben Sie Pauken colla parte mit den Trompeten eingesetzt, die ich nicht in den Stimmen finde.

Also Pauken bei Mozart werden Sie sehr oft nicht in der Partitur finden. Das sind Dinge, die kann ich natürlich nachweisen. Man hat sehr häufig keine Paukenstimme geschrieben, weil der Pauker, wenn er die Stimme der 2. Trompete gesehen hat, gewußt hat, was er zu spielen hat. Es war auch ein bißchen frei und dem Pauker überlassen, das zu spielen, was er für richtig gehalten hat. Praktisch alle frühen Sinfonien von Mozart, wo C- oder D-Trompeten vorkommen, haben wir mit Pauken gespielt. Wenn die Pauken sehr obligat sein sollten, dann hat er sie geschrieben, und wenn es einfach eine übliche Paukenstimme ist, die der Pauker spielt, als dritte Trompete sozusagen, dann brauchte er das nicht zu schreiben, dann hat der das so gespielt. Es gibt andere Fälle, es gibt Fälle, wo man sehen kann, es sind keine Pauken gemeint. Wenn die Trompeten nicht trompetenmäßig benützt werden, sondern als Farbe im Orchesterklang. Die Trompeten haben ja immer eine bestimmte rhetorische Funktion. Und wenn sie diese Funktion haben, dann gehören Pauken dazu. Wenn sie diese Funktion nicht haben, sondern einfach als Musikinstrumente benutzt werden, um eine bestimmte Farbe hineinzubringen, dann kann es leicht sein, man müßte drei oder vier Pauken haben, weil man zuviele Töne bräuchte. Das ist einfacher.

Sie dirigieren nicht nur Mozart und Bach, sondern auch Bruckner und beispielsweise Offenbach. Wie kommt es zu Ihrer Offenbach-Begeisterung? Die leuchtet bei Ihrem Herkommen aus der Alten Musik nicht unbedingt ein.

Offenbach ist ein toller Komponist. Das ist gerade ein Schritt vor Strawinsky. Der nächste Schritt ist dann schon ›Jeu de cartes‹. So wie für mich der Johann Strauß, der ja der Wiener Bruder des Offenbach ist, und sie konnten ja auch gut miteinander, für mich direkt in den Alban Berg übergeht. 1. Akt ›Fledermaus‹, da brauch ich nur die Farben ein bißchen changieren, und ich bin schon in ›Lulu‹ drin.

Peter Hirsch
Utopien sind nicht dazu da,
daß man sie realisiert

Michael Gielen macht in seinen Konzerten meist Zugeständnisse ans breite Publikum und baut zwischen Beethoven und Brahms irgendeinen modernen, zeitgenössischen ›Schocker‹ ein. Sie dirigieren sehr viele Konzerte mit ausschließlich moderner und zeitgenössischer Musik, weshalb Sie geradezu verschrien sind als der Mann fürs Moderne. Wie kann man mit so einem Etikett leben?

Also ich finde jede Art von Etikett etwas Unnatürliches. Aber ich verstehe, daß die Leute einem so etwas anheften. Und manch einer funktioniert ja auch so. Die Moderne ist für mich allerdings etwas ganz Normales, denn es ist nun mal die Zeit, in der man lebt, die Musik, die mit einem selber und mit heute zu tun hat. Die entscheidende Frage ist für mich, warum dirigiert man eine moderne Musik, und wie dirigiert man sie! ›Der Mann fürs Moderne‹ heißt ja erst mal noch nicht viel. Es ist doch eine Frage der Qualität! Leider ist es sehr oft so, daß Aufführungen neuer Musik zustande kommen, die verständlicherweise nicht das Publikum gewinnen, das sie eigentlich haben sollten. Aber ich habe auch etwas gegen Ghettoisierung, dagegen, daß die Leute denken, ja, bei der anderen Musik kenne ich mich aus, da weiß ich, was los ist, und bei der neuen Musik ist mir alles fremd. Eigentlich geht es doch darum, in der neuen Musik herauszufinden und herauszuhören, was ich sozusagen auch noch wieder erkenne, was sich also mit der Tradition verbindet, genauso, wie an der Tradition das Wichtigste ist, was immer wieder neu ist und immer wieder Reibung erzeugt.

Aber ist es nicht so, daß die ›neue Musik‹ quantitativ gesehen ein kleineres Publikum anspricht als die Tradition, was zur Folge hat, daß man, wenn man sich sehr fürs Moderne engagiert, als Dirigent nur eine eingeschränke Wirkung hat? Nehmen Sie es in Kauf, zu wissen, daß Sie überwiegend Insider, Kenner der Neuen Musik schätzen?

Das muß man wohl in Kauf nehmen bei den Projekten und Konzerten, die man dann macht. Deswegen mache ich die auch nicht ausschließlich. Deswegen bin ich ja auch gegen diese Labelisierung oder Etikettierung, die mir auf die Stirn geheftet wird. Ich finde es genauso wichtig, von Mozart bis zum Ende des 19. Jahrhunderts alles zu spielen. Ich bin ja auch nicht so in der engeren Kaste der absolut neusten Musik, bin kein Freak oder Spezialist. Ich möchte natürlich

Spezialist sein, aber Spezialist für verschiedene Dinge, natürlich nicht für alles, das kann man ja auch gar nicht. So ein beliebiges ›ich spiel alles‹, wobei auch alles gleich klingt, ist mir zuwider.

Wenn man sich Kritiken Ihrer Konzerte anschaut, liest man immer wieder ›Der Spezialist für Zeitgenössisches‹. Das kann man als Kompliment auffassen, ist meist auch so gemeint, aber es hat immer den Beigeschmack: das ist ein hochbegabter Mann, der kann das, was andere nicht können, aber die Popularität, die jemand, der die Traditionen effektvoll bedient, wird er damit nie erreichen.

Ich fürchte, damit leben zu müssen. Die Frage ist aber doch letztlich bei allem, was man dirigiert: wie klingt es?

Aber unbestritten ist doch die Tatsache, daß Sie sich mehr als die meisten anderen Dirigenten für die zeitgenössische Musik engagieren.

Für mich ist das eine ganz elementare und wichtige Sache, und ich genieße die Spannung zwischen Moderne und Nichtmoderne als eine sehr reizvolle, kreative Wechselbeziehung.

Im 18., im 19. und noch Anfang des 20. Jahrhunderts war es noch so, daß die überwie-
genden Produktionen zeitgenössische Produktionen waren, auch in der Oper. Irgend-
wann kam der große Bruch und heute, sagen wir, seit 1945, ist es nicht mehr so.

Es wird heute überwiegend Historisches dirigiert, aber die Kluft zwischen dem
›Verstehen‹ von Altem und Neuem ist größer denn je, was an gesellschaftlichen
Dingen liegt, das wissen wir.

Insofern ist Ihr Engagement für das Neue natürlich besonders mutig. Wie kam es denn
eigentlich dazu?

Naja, es gab Beeinflussungen in frühester Zeit. Ich habe bei Johannes Fritsch,
der ein Stockhausen-Schüler ist, schon als Kind Harmonielehreunterricht
erhalten. Und Fritsch machte dann Kompositionen in der Klasse, jeder mußte
auf seine bescheidene Weise daran teilnehmen. Also, wir sind sehr früh an die
moderne Musik herangeführt worden. Wir gingen auch in Konzerte, ich habe
noch den Bernd Alois Zimmermann gesehen und ihm zugehört, habe ihn
wahrscheinlich nicht verstanden, aber immerhin noch erlebt, als Jugendlicher.
Dann gab es eine Unterbrechung für einige Jahre und später schloß sich der
Kreis wieder, als ich bei Michael Gielen an der Frankfurter Oper Assistent war.
Ein Initialerlebnis für mich war sicher die Einstudierung von Zimmermanns
›Soldaten‹. Durch diese ›Soldaten‹ habe ich, glaube ich, sehr viel verstanden von
dem, was Neue Musik sein kann und will. Ganz wichtig war für mich dann
natürlich die Begegnung mit Luigi Nono! Ich wurde eines Tages gefragt, ob ich
den ›Prometeo‹ machen wolle. Ich wußte natürlich, wer Nono ist, aber nicht
wirklich. Und es ist schließlich das Hauptwerk seines Spätwerks und eine sehr
komplizierte und spezifische Sache. Aber es gab Leute, die mir das zutrauten
und die gesagt haben, das ist der Richtige. Ich habe ihn dann besucht, und er hat
sich eine von mir dirigierte ›Lulu‹ angehört, und dann haben wir miteinander
geredet und dann sollte ich es also machen. Dann fing ich erst einmal an, das
Stück zu lernen. Ich mußte mich wirklich mit Haut und Haaren hineinstürzen
in diese Partitur, wir haben einen Monat lang in Mailand an dem Stück gearbeitet, und ich habe es von oben bis unten geprobt und so allmählich angefangen, zu begreifen, worum es musikalisch eigentlich geht. Nach diesem Monat
habe ich Musik an sich dann anders gehört als die ganzen Jahre vorher.

Ihr Engagement in Frankfurt als Erster Kapellmeister bei Michael Gielen, der ja be-
kennenderweise ein Dirigent ist, der sich immer sehr stark fürs Zeitgenössische enga-
giert und einen Spagat versucht zwischen Tradition und Zeitgenössischem aus erziehe-
rischer Absicht, war so etwas wie ein Glücksfall für Sie, oder?

Ja, absolut! Es wäre völlig lächerlich, leugnen zu wollen, daß er mich als Vorbild auch geprägt hat. Meine familiäre und musikalische Herkunft ist eigentlich eine ganz andere. Es gab, als ich fertig war mit dem Studium eine vakante Assistenstenstelle bei Michael Gielen. Mir wurde geraten, mich um sie zu bemühen. Mein Lehrer hat mich ermutigt dazu. Er war übrigens Assistent bei Fritz Busch gewesen, vor 1933 in Dresden. Da traf sich natürlich eine Tradition, die sich mit dem Stichwort Buenos Aires, Exil, Erich Kleiber, Michael Gielen usw. verbindet. Die trafen sich ja alle im Exil.

Gielen verdanke ich, daß ich viel Kontakt zu neuer Musik bekam. Und ich lernte bei ihm, ganz genau zu lesen, was steht da eigentlich in der Partitur. Nicht zu denken, ich weiß besser, was gemeint ist, ich vertrau meiner Intuition, die ist das Wichtigste, die Noten sind nur Spielmaterial, sondern: Was in den Noten steht, ist absolut heilig. Bei ihm hab ich wirklich gelernt, daß der Text das Wichtigste ist und daß man den erst einmal gründlich und sorgfältig lesen und präzise einzulösen hat. Das hat natürlich in erster Linie Auswirkungen auf ein strukturales Denken. Das hatte ich so vorher nicht. Und das ist etwas eminent Wichtiges für einen Dirigenten. Struktur ist ja mehr als nur Skelett, sie ist klingende Architektur. Und da schließt sich dann wieder so ein Kreis einer anderen Tradition, denn mein Lehrer an der Kölner Musikhochschule, Wolfgang von der Nahmer, der ein ganz wunderbarer Mann war und ein ganz fabelhafter Lehrer. 70 Jahre war er, als ich zu ihm kam, der hat mich in die Tradition hineingenommen, erst mal Metier zu lernen. Das erste, das man lernen mußte, war die ›Zauberflöte‹ zu dirigieren, also das harte Handwerk, das ja heute oft sehr unter Wert gehandelt wird. Das war ihm sehr wichtig. Erst wenn man das Handwerk beherrscht, Genauigkeit des Rhythmus, Schlagtechnik, Präzision der Orchesterführung, kann man sich auch Freiheiten erlauben. Wenn man das nicht von der Pike auf gelernt hat, wird man keine Partitur zum Klingen bringen.

Nun gibt es ja heute viele Dirigenten, die als Quereinsteiger ans Pult kommen, die die Grundlagen eigentlich nicht gelernt haben, man denke an die vielen Pianisten, Sänger, Cellisten und Geiger, die plötzlich eine zweite Karriere als Pultheroe starten, die – mit Verlaub gesagt – teilweise überhaupt kein Handwerk beherrschen, dafür um so mehr die kommerziellen Gesetze des Musikmarktes, die vielleicht sehr viel Aura haben, die sehr viel Publicity aufwirbeln können, die sich gut und teuer verkaufen, die – mit einem Wort – bessere Geschäftsleute als Dirigenten sind.

Ich kann Ihnen nicht widersprechen, aber der Begriff Aura ist doch ein nicht zu unterschätzender, denn Aura ist etwas ganz Entscheidendes und Wichtiges für einen Dirigenten. Aura ist etwas, das man auch nicht erlernen kann. Aura muß man haben im Moment der Aufführung. Die marketingwirksame Aura ist eine andere. Die Aura des Mich-Vermarktens beherrsche ich, glaube ich, nicht so gut. Tradition und Neues miteinander zu verbinden, zwischen Alt und Neu zu vermitteln, das ist mir sehr wichtig. Alban Bergs Opus 6, 1913 geschrieben, gilt heute immer noch weithin als Avantgarde. Da faßt man sich an den Kopf. Ich glaube, da herrscht noch viel Rückstand im breiten Bewußtsein von Musik. Das aufzuarbeiten, begreifbar zu machen, aus welcher Tradition diese einstige Avantgarde herkommt, woraus sie sich gespeist hat, sie ist ja nicht wie ein Meteor vom Himmel gefallen, das ist mein Ziel. Und wenn es, wir sprachen schon darüber, nach dem 2. Weltkrieg eine Kluft gibt, die natürlich existiert und scheinbar unüberbrückbar geworden zu sein scheint, zwischen Altem und Zeitgenössischem, dann hat sie mit dem 2. Weltkrieg zu tun und mit der Geschichte. Was passierte, passierte nicht folgenlos. Das war ja auch etwas so gravierend Katastrophisches, daß sich die wirklich ernsthaften Komponisten fragen mußten, wie kann es denn jetzt überhaupt weitergehen. Daß das dann leider zu einer Ghettoisierung der Zeitgenossen führte, hatte auch seine Notwendigkeiten. Man wollte nicht an Falsches anknüpfen.

Sie haben eben gesagt, Sie wollen Herkunft und Gegenwart, um nicht zu sagen Zukunftsmusik vermitteln.

Ja, aber nicht pädagogisch, sonden ästhetisch. Ich will, daß man es hört, daß dieses Verständnis zum Klingen gebracht wird. Vor allem die Musiker müssen verstehen, warum sie etwas wie spielen sollen. Aber auch der Zuhörer soll hörend, soll sinnlich, nicht durch einen didaktisch engagierten Programmheftbeitrag, den Bezug von Tradition und Moderne begreifen.

Wie bringen Sie Musiker, die ja oft diese zeitgenössischen Stücke zum ersten Mal spielen, dazu, diesen Zusammenhang zu begreifen und umzusetzen? Funktioniert das rein über die handwerkliche Kommunikation bei den Proben?

Ein Musiker möchte natürlich mit Recht zunächst mal handwerklich, technisch, parameterhaft wissen, was ist Sache, was muß ich tun, was will der Dirigent von mir. Das ist ja auch das Schöne an dem Beruf, daß es eine Verständigungsbasis gibt. Man weiß zwar nicht, wie leise leise ist, dann sage ich eben, was ihr spielt, ist irgendwie poco forte, da steht aber piano. Nein, ich fand, das war piano. Da kann man sich dann drüber verständigen, dann setzt man das eben etwas herunter. Aber wir wissen grundsätzlich, was piano heißt, und es gibt eine ganze Latte von solchen Arbeitsbegriffen, an denen man sich festhalten kann. Das ist auch ganz wichtig. Dann spielt natürlich auch das Metier im weiteren Sinne eine Rolle, also nicht nur die technische Seite, ob man eins, zwei, drei, vier schlagen kann, sondern ob die Hand klingt, ob ich in den Händen sowas wie eine klangliche Suggestion habe, das spüren Musiker sofort. Darüber kann es dann zu dem Punkt kommen und den finde ich sehr wichtig, daß man irgendwann plötzlich den Moment der Ruhe findet, jenseits aller technischen Parameter, in dem man sagt: Moment mal, also in diesem Moment geht es eigentlich um .... das! Peng! Und dann gehen den Leuten vielleicht die Augen über, manche sagen vielleicht auch, was redet der da, also das wollen wir gar nicht wissen. Das finde ich aber wichtig und schön, wenn es dazu kommt.

Aber überfordert das nicht die gängige Routine der Probenpraxis?

Das ist halt das Problem. Aber ich kann eigentlich sogar sehr gut damit leben, wenn die Musiker sehr pragmatisch auf die Uhr schauen und schnell arbeiten, was sie in England zum Beispiel viel mehr tun als bei uns in Deutschland. Das ist eigentlich was sehr Gutes, wenn sie zu mir sagen: Wir haben unseren Job und Sie haben Ihren, sagen Sie uns gleich ihre 10 Punkte, sagen Sie uns doch gleich, worauf es Ihnen ankommt. Damit kann ich sehr gut umgehen, das mag ich sehr gerne. Das schließt nicht aus, daß man trotzdem an einen bestimmten Punkt kommt und Dinge sagen kann, die nicht in diesen technischen Apparat gehören, sondern zu tun haben mit dem Inhalt und mit der Philosophie der Sache. Das kann man natürlich nur sehr fein dosiert tun, man darf keine Lecture halten, das interessiert auch niemanden. Aber den Moment zu finden, wo plötzlich die Aufmerksamkeit und die Sensibilität der Musiker über Technik und Routine hinausgeht, wo ein Funke überspringt und man übers Musikmachen Momente erreicht, in denen plötzlich eine Einheit von ganz disparaten Charakteren da ist, das ist das Großartige daran.

Und wie erreicht man das? Doch eben nicht über technische Anweisungen, oder?

Nein, da sind wir wieder beim Stichwort Aura. Entscheidend ist, was für eine Ausstrahlung ich habe, wie ich mit den Leuten arbeite ... es gibt keine Regel und kein Patentrezept. Ich kann für mich nur sagen, daß ich nicht wirklich dran glaube, daß man nur aus der Genialität heraus, wenn nichts vorbereitet ist, eine Sensationsaufführung schafft. Man schafft vielleicht Erstaunliches, weil man plötzlich eine ganz merkwürdige Stimmung herstellen kann, so etwas erlebt man immer wieder, aber das ist letztlich nicht die Sache. Das ist zwar im nicht unbedingt lobenswerten Opernalltag wichtig, wo man oft ohne Proben einspringen muß, aber so erreicht man bestenfalls Mittelmaß. Das ist aber entschieden zu wenig.

Worauf kommt es denn am Abend an, was ist das Wichtigste am Abend?

Man träumt immer davon, sehr intensiv zu proben, auf der Basis all dessen, was man im Kopf hat, aller Kapazität, die man hat, um die Leute mit ins Boot zu nehmen. Und dann stellt man in der Aufführung plötzlich etwas her, was so ganz anders als das Geplante ist, etwas, das ich selber nicht beabsichtigt oder für möglich gehalten habe. Vielleicht könnte man es so umschreiben: die eigene Aura geht auf die Reise. Und ich weiß nicht, wo ich ankomme.

Das Stichwort hieße also Spontanität?

Ja, es muß am Abend so klingen, als würde ich das Stück, das ich spiele, gerade komponieren. Da sind wir wieder bei dem heiligen Respekt vor dem Notentext. Wenn es so klingt, als hätte ich die Noten gerade geschrieben, wenn es so durch mich durchgeht, dann erfülle ich, glaube ich, am meisten die Absicht des Komponisten und die Intention seines Notentextes.

Das hört sich ja so an, als würden Sie sich am Abend der Aufführung mit dem Komponisten identifizieren.

Ja. Aber das funktioniert nur, wenn ich an das Stück glaube, das ich dirigiere, womit wir wieder beim Spezialistentum sind. Aber ich glaube an so vieles, von Mozart über Verdi und Johann Strauß bis zu Luigi Nono und Lachenmann, um ein paar Eckpunkte zu nennen.

Sie haben ja auch sehr viel Oper dirigiert, in England, Holland und Deutschland, eigentlich das ganze klassische romantische Repertoire von Mozart über den ›Freischütz‹ und Verdi bis hin zu Wagner.

Ja, aber ich möchte beispielsweise nicht gezwungen sein, zum Beispiel ›Parsifal‹ zu dirigieren, weil ich nicht wüßte, wie einige Stellen im Parsifal klingen sollten, so klingen sollten, daß ich sie mag. Ich hab nur einen ›Parsifal‹-Klang im Ohr, den ich nicht mag.

Ein sehr interessanter Punkt, darüber könnte man lange reden, denn selbst für eingefleischte Wagnerianer gibt es Stellen im ›Parsifal‹, die immer wieder Unbehagen auslösen.

Bei mir ist dieses Unbehagen sogar ziemlich körperlich. Ich kann beispielsweise auch nicht Liszts ›Les Préludes‹ dirigieren, obwohl es in dem Stück 8 Minuten schöne Musik gibt, aber eben auch 2 Minuten, die so belastet sind. … Ich weiß, Liszt konnte nicht ahnen, daß dieses Stück so mißbraucht werden würde. Es gibt aber für mich keine Möglichkeit, das umzudeuten, sodaß es anders klingen könnte, als ich es im Kopf habe mit gewissen Assoziationen.

Aber Sie sagen selbst, man muß unterscheiden zwischen Werk und Wirkung, Absicht und Missbrauch. Usurpiert wurden im Dritten Reich ja auch andere Komponisten.

Ja, natürlich, reden wir doch mal über Beethoven, auch bei ihm zeigt sich ein großes Mißverständnis seiner Musik. Und das fängt schon damit an, daß kaum einer genau liest, was bei ihm in den Noten steht! Wenn ich das aber tue, dann entsteht eigentlich ganz schnell ein ganz anderer als der gewohnte Beethoven-

Klang und auch eine ganz andere Gestik. Spätestens seit es die Historische Aufführungspraxis gibt, wissen wir das. Man kann sich auch 40 oder 50 Jahre alte Aufnahmen von Leibowitz oder Toscanini anhören, um eine Idee davon zu bekommen, was der Begriff von Beethovens ›prometeischem Feuer‹ meint. Ich mag keinen affirmativen, platten, teutonischen Ton, den mag ich einfach nicht. Der ist mir körperlich zuwider, und ich glaube auch nicht an ihn, zumal er oft nur die Folge von verkrusteten, schlampigen, unreflektierten und endlos fortgeschriebenen Aufführungstraditionen ist.

Es gibt natürlich Komponisten, auch im 20. Jahrhundert, Komponisten beispielsweise, die mit Brecht gearbeitet haben, die aus ideologischer Überzeugung Musik geschrieben haben, die deswegen, weil sie die Widersprüche nicht zugelassen hat, schlechte Musik geworden ist. Das meine ich mit platt-affirmativ. Wenn Musik Widersprüche nicht zuläßt, wird sie auch mißbrauchbar.

Das ist ja gerade das Faszinierende und das Moderne an Mozart, daß er zur These immer auch die Antithese in seinen Werken darstellt.

Exakt, nehmen wir nur den ›Figaro‹, ein Stück, in dem 10 Menschen auf der Bühne sind, und es sind 10 Kosmen oder 10 Planeten, die umeinander kreisen. Da gibt es kein: Ich bin für den oder den, aber deswegen, weil ich für diesen bin, bin ich gegen den anderen. Auch Shakespeare verteilt ja nicht platt Sympathien und Antipathien, sondern es werden Konstellationen dargestellt, und das ist das Aufregende daran, daß ich eigentlich alle verstehen kann.

Aber ist es nicht so, um bei der Oper zu bleiben, daß unsere Welt oder die Widersprüche unseres Lebens heute so eklatant sind, daß man sie nicht mehr unter einen Hut bringen kann in einer Oper?

Das ist sicher ein großes Problem.

Andererseits haben Sie ja immer wieder gezeigt, wenn Sie Mozart oder Puccini dirigierten, daß das plötzlich etwas ganz Modernes, etwas Frisches, Aktuelles sein kann. Und das legitimiert ja doch eigentlich auch Opern, die 300 Jahre alt sind. Monteverdis ›Orfeo‹ kann ein ganz modernes Werk sein, in dem man Hier und Heute spiegeln kann.

Ja, wenn man die Klischees abstreift, den Staub schlechter Tradition wegwischt. Wenn man die großen Tanker von den Algen befreit, die sie unter Wasser angesetzt haben, dann entstehen ja oft ganz bemerkenswerte Sachen. Puccini ist ein Meister darin, dasselbe Motiv ganz unterschiedlich nicht nur zu instrumentieren, sondern auch in ganz unterschiedlichen dramatischen Situationen zu benutzen, mit unterschiedlicher Besetzung auf der Bühne, und zwar gar nicht leitmotivisch, sondern sehr ideosynkratisch, immer rubatomäßig, rhythmisch anders ausgestaltet. Aber es gibt eine grauenvolle Tradition, die sich dann immer an der scheinbar nettesten oder schönsten Variante festhält. So ein Motiv oder eine Wendung funkelt wie ein Edelstein, der von verschiedenen Seiten beleuchtet wird. Und das ist nicht nur technisch ganz fabelhaft gemacht, sondern das hat auch etwas Modernes, da man einfach nicht mehr sagen kann, eine bestimmte Wendung steht für ein bestimmtes Gefühl. Also die Irritation besteht darin, daß in dem, das man scheinbar kennt, etwas anderes verborgen ist. Man erkennt es immer noch, aber es löst etwas völlig anderes aus, weil es einem plötzlich in einer völlig anderen Beleuchtung gegenübersteht. Das ist eine ziemlich moderne Erfahrung; natürlich gibt es diese verständliche Sehnsucht nach bruchloser Identifikation von Gefühl, Handlung, Musik, der man angesichts einer Verweigerung gegenübersteht. Von hier aus ist man übrigens ganz schnell bei Lachenmann. Aber ist das nicht eigentlich eine Bereicherung? Ein Aufmachen von Horizonten...

Sie haben immer sehr viel Oper dirigiert, was fasziniert Sie aus dem Blickwinkel Moderne an der alten aristokratisch – antiaristokratischen, bürgerlich – antibürgerlichen Gattung Oper?

Mein Verhältnis zur Oper ist sicherlich auch ein Erbe aus meinen Frankfurter Jahren, in denen ich gelernt habe, nicht nur die Partituren, sondern auch die Texte gut zu lesen, und ich finde Musiktheater als Zusammenkommen der einzelnen Ebenen, wenn es gut gemacht ist, etwas Fabelhaftes. Wenn es nicht nur auf klischeehaften Verabredungen basiert: Diese Geste drückt das und das aus, sondern wenn ich wirklich anfange zu glauben, was da jemand auf der Bühne tut. Stichwort Felsenstein: was er gemeint hat, das finde ich aufregend, weil das natürlich auch die Musik, nicht nur die oben gesungen wird, sondern auch die, die man im Graben dazu spielt, einbezieht. So wie ein Regisseur mit einem Sänger arbeiten muß, um eine Idee davon, wie das Stück geht, in den Klang auch der Stimme, des Ausdrucks hineinzubringen, genau so ist es ja eine legitime und notwendige Frage, wie das Orchester und zwar zu dieser Szene in dieser Aufführung, in einer anderen Aufführung wäre es dann anders, zu klingen hat. Solche Wechselbeziehungen finde ich etwas ganz Aufregendes. Aber wenn ich diesen Bezug nicht spüre, dann langweilt mich Oper ganz schnell.

Nun haben Sie natürlich das Glück gehabt, in einer Phase der operngeschichtlichen Entwicklung groß zu werden, bei Gielen in Frankfurt, wo diese ungewöhnlich intensive Auseinandersetzung, das Experiment, der Mut zu neuen Lesarten großgeschrieben wurde. Aber ist es nicht heute bei dem vorherrschenden Opernbetrieb, der ja sehr durchrationalisiert ist und sehr standardisiert, was die Probenmöglichkeiten angeht, die Vorbereitungsmöglichkeiten, auch der andere Umgang mit Sängern, sprich Besetzungspolitik, die auf Stars, auf durchreisende Sänger hin angelegt ist, ist es da nicht beinahe unmöglich, diese Utopie eines Zusammenkommens von Graben und Bühne, eines Dialogs zwischen Musiker unten und Akteuren oben, zwischen Regie und Dirigent noch zu realisieren?

Die Mechanismen des Opernbetriebs waren zu allen Zeiten gleich schwer, es gab mal bessere Stimmungen und Voraussetzungen, mal schlechtere Rahmenbedingungen. Aber Oper auf dem Niveau, wie ich es eben formuliert habe, entsteht nie von allein. Es ist nie selbstverständlich, daß so etwas funktioniert, aber wenn jemand kirre genug ist, das durchzusetzen, dann hat man eben seine drei, vier, fünf oder gar sechs Monate Probenzeit, wie es ja im Schauspiel auch gang und gäbe ist bei außergewöhnlichen Produktionen. Ich will jetzt nicht für sechsmonatige Probezeiten die Lanze brechen, ich wüßte auch gar nicht, was ich sechs Monate tun sollte; also ich habe etwas übertrieben, aber wenn man ein Anliegen hat und einen starken Willen, dann schafft man es, egal, unter welchen Bedingungen, das Getriebe ein bißchen aus dem Takt zu bringen, etwas ›anders‹ zu machen, ein Netzwerk zwischen den Sängern da oben und den Musikern im Graben, zwischen Regie und musikalischer Leitung zu knüpfen, und dabei kann wirklich atemberaubendes Theater herauskommen, mit immer neuen Überraschungen. Voraussetzung für eine solche Verzahnung von den Menschen, die eben nicht mit abrufbaren Gesten und Reaktionen, sondern wirklich reagieren auf das, was der andere gerade tut, ist allerdings unglaublich harte Arbeit. Im Routine-Opernbetrieb ist das gar nicht einfach zu erreichen, da sind die Kollektive und die ganzen Regelungen dazwischen, da kriegt man meist nur einen Annäherungswert hin. Das ist ein ähnliches Phänomen wie beispielsweise ein Konzert, wo man einem Orchestermusiker nicht nur sagt, wir machen das jetzt so und so, sondern versucht, ihm Freiräume zu schaffen, in denen man sehr genau probt, was man möchte, damit dann Reaktionen entstehen können, die man nicht vorhersehen kann. Ich meine nicht die Pannen, sondern einen plötzlich entstehenden besonderen Klang.

In der Oper ist das noch viel schwieriger und komplizierter, denn es gibt einen ganz strikten Fahrplan, eine vorgeschriebene maximale Probenanzahl und so weiter. Aber Utopien sind ja nicht dazu da, daß man sie erfüllt, sondern daß man sie aufrecht erhält.

Ich möchte nochmal auf Michael Gielen zu sprechen kommen, von dem ja immer behauptet wird, er sei Ihr Mentor gewesen. War er Ihr Vorbild?

Ich habe jedenfalls viel bei ihm gelernt, ich war Assistent bei ihm, und ihm verdanke ich sehr viel. Und was ich auch nicht unbedingt so normal und selbstverständlich finde, ist, daß ich schließlich Erster Kapellmeister wurde und daß man miteinander weiter gearbeitet hat. Und ich bin auch froh, daß sich daraus eine Freundschaft entwickelt hat. Meistens töten die Söhne bzw. Assistenten ja irgendwann die Väter. Abnabelung und alles, was dazugehört, hat natürlich auch stattgefunden, aber nicht in Abkehr, sondern in Freundschaft. Vorbild in der Zeit in Frankfurt war er sicher irgendwie, zugegeben, aber nur durch seine herausragende Qualität! Manchmal habe ich auch gedacht: ich finde das zwar alles schön und gut, aber das langt mir nicht, ich habe jetzt gelernt, was ich gelernt hab, aber ich hab andere Dinge quasi verlernt. Die habe ich mir dann woanders wiedergeholt. Aber eine solche Abnabelung ist doch ein ganz normaler Vorgang.

Ärgert es Sie nicht, von Vielen immer wieder im Fahrwasser Michael Gielens gesehen zu werden?

Naja, es ist natürlich eine Zeitlang so gewesen. Aber es ist ja inzwischen alles schon so lange her. Und wie gesagt, wir sind gute Freunde.

Sie haben mit den Orchestern des Mitteldeutschen Rundfunks, und das mit großem Erfolg, Dinge durchgesetzt und einstudiert, die dort noch nie gespielt wurden. Wie waren diese Erfahrungen?

Wir haben ein ziemlich breit gefächertes Repertoire aufgenommen, von ganz neuen Kompositionen bis hin zu Stücken, was ich Gott sei Dank durchsetzen konnte, die mir am Herzen liegen, Stücke von Zemlinski, Stücke, die, wenn man so will, Mahler umkreisen, Stücke der Wiener Schule. Das war sehr schön, daß ich dort auch in so einer Kontinuität arbeiten konnte und kann, denn natürlich kann ich nur in Kontinuität so einen bestimmten Klang schaffen, auf den es immer wieder ankommt. Klangkultur, Klangsinn, eine bestimmte Kultur des Klang-Pianissimospiels, das ist es, woran mir immer am meisten liegt. Kein Orchester realisiert das von alleine, gerne und leicht. Nicht aus bösem Willen, sondern einfach, weil die inneren Ohren, die eigene Klang-Phantasie, Klangvorstellung erst einmal da sein muß. Der Klang entsteht ja im Ohr, nicht im Instrument!

Stößt man mit solchen Forderungen auf offene Ohren bei einem Orchester einer öffentlich-rechtlichen Rundfunkanstalt?

Die entscheidende Frage eines jeden Rundfunkorchesters ist die: welches Repertoire spielen wir und dann genauso stark aber auch: wie spielen wir das. Und es kann nicht sein, daß das, was landauf, landab eh schon überall gespielt wird, auch von den Rundfunkorchestern repetiert wird. Da ist man eigentlich wieder an dem Punkt, von dem wir ausgingen, daß man die Herkunft der Stücke aus der Tradition hörbar machen soll. Und ich finde, es gibt einen Auftrag des öffentlich-rechtlichen Rundfunks, sich um Werke zu kümmern, die eine Qualität haben, aber, aus welchen Gründen auch immer, vergessen sind. Nicht jede Ausgrabung ist lohnenswert, nur weil sie eine Ausgrabung ist. Da muß man immer wieder sehr genau prüfen, was man für ausgrabungswürdig erachtet.

Sie haben immer wieder unter anderem Schreker-Kammermusik aufgenommen, in Fassung für großes Orchester. Von Schreker und Zemlinski kommen Sie nicht los, was?

Bei Schreker muß man sehr unterscheiden. Bei Zemlinski gibt es auch frühe Stücke, die klingen nur wie ein Brahms-Abklatsch. Aber ›Die Gezeichneten‹ von Schreker sind doch ein wahnsinniges Werk! Diese Musik ist historisch insofern ein bissel heruntergefallen, als man sich so auf Schönberg und die Folgen kapriziert hat nach 1945. Ich finde, was Schreker getan hat in seinen ganz extremen Ausformungen, ist, den Klang so zu verfeinern, daß da wirklich die Diffusion des Klangs zur Idee der Musik wird. Das ist ein ganz moderner Punkt. Aber Schreker klingt gleichzeitig auch unheimlich schön. Das ist überhaupt nichts Trockenes, ganz im Gegenteil. Für Zemlinski gilt das bedingt ähnlich, aber er ist dann doch immer näher noch an Mahler als an Schönberg dran gewesen.

An Mahler kam ja keiner vorbei. Auch Ihnen ist er ja wohl außerordentlich wichtig!

Ja, weil sich bei Mahler so viel von dem trifft, was ich selber denke, gerade auch in Hinblick auf das Stichwort Vermittlung. Mahler ist wie eine Nahtstelle, er vermittelt Altes und Neues. Ich finde es immer noch unglaublich, wie bei ihm alles folkloristisch angehaucht ist, ohne wirklich Folklore zu sein, was ja zu seiner Zeit Skandale auslöste. Wie er das ›Hohe‹ und das ›Niedrige‹ ineinander eingearbeitet hat. Diese Gebrochenheit wird heute schon wieder als Ganzheit wahrgenommen. Aber das, was daran gebrochen ist, dieser im Zweifelsfalle ironische Tonfall, der sich aus Märschen und Ländlern Schuberts herleitet, zieht eine Traditionslinie von Schubert bis zu Webern: Musik, die man auch mit dem Begriff Volksmusik bezeichnen könnte, den kann man ja heute gar nicht mehr in den Mund nehmen, weil er durch Fernsehen und Massenmedien vollkommen ruiniert ist. Es gibt ja auch eine echte Volksmusik, aus der diese Sachen wirklich stammen. Die ist bis heute, wenn man sie denn irgendwo noch auftreiben kann, etwas ganz Wunderbares, etwas ganz Rührendes im ganz tiefen Sinne, denn sie enthält etwas von der alten Wahrheit: Die Welt dreht sich und dreht sich immer weiter … in dieser Musik sind ja Urbilder von Welt und Welterfahrung enthalten.

Dafür gibt es ja heute das Etikett Weltmusik oder Ethnomusik.

Ja, damit wären wir beim nächsten Reizthema.

Ist das nicht ein Grundproblem von Musik heute, daß sie so ›schubladisiert‹ ist?

Ich finde ja, aber andererseits, die Versuche, dagegen anzugehen, gibt es ja auch. Das Stichwort ›Crossover‹, das mir dazu gerade einfällt, kann ich allerdings nicht mehr hören. Es zementiert nämlich nur auf andere Weise alte Klisches, Vorurteile und Abgrenzungen.

Ich finde auch den Unterschied zwischen U- und E-Musik obsolet, die Frage ist doch immer nur, ist es gute oder schlechte Musik! Und diese Unterscheidung zwischen guter und schlechter Musik, die gibt es ja auch bei Mozart, die gibt es bei Schubert, bei Weill und so weiter. Und ich komme wieder darauf zurück: Es ist in allem immer die Frage, wie wird das gemacht, beziehungsweise, was ist die künstlerische Idee dahinter. Dabei bin ich nicht unbedingt der Meinung, daß ganz große Kunst immer von Können kommt, sie kann auch von Verhinderungen oder Behinderungen kommen, um die herum dann große schöpferische neue Wege gegangen und gefunden werden. Das ist ja auch das Ungeheuerliche an Mahler. Wenn man ketzerisch wäre, könnte man ihm vorwerfen, er schaffte es oft gar nicht, sein harmonisches Feld zu verlassen, er war eigentlich ein schlechter Komponist, er konnte nicht gut modulieren, und so weiter.

Ein ganz ähnliches Phänomen haben wir ja auch bei Bruckner!

Exakt! Und deswegen muß ich mir als Dirigent immer wieder die Frage stellen, wie verhalte ich mich zur Aufführungstradition eines solchen Komponisten. Schnell zu sagen, das ist richtig und falsch, löst natürlich auch keine Probleme. Das Suchen, der Prozeß des Suchens ist das Entscheidende.

Sind diese Prozesse des Suchens denn noch zeitgemäß in einer Zeit, in der der Musikbetrieb Teil einer Freizeitindustrie geworden ist, einer Industrie, die einfache Lösungen, leicht Goutierbares verlangt, leicht Vermarktbares?

Tja, das ist sicherlich die Kardinalfrage. Ich glaube allerdings umgekehrt auch, daß man außergewöhnliches Suchen und Ringen hier und da spürt und daß es immer wieder ein Bedürfnis danach gibt. Aber selbst wenn es das gibt, sind wir natürlich durch die Welt um uns herum, wie sie ist, oft kaum mehr in der Lage, wirklich in einen Zustand der Ruhe zu kommen, um uns den wesentlichen musikalischen Fragen auszusetzen. So wie das Publikum ja auch kaum mehr wirklich zuhören zu können scheint.

Aber ist das nicht irgendwie ein Eingeständnis eines gewissen Bankrotts? Oder anders gefragt: muß man nicht das Publikum genauso auf die Musik hinführen und auf die Musik vorbereiten wie die Musiker?

Ja, das glaube ich. Und damit sind wir wieder beim zentralen Thema. Ich glaube wirklich, daß es immer um die Vermittlung geht. Das ist das Problem, und das ist das Thema des Musizierens. Deswegen dürfen Programme nicht nur auf dem Papier gut ausschauen, sondern sie müssen in der Sekunde der Aufführung funktionieren, es kommt auf die Sekunde an! Und wenn sich da nicht dieses spezifische auratische Moment einstellt, das man sich gedacht hat, warum man dieses Stück mit jenem konfrontiert und auf eine bestimmte Weise konfrontiert, warum man es direkt neben ein anderes setzt, Stichwort Collage im weitesten Sinne, dann klappt es nicht. Das sind wirklich Pfade durch den Dschungel oder, wenn man Glück hat, in unbekannte Welten, Pfade, die man dann legen, manchmal auch Schneisen, die man schlagen muß.

René Jacobs
Historismus ist kein Alibi für Mangel an Persönlichkeit

Herr Jacobs, Sie gehören ja nicht zu den Musikern, die schon als Kind davon träumten, Dirigent zu werden, sondern haben als Sänger ihre Karriere begonnen.

Ja, ich habe schon als kleiner Junge davon geträumt, Sänger zu werden, weil ich schon als Knabe gesungen habe. Das erste große Stück, das ich im Knabenchor gesungen habe, war die ›Matthäus-Passion‹. Da habe ich zum ersten Mal klassische Sänger gehört, und da hatte ich zum ersten Male diesen Traum. Zum Dirigieren ist es dadurch gekommen, daß ich einerseits in Basel an der Schola Cantorum Basiliensis unterrichtete und mehr und mehr Lust bekam, mit den Studenten kleine Opern-Projekte zu realisieren. Zunächst habe ich für Harmonia Mundi vokale Kammermusik aufgenommen, beispielsweise Kantaten und Duette des Venezianers Antonio Cesti, den ich sehr schätze, und dann bin ich auf eine Oper von ihm gestoßen. Und das war meine erste Versuchung, zu dirigieren. Ich hatte schon in Cavalli-Opern gesungen, aber diese venezianische Oper, die ›Orontea‹ von Cesti, fand ich so interessant, sowohl das Libretto, als auch die Musik, daß ich gesagt habe: wieso macht das niemand? Und dann habe ich beschlossen, na gut, ich versuche es selber zu realisieren. Das war mein erstes Dirigat, auch ein Schallplattenprojekt für Harmonia Mundi, da habe ich selber noch den Alidoro gesungen, die männliche Hauptrolle. Das Ganze kam als Konzert in Innsbruck in die Festspiele und wurde so ein großer Erfolg, daß der Intendant mich gefragt hat, ob ich es nicht zwei Jahre später szenisch machen wolle. Ich sollte das dann dirigieren. Natürlich konnte ich dann nicht mehr mitsingen. Und ich habe zugesagt, und so fing alles an. Mein erstes offizielles Dirigat war dann auch ein Erfolg und dann hat sich das Dirigieren multipliziert, ich bekam immer mehr Angebote, und ich habe immer mehr dirigiert, es wurde mir selbst auch immer wichtiger. Natürlich sah ich ein, daß ich dabei nicht mehr singen kann. Trotzdem habe ich immer mehr Lust bekommen, diese Stücke auf die Bühne zu bringen, sie zu koordinieren, sie mit den Sängern einzustudieren und auch mit dem Orchester zu arbeiten, nicht unbedingt zu ›dirigieren‹.

Nun ist die Rolle des Dirigenten eine ziemlich junge Rolle, die im 17. und 18. Jahrhundert so noch gar nicht existierte. Insofern konnten Sie das ja auch wagen, ohne die strenge Ausbildung und die Autorität eines Berufsdirigenten zu haben.

Ja, Dirigieren, das wissen wir sehr genau, war in der italienischen Oper eigentlich eine Sache, die koordiniert wurde von 2 Personen, die am Cembalo saßen und begleiteten, meistens war es – bei Scarlatti zum Beispiel – der Komponist selbst und sein Assistent, oder der Komponist und der Konzertmeister. Und der eine war eigentlich mehr zuständig für das Orchester und der andere für die Sänger, eine Art von Dual-Dirigieren. Allerdings noch ohne Dirigierstock oder -stab. Der erste kam im 19. Jahrhundert auf, Spohr soll der erste gewesen sein. Es stimmt jedenfalls nicht, daß Lully mit einem großen Stab dirigiert hat. Er hat es nur ein einziges Mal getan, und dabei hat er sich so in den Fuß gestoßen, daß er an den Folgen tatsächlich gestorben ist. Er hat das übrigens nur gemacht, weil er ein Riesen-Te Deum zusammenbringen wollte mit hunderten von Mitwirkenden. Er brauchte dazu die Hilfe eines weithin sichtbaren großen Stabes. Es gab allerdings bereits den Dirigierstock, der manchmal in der französischen Oper verwendet wurde. Derjenige, der diesen Stab bediente, hieß Batteur de Music. Aber dieser Taktschläger war gar kein wichtiger Mann, der wichtigste Mann war noch immer derjenige, der am Cembalo saß und der das Stück komponiert hatte und natürlich die Ideen lieferte. Der ›Batteur de music‹ mußte nur mit dem Taktstock die Bewegungen machen, damit das in der französischen Oper schon viel größere Orchester als in der italienischen Oper zusammenblieb.

Wie würden Sie denn Ihre Funktion definieren? Würden Sie sich als Dirigent bezeichnen?

Nein, ich bin kein ›Dirigent‹. Ich bin der musikalische Leiter einer Oper.

Worauf kommt es denn bei den klassischen oder vorklassischen, barocken Opern, die Sie dirigieren, vor allen Dingen an?

Es kommt natürlich darauf an, was man am Abend der Aufführung an Motivation einbringt. Man muß bei jeder Aufführung immer neue Energie mobilisieren und investieren. Aber was vorher kommt, ist viel wichtiger. Unendlich viel wichtiger.

Die Probenarbeit.

Eigentlich das, was der Probenarbeit vorausgeht, die Vorbereitung. So eine barocke Oper ist ja nicht jn allen Details überliefert und in einer kompletten Textausgabe zu kaufen. Außerdem ist eine frühbarocke Oper keine Oper aus dem 19. Jahrhundert, in der alles festgelegt ist. Und je weiter man in der Operngeschichte zurückgeht, desto weniger ist festgelegt. Ich muß die Instrumentierung ergänzen, aber selbst wenn der ganze Orchestersatz ausgeschrieben ist,

140 René Jacobs

lebt das Stück ja beispielsweise auch von lebendigen Rezitativen und von Verzierungen. Die Frage ist auch immer, mit welcher Besetzung hat man so eine Oper gespielt? Um das zu erfahren, muß man Quellen studieren. Ich will ja wissen, wie es damals war. Wenn ich nun lese, daß Cestis ›La Dori‹ in einem Theater von 300 Plätzen mit 9 Instrumenten gespielt wurde, dann weiß ich, daß ich die Oper in der Berliner Staatsoper nicht aufführen kann. Ich kann dann allenfalls rekonstruieren, was damals gemacht worden wäre, wenn der Saal viel größer gewesen wäre. Wir wissen, wie man im 17. oder 18. Jahrhundert die Opern den jeweiligen Raumverhältnissen anpaßte. Also muß ich hinzuinstrumentieren. Natürlich war damals das Improvisationstalent der Musiker größer als heute. Es gab ausgezeichnete Continuospieler, Lautenistinnen, Cembalisten, Organisten, die improvisierten fantastisch. Aber wir wissen, daß am Anfang des 17. Jahrhunderts auch Geiger imstande waren, Kontrapunkt zu improvisieren. Auch ein Baß konnte das. Wenn man das heute erwarten will, dann setzt es voraus, daß man mit Musikern arbeitet, die sich in diesem Idiom, in dieser musikalischen Ästhetik und Aufführungspraxis auskennen. Es müssen Musiker sein, die diese Musik verstehen und von selbst merken, wenn etwas fehlt und was sie ergänzen müssen und improvisieren können. Natürlich kann ich von zwei Geigern nicht mehr verlangen, daß sie in einer Arie, für die nur eine Continuobegleitung notiert ist, zu zweit 2 Stimmen dazu improvisieren. Das war im 17. Jahrhundert aber üblich, es ist unglaublich, was die Musiker damals konnten! Auch die Dynamikangaben noch der späteren Barockmusik, etwa bei Scarlatti oder Händel, waren so vage und pauschal, daß man natürlich viel mehr differenzieren mußte, als in den Noten steht. Auch das muß man wissen, wenn man heute Barockoper aufführt, und muß es mit den Sängern absprechen und ausprobieren. In den Proben legen wir das alles fest.

Woher nehmen Sie da die Maßstäbe für ihre dynamische Gestaltung? Aus strenger musikwissenschaftlicher Quellenforschung, aus historischen Lehrbüchern und Spielvorschriften, oder gestatten Sie sich auch persönliche Intuition, heutiges, spontanes Gefühl und subjektives künstlerisches Empfinden?

Beides ist wichtig. Ich bin kein Purist! Das Studium der historischen Aufführungspraxis ist außerordentlich wichtig. Ich muß meine Hausarbeit machen, das heißt, ich muß schon vor der Probenarbeit, zumal vor der Aufführung genau wissen oder versuchen zu wissen, wie es eventuell bei der Uraufführung geklungen haben mag, wie man damals phrasierte, mit welcher Besetzung gespielt wurde, wie bestimmte Verzierungen ausgeführt wurden, wie man die französische Musik im Gegensatz zur italienischen gespielt hat usw. Das muß ich alles wissen, soweit man es wissen kann. Aber ob ich das dann alles so mache, wie ich weiß, wie es im 17. oder 18. Jahrhundert gemacht wurde, ist meine persönliche Entscheidung.

Eben, und wie entscheiden Sie dann?

Für mich ist es immer am wichtigsten, nicht zu versuchen, historisch zu sein oder zu rekonstruieren. Das Historische darf nicht als ein Alibi für einen Mangel an Persönlichkeit benutzt werden! Das Wichtigste ist die persönliche Phantasie. Wenn meine Phantasie bei einem Stück versagt, führe ich es nicht auf, weil es dann ohnehin nicht beim heutigen Publikum ankommen würde.

Also die historische Orientierung ist die Basis, aber nicht die für Sie verbindliche Richtschnur?

Nein, ich betrachte jeden puristischen, streng historisierenden Ansatz als ein Alibi für einen Mangel an kreativer Phantasie. Ich habe bei einem Dirigenten, der sehr viele, ich glaube sogar alle Symphonien von Mozart auf historischen Instrumenten eingespielt hat, gelesen, eigentlich müsse einem zu Mozarts Ideen persönlich gar nichts an Ideen einfallen, denn es sei zu Mozarts Zeit üblich gewesen, daß eine Symphonie einmal durchgespielt wurde und dann aufgeführt! Das stimmt zwar. Und das trifft sogar noch auf die 9. Symphonie von Beethoven zu. Aber wir wissen nicht mehr, wie das geklungen hat, ob nun Mozart-, Haydn- oder Beethoven-Symphonien. Vor allem aber muß man sich vergegenwärtigen, daß diese Musik gespielt wurde von Musikern, die nur diese Musik spielten in dieser Zeit, in der sie entstand. Und die nie etwas anderes gespielt haben. Heute aber haben wir diesen großen zeitlichen Abstand dazu und wissen nicht mehr, in welcher Periode ihres Lebens Mozart oder Beethoven diese oder jene Symphonie geschrieben haben und was für Ideen sich hinter der Musik verbergen. Das müssen wir heute, wenn wir ›authentisch‹ sein wollen, schon akribisch ergründen. Wir können es uns nicht leisten, so ein Werk nur einmal – sozusagen drauflos – durchzuspielen. Es wäre garantiert falsch. Allerdings möchte ich eigentlich nicht authentisch sein. Das kann ich auch gar nicht sein. Ich will keinen authentischen Monteverdi aufführen, weil ich das nicht kann, ich weiß, daß ich nicht Monteverdi bin, und ich kann eigentlich nur authentischen Jacobs aufführen.

Was Sie jetzt so erläutert haben ist ja eigentlich, wenn man es konsequent betrachtet, ein Todesurteil für das moderne, routinierte Opernorchester, wenn es Barockmusik machen möchte. Mit einem modernen Opernorchester lässt sich Barockoper mit Ihren Ansprüchen gar nicht realisieren. Es ist ja auch so, daß zunehmend Opern aus dem barocken Repertoire von Spezialensembles aufgeführt werden. Halten Sie es für mög-

lich, daß es vielleicht in absehbarer Zeit gar nicht mehr das Opernorchester gibt, das alles spielt, sondern nur noch spezialisierte Truppen, die ausgeliehen werden und gastieren?

Das wäre natürlich sehr viel besser als die heutige Realität. Das wäre nicht nur besser für die alte, sondern auch für die moderne Oper. Jetzt ist es doch so, wenn ein moderner Komponist einen Auftrag bekommt, eine Oper zu schreiben, muß er in den meisten Fällen das System bedienen, das heiß, er muß für ein symphonisches Orchester schreiben, das aus dem 19. Jahrhundert kommt. Aber man könnte doch so viel neue Sachen ausprobieren, auch was die Instrumentenbesetzung angeht. Es muß doch nicht immer das große symphonische Orchester sein!

Wenn Sie diese Opern des 17. und 18. Jahrhunderts realisieren, brauchen Sie ja ganz besondere Sänger. Die lassen sich ja nicht mit irgendwem besetzen, wobei das auch auf Musiker zutrifft. Sie müssen in diesem Idiom der Verzierungen, der Phrasierungen sehr geschult sein, sie müssen die entsprechende Stimme haben. Viele Ihrer Kollegen, die sehr ›puristisch‹ denken, glauben, daß man sehr vibratoarme Stimmen einsetzen müsste. Es sind oft auch sehr kleine Stimmen, sehr spröde Stimmen. Sie hingegen bevorzugen sehr sinnliche Stimmen, die sich des Vibratos nicht schämen.

Das hat mit meinem persönlichen Geschmack zu tun. Obgleich, dieser Unsinn von den vibratolosen und kleinen, weichen Stimmen hat nie existiert. Die Puristen versuchen oft, eine Vergangenheit zu rekonstruieren, die so nie existierte und stützen sich oft auf keine einzige hieb- und stichfeste historische Quelle. Das ist schlimm!

Noch schlimmer ist es bei der mittelalterlichen Musik, da gibt es ja gar keine verbindlichen Quellen, die meisten dieser mittlerweile modischen Ensembles für mittelalterliche Musik bieten nur Schnurrpfeifereien feil.

Ja, da kann ich gar nicht mehr zuhören. Ich zitiere immer wieder diesen Text von Michael Praetorius aus dem Jahre 1617, ›Syntagma musicum‹, in dem er über die Dispositio einer guten Stimme schreibt. Er sagt, eine gute Stimme muß lieblich, zitternd und bebend sein. Was ist das anderes als eine etwas naive Beschreibung von natürlichem Vibrato. Von einer gut sitzenden Stimme. Andere Theoretiker des 17. Jahrhunderts haben dann vom Vibrato gesprochen als einem nicht mehr kontrollierten Vitium, also einem Tremolo. Und das Tremolo, heißt es, sei schlecht und typisch für ältere Sänger und für Bassisten. Auch bei den Instrumentalschulen gibt es große Unterschiede. Beispielsweise sagt Geminiani in seiner Geigenschule, man müsse eigentlich auf jeder Note vibrieren. Leopold Mozart findet das nun wieder gar nicht gut.

Also Vibrato ist für Sie jedenfalls kein Schreckwort?

Nein, es ist überhaupt kein Schreckwort. Es muß nur ein kontrolliertes und kontrollierbares sein, so daß ich zum Beispiel dem Sänger sagen kann, hier steht eine lange Note auf dem Wort Tod und es wäre schön, auf der Note mit ganz wenig Vibrato anzusetzen, mit sehr wenig und dann nur ganz am Schluß. Oder, sing die 2 Takte so, daß die Note mit einem Minimum an Vibrato gehalten wird. Vibrato heißt eigentlich Leben, und es geht hier doch um Tod. Wie ich auch sagen würde: auf diese Note bitte keine Verzierungen! Das hat mit dem Affekt, das hat alles mit dem Affekt zu tun, und ich bin ganz sicher, daß das Vibrato benutzt wurde, um einen Affekt auszudrücken. Übrigens auch diese Verzierungen auf der Traversflöte zum Beispiel, die die Franzosen ›Flautement‹ nannten, sind nichts anderes als ein Beben auf der Note, ein gefühlssteigerndes Ausdrucksmittel. Der Einsatz der stimmlichen Mittel ist auch nichts anderes als Affekt und Sinnlichkeit.

Sie sind in ihren Opernprojekten vom frühen 17. Jahrhundert bis zu Mozart fortgeschritten. Können Sie sich denn vorstellen, darüberhinaus zu gehen?

Nur sehr schwer, ich weiß natürlich nicht, wie ich mich entwickle, und ich entwickle mich nur sehr langsam, aber ich möchte nie den Bezug zur Barockmusik verlieren. Ich glaube, ich werde nie müde werden, mich immer wieder mit der Barockoper auseinanderzusetzen. Es gibt noch so viel zu entdecken in der Barockoper, es gibt so viele ungehörte Stücke und so außergewöhnliche, aufregende Komponisten.

Zumal in der venezianischen Oper, der ja Ihr besonderes Interesse gilt.

Ja, weil die Libretti eigentlich so modern sind.

Sie haben vor vielen Jahren ein eigenes Ensemble gegründet, das Concerto vocale, der Titel ist ja wohl Programm?

Ja, der Titel ist Programm. Es heißt Concerto, weil es eine konzertierende Gruppe ist, aber vocal singend oder spielend wie Sänger. Was natürlich vor allem für das 17. Jahrhundert gilt, wo man die ganze Zeit den Instrumentalisten vorsingen mußte, was sie zu spielen haben, alles kam aus dem Vocalen.

Viele tragenden Partien wurden in der italienischen Barockoper für Kastraten geschrieben, die wir heute nicht mehr haben. Ein Problem, das zu lösen nicht einfach ist.

Ja, das ist immer eine schwierige Sache. Man hat drei Möglichkeiten: die Rolle in der gleichen Lage mit Frauen zu besetzen, was im Barock oft gemacht wurde. Wir wissen zum Beispiel wie Händel, wenn aus irgendeinem Grund manchmal ein Kastrat ausfiel, kurzfristig, wenn kein anderer Kastrat gefunden wurde oder zur Verfügung stand, die Partie mit einer Frau besetzt hat, nur äußerst selten mit einem Countertenor. Die zweite Möglichkeit sind Countertenöre, wobei man, glaube ich, bei den Soprankastratenpartien, es gibt Soprankastratpartien und Altkastratpartien, mit Countertenören nicht weiterkommt. Es gibt natürlich heute Falsettisten, die sich selber Sopranisten nennen, aber ich habe, offen gestanden, noch nie einen gehört, der mir wirklich gefallen hätte.

Das Problem besteht darin, daß da zwar irgendwelche großen Laute herauskommen, aber sie sind unflexibel. Auch das Pianosingen in der hohen Lage ist sehr schwierig. Von Textverständlichkeit wollen wir gar nicht erst reden. In den Partien, die tiefer liegen, hat man mehr Erfolg. Für Glucks ›Orfeo‹ beispielsweise oder die Rollen, die Händel für Senesino komponierte, kann man leichter jemand Geeignetes finden. Aber leicht ist es nie, es ist sogar sehr schwierig, denn die wenigsten Falsettisten sind stimmlich brauchbar und dazu auch noch gute Schauspieler! Wenn man jemanden gefunden hat, bleibt immer noch das Restrisiko, daß es sich um eine besonders verletzliche Stimme handelt. Wenn die Akustik des Theaters zu trocken ist oder das Bühnenbild das Singen erschwert, dann schweben die Countertenöre ständig in der Gefahr, die Stimme zu verlieren, weil sie dann schnell forcieren. Auch die Rezitative sind ein Nachteil für Countertenöre, denn Rezitative sind immer tiefer geschrieben als die Arien. Der Komponist schreibt die Rezitative meist in einer Lage, in der auch der natürliche Sitz der Sprechstimme ist. Aber ein Countertenor redet tiefer als er singt. Das ist ein wirkliches Problem. Die dritte Möglichkeit ist die, die ich entschieden ablehne, obwohl sie früher oft verwendet wurde, heute gottlob kaum mehr, die Kastratenrollen einfach eine ganze Oktave tiefer zu setzen. So hat ja die Händelrenaissance in Göttingen und Halle angefangen, die Partien wurden alle von Baritons gesungen. Man kann das natürlich theoretisch machen, aber man verändert die ganze Musik und die Begleitung, die Orchesterbegleitung von Händels ›Julius Caesar‹, gesungen von einem Baßbariton, wäre bei Händel sicherlich völlig anders und auch die Schreibweise für die Stimme wäre mit Sicherheit eine ganz andere als bei einem Altkastraten.

Also Sie bevorzugen bei den hohen Kastraten-Partien Frauen und bei den tiefen Altcountertenöre.

Ja, aber auch bei den tiefen bevorzuge ich manchmal Frauen. In Händels ›Julius Caesar‹ habe ich es beispielsweise so gehandhabt. Manchmal ist man auch nicht so frei in seiner Wahl, man ist als Dirigent ja nicht allein, es gibt den Regisseur, und der Regisseur muß das erstmal akzeptieren: einen Julius Caesar von einer Frau gesungen und dargestellt. Am schwierigsten ist es in der venezianischen Oper, wo meist auch Travestierollen komponiert sind. Cestis ›L'Argia‹, ist bis in die letzte Szene des 3. Aktes als Mann verkleidet. Von den meisten Personen auf der Bühne kennt man nicht die wahre geschlechtsspezifische Identität. Plötzlich heißt Argia dann Laurindo. In der gleichen Oper gibt es zwei Rollen für Altkastraten. Die kann ich nicht mit Frauen besetzen. Das Publikum würde dann von der Handlung überhaupt nichts mehr verstehen.

Sie sind ja selbst viele Jahre erfolgreicher Countertenor gewesen und singen noch immer, wenn auch weniger.

Ab und zu noch einen Liederabend.

Sie wissen daher sehr genau, worauf es ankommt beim Countertenor. Wie sieht es denn mit dem Nachwuchs aus. Es ist ja keine Stimmlage, keine Gesangstechnik, die man überall lernen kann wie Sopran oder Bariton?

Richtig. Worauf es vor allem bei einem Countertenor ankommt, ist meiner Meinung nach, daß er natürlich klingt, die Stimme muß wie seine zweite Natur klingen. Wenn man nur das geringste Gefühl hat von Unnatur, von Künstlichkeit oder artifiziellem Gesang, dann ist ein Countertenor unglaubwürdig. Er kann dann zwar in gewissen parodistischen Rollen durchaus auftreten, aber es ist nicht mein Ideal von Countertenor. Es ist sehr oft so, daß die schönsten Countertenor-Stimmen diejenigen sind, die partout keine Opern machen wollen oder keine Lust haben, sich in der Oper auszuprobieren, um zu erfahren, das ist etwas für mich oder nicht. Denken Sie nur an Andreas Scholl, der bei mir studiert hat, er macht nur selten Oper, sehr selten. Ich muß sagen, es ist einerseits schade, aber andererseits verstehe ich seine Entscheidung. Er wird sich wahrscheinlich seine Stimme viel länger bewahren als ein Sänger, der immerfort Oper singt. Als um 1600 die Oper aufkam, kamen auch die ersten Kastraten auf. Falsettisten gab es schon als Kirchensänger. Aber die haben auf der Opernbühne eigentlich ziemlich wenig gemacht. Es gab viele Falsettisten als Kirchensänger, nicht nur in England. Man vergißt übrigens immer, daß es in Deutschland mehr gute Falsettisten gab als in England, weil die ganze deutsche Musik sie benötigte. Bach hat seine Altpartien immer mit Falsettisten besetzt, das ist ganz sicher, wir haben die Besetzungslisten und die Namen der Sänger.

Was ja bei der alten Musik immer wieder ins Auge sticht, ist die Tempowahl. Da gibt es ja Kollegen, die immer so rasant wie möglich sein wollen. Sie balancieren meist sehr differenziert zwischen langsamen und schnellen Tempi, Sie jedenfalls haben keine Angst vor langsamen, breiten Tempi.

Ich finde Theater, Theatermusik, eigentlich alle Musik ist immer irgendwie theatralisch und lebt von Kontrasten. Und die Kontraste dürfen so groß wie möglich sein, wenn man schnelle und langsame Tempi technisch realisieren kann. Im Grunde genommen ist das Problem das gleiche, nur es geht bei schnellen Tempi darum, viele Noten in schönem Bogen legato spielen oder singen zu können auf einem Atem, da gibt es Grenzen. Ich liebe die Virtuosität der Langsamkeit und die Virtuosität des schnellen Tempos.

In Ihrer ›Cosí fan tutte‹ haben Sie ja diese Kontraste besonders ausgereizt, was der Oper eine ungeheure Spannung verleiht. Obgleich es natürlich Leute gibt, die es extrem übertrieben finden, wie langsam Sie das Abschiedsquintett nehmen.

Was heißt schon übertrieben? Ich finde, in diesem Moment steht die Zeit still, es gibt einige solche Momente in ›Cosí fan tutte‹. In einem Stück wie Bachs h-Moll-Messe, im Gloria, da gibt es eine Fuge, die ist um so schöner, je langsamer sie gespielt wird. Das sind eben solche Momente, in denen die Zeit stillsteht.

Wie erklären Sie sich eigentlich den Barock-Boom der letzten 20 Jahre?

Ich bin der Überzeugung, daß das Publikum zu wenig anfangen kann mit der modernen, zeitgenössischen Musik und andererseits genug hat von immer den gleichen Stücken. Außerdem gibt es, glaube ich, immer wieder einen Geschmackswandel des Publikums. Das passiert in den Jahrhunderte immer wieder in Wellenbewegungen. Im 17. und 18. Jahrhundert beispielsweise gab es eine Vorliebe für hermaphroditische Stimmen, also Kastraten, aber auch Frauen in Männerrollen.

Hosenrollen?

Ja, ich gebe immer ein Stück von Hasse, das heißt ›Antonio e Cleopatra‹, es ist keine richtige Oper, nur für die beiden geschrieben. Die Rolle von Cleopatra wurde für Farinelli geschrieben, als er noch sehr jung war, gerade 17 Jahre alt, und er konnte eine Frau spielen, und Antonio spielte die Vittoria Tesi aus Bologna, die als Altistin nur Männerrollen gesungen hat. Das war ein unglaublich populäres Stück, und zwar noch in Mozarts Zeit! Also noch in der Zeit der Opera seria. In der Komischen Oper, im dramma giocoso mochte man so etwas nicht mehr. Und im prüden 19. Jahrhundert galt das dann schließlich als frivol, als unnatürlich.

Was natürlich mit dem Wandel des gesellschaftlich bedingten Geschlechterverständnisses und dem Abbau der Liberté des 18. Jahrhunderts zusammenhängt, mit den Folgen der Demokratisierung, mit denen auch eine Verspießerung des Bürgertums einherging, was man leider so sagen muß.

So ist es!

Vielleicht noch ein Wort zu Mozart. Mozart ist dann doch schon ein großer Einschnitt, wenn man von der Barockmusik kommt. Das ist ja doch schon eine andere Welt.

Ja, es ist natürlich eine andere Welt, aber er steht doch noch mit einem Fuß in der Tradition. Aber mit dem anderen in einer für ihn Neuen Welt, das war die Symphonie. Aber es galt zu Mozarts Zeiten noch die Beziehung zwischen Musik und Rhetorik, dessen war er sich sehr bewußt. Und es gibt noch das Secco-Rezitativ. Mozart hat nie das Secco-Rezitativ fallen lassen. Obwohl er sehr von Glucks Ideen beeinflußt war. Man muß, finde ich, um Mozart zu verstehen, auch die Barockmusik verstehen und kennen. Aber man muß sich gleichzeitig auf neue Wege begeben.

Apropos neue Wege. Wenn Sie heute Barockoper aufführen, ist das nicht für Sie ein Anachronismus, so eine aristokratische, höfische, zur Hälfte jedenfalls höfische Form von Oper, von Musiktheater zu machen?

Ja, das ist anachronistisch, aber wir machen das ja nicht mehr in diesem Kontext von damals. Und Sie haben es gesagt, Barockoper ist zur Hälfte höfisch, zu 50 Prozent, die anderen 50 Prozent sind nicht höfisch! Reinhard Keiser war Volksoper, und Venedig war auch überwiegend Volks- oder Bürgeroper. Covent Garden war auch Volksoper, und Händel. In Frankreich ist es anders gewesen, da war Oper überwiegend aristokratische Repräsentationsoper. Darum tue ich mich so schwer mit französischer Barockoper. Wenn ich nur an diese langen Prologe denke, in denen fast immer der König verherrlicht wird, in langen Arien und Rezitativen. Man kann das zwar streichen, aber es ist dann natürlich ein Eingriff in die Partitur. Ich würde allerdings, wenn ich noch mal Lully machte, den Prolog streichen. Ich habe einmal eine Lully-Oper gemacht, ›Roland‹, aber mit Prolog, was ich bereue. Wenn ich das Stück nochmals machen würde, dann würde ich ihn streichen, und ich würde die Oper kleiner besetzen. Aber wir wollten das damals in Paris möglichst ›authentisch‹ aufführen, also mit einem Orchester von 55 Mann, so wie es Lully wohl zur Verfügung hatte. Dadurch wurde das Stück natürlich schwerer als es mir vorschwebte. Wenn ich es nochmal aufführen würde, würde ich Entscheidungen aus heutiger Sicht fällen. Aber ich weiß nicht, ob ich dafür in Frankreich gelyncht würde.

Umso leichter fällt Ihnen dann die venezianische Oper, wo dieser Aspekt völlig wegfällt und wo aus der anderen Situation und Tradition heraus eine sehr viel menschlichere Oper entstand.

Ja, sogar die moralischen und gesellschaftlichen Werte, die Kirche und die Politik wurden in der venezianischen Oper relativiert durch die komischen Charaktere. Die venezianische Barockoper ist manchmal sogar richtig subversiv.

Kann man das vielleicht mit der Behauptung auf den Punkt bringen, daß die Barock-

oper viel humaner, viel kosmopolitischer, viel gesellschaftskritischer und umfassender war als alles, was nach ihr auf die Opernbühne kam?

Ja, absolut. Um das Wort kosmopolitisch aufzugreifen, daß man damals in Hamburg imstande war, eine Oper wie ›Orpheus‹ in drei Sprachen zu schreiben, das kann man sich heute gar nicht mehr vorstellen.

Es gibt natürlich eine große Ausnahme, Rossini war natürlich auch so ein Kosmopolit, auch Meyerbeer. Wobei Rossini natürlich in ›Il Viaggio a Reims‹ gleich ganz europäisch, ganz international wurde.

Ja, aber das sind die letzten in dieser Tradition gewesen.

Herr Jacobs, Sie sind sehr viel auf Reisen, immer unterwegs, machen hier eine Oper, dort eine Oper, leben aus dem Koffer, in Hotels oder Suiten, Appartements und machen alte Musik, machen Barockoper, wie lebt es sich mit diesem Anachronismus?

Nun, meine Kollegen aus der Neuen Musik, will sagen, die nicht aus der Alten Musik stammen, machen auch alte Musik. Mozart ist auch alt und Schubert auch und Wagner auch, die sind alle schon längst tot. Nicht anachronistisch wären wir nur dann, wenn wir nur Musik unserer Zeit spielen würden. Aber das ist ja schon lange nicht mehr so, daß man hauptsächlich Musik der Gegenwart spielt. Das hat irgendwann schon in Mozarts Zeit aufgehört. Mozarts Opern sind die ersten Opern, die seit ihrer Uraufführung bis heute immer gespielt wurden. Vorher war es so, daß ein populäres Stück ein paar Jahre gelebt hat oder höchstens mal in der italienischen Oper 30 Jahre alt wurde. Und wenn das Libretto irgendwie populär war, dann wurde es von anderen Komponisten aufs neue vertont.

Das war ja noch zu Zeiten Bellinis und Donizettis so.

Also, ich versuche nicht, zu viel darüber nachzudenken, ob das jetzt anachronistisch ist oder nicht. Man könnte leicht in Depressionen fallen, wenn man darüber nachdenkt, daß man keine Musik aus unserer Zeit spielt, sondern nur Musik aus zurückliegenden Zeiten. Aber wir bringen sie ja heute zum Leben, und dadurch wird sie dann doch Musik unserer Zeit, weil wir sie spielen.

Und schließlich kann man sagen, daß viele alte Stücke noch so voller aktuellem Potential stecken, daß sie immer noch genügend auszusagen haben für uns heute, mehr als manches, was heute geschrieben wird …

… und was im 19. Jahrhundert geschrieben wurde! Ich finde, daß eine ›Krönung der Poppea‹ heute viel mehr zu sagen hat als wahrscheinlich jede Puccini-Oper. Um bei der italienischen Oper zu bleiben.

Wir wollen gar nicht von deutschen Opern reden!

Marek Janowski
Qualität geht vor Quantität

Herr Janowski, Sie sind ab Januar des Jahres 2001 Chefdirigent und künstlerischer Leiter der Dresdner Philharmonie. Was hat Sie gereizt, Chef gerade dieses Dresdner Orchesters zu werden.

Das ist eine etwas kompliziert zu beantwortende Frage. Wie Sie sicher wissen, habe ich ja eine Dresdner Vergangenheit, eine sehr intensive und sehr regelmäßige Zusammenarbeit mit der Staatskapelle Mitte der 70er bis Ende der 80er Jahre. Diese Zusammenarbeit mit der Dresdner Staatskapelle ist dann, aus einem etwas unglücklichen Zusammenhang heraus, eingestellt worden, und ich bin nach 1989 viele Jahre nicht mehr in Dresden gewesen. Es gibt natürlich immer eine gewisse Rivalität zwischen Orchestern, die am gleichen Ort sind, auch in Dresden ist das so. Als ich dann nach 1989 gesagt habe, ich werde auf absehbare Zeit die Staatskapelle erst mal meiden, kam sofort ein Kontakt zur Dresdner Philharmonie zustande, die ich nie dirigiert hatte. Aber mir war klar, daß ich nicht so einfach bei dem einen Orchester aufhören und bei dem anderen anfangen kann. Also habe ich ein paar Jahre gewartet, bevor ich 1997 oder 1998, ich weiß das jetzt gar nicht mehr so genau, ein erstes Abonnementkonzert dirigierte. Ich hatte allerdings zu dem Zeitpunkt auch mit der Staatskapelle ausgemacht, daß ich wieder käme. Also beides lief parallel. Und ich habe dann ein Konzert der Dresdner Philharmonie dirigiert, und es hat mich in jeder Weise sehr positiv überrascht, was mit diesem Orchester möglich ist. Daraufhin ergaben sich weitere Konzerte. Und dann trat man an mich heran mit der Frage, ob ich mich nicht vielleicht doch für eine mittelfristige Zukunft näher für dieses Orchester interessieren könnte. Daran hatte ich nie gedacht, das muß ich ganz ehrlich sagen. Und dann, als ich mehr und mehr bedrängt wurde, habe ich mich erst einmal ein bißchen zu schützen versucht, indem ich dem Intendanten und dem Kulturdezernenten gesagt habe: Klären Sie zunächst die Gehaltssituation im Vergleich zur Staatskapelle, hoffend, daß damit jegliches weitere Gespräche beerdigt wäre. Ich hatte mich geirrt! ›Hochachtung‹ vor dem musikengagierten Politikergeist dieser Stadt. Man sagte mir zu, daß die Dresdner Philharmonie in den nächsten Monaten und Jahren an das Gehaltsniveau der Staatskapelle herangeführt wird, und dadurch ergab sich natürlich eine Gesprächsebene. Ich drängte darauf, den abenteuerlichen Kulturpalast zu etwas Vernünftigem umzubauen, die Bereitschaft dazu nahm seitens der Kulturpolitiker auch immer konkretere Formen an, es war für mich eine ganz wichtige Überlegung. Und schließlich haben wir über einen Vertrag verhandelt.

Während dieser Verhandlungszeit hat sich allerdings das ›kulturpalastliche‹ Denken, ich will nicht sagen aufgelöst, aber ins Vage verundeutlicht. Aber ich wollte keinen Rückzieher mehr machen, weil es das Erreichte, die Gehaltsveränderung bei der Dresdner Philharmonie und damit auch eine größere Attraktivität für neue Musiker, die zu ihr kommen würden, wieder kaputtmachen würde. Und auch in Bezug auf den Umbau des Kulturpalastes konnte ich wieder Bewegung in die Sache bringen und habe Hoffnung, daß alles sich so erfüllen wird, wie ich mir das gewünscht habe.

Empfinden Sie die Rivalität zwischen der Dresdner Staatskapelle und der Dresdner Philharmonie inzwischen als hartnäckige Konkurrenz oder als eher anspornende Herausforderung?

Als hartnäckige Konkurrenz, anspornende Herausforderung und programatische Ergänzung. Aber das ist eine spezielle Dresdener Gegebenheit. In Berlin gehen die Leute mal ins Konzerthaus, mal in die Philharmonie; auch in München und in Paris gibt es ein flexibles Publikum. In Dresden ist die Bindung des Publikums an ›sein‹ Orchester, welches auch immer, besonders stark. Die Dresdner Philharmonie hat, ich bin darüber natürlich glücklich, denn Sie wissen, wie die Situation heute ist, meistens einen vollen Saal. Die Dresdner Philharmonie hat ihr Publikum, und die Staatskapelle hat ihr Publikum. Die Konkurrenz beider Orchestern betrachte ich allerdings als fruchtbare und positive Konkurrenz. Ich bin voll und ganz und mit vollem Herzen im Engagement für die Belange der Dresdner Philharmonie, künstlerisch und auch sozial. Aber ich werde immer die Staatskapelle Dresden als ein wunderbares Orchester betrachten, mit dem ich nach einigen Jahren des Unterbrechens wieder neuen Kontakt aufnehmen werde.

Sie leiten parallel zu Ihren Dresdner Verpflichtungen neuerdings auch das Orchestre Philharmonic de Monte Carlo. Halten Sie denn diese Doppelverpflichtung für realisierbar oder anders gefragt, hat diese Achse Monte Carlo – Dresden etwas Verbindendes, etwas Ergänzendes für Sie?

Das hat es eigentlich nicht, es ist eher eine Belastung. Aber ich möchte Ihnen erzählen, wie dieses Engagement zustandegekommen ist. Ich habe alle zwei Jahre, ich glaube seit 17 oder 18 Jahren, dieses Orchester in Monte Carlo diri-

giert, ein braves, anständiges Orchester. Seit dieser Zeit habe ich nicht sehr enge, aber regelmäßige Kontakte zu allen Mitgliedern der Fürstenfamilie geknüpft, speziell zu Rainier und auch zu seiner ersten Tochter, zu Caroline, die im Grunde genommen verantwortlich ist für die Kultur des Fürstentums Monaco, Sie hatte mich schon Ende der 8oer Jahre gefragt, ob ich nicht mit Paris zusammen dieses Orchester übernehmen wolle. Das hat mich aber gar nicht interessiert. Und nun hat man ein großes, repräsentatives Kulturgebäude, das Forum Grimaldi, ins Meer hineingebaut, mit 3 Sälen. Einer faßt 1900 Plätze, ein anderer 800 und ein kleiner 400 Plätze, drumherum alle nur erdenklichen Restaurationsmöglichkeiten. Caroline hat mir angeboten, wenn ich mich dafür erwärmen könnte, das Orchester von Monte Carlo zu übernehmen, für das diese Konzertsäle ja gebaut wurden, das Orchester, das bisher 85 Mann stark war, aufzustocken nach meinen Vorstellungen. Ich habe lange überlegt und hab ihr eine Zahl genannt, die ich für utopisch hielt. Ich war sicher, damit alle weiteren Anfragen beendet zu haben. Aber Caroline hat zugesagt, die 85 Planstellen auf 105 zu erweitern, und zwar auf einen Schlag. Daraufhin konnte ich kaum mehr absagen. Aber ich muß auch zugeben, daß das Sinfonieorchester von Monte Carlo als großzügig aufgestocktes Referenzorchester der Côte d'Azur ohne jedes Finanzproblem, mit seinen enorm erweiterten Möglichkeiten natürlich eine Herausforderung ist, der ich nicht widerstehen konnte.

Das bedeutet aber auch, daß Sie sich dort sehr engagieren werden müssen, um die neuen Chancen und Möglichkeiten wahrzunehmen und zu entwickeln. Glauben Sie, daß Sie Dresden und Monte Carlo nebeneinanderher gleichermaßen bewerkstelligen können?

Ja, ich denke schon. Wenn ich meine Gastaktivitäten reduziere, sehe ich in der Parallelität dieser beiden Positionen keine allzu großen Probleme. Das ist alles, wie man immer so schön sagt, eine Frage der Organisation. Ich denke, daß ich vom Naturell her ein gut organisierter Mensch bin und da ich weiß, daß meine Mitarbeiter sowohl hier als auch in Monte Carlo das auch sind, sehe ich da keine Probleme. Außerdem bin ich von meiner Psyche und auch meiner Physiologie her so strukturiert, daß ich einen vollen, gelegentlich Streß hervorrufenden Terminkalender einer behaglichen Gleichförmigkeit vorziehe.

Die Spannbreite der Konzertprogramme, die Sie anbieten, reicht in Dresden von Bachbearbeitungen von Schönberg und Webern über Händel, Haydn, Mozart, Beethoven bis hin zu Wagner und Gustav Mahler. Ein ziemlich breites Spektrum. Soll es vielleicht ein Gegenpol zum Angebot der Staatskapelle bieten, die ja doch sehr auf die Tradition setzt.

Ich habe diesen Spielplan nicht in erster Linie als Kontrastprogramm zur Staatskapelle konzipiert, aber natürlich sollten Doubletten mit der Staatskapelle möglichst vermieden werden. Ich wäre übrigens immer derjenige, der sofort bereit wäre, zugunsten der Staatskapelle meine Programme zu ändern. Meine Programmkonzeptionen haben einen anderen Zweck: Das Orchester und ich, wir müssen zusammenwachsen, und ein solcher Annäherungsprozeß funktioniert am besten über eine Buntheit, Vielfältigkeit und Gegensätzlichkeit in der Auswahl des Repertoires. Jeder, der mich kennt, weiß, daß Wagner, Strauss,

Bruckner, Brahms und Beethoven mein Kernrepertoire bilden. Aber ich gehöre nicht zu den Spezialisten unter den Dirigenten. Ich dirigiere also auch mal Gustav Mahler, zu dem ich ein distanzierteres Verhältnis habe. Wir spielen alle drei Bartók-Klavierkonzerte an einem Abend, wir gedenken des fünfzigsten Todestages Arnold Schönbergs mit der ›Erwartung‹ und der ›Verklärten Nacht‹. Ich weiß, das sind Risiken für bestimmte Publikumskreise, aber man muß auch in Dresden ein bißchen nach vorne schauen.

Mit der Dresdener Staatskapelle haben Sie viel Wagner gespielt, den kompletten ›Ring‹ haben Sie sogar mit ihr eingespielt für die Schallplatte. Ich darf doch wohl anehmen, daß Wagner, den Sie ja mit der Dresdner Philharmonie konzertant aufführen wollen, jedenfalls aktweise Ausschnitte aus der ›Walküre‹ und dem ›Parsifal‹, für Sie ein Komponist bleibt, der Ihnen außerordentlich viel bedeutet?

Ja, das ist richtig.

Es gibt viele faszinierende Momente bei Wagner. Ist es allein das musikalische oder das intellektuelle oder die Summe aus beidem?

Also, wenn man die Summe aus beidem so sehen würde, daß es 80 bis 85 Prozent das Musikalische und 15 bis 20 Prozent das Textlich-philosophische, Gedankliche wäre, dann würde ich sagen, wäre es die Summe. Beide Ebenen auf dem gleichen Niveau anzusiedeln, halte ich für einen fundamentalen Denkfehler.

Aber Sie wissen, daß Wagner seine Texte und seine Musik für gleichwertig gehalten wissen wollte.

Natürlich ist – und das sage ich jetzt wirklich ohne jedes negative Beiwort – Wagner unerreicht! Und er steht mir musikalisch schon sehr nahe. Es ist ja weder vor noch nach ihm einem Komponisten gelungen, eine solche unglaublich natürlich erscheinende Synthese zwischen dem Duktus des Textes und der Musik herzustellen Richard Strauss hat das immer zugegeben, trotz aller Hofmannsthalschen Texte. Aber Wagners Texte gesprochen, ohne die Musik, sind doch wohl nicht so unbedingt das Non plus ultra. Das Entscheidende bei Wagner ist diese musikalische Verzahnung der Dinge, die einzigartig ist und an der kein Musiker vorbeigehen kann.

Sie sind, um damit auf ein anderes Thema zu kommen, in Warschau geboren worden, in Wuppertal aufgewachsen, haben in Köln und in Siena studiert und haben dann bis 1990 etwa vorwiegend in Deutschland gearbeitet, in leitenden Positionen, zunächst in Dortmund, dann in Freiburg und schließlich in Köln. Parallel zur Leitung des Gürzenich-Orchesters haben Sie 1984 auch die Leitung des Orchestre de Paris übernommen. Auch so eine Doppelverpflichtung über Staaten hinweg. Haben Sie schon immer eine gesteigerte Affinität zum Französischen?

Nein, aber sie hat sich entwickelt. Ich habe mich dem Geist dieser Sprache und dem Geist dieses Volkes, der ja völlig anders gepolt ist als der deutsche, nach und nach geöffnet. Auch durch die Arbeit mit dem Orchester. Orchester sind ja immer so ein bißchen ein Abbild der Gesellschaft eines Landes. Ich habe die Schwächen der französischen Mentalität, aber auch die enormen Stärken dieser Mentalität sehr deutlich erkannt und habe versucht, alles Positive in mich aufzunehmen. Als Gegengewicht zum ›fundamental Deutschen‹. Ein gefährliche- Wort, ich weiß. Ich denke an diese 16 Jahre in Paris mit großer Dankbarkeit zurück. Es war eine schöne Zeit, die mich mental und kulturell sehr bereichert hat.

Sie haben dem Orchestre de Paris sozusagen ein deutsches Gefühl, einen deutschen Klang gegeben, wie immer wieder zu lesen und zu hören war. Haben Sie denn andererseits versucht, etwas von der französischen Klangkultur, von der französischen Mentalität, dem Esprit, dem Geist der französischen Musik, will sagen der Leichtigkeit und Eleganz, die ja auch dem deutschen Repertoire gut täte, in sich aufzunehmen?

Sie haben völlig recht, gewaltig viel sogar! Sowohl bei Haydnscher Musik als auch bei Mozart und selbst bei einer Schumann-Symphonie ist mir das französische Klangbild unendlich viel lieber als die holprige Schwergewichtigkeit vieler deutscher Orchester. Ich arbeite ja mit meinem Dresdner Orchester an einem Klang, der nicht so deutsch ist, der leichter, der leichtgewichtiger ist als bisher. Ich spiele inzwischen lieber mit einem hochvirtuosen französischen Orchester Richard Strauss als mit einem deutschen Orchester. Weil das auch klanglich die Orchestermassivität ein bißchen auflockert. Ja, französische Klangerfahrungen haben mich in ganz starkem Maße geprägt. Es wäre mein sehnlichster Wunsch, in einem Opernhaus Debussys ›Pelléas‹ zu machen. Aber ich würde ihn niemals an einem deutschen Opernhaus dirigieren, denn ich würde dort nie erreichen, was eigentlich notwendig ist.

Welchem Land fühlen Sie sich heimatlich am engsten verbunden?

Inzwischen fühle ich mich in Paris zuhause. Das wird sich auch nicht mehr ändern. Wenn Sie 16 Jahre in so einer Stadt leben und mit einem Orchester dort leben, und ich habe ja neben dem Orchestre de Paris auch 6 Jahre das französische Nationale Jugendorchester geleitet, dann wird sie auch zu einer Art gedanklicher Heimat.

Können Sie von sich sagen, Sie seien ein Franzose, obwohl Sie in Deutschland geboren wurden, so wie Giuseppe Sinopoli sagte, er sei ein Deutscher, obwohl er in Italien geboren wurde?

Nein, ich bin ein Deutscher. Deutsch ist meine Muttersprache und meine Erziehung. Natürlich bin ich in allen Fasern meines Wesens deutsch, aber ich habe immer auch – und das schon vor meinem Umzug nach Paris – ein sehr starkes Bewußtsein vom nicht so Schönen am ›deutschen Wesen‹ gehabt. Und wenn ich sage, ich bin ein Deutscher, dann muß ich natürlich sagen: ich bin ein bundesrepublikanischer Deutscher. Ich habe ja ab Mitte der siebziger Jahre mit der Dresdner Staatskapelle den ›Ring‹ gemacht, wir haben Webers ›Euryanthe‹ aufgenommen, aber ich bin, wie auch andere westliche Dirigenten, bloß zu Konzerten zu ihnen gekommen als ein Gast. Ich hatte von der DDR im Grunde genommen nur immer die Dresdner Ecke, das Tal der Blinden, der ›Ahnungslosen‹, wie man in Dresden sagte, also wo kein Westfernsehen zu empfangen war, kennengelernt. Ich war damals aber auch im westlichen Ausland viel unterwegs. Und immer, wenn ich in die alte Bundesrepublik zurückkam, habe ich eine Diskrepanz empfunden zwischen dem, was ich als traditionell deutsch verstand und dem, was sich aus der Wirtschaftswunderentwicklung der alten Bundesrepublik so entwickelt hatte. Mit allem Positiven natürlich auch, aber auch mit diesen sehr, sehr negativen Dingen. Und wenn ich dann eine Woche in Dresden bei der Staatskapelle war, schien es mir immer, daß die Musiker dort eine andere, vielleicht bewußtere Hinwendung zum Musikerberuf praktizierten, als es bei ›uns‹, will sagen bei der ›Nach-68er-Generation‹ mit ihrer autoritätsfernen Haltung vieler junger westdeutscher Menschen, der Fall war. Damit will ich um Gottes Willen nicht diesem ehemaligen SED-Staat das Wort reden, der war mir immer ein Greuel, aber die Mentalität der Musiker, die in der Musik dankbar einen Freiraum, eine Nische sahen, die sie hegten und pflegten, für die sie sich aufopferten, das hat mich beeindruckt. Durch die enorm schnelle wirtschaftliche Entwicklung der Bundesrepublik in den 50er und dann speziell in den 60er Jahren ist eben ein Anspruchsdenken groß geworden, das für nur in Westdeutschland ansässige Menschen etwas völlig Normales war und ist. Daraus resultiert meines Erachtens in dieser jetzt Gesamtbundesrepublik, daß wir so wahnsinnig immobil sind. Wir wachen nur langsam auf, schlagen uns seit 3 oder 4 Jahren an die Brust und sagen, wir müssen das alles ändern, aber bis das alles mal richtig auf die Reihe kommt, wird es noch einige Jahre dauern.

Schon Goethe hat gefordert, daß das Zeitalter des nationalen Denkens und der Nationalstile und der Nationalismen der Vergangenheit angehören solle. Nun ist seither viel Zeit vergangen. Aber noch immer sind wir weit von der Erfüllung der Goetheschen Forderungen entfernt. Andererseits hat die Globalisierung in allen Lebensbereichen schon jetzt so verheerend zugeschlagen, daß man fast um die letzten bewahrenswerten nationalen Charaktereigenschaften fürchten muß...

Ja, man muß bangen darum, Sie haben recht.

Ist es nicht aus Sicht der Musiker immer schon eine Selbstverständlichkeit gewesen, sich international zu betätigen, unter Bewahrung, Aneignung, Tolerierung und Gegen-überstellung der jeweiligen nationalen musikalischen Stilcharakteristtika?

Ja, wir Musiker sind immer schon eine multikulturelle Mischgesellschaft gewesen, das ist ganz klar, und das ist auch gut so. Trotzdem muß man bestimmte Identitäten zu bestimmten Komponisten zuordnen. Ich gebe mal ein Beispiel: Wenn ein deutsches Orchester wirklich sehr gut ist, im internationalen Vergleich, und Brahms spielt, dann denke ich, es spielt ihn immer noch besser als alle anderen Orchester anderer Nationen. Ob das bei Schumann so ist und ob es bei Mozart oder Haydn so ist, da bin ich mir schon gar nicht mehr so sicher. Andererseits: wenn in ein wirklich hervorragendes Orchester neue Musiker hineinkommen, und seien sie aus ganz anderen Kulturzonen oder ganz anderen geographischen Bereichen, so müssen sie doch in ihrem Musizierstil integriert werden in ein musikalisch-orchestrales ›Nationales‹, aber im guten Sinne gemeint. Aber das, worüber wir jetzt in der Globalisierungsdiskussion so die Hände über dem Kopf zusammenschlagen, diese Art von nationaler Fixierung auf bestimmte Traditionen oder bestimmte Usancen, das hat es in der Musik nie gegeben, Gott sei Dank.

Sie sind ja ein schlagendes Beispiel dafür, wie Dirigenten international tätig sind und die Gleichzeitigkeit des Verschiedenen repräsentieren. Das hat seine positiven, das hat seine negativen Seiten, Sie wissen, wovon ich rede. Ist es heute überhaupt noch denkbar, daß ein Dirigent auf eine internationale Karriere verzichtet und sich an einen Ort, ein Institut bindet, wie das ja noch bis vor 50 Jahren durchaus üblich war?

Das wird wiederkommen, glaube ich. Gerade vor kurzem hat mir einer der heute führenden Agenten in unserem entsetzlichen Musikmanagerbetrieb gesagt, und dem stimme ich zu, es gibt in den Vereinigten Staaten sieben oder acht Orchester, die zur absoluten Spitze gehören und man muß einfach, wenn man als Dirigent in die Spitzenliga aufsteigen will, in Amerika in einer Saison mindestens zwei oder drei Wochen sein, um 2 oder 3 der wichtigen Orchester zu dirigieren. Das gehört einfach mit zu ›on the records‹, wenn Sie das nicht mitmachen, kommen Sie nie in die oberste Spitzenliga. Ich habe das auch über fast 10 oder 12 Jahre mitgemacht.

Heute sage ich, mit wenig über sechzig Jahren: wenn man als Dirigent wirklich etwas Essentielles zu sagen hat, ist das nicht notwendig. Es gibt kaum einen Fleck der Erde, wo ich nicht schon einmal gewesen bin. Sollte ich, was ich im Augenblick bin, ich klopfe auf Holz, sollte ich auch über längere Zeit physisch gesund und leistungsfähig bleiben und sollten die Kräfte meines Gehirns und meiner Seele mich nicht vorzeitig verlassen, dann, so denke ich, werde ich mich vielleicht schon in fünf oder sechs Jahren in meiner Tätigkeit nur noch auf ein oder zwei Sachen konzentrieren und versuchen, diese Projekte im Rahmen des mir Möglichen optimal zu realisieren nach dem Motto ›Qualität vor Quantität‹.

Glauben Sie denn, daß unser europäisches oder speziell deutsches Musikleben so, wie es mit all seinen Verkrustungen strukturiert ist, verglichen etwa mit amerikanischen Modellen, noch überlebensfähig ist und eine Zukunft hat?

Verkrustet ist überhaupt kein Ausdruck. In dieser Hinsicht können Sie in Dresden nur die Hände über dem Kopf zusammenschlagen. Es wäre andererseits nicht erstrebenswert, wenn wir in eine völlige Amerikanisierung unserer Orchesteraktivitäten hineinsteuern würden, schon weil wir dann noch weniger zeitgenössische Musik spielen würden. Schauen Sie sich amerikanische Programme an, von bestimmten Orchestern abgesehen, da schreit doch jeder amerikanische Manager schon schmerzverzerrt auf, wenn man sagt, man möchte einmal ein Stück von Messiaen oder Lutoslawski spielen. Weil er dann sofort die Gefahr wittert, daß 500 Leute weniger im Saal sind. Man sollte auch nicht übersehen, wie fest die amerikanischen Orchester gewerkschaftlich korporiert sind, um nicht zu sagen zementiert. Aber ich bin ganz sicher, daß sich in Deutschland in den nächsten Jahren der traditionelle Musikbetrieb verändern wird. Die wirklichen Banknotenfresser sind übrigens die Opernhäuser. In ihnen hat sich inzwischen ein Leistungs-Kosten-Verhältnis etabliert, das meine Vorstellungskraft wirklich sprengt. Mit der Abfütterung des Mittelklasse-Gesinges mit hohen und höchsten Gagen, mit der unendlichen Verteuerung der Bühnenbilder und mit der Tatsache, daß der Sockel der sogenannten festen Kosten, also Chor, Technik, Orchester und der ganze Apparat, der unglaublich viel schluckt, neunzig Prozent des zur Verfügung stehenden Geldes verschlingt, ist das Ende der Fahnenstange erreicht. Natürlich sind Orchester teuer, aber im Vergleich zu dem, was Opern an Geld schlucken, sind das Peanuts. Ich glaube, man wird sich in Deutschland mittelfristig eher die Opernlandschaft als die Orchesterlandschaft genauer auf ihre Effizienz hin angucken müssen.

Michail Jurowski
Durch Musik sprechen

Herr Jurowski, Sie dirigieren heute unter anderem an der Komischen Oper Berlin, an der einst Walter Felsenstein arbeitete.

Ja, und als Student hatte ich in Dirigentenkursen die Möglichkeit, seine Proben zu besuchen. Fast ein Jahr habe ich gesehen und gespürt, wie Felsenstein arbeitet. Das war sehr eindrucksvoll, besonders im Vergleich zu Stanislawskis Prinzipien, die ich später erlebte.

Am Stanislawski-Nemirowitsch-Dantschenko-Musiktheater.

Ja, es haben zwei große Regisseure dort zusammen eine Musiktheater-Tradition begründet, ein Musiktheater mit Schauspieltheater-Überbau. Wohl das interessanteste Musiktheater in Moskau. Ich habe dort 17 Jahre lang gearbeitet, das war meine große Schule. Meine drei letzten Jahre in der Sowjetunion habe ich dann am Bolschoi-Theater dirigiert.

Wann sind Sie von dort weggegangen?

1989

Wollen Sie mir die Vorgeschichte erzählen?

Mir wurde vom KGB meine Berufsausübung gesperrt, wegen meiner jüdischen Herkunft. Ich hatte praktisch Reiseverbot, nicht offiziell, aber praktisch. Ich habe mein ganzes Leben in der Sowjetunion gegen Luft angekämpft, gegen nichtoffizielle, nicht greifbare, aber wirksame Hindernisse. Es gab zwar theoretisch die Möglichkeit der offiziellen Emigration, aber ich hatte keine Verwandten im Ausland, mein Vater ist 1972 gestorben, unser erster Sohn Vladimir – heute ein guter, aufstrebender Dirigent – kam 4 Monate später zur Welt, ich war mit meiner Frau sehr glücklich, und meine Familie war immer das Wichtigste für mich. Mein Verantwortungsgefühl hat mir keine Experimente gestattet. Meine Emigration war praktisch unmöglich. Das einzige Land, das für mich offen war, ist die DDR gewesen, was praktisch hieß Berlin und die Komische Oper. Die Komische Oper war das Partnertheater des Moskauer Stanislawski-Nemirowitsch-Dantschenko-Musiktheaters. Meine erste Zusammenarbeit mit der Komischen Oper galt dem Ballett. Wir haben zuerst in Moskau mit Tom Schilling das Ballett ›Schwarze Vögel‹ von Georg Katzer gemacht, es war ein

grandioser Erfolg. Ich hatte mich mit Tom Schilling menschlich und musikalisch so gut verstanden, daß ich eine Einladung der Komischen Oper erhielt,
auch dort die ›Schwarzen Vögel‹ zu dirigieren. Nach und nach habe ich dann
immer mehr an der Komischen Oper dirigiert. Den ›Sommernachtstraum‹,
dann ›Romeo und Julia‹, diese Produktion übernahm ich von Kurt Masur.

*Sie haben ja in Rußland unter mehreren Zwängen zu leiden gehabt, unter der Diskri-
minierung aufgrund Ihrer jüdischen Herkunft und unter dem System an sich. Was
war das Schlimmste für Sie?*

Das Schlimmste war das jüdische Problem. Weil es ein Kampf gegen einen
unsichtbaren Feind war. Das sozialistisch-bürokratische System zu meiner Zeit

war schon ziemlich müde, und ich muß ehrlich zugeben, daß die Säulen dieses Regimes in den letzten Jahren so verfault waren, daß ich praktisch keine großen systembedingten Probleme hatte. Natürlich existierte noch die alte Ideologie in den Köpfen, und die Bürokratie bestimmte den Alltag wie eh und je …

Wie sah denn die reale Diskriminierung im Alltag aus?

Ich war praktisch der einzige Jude in Moskau, der Karriere gemacht hat. Eine gewisse Karriere, bis zum Bolschoi-Theater und zu Konzerten mit dem Philharmonischen Orchester. Ich gehörte allerdings nie zur Gruppe der offiziellen Künstler mit jüdischer Herkunft wie Igor Oistrach oder Emil Gilels. Diese von mir sehr geschätzten Künstler verkehrten in unserem Familienkreis, aber sie haben den Platz unter der Sonne früher bekommen. Es waren staatsoffizielle Ausnahmen. Ich durfte, das war vom obersten Apparat entschieden worden, nicht Chefdirigent sein. Wissen Sie, ein Pianist spielt sein Instrument, er hat ein Klavier, einen Flügel, ein Geiger hat seine Geige, er hat sein Instrument. Ein Dirigent benötigt ein Orchester zu seiner Berufsausübung. Ich war in Moskau zwar beliebt, ich hatte meine sparsamen, aber regelmäßigen Produktionen am Stanislawski-Theater und meine alljährlichen zwei Konzerte in Moskau, aber außer in Moskau kannte mich niemand. Wenn ich mehr machen wollte und es kam zur Absprache in den künstlerischen Kollektiven, dann hat das Ministerium immer gnadenlos das Beil von oben herabfallen lassen. Ich wurde zum Stellvertreter des Kulturministers gebeten, seinen Namen nenne ich nicht, denn ich bin ihm sehr dankbar, weil er mir meine letzte rosa Brille herabgerissen hat, und der hat mir klipp und klar ins Gesicht gesagt: Hör zu, solange wir hier das Sagen haben, werdet ihr Juden hier niemals die Könige sein. Du bist Ausländer in diesem Land, sei dankbar, daß Du überhaupt dirigieren darfst in Moskau. Du dirigierst im Bolschoi-Theater, im Stanislawski, in der Philharmonie. Keinen Schritt weiter! Wenn ich will, dirigierst Du morgen bei den Bären in Sibirien. Und er sagte, geh ruhig an die Öffentlichkeit und beklage Dich darüber (es war gerade die Perestroika-Zeit); es wird Dir niemand glauben. Wir sind zu zweit. Sei dankbar, daß ich so ehrlich zu Dir bin! Ich bin sehr dankbar gewesen, er war nicht der schlechteste Russe in seiner Offenheit, aber dankbarer war ich dem Schicksal, als sich der Eiserne Vorhang endlich hob. Dann rückte die Möglichkeit meiner Emigration endlich in greifbare Nähe. Es gab Angebote der Semper-Oper und der Staatskapelle Dresden, und dann habe ich, das heißt die ganze Familie, meine Frau, unsere Mütter und die Kinder, beschlossen: ja, wir verlassen alles, wir geben alles auf, was wir uns aufgebaut haben, und wir verließen das Land! Es war zunächst keine offizielle Emigration, es war eine faktische. Erst im Nachhinein war es auch eine juristische. Den Schlußpunkt setzte dann der Putsch in Moskau, 1991, und dann wurden meine ganze Familie und ich als Juden anerkannt und heute sind wir deutsche Staatsbürger.

Fühlen Sie sich denn als Russe, ist Russland trotz allem Ihre emotionale Heimat?

Das ist schwer zu beantworten. Ich hatte trotz schwierigster Verhältnisse im Lande eine glückliche Kindheit in Moskau, eine sehr glückliche! Wir hatten eine herrliche Familie, mein Vater war ein sehr guter Komponist und unsere kleine Wohnung in Moskau war ein Treffpunkt der Moskauer Intelligenz.

Seit wann lebten Ihre Vorfahren in Rußland?

Das kann ich Ihnen nicht sagen. Die Juden in Rußland haben eigentlich keine Vergangenheit. Ich weiß, daß meine Vorfahren Verbindung mit jüdischen Siedlungen in Westeuropa hatten. Meine zweiter Familienname ist Bloch, oder Block. Ein weitverbreiteter jüdischer Name, und wenn alle Juden Verwandte sind, wie manch einer sagt, dann habe ich viele Verwandte auch in Deutschland. Mein Großvater mütterlicherseits hieß Block, was soviel heißt wie Bloch, denn in einigen Bezirken Rußland, sagt man K statt H. Jedenfalls kommen die Vorfahren meiner Mutter aus Westeuropa, und wahrscheinlich sind wir irgendwie sogar verwandt mit Ernst Bloch. Aber mir liegt nichts daran, Ahnengeschichte zu betreiben.

Ihre erste Station im Westen nach Ihrer Auswanderung aus der Sowjetunion war also die Komische Oper in Berlin?

Ja, und dann kam Dresden, und dann war ich an der Staatsoper in Berlin. Der damalige Intendant hat mich gerufen, und ich habe sehr viel an der Staatsoper dirigiert, Ballett vor allem, weil ich noch kein Wort deutsch sprach. Ich war sehr glücklich dort, ich erinnere mich an diese Arbeit mit großer Dankbarkeit. Dennoch wollte ich an der Staatsoper nie fest angestellt sein. Parallel zu meinen Staatsopernengagements knüpfte ich Kontakte zum Rundfunksymphonie-Orchester in Berlin, wo ich jetzt erster Gastdirigent bin. Und das ist eine sehr glückliche Zusammenarbeit! Wir haben ja auch eine ganze Reihe von CD-Produktionen aufgenommen, auf die ich sehr stolz bin.

Dann ergab sich als ein Kompromiß meine Tätigkeit als Chef bei der Nordwestdeutschen Philharmonie, bis zu meiner Herzinfarktoperation 1997. Wir haben in Berlin gastiert, in Frankfurt/Main, in großen Städten wie Köln und Bonn, wir haben auch Platten aufgenommen, beispielsweise die ›Spieler‹-Oper, nach Gogol von Schostakowitsch. Das Orchester entwickelte sich unter meiner Leitung sehr stark, aber unsere Zusammenarbeit war alles andere als eine Liebesehe. Dann kam Rostock. In Rostock habe ich zugesagt, GMD zu werden.

Ich habe dort Konzerte dirigiert, schon kurz nach meiner Krankheit, ich habe Opernvorstellungen dirigiert, und es lief schön an. Der Rat der Stadt Rostock versprach mir ein neues Opernhaus mit einem Konzertsaal. Vor dem Krieg war Rostock eine Kulturmetropole. Es gab dort ein florierendes Opern- und Konzertleben. Seit 1945 gab es dagegen nur noch Provisorien in Rostock. Die Zustände waren, als ich dort ankam, gelinde gesagt, katastrophal. Mein Hauptziel war, in Rostock den Musikbetrieb wieder in Gang zu bringen. Aber die erdrückenden Finanzprobleme der Stadt haben die Kultur in die Knie gezwungen. Konzertsaal oder Theater kann man vergessen, solange Betten in Kliniken und Stühle in Schulen fehlen. Ich habe an allen Fronten gekämpft, mit allen Parteien, und ich habe diesen Kampf verloren. Der Wille der Politiker, wirklich ein neues Kulturleben in Rostock aufzubauen, blieb bloßes Lippenbekenntnis. Es gab unglaublich schlechte Planungen, egoistische persönliche Interessen torpedierten mich. Nach einem Jahr wußte ich: es geht nicht und dann habe ich gesagt, daß ich für unsere Zusammenarbeit keine Perspektive mehr sehe.

Erfolgreicher war Ihre Zeit in Leipzig.

Ja, dort war ich glücklich. Ich brauche keine Macht. Leipzig war ein Ort, an dem ich mich zuhause gefühlt habe. Weil ich die Möglichkeit hatte, meine künstlerischen Projekte auf einem hohen Niveau zu realisieren.

Sie sind, um es mal salopp zu sagen, nach Ihrer Emigration durch die Orchester- und Theaterlandschaft getingelt, haben große und kleinere, bedeutende und unbedeutende Orchester und Opernhäuser kennengelernt. Wie waren Ihre Erfahrungen generell?

Ich habe die Grenzen der deutschen und westeuropäischen Freiheiten der Orchester kennengelernt. Ich möchte in aller Deutlichkeit sagen, daß die Zusammenarbeit zwischen Chefdirigent und Orchester nicht nur eine freiwillige ist. Und sie ist nicht immer nur ein Zuckerlecken. Die Arbeit des Dirigenten besteht zum Teil in Gewaltausübung. Es gibt keinen anderen Weg. Wahrscheinlich stirbt dieser Beruf irgendwann aus, aber dieser Beruf stirbt zusammen mit der symphonischen Musik aus. Es reicht nicht, wenn ein Metronom am Dirigentenpult steht. Am Pult muß eine starke Persönlichkeit stehen, die gemeinsam mit und durch die Musiker und manchmal auch trotz der Musiker ihre musikalischen Visionen realisieren kann. Das klappt nur mit harter Disziplin. Disziplin ist die einzige Grundlage erfolgreicher Zusammenarbeit auf beiden Seiten.

Wie ist es aber möglich, diszipliniert zu arbeiten, das heißt ja auch gründlich zu arbeiten, wenn man so ein Wanderer zwischen den Welten bzw. Orchestern ist wie Sie?

Nur mit eiserner Disziplin und gründlicher Vorbereitung. Es ahnt ja niemand, wieviele Stunden täglich, wie viele Wochen, Monate, Jahre ich für die Vorbereitung von Aufführungen brauche. Ich dirigiere im Gegensatz zu manchen Kollegen nämlich nur Kompositionen, die ich gründlich kenne, die ich geradezu auswendig kenne, Kompositionen, mit denen ich mich identifizieren kann, die für mich ein Ausdrucksmittel wie Sprache sind. Ich spreche durch Musik. Musik ist kein Spielzeug für mich. Das ist mein Credo. Darum dirigiere ich auch nichts vom Blatt! Für mich gilt: Alles oder nichts. Ich kann übrigens eine Partitur sehr schnell lernen, ich habe ein gutes Gedächtnis und einen konstruktiven Kopf.

Haben Sie ein Rezept, Ihre Vision eines Stücks einem Orchester so mitzuteilen, daß es diese bestmöglich umsetzen kann?

Nein, es gibt dafür kein Rezept. Aber ich muß von Anfang an das Orchester davon überzeugen, daß ich dirigieren kann. Das ist ganz elementar. Vor allem, wenn ich zum erstenmal vor ein Orchester trete, das ich ich nie zuvor dirigiert habe. Dann muß ich erst einmal zehn Minuten nur einfach dirigieren, damit das Orchester spürt, da steht keine Puppe oder kein Ballettänzer am Pult, der nur Faxen macht. Und dann verstehe ich ganz schnell, wie ich mit dem Orchester zurechtkommen kann, es kommt dann praktisch alles ganz von selbst, die Routine, wenn Sie so wollen. Ich meine diese routinierte Arbeit: lange Viertel, kurze Viertel, Betonung kurz oder lang, sforzato oder forte piano auf oder vor der Eins, vor dem Schlag oder zusammen mit dem Schlag. Ich meine also Routine im Sinne der musikalischen Sprache, der technischen, musikalischen Mittel. Das ist das Material, aus welchem man dann die großen Gebäude errichtet.

Aber die subtile Machtausübung des Dirigierens, von der Sie eben sprachen, hat ja nicht nur etwas mit Handwerk zu tun.

Natürlich nicht, es geht auch sehr viel von unsichtbaren Verbindungen aus. Dirigieren ist die Kunst der Kontaktaufnahme. Zuerst installiere ich diesen Kontakt, ich suche Kontakt, ich suche Augen, ich suche Persönlichkeiten, mit denen ich arbeiten kann, und ich suche jedes Mal aufs neue, deshalb habe ich keine fertigen Rezepte.

Funktioniert diese Kontaktaufnahme auch über Bilder und Vergleiche?

Nein, eher über die Geschichte des Musikstücks, das wir zusammen spielen wollen. Wann wurde es komponiert, was war das für eine Zeit, welche künstlerischen oder sonstigen Interessen hatte der Komponist und vor allem: Was sagt uns das Stück heute? Was sagt uns Beethovens ›Coriolan‹-Ouvertüre? Es ist nicht einfach ein schönes Stück Musik, es ist die Ouvertüre zu einer Tragödie, in deren Mittelpunkt Emigrationsprobleme, nationalistische Fragen, politische und persönliche Konflikte stehen. Und wenn man das bedenkt, sagt uns heute diese Musik noch sehr viel. Auch wenn das Stück längst vergessen ist.

Ist das für Sie ein Kriterium der Auswahl der Stücke, die Sie dirigieren, ob sie heute noch etwas zu sagen haben oder dirigieren Sie genauso gern rein formalistische Musik?

Es gibt keine formalistische Musik. Es gibt Musik, die sagt etwas, und es gibt Musik, die sagt nichts oder sie sagt mir nichts. Wenn ich keinen Kontakt mit dem musikalischen Material spüre, wenn es mich nicht berührt, wenn es mich kalt läßt, dann dirigiere ich es nicht. Alles andere wäre nicht nur gefährlich, es ist falsch.

Sie dirigieren sehr viele Konzerte, Ballettmusik als auch Opern. Wo schlägt Ihr Herz schneller?

Mein nun wieder gesundes Herz, wie ich, Gott sei Dank, sagen darf, schlägt bei allen drei Elefanten gleich schnell. Es gibt keine Künste erster, zweiter, dritter Sorte. Das ist wie mit Fisch, er muß immer frisch sein, ist er nicht mehr ganz frisch, können Sie ihn wegwerfen. Bei der Musik ist das genauso. Die theatralische Musik und die rein symphonische Musik kommen nicht aus verschiedenen Welten. Sie gehören zusammen, befruchten und inspirieren sich gegenseitig. Nur der Apparat ist sehr unterschiedlich, der Apparat, um eine Oper zu dirigieren und der eines Symphonie-Orchesters unterscheiden sich. Oper ist schwerer zu realisieren, denn man muß auf die Bühne und in den Graben schauen, man muß oben dirigieren und man muß unten dirigieren, man muß oben Chor und Solisten Einsätze geben, und man muß gleichzeitig unten aufpassen, daß das Orchester zusammenbleibt. Man ist die Brücke zwischen Solisten und Orchester. Es ist übrigens gefährlich, wenn der Dirigent sich hauptsächlich aufs Orchester konzentriert, aber man darf auch den Sängern nicht zu viele Einsätze geben. Nur wenn es technische Schwierigkeiten gibt. Man muß sie führen, aber man darf nicht als Rettungsschwimmer antreten. Die meisten Sänger wollen das ja auch gar nicht.

Ich habe mit vielen Sängern gesprochen. Einige brauchen so viele Einsätze wie möglich, andere irritiert es, sie schauen lieber gar nicht hin.

Wissen Sie, das ist doch nur eine Frage, wie man Einsätze gibt. Sie können einen Einsatz geben, den alle 1500 Leute im Zuschauerraum sehen, aber Sie können einen Einsatz auch so geben, daß er nur ein Blickkontakt für einen Bruchteil der Sekunde ist, manchmal reicht es auch aus, mit dem Sänger nur zusammen zu atmen. Das Atmen ist ohnehin das wichtigste Moment in der Oper wie auch im Konzert. Mit den Bläsern müssen Sie als Dirigent auch mitatmen.

Sie dirigieren ein sehr breites Repertoire, aber das russische Repertoire bedeutet Ihnen doch sehr viel, nicht wahr?

Das russische Repertoire war und ist der gefragteste Teil meines Repertoires, aber ich freue mich, daß ich mittlerweile neben Schostakowitsch und Prokofjew auch für Mozart, Beethoven, Bruckner und Mahler sehr gefragt bin. Es ist wahrscheinlich kein Zufall, daß ich in den letzten zehn Jahren, in denen ich im Westen dirigiere, als Spezialist für russische oder ehemalige sowjetische Musik galt. Ich komme aus dieser Tradition, ich fühle mich ganz wohl in ihr, aber nicht aufgrund mentaler Überzeugungen. Musik braucht keine Übersetzung, man muß nicht unbedingt in Italien geboren sein, um Verdi dirigieren zu können.

Ton Koopman
Verstehen, was der Komponist will

Herr Koopman, wenn man Ihren Namen nennt, dann steht sofort vor einem der Name Bach. Sie haben sämtliche Orgelwerke eingespielt, Sie sind dabei, sämtliche Kantaten, die weltlichen und die geistlichen, einzuspielen. Welche Bedeutung hat für Sie Johann Sebastian Bach?

Johann Sebastian Bach ist für mich der genialste Komponist, den es in der ganzen Musikgeschichte gegeben hat. Ich bin noch immer erstaunt über die enorme Qualität seiner Musik, aber auch über die enorme Breite von Ideen, die Bach hatte. Auch die Einflüsse, die er genommen hat auf die Musik seiner Mit- und Nachwelt sind unglaublich! Und man ist erstaunt über den unglaublich ehrlichen Menschen Bach, der, wie alle damals, an Gott glaubten und der versucht hat, mit seiner Musik eloquent die Leute in der Kirche zu begeistern.

Mit anderen Worten, muß man gläubig sein, um Bachs Musik zu verstehen und angemessen spielen zu können?

Ich glaube nicht, obwohl man natürlich einen christlichen Hintergrund haben muß, anders versteht man überhaupt alle Bilder, die Bach zeigt, nicht mehr. Ich habe öfter in Diskussionsrunden gesessen, wo man mir sagte, man müsse sehr protestantisch sein, um Bach zu verstehen. Ich habe darauf immer entgegnet, daß der lutherische Gottesdienst damals vielleicht viel katholischer war als der protestantische. Und was heißt schon evangelisch oder reformiert in Bachzeiten? Heute ist das ganz anders, natürlich. In jedem Fall hat man es heute mit Vergangenheit zu tun, und diese Vergangenheit kann man sehr gut verstehen. Und ich muß sagen, obwohl ich nie sonntags in die Kirche gehe, bin ich ein gläubiger Mensch. Ich fühle mich nicht wohl in der Kirche, aber ich verstehe, was Bach zu sagen hat.

Nun hatte Bach ja nicht nur etwas in Sachen Glauben zu sagen, auch wenn sein Hauptwerk kirchlich motiviert ist und kirchlich bedingt, er war ja auch ein sehr weltlicher Mensch, und die Widersprüche des Irdischen sind in seinem Werk sehr manifest.

Glücklicherweise, das macht Bach ja so interessant als Komponist und als Mensch. Ich hätte ihn gerne kennengelernt! Wenn man hört, was Bach in seinen profanen Werken getan hat und wenn man hört, wie er über Traurigsein, über Glück, Freude und Not, Spaß und Ernst des Lebens musikalisch redet, über alle Elemente, die normal sind in jedem menschlichen Leben, dann hat man den Eindruck, das war ein toller Mensch, es wäre sicher interessant gewesen, ihm mal zu begegnen und mit ihm ein Glas Wein oder ein Bier zu trinken.

Obwohl: wenn man die Porträts von ihm sieht, dann sieht er meist bärbeißig aus und nicht wirklich symphatisch. Und er war sicherlich kein Mensch, der zu Kompromissen geneigt hat.

Ja, das finde ich auch. Er war sicher ein kompromißloser Mensch. Er war vielleicht auf einer zu hohen Ebene, um die Banalität des Lebens und Komponierens auf niedrigeren Ebenen zu verstehen.er war ja maßlos, nicht nur im Komponieren. Wenn er irgendwo eine Orgel abnahm, hat er eine Brautsuite mit großen Zimmern bewohnt, mit wahrer Kerzenpracht, weil er ein Workaholic war. Er arbeitete oft die ganze Nacht durch, er hat auch viermal mehr gegessen und getrunken als alle anderen Menschen, das heißt, er war auch ein Genießer und ein sinnlicher Mensch.

Aber Sie sind, von der Lebenskultur wollen wir mal gar nicht reden, Sie sind ein Mensch, der als Musiker durchaus zu Kompromissen bereit ist.

Ich bin ja auch nicht Bach, und ich glaube, man muß, ob man will oder nicht, heute fragen: Gibt es wirklich eine Wahrheit? Wenn ich Komponist bin und ich habe so eine ganz klare Idee, wie meine Musik zu klingen hat, dann kann ich Leute zwingen und sagen, der Interpret soll dieses und jenes tun, weil ich das so will! Wenn ich als reproduzierender Musiker sage, ich glaube, Bach hat das so gemeint, heißt das schon, die Wahrheit hat viele Ecken. Innerhalb meines Credos gibt es Möglichkeiten, nach rechts und nach links zu gehen und auch zu bedenken, daß Bach einmal jung war und alt wurde. Ich glaube, bei Bach waren Wahrheit und Kompromißlosigkeit sehr geprägt vom Augenblick.

Was ist Ihr Credo, von dem Sie eben gesprochen haben?

Mein Credo bei alter Musik heißt, zu verstehen, was der Komponist will! Zu versuchen, ein Schüler von ihm zu sein und zu hoffen, als Schüler akzeptiert zu werden vom Komponisten. Bei Bach Schüler zu sein heißt, ein wirklich toller Musiker zu sein.

Herr Koopman, Sie sind ja längst kein Schüler Bachs mehr, Sie sind ja einer der großen Bach-Interpreten heute, wie sind Sie eigentlich zu Bach gekommen?

Ich war Knabe in einem Knabenchor in einer katholischen Kirche in Zwolle in Holland, und da wurde immer an bestimmten Festtagen etwas von Bach gesungen und gespielt. Und ich war Alt im Chor, habe immer sehr laut gesungen und dem Organisten zugeschaut, wenn er mit seinen Füßen und Händen Bach-

Ton Koopman *169*

stücke gespielt hat, auch wenn er sie nicht gut gespielt hat. Aber daß einer mit Füßen und Händen spielen kann, das hab ich nicht verstanden damals, und für mich war das eine andere Musik als alle andere, die wir sangen und spielten. Und so war Bach von Anfang an mein Mittelpunkt, und nach und nach habe ich immer mehr in ihn hineingeblickt und ihn immer mehr verstanden. Und ich bin noch heute sein Schüler, auch wenn Sie das Gegenteil behaupten, denn man bleibt sein ganzes Leben Schüler bei einem, den man zu verstehen sucht, der größer ist als man selbst.

Sie hatten ja in Ihrer Familie auch Musiker, Ihr Vater hat Jazz gemacht, hat Sie das geprägt?

Es hat sicher mein Gefühl für Rhythmen geprägt. Ich bin wie meine Kinder, ich mag nicht gern Jazzmusik, und meine Kinder haben nicht so gern Barockmusik, vielleicht gehört das zu unserer Generation. Das war in Bachs Zeiten anders, und ich erinnere mich noch immer, wenn mein Vater Schlagzeug gespielt hat, daß er mit der gleichen Laune und mit dem gleichen Spaß musiziert hat wie ich. Und das ist ein Bild, das bei mir hängengeblieben ist.

Nebenbei gefragt: Spielt Bachs Antipode Wagner für Sie eine Rolle?

Nein, ich empfinde das als eine furchtbare Musik.

Sie haben eben schon das Stichwort Leipzig genannt, was bedeutet für Sie als Bachianer dieser fast schon zum Mythos verklärte Ort?

Es ist schon ein besonderer Ort. Wenn ich in dieser Kirche bin, in der er an der Orgel saß und spielte, dann denke ich immer, er schaut über meine Schulter. Es ist schön zu sehen, daß Leipzig allmählich, nachdem die Mauer weg ist, so umfassend restauriert wird, auch wenn leider zuviele moderne, furchtbare Gebäude gebaut werden in dieser Stadt. Aber die Thomaskirche ist immerhin schön geworden. Zu wissen, daß Bach dort herumgelaufen ist, ohne daraus gleich eine Religion zu entwickeln, macht schon einen besonderen Reiz dieser Stadt aus.

Glauben Sie, daß die Leipziger Bachpflege inzwischen den Anschluß an die internationale Bachaufführungspraxis gefunden hat?

Man kommt ihr näher und näher, wenn man bedenkt, daß vor zehn Jahren außer Cembalo und Blockflöten alte Instrumente in Leipzig noch tabu waren. Es ist inzwischen viel geleistet worden dort, und man wartet jetzt eigentlich auf den Moment, daß die Thomaner mal endlich in einer kleinen Besetzung zu hören sind mit einem tollen Barockorchester.

Die Thomaner sind ja ein altehrwürdiges Institut ohne Frage, aber sie haben doch eine sehr romantische Auffassung von Bach. Wie sehen Sie die Thomaner-Tradition in puncto Bach?

Wenn ich nach längerer Zeit immer wieder mal in Leipzig bin und die Jungs meines Leipziger Freundes, des Organisten Ulli Böhme, die in die Thomas-Schule gehen und im Chor singen, höre, dann denke ich manchmal: ich bin glücklich, daß ich nur Töchter habe! Aber wenn ich in einer Mette am Samstag ganz in der Nähe vorn sitze und sehe, wie die Buben alles geben, was möglich ist, dann freut mich das doch, und es macht mir Spaß zuzusehen, auch wenn im Orchester das Leben noch ganz romantisch und nicht barock ist. Und das tut mir geradezu weh. Zumal Thomaskantor Biller den Chor auf einen viel besseren Stand gebracht hat als er vorher war. Man hört ein Orchester, in dem mit viel Vibrato gespielt wird, das ist ganz altmodische Leipziger Bach-Tradition. Man klammert sich in Leipzig daran, obwohl man sich längst hätte davon verabschieden müssen, denn Bach hätte das sicher furchtbar gefunden. Aber ich denke, schon wenn der Chor kleiner und ein Barockorchester vorhanden wäre, dann würde man, glaube ich, einen ganz anderen Bach hören mit denselben Leuten.

Sie haben Ihr Credo ja schon bekannt. Wie stehen Sie zu Begriffen wie Historische Aufführungspraxis und Begriffen wie authentische Aufführungspraxis?

Das Wort authentisch finde ich ein sehr gefährliches Wort, das klingt ein bißchen nach Zeugen Jehovas. Nach dem Motto: Wir wissen alles, und alle anderen sind dumme Leute. Ich bin nie so ein Mensch gewesen, weil ich glaube, es gibt noch so vieles, was ich nicht weiß und was ich gerne wissen möchte. Auf der anderen Seite, ich glaube, wenn man Musik von heute spielt, Ligeti oder wen auch immer, ist der Komponist dabei und das Orchester spielt, was er als seine Absicht erklärt. Er kann ja sagen: Bitte hört mal auf, ich hab das so gemeint. Dann sagen alle: Ja Maestro, wir machen das so. Aber sobald ein Komponist tot ist, machen wir, was wir wollen. Aber die erste Frage, die man sich stellen muß, ist doch: Hat er das wirklich so gewollt? Um diese Frage zu beantworten, verfügen wir über genügend Kenntnisse von der Aufführungspraxis damaliger Zeit. Deshalb bin ich der Meinung, wenn man Musik aus der Vergangenheit singt und spielt, muß man versuchen, herauszufinden, was der Komponist wollte und wie er es wollte. Das muß nicht immer eine Antwort sein, es können auch mehrere sein. Und jeder wird mit seiner Persönlichkeit seinen Weg finden. Für mich als Cembalist, Organist und Sohn eines Jazzmusikers ist Rhythmus wichtig, für mich ist Verzierung wichtig und Improvisation. Für andere Leute ist es überhaupt nicht wichtig. Für mich ist auch ein schöner Klang wichtig. Aber ich versuche zu verstehen, was man in einer bestimmten Zeit, in einem bestimmten Land getan hat. Das zu beurteilen, was ich herausgefunden habe, wird einer nächsten Generation vorbehalten bleiben. Daß wir in manchen Punkten zeitgebundene Interpreten des 20. Jahrhunderts sind, versteht sich von selbst.

Welche Rolle spielt für Sie da die theoretische Quellenlage?

Die theoretischen Quellen sind sehr wichtig, man sollte sie gut kennen, aber man will ja keine Vorlesung halten, wenn man ein Konzert gibt. Wenn man mit einem Orchester mit historischen Instrumenten arbeitet, dann braucht man eigentlich nicht viel zu erklären. Vieles versteht sich von selbst, man braucht nur seine künstlerische Identität, seine Intention zu erklären. Wenn man mit einem modernen Orchester arbeitet, ist die Sache völlig anders. Man muß vieles erklären und die Gefahr ist, und ich hab auch die Erfahrung sehr oft gehabt, daß die Musiker am Anfang denken, oh mein Gott, der ist nur ein Theoretiker, und es bedarf vieler Überzeugungsarbeit, daß die Musiker am Ende einsehen, daß ich die Musik gern habe, daß ich verrückt nach ihr bin und versuchen möchte, sie so zu gestalten, daß es ein toller Abend wird. Wenn alte Musik so funktioniert, dann, glaube ich, ist die historische Aufführungspraxis wertvoll.

Mittlerweile ist es ja so, daß sich die traditionellen, also ›modernen‹ Orchester mehr und mehr an die Errungenschaften der historischen Aufführungspraxis heranwagen und sich von ihnen beeinflussen lassen. Und viele Alte Musik-›Päpste‹ dirigieren andererseits heute auch moderne Orchester. Auch Sie spielen ja gelegentlich mit modernen Orchestern und haben sich weit vorgewagt bis zu Schumann. Bei dieser Musik hat der Dirigent eine ganz andere Aufgabe als bei Alter Musik, wo es eigentlich diesen Beruf des Dirigenten noch gar nicht gab. Die meisten ›Dirigenten‹, die aus der Alten Musik kommen, sind eigentlich Autodidakten. Ist es nicht handwerklich sehr schwierig, plötzlich einen Schumann zu dirigieren?

Ja, das ist es, aber es ist vor allem für ein Orchester, das mit Leuten wie wir arbeitet, schwer, denn es ist gewohnt, einen Meister des Taktstocks vor sich zu haben, das heißt einen, der unglaublich präzise schlagen kann, der aber vielleicht weniger Ideen hat von dieser Musik. Wir als Autodidakten schlagen viel weniger exakt, weil wir unsere Erfahrung haben mit Musikern, die historische Instrumente spielen, und da sind wir primus inter pares, das heißt, wir sind Musiker unter Musikern. Wenn man Kammermusik zusammen spielt, weiß jeder schon aufgrund der Gebärden und Blicke, was der andere meint, und das funktioniert. Bei einem modernen Orchester muß man Maestro sein. Man muß viel mehr diktieren, viel mehr fragen, genauer sein. Andererseits muß das Orchester bereit sein, zu sagen: wir machen bei dem Abenteuer mit. Und es ist ein Abenteuer! Bei historischen Instrumenten weiß ich, wo ich ankommen kann, auch wenn ich enttäuscht bin, wenn ich mal mit einem schlechten Barockorchester arbeite. Um so mehr macht es mir Spaß, mich auf das Abenteuer einzulassen, mit einem modernen Orchester zu musizieren, von dem ich weiß, daß ich mit ihm Komponisten spielen kann, die man nur mit guten modernen Orchestern spielen kann. Und wenn ich die Leute im Orchester musikalisch überzeugen kann, dann werden allmählich auch die maestrohaften Gebärden unwichtiger. Wenn man auf alten Instrumenten und mit modernen Orchestern gleichzeitig musiziert, dann kommt vielleicht eine neue Renaissance der Musikkultur auch bei den modernen Orchestern zustande, die oft lange ein gewisses Repertoire gar nicht mehr gespielt haben.

Sie haben den Begriff Maestro ins Spiel gebracht. Der Begriff Maestro ist ja so ein schillernder Begriff, in der Alten Musik gab es den Maestro di Capella, das war ein primus inter pares, seit dem neunzehnten Jahrhundert ist das Wort Maestro ein vom Geniedenken geprägter Begriff, behaftet mit romantischen Traditionen. Und es gibt noch heute Maestri, die glauben, sie seien wichtiger als die Komponisten.

Ich weiß, aber natürlich bin ich damit gar nicht einverstanden. Als ich Musikwissenschaft studierte an der Universität in Amsterdam, gab es viele Professoren, die gesagt haben, die schönste Interpretation eines Stückes ist eine Nichtinterpretation. Das heißt, das Ideal wär', nur die Noten zu spielen. Das ist eine große Dummheit. Aber ich finde es auch peinlich, wenn man ein Plakat sieht, auf dem der Name Bach winzig und der Name des Dirigenten oder des Solisten übergroß ist. Wir müssen akzeptieren, daß wir Musiker ein tolles Leben führen, wir fahren überall hin, werden gut bezahlt und haben Spaß an unserem Beruf, aber nur, weil andere, eben die Komponisten, unglaublich hart gearbeitet haben und viel genialer waren als wir! Diese Achtung des Komponisten ist meiner Meinung nach sehr wichtig und kommt heute meist zu kurz. Wir Interpreten sind nur die Vermittler von musikalischen Ideen einer anderen Epoche für das heutige Publikum. Die Schallplattenfirmen machen natürlich aus uns Musikern Stars, die gut verkauft werden, was ja auch erfreuliche Seiten hat, aber doch bitte nicht um jeden Preis, man darf sein Credo nicht vergessen.

Sie haben eben gesagt, Sie verdienen viel Geld, was machen Sie mit dem vielen Geld, wissen Sie damit zu leben, haben Sie noch Zeit dafür?

Oh ja, ich bin ein leidenschaftlicher Sammler alter Bücher und Stiche. Auf meinen Reisen kaufe ich immer viele alte Bücher. Nur habe ich meist zu wenig Geld dabei, sodaß ich immer meine Frau anpumpen muß. Außerdem bin ich, wie Bach, ein Liebhaber guten Essens und guter, alter Weine.

Sie haben alle Orgelwerke Bachs aufgenommen und nicht nur die, die zweifelsfrei von Bach stammen, sondern auch die dubiosen. Warum haben Sie das getan?

Weil dubios und zweifelsfrei unpräzise Begriffe sind. Ich habe mich gemeinsam mit meinem Freund, dem Bach-Forscher Christoph Wolff von der Harvard University geeinigt, daß ich alles, was nicht zweifelsfrei Bach ist, aufnehme, um es zur Diskussion zu stellen. Man wundert sich natürlich manchmal und hat große Zweifel, ob es tatsächlich Bach ist. Ich habe bei manchen Stücken große Zweifel, falls es Bach ist, ob er nicht froh gewesen wäre, wenn es verbrannt worden wäre. Ich habe mich gelegentlich entschlossen, kleine Stellen zu ändern, denn schließlich war ja selbst ein so genialer Mensch wie Bach einmal jung und machte Fehler. Vielleicht ist es auch mal interessant zu sehen, was der kleine Bach, acht, neun Jahre alt, gedacht und geschrieben hat. Was konnte ich damals, als ich acht, neun Jahre alt war? Viel, viel weniger. Ich finde, wenn man das Gesamtwerk Bachs aufnimmt, sollte man alles, was unter Bachs Namen vorliegt, aufnehmen, denn es ist allemal besser, ein Stück zuviel als zuwenig aufzunehmen.

Sie haben 1979 Ihr Amsterdamer Barock Orchester gegründet, was hat Sie veranlaßt dazu?

Ich hatte vorher ein anderes Barockorchester, und ich war nach neun Jahren der Meinung, daß das, was ich mir an technischer Qualität wünschte, nicht erreicht wurde. Also habe ich mit diesem Ensemble aufgehört zu arbeiten und habe mir, weil zur gleichen Zeit in England viele Barockorchester gegründet worden sind, gute Musiker angehört. Dabei habe ich die Geigern Monica Huggett kennengelernt, die sehr musikalisch ist und eine hervorragende Geigerin, und wir haben dann gemeinsam das Orchester gegründet. Sie ist dann leider von mir weggegangen, weil sie gerne Kammermusik machen wollte, aber ich habe mein Orchester auch ohne sie fortgeführt, und nun existiert es schon zweiundzwanzig Jahre, obwohl nur noch ein Teil der Leute der ersten Stunde mitspielen. Es sind viele junge Leute dazugekommen und ich glaube, das ist auch sehr gut. Daß ich meinen Chor erst sehr spät gegründet habe, hat zu tun mit der Tatsache, daß ich anfangs sehr viel mit Philipp Heereweghe und seinem Chor zusammengearbeitet habe. Ich habe immer öfter Chöre ausgeliehen und allmählich wurde mir klar, daß ich notwendigerweise einen eigenen Chor bräuchte. Spätestens, als mein großes Bach-Kantaten-Projekt entstand. Dann habe ich einen eigenen Chor gegründet, der existiert jetzt schon neun Jahre. Ich habe mir damit einen langgehegten Traum erfüllt, und ich bin noch immer der nicht ganz unbescheidenen Ansicht, daß es einer der besten Chöre der Welt ist.

Die Meinungen gehen doch sehr weit auseinander, mit welchen Chören man Bach singen soll.

Ich finde, die Sache ist ganz klar: In der Bach-Zeit waren Knaben 16, 17, 18 sogar 19 Jahre alt, bevor sie in den Stimmbruch kamen. In unserer Zeit ist die Stimme sehr oft schon mit zwölf, dreizehn Jahren weg. Das heißt, die Knaben bei Bach waren Erwachsene, nur die Stimmen war noch kindlich. Knaben von heute, mit elf Jahren, haben noch keine Emotionen, keinen Charakter, keine Reife in der Stimme, aber mit Dreizehn fängt es gerade mal an, daß sich in ihren Stimmen etwas an Emotionalität entwickelt. Zu Bachs Zeiten kamen die Knaben, die bei ihm als Solist gesungen haben, frühestens mit Zwölf in die Schule. Heute kommt man als Sechsjähriger in die Schule. In der heutigen Zeit muß man akzeptieren, daß einem ein Knabenchor, der Bach zu singen hat, so wie es Bach vorschwebte, und vor allem für die Aufgaben, die er zu bewältigen hat bei Bach, eigentlich nicht mehr zur Verfügung steht. Einmal abgesehen von Knabenchören, die über viele Jahre aufgebaut und erzogen werden müssen, wie es zum Beispiel in Leipzig oder in Dresden noch der Fall ist. Ich als Cembalist, Organist und Dirigent hätte gar keine Zeit, solch einen Chor aufzubauen. Aber ich glaube, daß man auch das, was man heute technisch will, mit diesen jungen Knaben nicht erreichen kann. So kommt man automatisch zu einem gemischten Chor. Da ist dann die Frage: Wie groß muß er sein? Bei den Thomanern ist er immer sehr groß, es gibt Leute wie Joshka Rifkin, die behaupten, der ideale Bach-Chor hätte aus vier bis maximal acht Leuten zu bestehen. Ich diskutiere seit vielen Jahren mit ihm darüber. Und ich bin der Meinung, daß er Unrecht hat, aus vielen Gründen, die zu erläutern hier zu weit führen würde. Ich glaube, die richtige Größe liegt irgendwo zwischen Rifkin und den Thomanern. Wenn man Bachs ›höchstnötigen Entwurf der Kirchenmusik‹ liest, wenn man die akustischen Bedingungen der Thomaskirche kennt, in der Bach mit seinen Chören arbeitete, wenn man seine Abrechnungen und Besetzungslisten studiert, dann kommt man nach gewissenhafter Prüfung zu dem Ergebnis, daß der Chor, den Bach benutzte, aus 16 bis 20 Sängern bestand.

Das Bachjahr liegt hinter uns, ein gigantisches Bachjahr mit vielen großen Projekten und Publikationen. Was hat Bach den Menschen im Jahre 2001 noch zu sagen?

Bach ist immer aktuell, denn er war ein genialer Mensch, der Musik schrieb, die wir noch immer genießen können. Das Bachjahr hat sicher ein größeres Publikum angelockt als je zuvor, was ich Bach gönne, denn ich finde, seine Musik hat es verdient. Sie liegt mir so am Herzen, daß ich die Leute nicht verstehe, die sagen: Bach ist doch ein bißchen trocken. Mein Gott, das ist überhaupt nicht wahr, das ist die offenste, eloquenteste Musik, die das Herz ab dem ersten Ton rührt! Auch die Botschaften Bachs sind aktuell: In der Welt es gibt zwei Kräfte, Gott und den Teufel, der Teufel ist böse, Gott ist gut. Wenn man an Gott glaubt, kann einem der Teufel nichts anhaben. Wenn man arm ist, soll man arm bleiben, damit die Reichen etwas reicher werden können. Na, wenn das nicht aktuell ist!

Max Reger hat noch zu seiner Zeit sagen können, Bach ist Anfang und Ende der Musik. Kann man das in diesem 21. Jahrhundert auch noch sagen?

Für mich ist Bach das Zentrum der Musik. Aber ich habe auch die Musik vor Bach sehr gern. Vom 19. und 20. Jahrhundert versteh' ich zu wenig. Aber es ist sicher kein Zufall, daß kein großer Musiker je an Bach vorbeikam.

Sogar der von Ihnen nicht geschätzte Richard Wagner ist am Ende seines Lebens immer wieder auf Bach zurückgekommen.

Tatsächlich? Das wußte ich nicht.

Spricht doch für ihn, nicht?

Ja.

Vielleicht können Sie sich ja noch mit Wagner anfreunden und werden ihn eines Tages, wie auch andere Ihrer Kollegen aus der Alten Musik, sogar dirigieren.

Nein, niemals! Ich glaube, man muß seine Grenzen kennen. Ich werde auch nie Bruckner und Mahler dirigieren. Es ist nicht meine Musik.

Jiří Kout
Qualität braucht Zeit

Herr Kout, Sie waren Dirigent am Nationaltheater in Prag, Sie waren an der Deutschen Oper am Rhein in Düsseldorf, in Saarbrücken, dann sind Sie 1990/91 an die Deutsche Oper Berlin als erster Dirigent gekommen, dann waren Sie Generalmusikdirektor in Leipzig, und seit 1996/97 sind Sie Chefdirigent in St. Gallen. Will sagen, Sie haben viele verschiedene, ganz unterschiedliche Orchester und Institutionen kennengelernt in leitenden Positionen, und gerade an der Deutschen Oper in Berlin haben viele den Umstand beklagt, daß die künstlerische Qualität, die musikalische Qualität in den Jahren Götz Friedrichs nicht die beste gewesen sei. Worauf kommt es denn bei einem solchen Haus von dieser Größe seitens eines musikalisch Verantwortlichen an, eine musikalische Qualität, eine Orchesterqualität zu stabilisieren und vielleicht sogar zu steigern?

Also, ehrlich gesagt, es gab in Berlin nie genügend Zeit für musikalische Proben. Ich muß das ehrlich zugeben. Das Orchester der Deutschen Oper hat so viele Dienste, das Repertoire ist so groß, und die Planung war, jedenfalls zu meiner Zeit, nicht immer ideal, um es vorsichtig auszudrücken. Man hatte nie wirklich genügend Proben zur Verfügung. Ich sage Ihnen das nicht gerne, denn ich war mehr glücklich als unglücklich an diesem Hause, aber die Realität war, daß fürs Musikalische immer zu wenig Zeit zur Verfügung stand.

Heißt das denn mit anderen Worten, daß das Repertoire-Theater eigentlich keine Chance mehr hat?

Das würde ich nicht sagen, aber es muß anders geplant werden. Man muß, wenn man bestimmte Stücke einsetzt, auch darüber nachdenken: Geht das überhaupt, was wir heute abend spielen? Verlange ich nicht zuviel? Ist das in dieser kurzen Zeit zu schaffen? Muß diese oder jene Vorstellung überhaupt sein? Also, diese Zusammenhänge müßten besser durchdacht werden.

Liegt das Problem nicht vielleicht auch darin, daß besonders Intendanten, die nicht aus der Musik kommen, sondern mehr auf das Regietheater als auf Musik und Gesangskunst Wert legen, diese Zusammenhänge gar nicht reflektieren, daß für die musikalische Qualität auch genügend Probenzeit da sein muß? Dem Komponisten dienen, der Musik zu Ihrem Recht verhelfen, ist das Ihr Verständnis Ihres Berufes?

Wenn ein Dirigent sich als ein Dienender versteht, ist das schon sehr viel. Wenn man dann noch ein bißchen nachhilft, mit eigenen Erfahrungen, klanglichen Mitteln, Tempi und Agogik kontrolliert, dann ist das schon fast alles. Natürlich ist Dienen meine erste Pflicht als Dirigent, auch wenn wir ein bißchen mehr tun als nur dienen.

Sie haben das Handwerk des Dirigierens angesprochen. Wie wichtig ist Ihrer Meinung nach dirigentisches Handwerk?

Sehr wichtig, speziell in der Oper. Da ist die linke Hand absolut wichtig. Die linke Hand dient eigentlich der Dynamik, Agogik und den Sängern. Den Sängern muß man helfen, denn sonst sind sie da oben auf der Bühne ohne Noten alleingelassen. Man muß alles für sie tun, wo nicht, ist man in der Oper fehl am Platze. Was für viele Dirigenten gilt, die aus der Symphonik kommen und neuerdings Oper dirigieren.

Kann man das Handwerk lernen oder muß man sich das in der Praxis erarbeiten?

Etwas kann man lernen, aber man kann nicht alles lernen, einiges muß man schon vom lieben Gott mitbekommen.

Sie haben am Prager Konservatorium studiert, Sie sind einer der vielen Exil-Böhmen aus einer langen, schönen Musik-Tradition.

Ich möchte mich nicht vergleichen mit den großen böhmischen Emigranten, die wirklich Weltmusik gemacht haben. Aber man sagte früher, Böhmen sei das Konservatorium Europas. Leider muß ich sagen, daß das, was früher galt, heute nicht mehr der Fall ist. Als ich zuletzt nach langer Zeit wieder einmal in Prag war, mußte ich leider feststellen: diese Begeisterung, dieser Geist, dieser Fanatismus für die Musik, den es früher gab, den gibt es nicht mehr. Das hängt auch mit der politischen Situation zusammen. Die Musiker haben es im heutigen Tschechien sehr schwer, sie gehören neben den Ärzten zu den schlechtbezahltesten Berufen. Ein Konzertmeister in der Tschechischen Philharmonie, und das ist ja nicht irgendein Orchester, sondern das erste des Landes, verdient durchschnittlich 12.000 Kronen, das sind etwa 700 DM. Das ist doch katastrophal! Davon kann man nicht leben. An sich interessiert mich nicht, wieviel die Leute verdienen, ich gehe ins Konzert oder ins Theater, um die Musik zu erleben. Aber daran komme ich nicht vorbei. Ich habe neulich den ›Tristan‹ in Prag einstudiert. Und ich habe nur junge Leute dirigiert, ich hatte unglaublich hart mit ihnen zu arbeiten, habe sie provoziert und viel von ihnen verlangt. Und sie sagten mir immer wieder: Wissen Sie eigentlich, daß ich nach der Probe noch zum Filmorchester gehen muß, um etwas nebenbei zu verdienen, um meine Familie über Wasser zu halten, und Sie verlangen, daß ich vier Stunden bis an die Grenzen meiner Belastbarkeit probe? Wir hatten ein Probespiel anberaumt für Geiger und Violoncelli im Prager Nationaltheater. Es hat sich kein einziger junger Mensch angemeldet, es kam kein Mensch! Können Sie sich das vorstellen? Wer als Musiker etwas kann in Tschechien, wandert aus. Und das kann ich gut verstehen. Mit den Sängern ist es noch eine größere Katastrophe. Weil sie 45 Jahre nicht reisen durften, haben sie keinen Vergleich, keine Konkurrenz, sie haben Verträge bis zum Lebensende, sie kriegen ihre Gage, ob sie arbeiten oder nicht. Das ist bei den Sängern ein künstlerisches Todesurteil. Jetzt sind die Grenzen auf und sie haben den Vergleich, aber jetzt ist es zu spät. Jetzt braucht man zwei Generationen, um neue Sänger auszubilden. Sie glauben nicht, was in Prag auf der Bühne singt! Es gibt ja auch keine guten Gesangspädagogen mehr. Jeder, der wirklich singen kann, ist abgehauen.

Ich habe vor ein paar Jahren den ›Rosenkavalier‹ in Prag neu einstudiert und dirigiert, und damals hatte ich wirklich Angst, ich habe gesagt: Kinder, ich fürchte, das Haus wird leer. Aber ich habe mich geirrt. Wir haben den ›Rosenkavalier‹ 3 Jahre gespielt, und wir hatten 35 Mal ausverkaufte Vorstellungen, aber ich habe natürlich gute Sänger mitgebracht. Ich sage das nur als Vergleich zu einem Intendanten, der mir sagte: Ich habe sechs Mal pro Jahr einen ausverkauften ›Rosenkavalier‹, aber ich kann höchstens drei Mal im Jahr Janáčeks ›Jenufa‹ spielen, weil sonst das Haus leer ist.

Wie kommt das, gerade ›Jenufa‹ ist doch so ein wunderbares Stück, das jeden in der tiefsten Seele anrührt.

Ja, das dachte ich auch. Ich erinnere mich an meine Studentenzeit, als ich bei jeder ›Jenufa‹-Vorstellung oben auf einem Stehplatz stand. Damals war das genau die gleiche Situation, da habe ich gesagt: Das wird bestimmt in 20, 30 Jahren anders sein, bestimmt werden die Leute Janáček mehr verstehen, sie werden toben vor Begeisterung, und es werden ausverkaufte Häuser sein. Aber die Distanz zu Janáček ist so groß geblieben. Ich versteh' es nicht.

Und das in Böhmen, wo doch diese Musik so tief verwurzelt ist?

Janáček wird in seiner Heimat weniger geschätzt als im Rest der Welt. Als ich an der Deutschen Oper Berlin ›Katja Kabanova‹ machte, hatten wir hintereinander 10 ausverkaufte Vorstellungen und an jedem Abend 20 Minuten Applaus nach der Vorstellung. So etwas kann in Tschechien nicht passieren. Das Publikum in Deutschland ist schon auf anderem Niveau, das muß ich wirklich sagen. Ich nehme in Kauf, dafür von meinen Landsleuten gerügt zu werden, aber es ist leider so.

Sie haben sich sehr kritisch, sehr enttäuscht über Prag geäußert, fühlen Sie sich denn dort noch zuhause?

Nein, ich muß ehrlich sagen, ich habe mich vom ersten Moment an in Deutschland zuhause gefühlt. Ich hatte von dem ersten Augenblick an, als ich nach Düsseldorf kam, nur Glück gehabt in Deutschland. Ich wurde so freudig angenommen von allen, vom Orchester, vom Intendanten, von den Solisten, ich war vom ersten Augenblick an wirklich glücklich und fühlte mich zu Hause. Jetzt sind meine Frau und ich vor einigen Monaten umgezogen in die Schweiz, ich kann noch nicht sagen, wie ich mich dort fühle, aber meine Sehnsucht nach dem Landleben war so groß ... ich bin auf dem Lande aufgewachsen, und irgendwie schließt sich jetzt mein Lebenskreis auf dem Land. Ich lebe jetzt in einem kleinen, schönen Dorf inmitten der Natur, umgeben von Wäldern, und das tut meiner Seele wirklich sehr gut.

Was hat Sie bewogen, Berlin aufzugeben. War es die Chance, mit einem neuen, eigenen Orchester endlich auch sehr viel Konzertrepertoire erarbeiten zu können?

Nein, das hat überhaupt nichts damit zu tun. Es ist eine rein private Entscheidung. Mein Leben ist voll von großen Zufällen, sodaß ich kaum mehr glauben kann, daß es Zufälle sind. Wissen Sie, ich durfte jahrelang meinen Beruf nicht ausüben in Tschechien, nach 1968. Ich hatte 4 Jahre absolutes Arbeitsverbot aus politischen Gründen. Als ich endlich wieder arbeiten durfte, war das ein Zufall. An jenem Tag konnte ein älterer Kollege im Prager Nationaltheater nicht dirigieren, er hat mich spontan gebeten, einzuspringen. Ich hab das gemacht, es war eine Nachmittagsvorstellung. Gerade an diesem Tag war Grischa Barfuß, der fabelhafte Opernintendant in Düsseldorf, auf der Durchreise in Prag, und er ging in diese Vorstellung und hat augenblicklich zu mir gesagt: Sie möchte ich haben, Sie müssen nach Düsseldorf kommen. War das Zufall? Er schaffte es tatsächlich, mich nach Düsseldorf zu holen. Dann durfte ich in München einspringen für den genialen, von mir sehr geschätzten Carlos Kleiber, um den ›Rosenkavalier‹ zu dirigieren. Das hat mit über Nacht so wahnsinnig geholfen. Es war auch ein Zufall, daß ich in Stuttgart, als das Opernhaus wiedereröffnet wurde, wieder einsprang als ›Rosenkavalier‹-Dirigent für einen erkrankten Kollegen. Und in dieser Vorstellung saß zufälligerweise Götz Friedrich, der mich 2 Jahre später nach Berlin holte. Und vor ein paar Jahren habe ich mit meiner Frau besprochen, daß wir irgendwann mal in diesem Drei-Länder Eck am Bodensee leben wollen. Genau drei Tage nach diesem Gespräch kam ein Anruf aus der Schweiz mit der Frage, ob es mich nicht interessieren würde, Chef in St. Gallen zu werden. Also das sind für mich mehr als Zufälle!

Sie haben soviel vom Zufall gesprochen, von den schicksalhaften Zufällen Ihres Lebens.

Aber wenn man Musik macht, kommt es vor allem nicht auf die Zufälle an, sondern eher auf sorgfältig geplante Arbeit, auf Präzision und Gewissenhaftigkeit.
Selbstverständlich! Und ich bin Steinbock! Wir Steinböcke haben es besonders schwer, denn wir klettern gern ganz nach oben, wo die Luft schon ziemlich dünn ist und brauchen dann immer jemanden, der uns hilft, wieder runter zu kommen. Ich bin immer geklettert und geklettert, habe in den letzten 25 Jahren nie Urlaub gemacht, habe immer nur gearbeitet! Aber für mich ist es selbstverständlich, daß ich mich auch für die hundertste Vorstellung so vorbereite, als wäre es die erste. Das ist nun mal meine Natur.

Im Gegensatz zu vielen Ihrer Kollegen haben Sie nie eine große Karriere machen wollen.
Ich bin aus Tschechien weggegangen, nicht um eine Karriere im Westen zu machen. Ich mußte weggehen, sonst wäre ich gestorben. Ich war politisch verfolgt und durfte meinen Beruf nicht mehr ausüben. Ich übertreibe nicht, ich wäre gestorben, wenn ich in Prag geblieben wäre. Ich mußte weg, egal wohin, und wenn es das kleinste Orchester gewesen wäre, nur um zu arbeiten. Ich habe nie an die Karriere gedacht. Wenn ich sie trotzdem gemacht habe, danke ich das dem lieben Gott und meinem Fleiß. Denn fleißig war ich immer. Auch eine Schallplattenkarriere hat mich nie gereizt. Ich habe in den ganzen 25 Jahren keine einzige Aufnahme gemacht. Das ist eine Welt für sich. Für eine Schallplattenkarriere braucht man andere Qualitäten, als ich sie habe, die haben nicht unbedingt etwas mit Musik zu tun …

Hatten Sie manchmal das Gefühl, daß Sie bei Ihrem aufopferungsvollen Beruf das Leben verpasst haben?
Nein, absolut nicht! Ich bereue keine Minute. Ich kann nicht anders leben. Ich kann mir auch nicht vorstellen, Urlaub zu machen, auf dem Bauch zu liegen und ein Buch zu lesen. Das schaffe ich vielleicht eine Viertelstunde, aber spätestens nach einer halben Stunde habe ich ein quälendes Verlangen nach einer Partitur. Musik ist mein Leben.

Seit wann wußten Sie, daß Sie Musiker werden wollen?
Ich habe ziemlich spät angefangen mit der Musik, mit 8 Jahren habe ich angefangen, Geige zu spielen. Ich habe jahrelang Geige gelernt und dann parallel dazu Klavier. Das wollte ich dann auch auf dem Konservatorium studieren, aber meine technischen Voraussetzungen waren nicht ausreichend, sodaß ich mit der Geige aufgehört habe. Aber ich konnte Klavierauszüge von Opern spielen. Also studierte ich Klavier. Mein Onkel, ein berühmter tschechischer Pianist, hat mir geraten, daß es nichts bringe, nur Klavier zu studieren und machte mich mit einem Orgel-Professor bekannt, und das war einer der besten Augenblicke mei-

nes Lebens. Nicht, weil ich Orgel spielen lernte, sondern, was viel wichtiger war, weil ich mich mit alten Messen, alten Partituren, Transpositionen, Kompositionen, Improvisationen befassen mußte. Das hat mir sehr viel gegeben.

Aber die Orgel ist ja nicht eigentlich Ihr Metier, die Oper hat Sie doch immer viel mehr gereizt?

Ja, aber ich hatte, Gott sei Dank, einen phantastischen Professor, der gewußt hat, daß ich nie Organist werden wollte. Und der hat mit mir, neben den Pflichtstücken, vierhändig Opern gespielt, symphonische Musik, alles mögliche. Wir haben uns viel mehr mit der Oper als der Orgel beschäftigt und haben Opernpartituren harmonisch analysiert, haben sie paraphrasiert, das war großartig. Durch seinen Unterricht kenne ich bis heute viele Klavierauszüge auswendig. Auch diesem Menschen begegnet zu sein, war ein glücklicher Zufall.

War Ihre Familie musikalisch?

Nicht direkt, meine Eltern waren Schauspieler auf dem Lande, aber der Bruder meines Vaters war Kontrabassist in der Tschechischen Philharmonie. Den habe ich als Student des Konservatoriums oft während der Orchesterproben besucht und durfte neben ihm sitzen und alles beobachten, das war für mich sehr aufschlußreich. Das Studium am Konservatorium dauerte 5 Jahre, dann machte ich die Prüfung, ich wollte weiter studieren an der Prager Musikakademie. Dort habe ich Dirigieren studiert, und das hat 4 Jahre gedauert. Und im letzten Jahr dieses Studiums wurde ich schon engagiert, in Pilsen, als Korrepetitor, und ich durfte auch schon etwas dirigieren. In Pilsen blieb ich dann 7 oder 8 Jahre, dann kamen die Russen nach Tschechien, und dann durfte ich 4 Jahre nicht mehr dirigieren …

Ist es indiskret, Sie nach Ihren politischen Aktivitäten zu fragen?

Es greift mich emotional sehr an, denn überwinden kann ich diese Erfahrungen nie, aber ich kann schon darüber sprechen. Es war die Zeit, als eine Lawine von Selbstmorden der jungen Leute über das Land ging, aus Protest gegen den russischen Einmarsch. Jan Pallach war der erste, und der nächste war ein Student in Pilsen. Der hat es leider in der Nähe des Theaters getan, in dem ich gerade eine Vorstellung von ›Zar und Zimmermann‹ dirigierte. Als ich in der Pause von seinem Selbstmord erfahren habe, war ich der Meinung, ich könne diese Komödie nicht weiterdirigieren, wenn draußen vor dem Theater junge Menschen sterben. Meine Reaktion war ganz spontan. Ich habe die Solisten und das Orchester gebeten, daß wir die Vorstellung abbrechen. Ich ging allein vor den Vorhang, habe dem Publikum erzählt, was passiert ist und habe gesagt, daß ich der Meinung sei, wir sollten aus Pietät die Aufführung nicht fortsetzen.

Ich habe dem Publikum aber gesagt: Bitte, wenn Sie wollen, machen wir natürlich weiter. Aber das Publikum ist in der größten Stille, die ich je im Theater erlebte, aufgestanden und ist nachhause gegangen. Ich war für eine Woche ein Held, was mir allerdings sehr unangenehm war, ich habe das ja nicht getan, um Eindruck bei Solisten, Chor und Orchester zu machen. Nach einer Woche kamen eine neue Regierung und ein neuer Theaterdirektor. Seine erste Amtshandlung war, von mir zu verlangen, daß ich mich öffentlich selbst anklage und entschuldige nach dem Motto: Entschuldigen Sie, Genossen, so habe ich das nicht gemeint. Denn plötzlich haben alle Solisten, der Chor und viele vom Orchester behauptet, ich hätte sie zu dem Abbruch der Vorstellung gezwungen, sie hätten gerne weitergespielt. Diese öffentliche Selbstanklage habe ich verweigert. Daraufhin sagte er mir ins Gesicht: Wenn Sie sich nicht entschuldigen, fliegen Sie raus, aber nicht nur aus dem Theater in Pilsen. Niemand in der ganzen Republik wird Sie mehr beschäftigen. In den folgenden Jahren hat sich das dann bestätigt. Alle Intendanten, mit denen ich sprach, sagten mir: Ich möchte Dich, und glaub mir… aber wenn ich Dich engagiere, kostet mich das meine Existenz.

Und wie haben Sie diese Jahre überlebt?

Ich lebte eigentlich vom Geld meiner Frau. Sie durfte noch weiter singen. Aber es kam ja noch schlimmer. Die Polizei schikanierte mich unentwegt. Im Sozialismus durfte man ja eigentlich nicht ohne Arbeit sein, weil jeder ein Anrecht auf Arbeit hat und verpflichtet ist, zum Wohle aller zu arbeiten. Mir wurde immer wieder vorgeworfen, ich lebte vom Geld meiner Frau, sei asozial, sei ein Schmarotzer. Man drohte mir: Sie gehören eigentlich ins Gefängnis, solche Leute wie Sie können wir hier nicht gebrauchen … es war paradox. Dann, plötzlich, es war einer der besagten Zufälle, rief nach 4 Jahren das Nationaltheater in Prag an, abends sollte Dvoraks ›Rusalka‹ gegeben werden, der Dirigent wurde krank, und man fragte mich, ob ich das dirigieren könne. Ich habe natürlich gezittert, nach diesen vier Jahren Dirigierpause, aber ich habe ›Rusalka‹ dirigiert. Zufällig hatte an diesem Tag ein neuer Opernchef am Hause begonnen. Der wurde vormittags ernannt, und er ging an diesem Abend erstmals in sein Theater, in die Intendantenloge, und er hat mich gesehen und kam in der Pause zu mir und hat gesagt: Sie sind engangiert. Ich will Sie haben! Daraufhin habe ich ihm gesagt: Ich muß Ihnen, erlauben Sie mir, erst einmal viel erzählen, das geht nicht so einfach. Sie brauchen mir überhaupt nichts zu erzählen, Sie sind engagiert, sagte er. Kommen Sie morgen in mein Büro. Dann bin ich am nächsten Tag hingegangen, und er fragte mich: Was wollten Sie mir eigentlich gestern sagen? Ich habe ihm dann erzählt, warum ich seit 4 Jahren nicht dirigieren durfte, woraufhin er blaß wurde. Er entschuldigte sich, das habe er nicht gewußt, und dann nahm er sein Wort, mich engagieren zu wollen, zurück. Er war Intendant und ein engagierter Parteibonze, ein hoher Funktionär und Mitarbeiter auch der Geheimpolizei, das war ja damals ganz normal. Aber es gab damals am Hause einen Sänger, der auch an der Akademie Gesang unterrichtete. Der kannte mich von der Akademie her. Er hat zum Intendanten gesagt: den Kout kenne ich, das war schon damals ein sehr begabter Mensch, ich versuche die Angelegenheit auf der höchsten parteipolitischen Ebene zu klären. Und er hat es geschafft, daß ich wenigstens als Repetitor engagiert werden dufte. Ich kam allerdings gar nicht zum Repetieren, weil ich schon am zweiten Tag dirigieren mußte. Als mein Name auf dem Plakat stand, kam eine sogenannte Delegation von Pilsen, das heißt ein Beleuchter, ein Mitglied des Chores und ein kommunistischer Funktionär, und die kamen im Namen des Volkes, wie sie sagten, und protestierten. Es sei eine Beleidigung für die Bevölkerung in Pilsen. Die wollten mich am liebsten als Straßenkehrer sehen.

Und Sie haben trotzdem in Prag weiter dirigiert?

Ja, der Intendant hat das trotzdem durchgesetzt, er hat viel politische Macht gehabt. Er hat mich aber auch immer spüren lassen, daß ich von seiner Gnade lebe, wenn ich etwas gefordert habe. Bei einem ›Zauberflöten‹-Gastspiel, als ich vor der Vorstellung mit den drei Damen noch mal probieren wollte und sie nicht zur Probe kamen, war ich wütend und wendete mich an ihn. Aber die drei Damen waren Freundinnen von ihm und wollten lieber einkaufen als probieren. Da hat er mich angebrüllt vorm gesamten Ensemble: Vergiß nicht, Du bist ein Nichts, sei froh, daß Du dirigieren darfst und schweige! Nach 2 Jahren ging auch dieser Direktor weg, und es kam ein neuer. Das war ein provinzieller Dirigent aus Olmütz. Den hatte die Partei durchgesetzt und das erste, was er machte, er hat mich rufen lassen und gesagt: Wissen Sie, ich kann mir das nicht leisten, einen solchen Menschen wie Sie, der so über den Sozialismus spricht und ein so kritisches Verhältnis zum Sozialismus hat, am Hause zu haben. Das ist eine Beleidigung für das Nationaltheater, Sie müssen gehen. Das war zuviel für mich, meine Nerven spielten verrückt. Ich habe daraufhin ein halbes Jahr im Krankenhaus gelegen, ich wollte nicht mehr leben. Und dann geschah, was ich Ihnen schon erzählt habe, jener Zufall, daß ich eingesprungen bin in die Vorstellung, in der Grischa Barfuß saß. Er hat dann zwei Jahre lang immer wieder im Theater angerufen, hat hartnäckige Briefe geschrieben: Lassen Sie den Kout bei mir eine Vorstellung einstudieren, die ›Verkaufte Braut‹. Er hat absichtlich etwas Tschechisches genannt. Nach 2 Jahren durfte ich tatsächlich nach Düsseldorf fahren und habe dort die ›Verkaufte Braut‹ dirigiert. Ich mußte aber nach jeder Vorstellung mit dem Auto nach Prag zurückfahren, neun Stunden, die ganze Nacht durch. Morgens hatte ich dort immer Probe, das hatten sie fantastisch geplant. Ich habe das ein Jahr lang mitgemacht, ungefähr 12 Vorstellungen waren das, und als die letzte Vorstellung zuende war, kam Grischa Barfuß zu mir und sagte: Jiří, paß auf, Du weißt, ich habe sehr gute erste Kapellmeister hier, damals waren Peter Schneider, Friedemann Leier und Alberto Erede dort, es ist sehr gefährlich, Dir das zu sagen, ich will Dein Schicksal nicht zu Deinen Ungunsten beeinflussen, aber wenn Du sagst, ich bleibe hier, ich gehe nicht nach Prag zurück, bist Du ab sofort mein erster Dirigent. Ich wußte, daß diese Chance nicht wiederkommt.

Eine bewegende Geschichte! Wie waren Ihre Empfindungen, als Sie dann von außen beobachten konnten, wie in Ihrer Heimat der Sozialismus zusammenbrach?

Bei den ersten Bildern, die ich im Fernsehen sah, war ich traurig, daß ich nicht dabei sein durfte. Zwei Tage nach der Wende habe ich ein Angebot erhalten vom Nationaltheater und von der Tschechischen Philharmonie, augenblicklich zurückzukommen. Aber sie wollten sich alle nur selbst feiern, und ich habe das Angebot abgelehnt. Und dann kam diese Zeit, in der so viele Leute, die in Prag, nur weil Sie aus dem Westen kamen, Karriere machten. Darunter waren manche Betrüger, muß ich leider sagen, und die Tschechen waren so dumm, darauf reinzufallen. Jeder, der aus dem Westen kam, erhielt plötzlich führende Positionen, und erst nach vier oder fünf Jahren hat man eingesehen, wie falsch das war. Mit diesen Leuten wollte ich nichts zu tun haben und nicht zuammenarbeiten. Ich sage Ihnen ein typisches Beispiel: Nachdem man dieses kleine fantastische Theater, in dem Mozart seinen ›Don Giovanni‹ uraufgeführt hat, frisch restauriert hatte und man für die Eröffnungspremiere den ›Don Giovanni‹ plante, mit den Japanern als Geldgebern und dem Fernsehen der ganze Welt dabei, hat mich der Direktor vom Nationaltheater angerufen und mich gebeten, ich solle diese Eröffnungspremiere dirigieren. Ich hab ihm gesagt: Es ist eine große Ehre für mich, aber ich mache das nicht! Ich finde das nicht korrekt. Ich bin seit 20 Jahren nicht mehr in Tschechien, es geht mir gut, aber es gibt Kollegen, die mußten diese Jahre in Prag aushalten, die hätten es eher verdient als ich, dieses Ereignis zu dirigieren. Ich dachte damals zum Beispiel an Zdeněk Košler. Aber wissen Sie, wer die Premiere dann dirigierte? Charles Mackerras, mit nur 3 Proben!

Westimport wurde ja auch in der DDR großgeschrieben nach der Wende. Sie waren nach der Wende, als Udo Zimmermann in Leipzig als Intendant antrat, ein paar Jahre sein GMD und haben mit ihm ein aufregendes Konzept von zeitgenössischem Musiktheater verwirklicht. Warum haben Sie dann das Handtuch geworfen?

Die finanzielle Situation war miserabel. Es ging nichts mehr. Ich habe damals den Zuschauern versprochen, ich werde alles tun dafür, daß Leipzig ein eigenes Ensemble bekommt. Und ich habe es nicht realisieren können. Man konnte den jungen Leuten ja keinerlei Garantie geben, was die Zukunft angeht. Es gab keine verläßliche Planung. Ich konnte darauf auch nicht bestehen. Es wurde immer wieder der Spielplan geändert. Manchmal im letzten Moment. Dann hieß es plötzlich wieder: Nein, es kommt eine andere Premiere. Ich hatte den Eindruck, es ging mehr und mehr nach unten mit Leipzig. Für das normale Repertoire, welches das Publikum wollte, war eigentlich nicht genügend Raum, und ich spürte, daß das Publikum unzufrieden ist. Ich befürchtete Schlimmes. Und dann würden die Leute kommen und sagen: Mein Lieber, aber Du warst doch dabei, was hast Du denn dagegen unternommen? Hätte ich sagen sollen: Ich konnte nichts unternehmen? Also habe ich mir gesagt, es ist besser, wenn ich weggehe. Die ersten Jahre mit Udo Zimmermann waren sehr schön. Ich habe mich mit ihm gut verstanden, und ich will nicht schlecht über ihn sprechen, denn er hat sehr viel für Leipzig getan.

Das kann man wohl sagen.

Was er dort für die zeitgenössische Oper getan hat, das ist beispiellos auf der Welt. Das läßt seit seinem Antritt als Intendant der Deutschen Oper Berlin auch für das Opernleben der Hauptstadt hoffen.

Dennoch haben Sie dann in einer großen Notsituation der Leipziger Oper Udo Zimmermann wieder geholfen und haben auf bewundernswürdige Weise eine der spektakulärsten Aufführungen dieser Ära Zimmermann einstudiert, Messiaens ›Saint Francois d'Assise‹, der ja für Sie Neuland war.

Das war absolutes Neuland für mich. Es war wieder so eine typische Situation: Ich habe in San Franzisko ›Elektra‹ dirigiert und hatte schon die Partitur vom ›Freischütz‹ dabei, denn wir wollten zur Eröffnung der Spielzeit in Leipzig den ›Freischütz‹ machen. Plötzlich ruft mich Udo Zimmermann an und sagt: Ach weißt Du, Leipzig ist ein Opernhaus, da können wir es uns nicht leisten, jetzt so ein Stück zu machen, wir müssen etwas Besonderes herausbringen, wir spielen Messiaen. Was sagst Du dazu? Ich sagte: Ich kann dazu nichts sagen, weil ich dieses Stück überhaupt nicht kenne. Dann kam ich nachhause, habe mir das Stück angehört und fand, daß das eine geniale Musik ist. Dann habe ich mir die Partitur besorgt. Ich muß sagen, so etwas habe ich nie im Leben zuvor gesehen. Und ich habe zugesagt, weil es mich gereizt hat. Aber ich habe dann 4 Monate lang nichts anderes getan, als dieses Stück zu studieren und zu lernen. Und das für vier Vorstellungen! Ich hatte Schaum vorm Mund, so schwer ist dieses Stück. Aber es hat mich fasziniert, weil es ein geniales Stück ist. Und ich bin, ehrlich gesagt, sehr traurig, daß ich es nicht in Berlin dirigieren kann, obwohl ich Zimmermanns Angebot bekam, aber er kam mal wieder, wie so oft, ein bißchen zu spät mit seinen Terminen, da hatte ich bereits in Glyndebourne die ›Katja Kabanova‹ zugesagt.

Janàček ist einer Ihrer Herzenskomponisten. Was ist es, was Sie so lieben an Janàček.

Janàček sagt mit 2 Takten mehr als andere Komponisten mit 100 Takten. Er kann in ein paar Takten eine Atmosphäre schaffen, wie es das sonst nur noch bei Wagner gibt.

Wagner ist ja auch ein Komponist, den Sie regelmäßig dirigieren. Wagner boomt gegenwärtig, es gibt kaum ein Provinztheater, das keinen ›Ring‹ macht. Gleichwohl wird mit sehr unterschiedlicher Qualität dirigiert. Ihn teutonisch aufgedonnert oder pathostriefend zu dirigieren, war nie Ihre Sache. Im Gegenteil, Sie dirigieren Wagner sehr schlank und sehr transparent, sehr modern eigentlich, oder höre ich das falsch?

Wenn Sie das gehört haben, dann freut mich das außerordentlich, denn ich habe mich sehr darum bemüht, ihn genau so, wie Sie es beschrieben haben, zu dirigieren. Es ist wirklich sehr schwer, Wagner zu dirigieren, das muß ich zugeben. Ich hab das erst durch jahrelange, harte Arbeit gelernt. Heute kann ich sagen: Den ›Ring‹ muß man 30 Mal dirigieren, um zu wissen, wie man ihn dirigieren muß. Diese großen Bögen zu schaffen, ohne pathetisch zu werden, ist nicht einfach. Es ist ja alles schon in der Musik, man braucht das nicht noch zu unterstreichen. Respekt vor der Partitur ist das Wichtigste. Ich habe Respekt vor der Bayreuther Dynamik, wo doppeltes und dreifaches Forte gefordert werden, aber das funktioniert nur in Bayreuth, nirgendwo sonst. Ich kämpfe dafür, außerhalb Bayreuths diese Dynamik zu vermeiden, denn ich glaube, es geht auch anders, vielicht sogar besser, und Wagner wird dadurch nicht im geringsten beschädigt.

Ein Komponist, der auch in Ihr Repertoire gehört, ist Richard Strauss.

Wundert Sie das? Diese unwahrscheinlich farbigen Partituren haben mich vom ersten Moment angezogen.

Aber die Person und die Aussagen seiner späten, im Dritten Reich geschriebenen Werke, sind doch zumindest fragwürdig. Da hat Janàček, verglichen mit Strauss und Wagner, die menschlicheren, demokratischeren, moderneren Opern vorgelegt.

Absolut, ja: ›In jedem Wesen steckt ein Fünkchen Gottes‹.

Lorin Maazel
Ein Musiker, der nur ein guter Musiker ist, ist kein guter Musiker!

Herr Maazel, Sie sind In Paris geboren worden und in Los Angeles und Pittsburgh aufgewachsen. Sie haben sehr früh angefangen zu musizieren. Mit Fünf haben Sie den ersten Violinunterricht bekommen. Eine Geigerkarriere bahnte sich an. Aber Sie sind schließlich Dirigent geworden. Seit wann war Ihnen klar, diesen Weg zu gehen?

Das war nie klar. Ich hatte eine bestimmte Begabung für die Musik. Man hatte sie entdeckt. Jeder Musiker, der begabt ist, zeigt seine Begabung ziemlich früh. Das ist ganz normal. Ich habe tatsächlich mit 8 Jahren schon ein kleines Orchester dirigiert. Aber das war nur ein Versuch, ein Experiment, um festzustellen, ob ich das überhaupt kann. Nun, ich habe dann ungefähr 50 Konzerte in den nächsten 10 Jahren dirigiert, gewissermaßen als Amateur. Amateur in dem Sinne, daß ich trotz meines Engagements weiter in die Schule ging und ein normales Kinderleben geführt habe. Mit 16 Jahren habe ich dann erst mal aufgehört mit dem Dirigieren und bin an in die Universität gegangen. Dort habe ich Literatur studiert, Mathematik, Philosophie und anderes. Ich wollte Schriftsteller werden, aber ich habe meine musikalischen Leidenschaften natürlich nicht aufgegeben. Ich habe nebenher Kontrapunkt und Harmonie studiert und weiterhin die Geige gespielt. Ich wußte noch nicht so ganz genau, wohin mein Weg gehen würde.

Waren Sie sich von Anfang an klar darüber, daß das Dirigieren erfolgreicher sein würde als das Komponieren?

Ich zweifelte daran, als Komponist etwas wirklich Neues anbieten zu können. Ich bin dem Irrtum aufgesessen, dem alle jungen Menschen aufsitzen und habe mich mit den großen Meistern der Vergangenheit verglichen, und das darf man nie tun. Ich habe mich damals nicht bewußt für das Dirigieren entschieden, sondern das Schicksal hat für mich entschieden. Ein Dirigent war krank geworden, das war 1953, als ich in Italien studierte, und ich übernahm sein Konzert. Das wurde ein großer Erfolg. Und ich bekam ein Angebot, sechs Monate später ein weiteres Konzert zu dirigieren, was für mich völlig überraschend war, denn ich hatte das eigentlich nicht vor.

Darf ich fragen, für wen Sie eingesprungen sind?

Für Pierre Dervaux.

Mit dem ja Poulenc viel gearbeitet hat…

Genau der, ja. Und ich habe immer mehr Angebote, zu dirigieren bekommen, was mich wirklich erstaunte, denn ich habe das nicht forciert. Ich wollte damals nicht unbedingt eine Karriere als Dirigent machen. Aber wie gesagt, das Schicksal hat es so gewollt. Ich habe natürlich die Angebote alle wahrgenommen, ich habe sehr viel studiert und versucht, ein Repertoire aufzubauen, immer mit dem Gedanken, daß das mit dem Dirigieren nicht sehr lange dauern würde. Zu meinem größten Erstaunen holte man mich dann 1960 nach Bayreuth als ›Lohengrin‹-Dirigent, drei Jahre später wurde ich nach Salzburg eingeladen, und so ging es weiter. Ich konnte diesen mir zufallenden Erfolg bis heute nicht bremsen.

Nun sind Sie ja auch noch in einem Alter, das für einen Dirigenten geradezu ein jugendliches Alter ist.

Ja, man dirigiert immer weiter. Wenn ich allerdings eines Tages bemerken sollte, daß ich nicht mehr in der Lage bin, dem Beruf zu dienen, wie man diesem Beruf dienen sollte, dann werde ich ihn aufgeben.

Man liest immer wieder, daß es zwei Dirigenten gewesen seien, die Sie in Ihrer Jugend gefördert haben, von denen Sie zumindest viel gelernt haben: Leopold Stokowski, ein eminenter Klangmagier, und Arturo Toscanini, ein Dirigent von scharfer, unerbittlich präziser Analyse – ist das richtig?

Nein, weder noch. Der Dirigent, der mich wirklich geprägt hat, war Victor de Sabata, ein wirklich großer Musiker, er hat mit Leidenschaft dirigiert, von Analyse war allerdings nie die Rede, obwohl er Komponist war und ein wunderbarer Pianist. Aber ich war von seiner leidenschaftlichen Liebe zur Musik sehr beeindruckt. Ich war ein junger Mensch, und solche Eindrücke sind für einen jungen Menschen prägend. Wahrscheinlich habe ich ihn aus Bewunderung sogar nachgeahmt als junger Dirigent, bevor ich nach und nach meinen eigenen Weg gefunden habe.

Wie kam es, daß es Viktor de Sabata war. Wo haben Sie ihn kennengelernt?

Er war Gastdirigent in Pittsburg, wo ich im Orchester, im Pittsburg-Symphonie Orchestra als Geiger gespielt hatte. Ich habe mir mein Studium zeitweise als Geiger im Orchester verdient. Ich war damals ziemlich arm, und es war eine gute Methode, um neben dem Studium ein bißchen Geld verdienen zu können. Sie wissen, ein Studium an der Universität ist in Amerika sehr teuer. Was ich zunächst nicht ahnte, war, daß ich unglaublich viel von den Gastdirigenten lernen würde. Ich spielte drei Jahre unter der Stabführung von William Stein-

berg, unter Leopold Stokowski, Erich Leinsdorf und Victor De Sabata, der in jener Zeit ungefähr 16 Programme gemacht hatte. Seine Konzerte waren Sternstunden für mich. Diese Konzerte haben mich tief beeindruckt, und diesem Eindruck verdanke ich wahrscheinlich meine Karriere als Dirigent. De Sabata war so etwas wie ein Idol für mich. Sein Vorbild hat mich wahrscheinlich zum ersten Mal gelehrt, was es heißt, ein Dirigent zu sein!

Hatten Sie auch persönlichen Kontakt mit ihm?

Später habe ich all meinen Mut zusammengerafft und ihn um Ratschläge gebeten. Er riet mir: Wenn Du Dirigent werden willst, dann mußt Du nach Europa kommen und Oper machen! Du mußt nach Italien kommen und italienisch studieren, denn das ist die Sprache der Oper. Nicht zuletzt auf seinen Ratschlag hin habe ich mich um ein Stipendium als Fullbright-Student bemüht, und dank seinem Rat habe ich tatsächlich in Italien meinen Weg als Dirigent gefunden.

Hatten Sie denn mit Arturo Toscanini Kontakt?

Ja! Er kam zu einer Probe, als ich als elfjähriges Kind sein Orchester in New York dirigierte. Er kam natürlich aus lauter Neugier. Nach der Probe rief er mir zu: ›God bless you‹ und ›Dio ti benedica!‹. Das war mein einziger Kontakt mit ihm, aber es war eine unvergeßliche Begegnung für mich. Er schien mir so übergroß zu sein, dabei war er ein ganz kleiner Mann.

Kommen wir zu Stokowski …

Der lud mich einmal zu einem Konzert ein, zusammen mit anderen jungen Künstlern, einer Geigerin und auch einem Pianisten. Das war in der Hollywood Bowl, um 1940. Ich habe ein Stück dirigiert. Stokowski hatte sehr viel übrig für junge Menschen. Es war für ihn ein Vergnügen, Nachwuchskünstler präsentieren zu können.

Wie war er als Mensch? Er ist ja ein grandioser Dirigent gewesen, wie wir alle wissen, aber …

… Oh, er war so schwierig, er war wahnsinnig schwierig. Er hat sein Orchester immer auf seine Art und Weise auf der Bühne verteilt, wollte bei jeder Probe etwas anderes, und es war für mich als sehr junger, unerfahrener Dirigent ziemlich schwer, das einzusehen und damit klar zu kommen. Ich wußte nie, in welche Richtung ich meine Einsätze geben sollte, bei jeder Probe saßen die Musiker anders. Stokowski war auch sehr theatralisch. Aber zu seiner Zeit waren alle große Interpreten ziemlich theatralisch. Die Begegnungen mit ihm werde ich nie vergessen, aber ich war viel zu jung, um wirklich etwas von ihm lernen zu können. Später, als er als Gastdirigent bei uns in Pittsburg dirigierte, hatte ich die Möglichkeit, ihn bewußter als Dirigent zu erleben. Er konnte sich übrigens, auf meine Kindheit angesprochen, überhaupt nicht erinnern, daß ich einmal bei ihm dirigiert hatte. Es kam dann auch kein näherer persönlicher Kontakt zustande, aber seine Art und Weise zu musizieren hat mich außerordentlich provoziert und angeregt.

Also war Victor De Sabata wirklich ihr einziges Idol, Ihr Vorbild?

Ja, aber es gab natürlich auch noch andere, die ich bewunderte. Beispielsweise Rachmaninow. Er war ein intimer Freund meines Lehrers gewesen. Sie waren beide Russen, und ich hatte die Ehre, Rachmaninow kennenzulernen. Und dann hörte ich ihn als Pianist, er spielte das Klavierkonzert von Schumann, und er war eine großartige Persönlichkeit, ziemlich melancholisch, aber sehr nett. Und er war sehr lieb zu mir. Und er hat über Musik gesprochen, über die Noten, die ich in jener Zeit lernen wollte, und sein Genie blitzte mir entgegen, obwohl ich ziemlich jung war, ich war gerade dreizehn Jahre alt. Ich hatte auch Jascha Heifetz kennengelernt. Er hat mich übrigens als Geiger gehört und hat später sogar meine Kadenz zum G-Dur-Violinkonzert von Mozart in seinen Unterrichtsklassen benutzt, was mir natürlich sehr schmeichelte. Dann hatte ich die große Ehre und Gelegenheit, Quartette mit Mischa Elman zu spielen. Ich natürlich als zweite Geige, das war unvergeßlich. Ich hatte wirklich als junger Mensch wunderbare Begegnungen mit großen Künstlern und das ist, glaube ich, für einen jungen Musiker eminent wichtig, wichtiger als alle akademische Theorie.

Nun hatten Sie dadurch, daß Sie neben der Musik noch Literatur und Mathematik studierten, auch einen weiten Horizont. Es gibt ja Dirigenten, die leben und denken gewissermaßen schmalspurig, kommen vom Klavier und haben nichts außer Noten im Kopf. Gehört es nicht zu einem großen Musiker dazu, ein bißchen über den Tellerrand zu schauen?

Absolut. Ich zitiere immer den Pianisten Artur Schnabel, der einmal sagte: Ein Musiker, der nur ein guter Musiker ist, ist kein guter Musiker! Die Musik ist doch eine Sprache, in der man zum Ausdruck bringen will, was man mit Worten nicht sagen kann. Aber man muß wissen, was man sagen will. Und man muß es immerhin versucht haben, in anderen Sprachen, also mit Worten auszudrücken. Sprachenkenntnis und Auseinandersetzung mit Philosophie und Literatur sollten für einen Musiker selbstverständlich sein. Wie kann man der philosophischen Dimension der Musik zu ihrem Recht verhelfen, wenn man sie nicht einmal aus der Literatur kennt? Wie kann man als Musiker komponierende Menschen verstehen und zuhörende Menschen erreichen, wenn man nicht ihre Sprache spricht und über reiche menschliche Erfahrungen und Begegnungen verfügt? Das war immer für mich sehr klar. Gerade deshalb war De Sabata für mich ein Vorbild, weil er nicht nur ein phantastischer Musiker war, sondern auch ein phantastischer Mensch und eine große, gebildete Persönlichkeit. Sein Vater war Chordirektor in Monte Carlo und er, De Sabata, dirigierte die Uraufführung von Ravels ›L'enfant et les sortilèges‹. Er sprach perfekt französisch, sehr gut deutsch und ziemlich gut englisch. Er hat unendlich viel gelesen. So sollte ein Dirigent sein! Nicht nur einer, der die Noten über die Runden bringen kann wie ein Noten-Ingenieur oder ein Musik-Techniker. Wenn ich solch einen Dirigenten im Konzert erlebe, dann bin ich glücklich. Wenn ich dagegen einen bloßen Musik-Techniker am Pult sehe, der grundsätzlich nur etwas von der Musik und von Showbusiness versteht, dann bin ich ziemlich unglücklich.

Aber das kann man natürlich nicht auf der Hochschule lernen, dafür muß man Charisma haben, eigene Persönlichkeit, eigene Idole, wie Sie es ja beschrieben haben. Und das ist ja heute bei den jungen Dirigenten oft ganz anders, finden Sie nicht auch?

Allerdings! Sie sind oft so hilflos, so phantasielos, und sie wissen nicht, in welche Richtung sie fahren sollen. Das hab ich sehr oft erlebt. Es gibt viele, die versuchen, große Dirigenten nachzumachen, die versuchen, oberflächlich irgendetwas zu übermitteln mit Gestik, mit Bewegung usw., das alles hat aber mit der Musik nichts zu tun. Die Hauptsache ist doch, daß man die Partitur gründlich studiert, daß man den Komponisten verehrt und daß man bereit ist, am Pult zu stehen, um der Musik zu dienen und nicht, sich selber darzustellen.

Es gibt aber viele Dirigenten, die in großer Pose und Allüre in erster Linie nur sich selbst darstellen.

Wenn man als Dirigent daran denkt, sich selbst darzustellen, dann hat man das Spiel schon verloren. Dirigieren muß aus der Natur der Sache, will sagen, aus der Musik kommen, und das muß ein innerer Imperativ sein. Man muß von der Leidenschaft für die Musik gepackt werden. Dann stimmt es. Und das bemerken die Zuhörer auch. Sie spüren, ob es echt ist, was einer dirigiert und wie er es tut. Aber das kann man natürlich nicht lernen, da haben Sie recht.

Halten Sie sich denn strikt an die Vorschriften des Komponisten oder glauben Sie, daß man als Interpret auch viele Freiheiten hat?

Wissen Sie, ich bin ja selber auch Komponist. Als Komponist versuche ich immer mit allen Mitteln, meine Musik so klar wie irgend möglich aufzuschreiben und meine Intentionen so deutlich zu machen, daß man nur die Noten so spielen muß, wie ich sie notiert habe, damit alles gut wird. Ich weiß natürlich, daß das eine Illusion ist. Ich weiß es als Dirigent. Aber ich versuche es trotzdem. Und dann kommt die erste Probe, bei der ich meine eigene Musik dirigiere, ich versuche zu tun, was der Komponist von mir verlangt hat, und natürlich geht es so nicht. Nicht, daß ich meine Musik nicht richtig niedergeschrieben hätte, es ist genau richtig! Aber es ist eben ein anderer Beruf. Der Dirigent muß mit seiner Begabung und seinen Fähigkeiten, Musik zu interpretieren, sie zum Leben bringen. Er muß seine Begabung ins Spiel bringen, so daß die Musik nicht tot geboren wird. Ich stelle immer wieder und gerade bei meinen eigenen Kompositionen fest, daß der Beruf des Dirigenten gleichberechtigt neben dem des Komponisten existiert. Ein Interpret hat einen bedeutenden Anteil an der realisierten Musik. Ohne ihn geht's nämlich nicht. Wenn ich meine eigenen Sachen dirigiere, ändere ich natürlich viele Balancen, nicht, weil ich mich als Komponist geirrt hätte, sondern weil ich in der Praxis einen besseren Weg finde. Tempoverhältnisse ändere ich möglichst subtil, aber es ist zuweilen wichtig. Plötzlich entdecke ich, daß ein Ritardando notwendig ist, hier eine Corona und da eine Ausdehnung, eine Verzögerung usw. All dies sind kleinen Sachen, an die man als Komponist oft nicht mit letzter Konsequenz denkt. Ich sage Ihnen das nur, weil ich der Meinung bin, wenn das für meine eigene Musik so gilt, dann trifft es genauso für die Musik anderer zu. Einer Musik, die meist vor vielen Jahren geschrieben wurde. Und in einer Zeit, in der das Leben anders war, wo die Sensibilität der Menschen eine andere war.

Und auch die musikalischen Gepflogenheiten andere waren ...

Genau. Trotzdem muß man im heutigen Augenblick diese Musik wieder zum Leben bringen. Und das kann nur ein begabter Dirigent, ein kreativer Musiker! Dirigieren ist keine bloße Interpretation, ist mehr als nur Reproduktion, Dirigieren ist selbst ein kreativer Akt!

Aber das wird ja umso schwieriger, je älter die Musik ist. Wenn sie 200 Jahre alt ist, 300 Jahre alt, glauben Sie, daß Sie als Dirigent sich dann noch in diese Musik, in dieses musikalische Idiom hineinversetzen können, zu schweigen von den musikalischen Praktiken, die damals üblich waren?

Man weiß nicht, wie man die Orgel in Leipzig zur Zeit Bachs gespielt hat, oder in Mannheim oder in Dresden. Die Instrumente waren nicht gleich, die Musizierhaltung unterschiedlich, zwischen Dresden und Leipzig war der Abstand wahrscheinlich größer als zwischen damals und heute. Wir wissen es nicht. Aber selbst wenn wir es wissen würden: Jeder Versuch, das künstlich nachzuahmen, zu rekonstruieren, ist meiner Meinung nach vom ersten Augenblick an zum Scheitern verurteilt! Das einzige, was wichtig ist, ist die Sensibilität des Spielers, zu spüren, was in den Noten da herumläuft. Und dann muß man eigene Mittel anbieten, die möglicherweise völlig andere sind als die der Zeit des

Komponisten,. Man muß Mittel von heute anbieten. John Williams beispiels-weise, der auf seiner Gitarre eine Bachfuge für Geige spielt, macht das kolossal! Ich sage Ihnen das als Geiger und als Bach-Liebhaber, und ich bin doch in sei-ner Musik aufgewachsen: John Williams macht das wunderbar. Es ist mir völlig wurscht, daß das zu Bachs Zeiten überhaupt nicht möglich gewesen wäre. Und ich bin mir ziemlich sicher, daß Bach sich darüber freuen würde. Natürlich, man kann die Bach-Fuge auch auf einer kaputten alten Geige mit Darmsaiten spielen, man kann alles versuchen, aber wenn man die Musik nicht verstanden hat und nicht in der Lage ist, sie technisch zu übermitteln, ist am Ende dieser Versuch gescheitert. Egal, auf welchem Instrument man spielt. Ohne diese sub-jektive Inspiration, ohne diese eigene Kreativität bei der Interpretation macht es keinen Sinn, Musik zu machen. Und diejenigen, die fanatisch versuchen, ohne eigene Begabung irgendeine historisierende Reanimation auf alten Instrumenten anzubieten, schaden der Musik mehr, als daß sie ihr dienen.

Das klingt, als seien Sie kein großer Freund der historischen Aufführungspraxis.

Ich finde die historische Aufführungspraxis zwar interessant, vorausgesetzt, die Interpreten sind in der Lage, die Musik unter den speziellen Vorzeichen auch wirklich zum Leben zu erwecken. Aber diese Praxis entspricht nicht meiner Auffassung von Musizieren. Wenn ein János Starker die Bachschen Suiten für Violoncello anbietet, ist das historisch wahrscheinlich völlig daneben, aber es ist ein Genuß, das zu hören. Und wie gesagt, ich bin mit dieser Musik auf-gewachsen. Mein Lehrmeister verband eine große Liebe mit Bach, und er hat von mir verlangt, daß ich jeden Tag Bach spiele.

Das war Vladimir Bakaleinikoff?

Ja, und Bach war die erste Musik, die ich bei ihm spielte. Das stimmte historisch nicht unbedingt. Aber wer ist denn in der Lage, so zu spielen wie zu Bachs Zeiten? Wenn ich ein Beispiel geben darf: Also, ich bin mit Big-Band-Musik aufgewachsen, mit Glenn Miller beispielsweise. Ein fantastischer Musiker. 40 Jahre später wollte man diesen Big-Band-Sound wieder reanimieren. Man hatte alle Musiker von damals noch gefunden, also Leute, die damals unter Glenn Miller gespielt hatten, die waren zwar alt inzwischen, aber sie konnten noch spielen. Dank der Tatsache, daß man so viele Schallplatten aus jener Zeit hatte, hat man versucht, den Sound von damals perfekt nachzumachen. Das war interessant, aber es war nicht dasselbe! Man kann einen Originalklang nicht rekonstruieren oder kopieren. Wenn man es noch nicht einmal in einer so einfachen Kategorie von Musik schafft, wie soll man dann erst Musik, die 300 Jahre alt ist, rekonstruieren? Es ist doch Hochmut, dies zu versuchen. Und angenommen, wir hätten die Möglichkeit, Bach selber an seiner Orgel seine Fugen und Passacaglien spielen zu hören, würde uns das wirklich erfreuen? Wenn wir Mahler hören, wie er seine 4. Symphonie auf dem Klavier spielte, denken wir doch auch: das kann nicht sein Ernst sein. Nun ja, er glaubte nicht an dieses Aufnahmegerät, war nicht vorbereitet, hat vielleicht schlecht gespielt, ohne jedes Interesse. So klingt es jedenfalls. Da hört man zwar gewissermaßen authentisch die Stimme des Komponisten höchstselbst, aber befriedigt uns das? Ist es ein Gewinn für uns, das zu hören? Ist es ein Genuß?

Also Musik machen – egal ob dirigieren oder spielen – ist ein schöpferischer Prozeß für Sie, ein nachschöpferischer Prozeß, in dem der Interpret an die Stelle des Komponisten tritt, um ihn zu aktualisieren, ihn zu verlebendigen?

Genauso ist es!

Sie haben ja mit sehr unterschiedlichen Orchestern gearbeitet, in der Neuen Welt, in der alten Welt, in Italien, in Deutscland, Sie haben neue Musik dirigiert, alte Musik, klassische Musik, Sie haben eigene Kompositionen dirigiert, was ist denn nun für einen so vielseitigen Dirigenten das wichtigste? Was ist der kleinste gemeinsame Nenner? Doch wohl nicht nur die Schlagtechnik, oder?

Natürlich nicht, aber sie ist doch, was er eigentlich benutzen muß. Mit der Schlagtechnik übermittelt er sein Konzept, ein Konzept, das er ganz intuitiv entwickelt hat aus seiner Begabung als Interpret und diszipliniert hat, kanalisiert dank dem analytischen Studium der Partitur. Man muß natürlich wissen, wie die Partitur gebaut ist, wo die Themen liegen und wie sie gegeneinandergesetzt werden etc. Man hat auch eine Klangvision. Aber man hört gleichzeitig, was das Orchester in der Realität davon verwirklichen kann. Man muß das, im Unterschied zur Vision im Kopf, unbedingt wahrnehmen. Es gibt aber so viele Dirigenten, die das nicht registrieren, sie dirigieren abstrakte Aufführungen. In der aktuellen Aufführung merkt man dann, daß sie nicht zuhören, daß sie etwas Abstraktes dirigieren. Ich höre doch, was man mir von seiten der Musiker anbietet, was die Phrasierung betrifft und den Klang. Und dann integriere ich das in meine Vorstellungen und nach meinem Konzept. Manchmal funktioniert das ziemlich gut, und ich bemerke, daß meine Kollegen glücklich sind, weil ich nicht verhindere, daß sie etwas mit ihren Möglichkeiten zum Ausdruck bringen. Man muß immer versuchen, das real Mögliche in sein Idealkonzept zu integrieren. Das ist die wesentliche Aufgabe des Dirigenten. Und nur so hat man eine Chance und hat das Orchester eine Chance.

Natürlich müssen Sie als Dirigent auch moderieren zwischen den Interessen des Orchesters, das sich ja aus vielen individuellen Künstlern zusammensetzt, von denen jeder sensibel, eitel und verletzlich ist. Menschliche Qualitäten sind also auch gefragt in Ihrem Beruf. Ist bei dieser Aufgabe als Dirigent, viele Individuen zu einer gemeinsamen Aufgabe zusammenzuzwingen, Autorität notwendig?

Ja, unbedingt! Wenn auch ungern, muß man doch zugeben, daß es in unserer Welt Menschen gibt, die führen müssen und solche, die folgen müssen. Es gibt Menschen, die müssen geführt werden, andere können es nicht ertragen und wollen führen. Das ist im Orchester genauso wie im Leben. Ich bin eine musikalische Führungspersönlichkeit, aber ich habe überhaupt keine Schwierigkeiten, auf anderen Gebieten als der Musik jemandem zu folgen. Ich kann sehr gut zuhören und von anderen etwas lernen. Wenn es hart auf hart kommt, wenn wir uns also operieren lassen müssen, dann wollen wir doch den besten Chirurgen und diskutieren nicht mit ihm, sondern fügen uns seiner Führung, unterwerfen uns bereitwillig seiner Kunst und seinen Kenntnissen und Erfahrungen, oder nicht? Es ist sehr wichtig, daß einer am Pult steht, der weiß, was er tut und dem man sich anvertraut und blind seinen Anweisungen folgt. Ich finde, das gilt, wie in der Medizin, so auch in der Kunst. Wenn allerdings der beste Chirurg der Welt in bestimmen Augenblicken nicht mehr operieren kann, weil seine Hand zittert, werden seine Kollegen ihn schon auffordern, seinen Beruf aufzugeben. Und der beste Dirigent, wenn er plötzlich nicht mehr hört oder nicht mehr die Konzentration aufbringt, muß selbstverständlich auch seinen Beruf aufgeben. Aber bis es soweit ist, soll man ihm die Freiheit lassen, zu machen, was man von ihm erwartet.

Er kann schließlich, wenn's mit dem Dirigieren aus ist, immer noch komponieren. Fühlen Sie sich als Dirigent, als Geiger oder als Komponist?

Ich sehe mich als Musiker, mal so und mal so. Ich bin sehr glücklich, daß ich noch in der Lage bin, verhältnismäßig gut zu geigen. Ich glaube, daß ich gerade deshalb ein guter Dirigent geworden bin, weil ich selber musizieren kann, auch mit anderen zusammen, ich habe ja viel Kammermusik gespielt.

Ist es nicht schwierig, wenn man soviele Werke anderer Komponisten dirigiert wie Sie, selbst noch den Kopf frei zu haben für eine eigene, freie, unabhängige kompositorische Handschrift?

Ich finde, es ist eher einfacher, als Dirigent zu komponieren, weil ein Dirigent weiß, wo er bestimmte Kombinationen von Noten nicht benutzen darf, weil sie schon vergeben sind. Wer komponiert, ohne das Repertoire so gut zu kennen, hat große Probleme, schon Dagewesenes zu vermeiden. Deswegen findet man ja auch so viele Ähnlichkeiten, Entlehnungen, Kopien in der zeitgenössischen Musik. Andererseits soll man nicht versuchen, auf Biegen und Brechen etwas

Neues zu machen, denn es gibt nichts Neues mehr in der Musik. Es ist eine Selbsttäuschung, zu glauben, man werde originelle Musik schreiben, man kann es nicht mehr. Aber neu im Sinne des Ausdrucks kann man schreiben. Das Thema im ›Rosenkavalier‹ zum Text ›ich trink kein Wein‹ ist dasselbe Thema mit denselben Noten wie im großen Trio am Ende der Oper. Die Marschallin, Sophie und Octavian singen exakt dieselben Noten, aber kaum ein Mensch erkennt das. Sogar Musiker sind darüber immer wieder erstaunt, wenn ich sie darauf hinweise. Die Noten sind gleich, aber die Stimmung ist ganz anders. Strauss benutzt die gleichen Noten, schafft aber aus demselben Material etwas ganz Neues. In diesem Sinne kann man tatsächlich immer etwas Neues anbieten, aber es gibt nun mal nur eine begrenzte Anzahl von Tönen, wenn man in der tonalen Tradition bleibt, und die setzen Grenzen.

Serielle Musik, Zwölftonmusik hat diese Grenzen ja versucht, zu sprengen. Betrachten Sie diese Versuche als Sackgasse?

Ja, ich glaube, das ist eine Sackgasse. Ich sage dies, obwohl ich selber sehr viele Zwölfton-Reihen benutze in meiner eigenen Musik, aber ich benutze sie nicht aus kompositorischem Zwang, nicht aus Prinzip, sondern weil ich es manchmal, wenn ich keinen Ton wiederholen will, einfach reizvoll finde. Manchmal will ich allerdings genau das Gegenteil, will eine Note immer wiederholen, das tue ich auch sehr oft. Die musikalischen Mittel – wie Zwölftonreihen – sind doch dazu da, einem bestimmten Ausdruck zu dienen. Wenn sie sich verselbständigen, geht es nicht mehr um Musik. Alle verbohrten Kompositions-Prinzipien, -Systeme und -Dogmen halte ich für absolut unmusikalisch.

Sie haben vom ›Rosenkavalier‹ gesprochen. Sie haben schon in sehr jungen Jahren Oper dirigiert. Beispielsweise haben Sie schon 1960 in Bayreuth dirigiert. Sie waren dann sehr bald danach auch an der New Yorker Met, haben dort den ›Rosenkavalier‹ oft dirigiert. Sie sind schließlich an allen großen Opernhäusern der Alten wie der Neuen Welt aufgetreten, waren Chef an der Deutschen Oper in Berlin und in Wien. Wie wichtig ist Ihnen die Oper, oder anders gefragt, was ist Ihnen wichtiger, Konzertantes, Symphonisches oder Oper?

Die Komponisten haben in den Opern so viel schöne Musik angeboten, daß ich verarmt wäre, wenn ich nicht die Gelegenheit gehabt hätte, Oper zu dirigieren.

Es ist für jeden Dirigent ein herber Verlust, wenn er keine Opern dirigiert.

Zumal in der Oper die Musik ja über ihre Grenzen springt, weil sie mit dem menschlichen Wort im Ausdruck präziser, konkreter, auch größer wird.

Absolut, und die dramatischen, die theatralischen Situationen lehren einen Musiker viel. Auch die Melodik und Thematik in der klassischen, sogenannt abstrakten, also nicht vokalen Musik begreift besser, wer Opernerfahrung hat. Abgesehen davon ist Operndirigieren eine harte, aber lehrreiche Schule des dirigentischen Handwerks.

Der Apparat ist ja auch größer.

Und der Dirigent muß ihn zusammenhalten, muß blitzschnell reagieren, um Situationen zu retten; es gibt ja kaum eine Vorstellung, die perfekt läuft. Es gibt keine Opernaufführung ohne Probleme der Koordination zwischen Orchestergraben und Bühne.

Sind die amerikanischen Orchester, die ja technisch so brillant sind, beispielsweise in Cleveland, wo Sie ja lange Chef waren, oder New York, Ihre künftige Heimat, besser als die europäischen Orchester?

Nein. Das war allerdings so nach dem 2. Weltkrieg, aber es ist seit langem nicht mehr der Fall.

Warum?

Weil die Orchester immer älter werden und man keinen Orchestermusiker von seiner Stelle entfernen kann, bevor er 65 ist. Und auch dann ist es sehr schwer. Die Leute bleiben an ihren Pulten, bis sie sterben.

Wollen Sie damit sagen, daß die amerikanischen Orchester überaltert sind?

Ja, sie sind überaltert. Es gibt kaum ein Orchester in Amerika, das man zum Beispiel mit dem Symphonie-Orchester des Bayerischen Rundfunks vergleichen kann. Es gibt 40 Solisten im Orchester, die auch als Solisten eine Karriere machen. Ich möchte gern mal wissen, wie viele Musiker in den größten Orchestern in Amerika nebenher auch noch als Solist eine Karriere bestreiten. Es sind verschwindend wenige. Nicht, daß ich sagen will, die amerikanischen Musiker seien nicht diszipliniert. Aber es ist mit ihrer Qualität nicht mehr so gut bestellt, wie es einmal war.

Hat das nicht auch mit der Ausbildung zu tun? Jedenfalls ist die Musikerausbildung in Europa schlechter geworden.

Technisch sind die amerikanischen Orchestermusiker fabelhaft. Aber die Probleme sind soziologische, sie haben mit der Kunst nichts zu tun. Für uns Freiberufliche ist das unvorstellbar. Wenn einer nicht mehr singen kann, ist er nach einer schlechten Vorstellung weg vom Fenster. Er bekommt kein Engagement mehr. Das ist für die Dirigenten und die Solisten genau dasselbe.

Auch für freie Autoren und Journalisten ist es so.

Ja, aber ein Orchestermusiker ist sein ganzes Leben lang ein Orchestermusiker und kann, wenn er will, seine Hände in den Schoß legen. Entschuldigung, aber das hat mit Kunst nichts mehr zu tun. Natürlich versuchen große Orchester immer, ihr Bestes zu geben. Andernfalls lachen ihnen keine Tourneen und Schallplattenverträge mehr. Aber es muß doch, bitte, eine Möglichkeit geben, auch im Orchester nach künstlerischen und nicht nur nach sozialen und sozialverträglichen Kriterien Musiker zu besetzen, auch auszutauschen, oder nicht? Beispielsweise mit Zeitverträgen. Und einem auf Leistung basierenden Arbeitslosen- und Altersversorgungsystem für Orchestermusiker. Man muß doch diese ganze Struktur ein bißchen verändern, um für die Zukunft die Qualität zu sichern und auch für junge Musiker Platz zu machen. In Amerika sehen Sie nicht selten fünfundsiebzigjährige Kontrabassisten in den Orchestern herumstehen. Und manchmal können sie den Bogen kaum noch bewegen. Aber man kann sie nicht aus ihrer Position entfernen. Und es gibt junge Kontrabassisten, die jahrelang studiert haben und keine Orchesterstellen bekommen, weil sie über Jahrzehnte besetzt sind. Das ist für jedes Orchester äußerst ungesund, es ist aber auch für die musikalische Zukunft, für das Publikum und für den Nachwuchs ungesund. Das muß sich ändern! Daran führt kein Weg vorbei. Man muß das ganz homöopathisch verändern, organisch, das geht nicht über Nacht.

Kurt Masur
Mit Musik zu Wert und Schönheit

Herr Masur, Sie sind seit zehn Jahren Chef der New Yorker Philharmoniker und geben jetzt wieder in Deutschland ein Gastspiel. Ist es für Sie ein Gastspiel in der Heimat, oder fühlen Sie sich bereits als Amerikaner?

Ich fühle mich in Amerika nicht als Deutscher, aber ich fühle mich auch nicht als Amerikaner in Deutschland. Ich fühle mich in New York einfach wohl, weil ich dort eine Art neuer Heimat gefunden habe. Mit den New Yorkern nach Deutschland zu kommen, ist natürlich ein schönes Gefühl, aber ich bin es gewohnt, zu gastieren. Auch mit dem Gewandhausorchester habe ich ja schon viel gastiert. Also, ich habe nicht das Gefühl eines Menschen, der normalerweise aus seiner Heimatstadt nicht viel herauskommt, sondern ich reise ständig herum, und für mich ist das Wiedersehen mit dem Publikum und mit einer Stadt immer eine große Freude. Ich würde nicht sagen, daß sich das sehr unterscheidet von dem Gefühl, wieder nach New York zurückzufahren und unserem Publikum in New York ein Konzert zu dirigieren.

Sie haben seit 1970 das Leipziger Gewandhaus geleitet, eines der ältesten Orchester Deutschlands, seit der Spielzeit 1991 dirigieren Sie die New Yorker Philharmoniker als Chef, es ist das älteste amerikanische Orchester. Superlative könnte man sagen, die Sie aneinanderreihen, nachdem Sie die grundsolide klassische deutsche Kapellmeisterlaufbahn von Halle über Erfurt, Schwerin, Berlin (Komische Oper) und Dresden (Dresdner Philharmonie) durchlaufen und Ihr dirigentisches Handwerk von der Pike auf gelernt haben. Wie fühlten Sie sich damals, als Sie diesen Sprung in die Neue Welt und in die Internationalität machten?

Das war kein so großer Sprung, das hat nur Westdeutschland nicht gewußt. Als ich Chef der New Yorker wurde, hatte ich mit dem Orchester schon über 30 Konzerte dirigiert. Also dort war ich absolut kein Unbekannter, deshalb war das auch kein großer Sprung ins Neuland für mich. Es war allerdings eine Überraschung für mich, daß man mich dort fest haben wollte. Aber ich konnte sehr schnell meine Entscheidung fällen, und ich wußte ganz genau, was ich dort vorfinden und vorhaben würde.

Haben Sie es so empfunden, wie einige geäußert haben, daß Sie einen gewissen Bonus hatten aufgrund Ihrer politischen Aktivitäten um die Wendezeit herum?

Das war auch eine Erfindung der westdeutschen Presse. Ein Orchester wie die New Yorker Philharmoniker kümmert sich nicht darum, was jemand irgendwo anders politisch veranstaltet, sondern sie fragen danach, ob der Chef, den sie sich wünschen, mit ihnen intensiv und gut arbeitet. Sie wollen einen Musikdirektor, den sie akzeptieren und achten können. Das hat, zugegeben, nicht von Anfang an zu der Vereinigung geführt, die heute so beglückend ist.

Ihr Repertoire ist ja vor allem das deutsche klassische, auch das russische. Haben Sie in den USA Ihr Repertoire erheblich erweitert, um dem Geschmack, sagen wir mal, der Amerikaner entgegenzukommen, oder ist die Aufgeschlossenheit für das Deutsche dort nach wie vor ungebremst?

Ich habe in der Zeit, in der ich im Gewandhaus war, fast 500 verschiedene Werke dirigiert, und wenn ich nur deutsches Repertoire dirigiert hätte, dann wären so viele Werke gar nicht zusammengekommen. Das heißt, das Repertoire, das ich drauf hatte, setzte sich zum großen Teil aus neu geschaffenen, zeitgenössischen Werken zusammen, die natürlich nicht alle Meisterwerke waren. Ich habe sie selbstverständlich auch nicht transportiert in die USA. Ich habe in Amerika nicht besonders viel Neues hinzugefügt außer ein paar Uraufführungen, die sehr interessant waren und die schon in eine andere Richtung gingen. Aber ich habe beispielsweise das gesamte Werk von Gershwin bereits mit dem Gewandhausorchester auf CD eingespielt. Ich war eigentlich immer in derselben Weise orientiert, vor und nach der Wende. Was wir dann ein bißchen mehr pflegen konnten, war die Zusammenarbeit mit dem Jazz-Orchester Winton Marsalis vom Lincoln-Center, so daß wir da ein bißchen kreativer wurden, aber im Prinzip sind es dieselben großen Komponisten, die ich früher schon geschätzt habe, das ist Hans-Werner Henze, das ist Penderecki, das ist die Sophia Gubaidulina, das ist Siegfried Matthus, um nur einige zu nennen, und es sind die großen Komponisten, die man eigentlich heute international schätzt. Also insofern bin ich weder ein typisch deutscher Kapellmeister noch einer mit einem typisch deutschen Repertoire. Ich glaube, soviel Jazz wie ich hat kaum jemand gehört. Ich habe übrigens auch mein Leben fristen können als Student, als wir Hunger hatten, indem ich Tanzmusik gespielt habe in einer kleinen Band in Leipzig.

Ihnen eilt der Ruf voraus, ein besonders gründlicher Maestro zu sein. Worauf kommt es Ihrer Meinung nach bei der Erarbeitung, bei der Einstudierung einer Partitur, zumal wenn sie vielleicht nicht so geläufig ist, vor allem an?

Wissen Sie, ich arbeite pausenlos daran, daß ein Orchester deutlich spielt, was musikalisch gemeint ist, um den Geist der Musik herauszuarbeiten und zu treffen. Das hat mit der reinen Perfektion im Sinne eines Zusammenspiels gar nicht soviel zu tun, vielmehr mit einem Kampf gegen jene Ästhetik, die da meint: Wenn du zusammenspielst und schön klingst, dann hast du den Geist der Musik schon erarbeitet. Ich will, nach dem das Orchester begreift, in welche Richtung wir gemeinsam musizieren, auch das Publikum den Geist eines Werkes spürt. Und wenn diese Botschaft ankommt, dann ist meiner Meinung nach mehr getan als in einer Zeit, in der man auf technische Perfektion zielte, die manchmal makellos ist. Im Amerikanischen gibt es das Wort ›meaningless play‹. Rein mechanisches Spielen nur um des Schönklangs willen ist ohne Inhalt und Sinn.

Darf man das als Ihr musikalisches, Ihr dirigentisches Credo verstehen?

Das muß man als mein Credo verstehen, weil ich eigentlich immer in diesem Sinne gearbeitet habe, auch in der Oper. Dieser Kampf um erregende Glaubwürdigkeit hat mich ja eigentlich auch mit Walter Felsenstein zusammengeführt, dieser Kampf darum, daß ein Publikum auch bei einer Opernaufführung das Gefühl hat, es nimmt teil an einem wirklichen Geschehen. Auch eine Symphonie kann man derart erlebbar, packend, erregend spielen. Man darf nicht nur im ästhetischen Klang schwelgen, schon gar nicht bei Mahler, Schostakowitsch oder Bruckner.

Haben Sie als deutscher Musiker in Amerika dazugelernt oder anders gefragt, können deutsche Musiker, kann das deutsche Musikleben, das deutsche Musikwesen an sich von den amerikanischen Verhältnissen etwas lernen?

Ja, ich glaube, wir könnten etwas lernen: Daß man Musik auch im praktischen Sinne nutzen kann. Allein die Armeen von Blechbläsern, die in Amerika in den Studentenbands groß werden, wo zu jedem Fußballspiel immer eine Brassband spielt und wo eigentlich auch Mädchen wie Jungen in frühem Alter anfangen, solche Instrumente zu lernen, das ist faszinierend, weil dadurch die Musik im täglichen Leben noch eine Rolle spielt und zwar eine faszinierende Rolle. Damit legt man den Grundstein für spätere musikalische Ausbildungen. Wir sollten darauf achten, daß Musik in jeder Form, auch in der Volksmusik, wieder lebendiger wird in Deutschland. Daß sie einfach mehr gepflegt wird. Es gibt herbe Verluste in diesem Bereich bei uns. Es gibt Völker, die sind so reich an ihrer eigenen Volksmusik, daß ich sie beneide. Sie haben eigentlich in allen Situationen des Lebens etwas, was musikalisch dazu paßt. Das ist bei uns recht verarmt. Wir sollten unsere Jugend, auch unsere Kinder schon dazu bringen, daß sie diese Musik wieder lieben lernen.

Das ist eine Frage der Ausbildung. Die Spatzen pfeifen es von den Dächern, daß die Musikerausbildung in den USA besser ist als in Deutschland.

Ich gebe Ihnen recht, was die Ausbildung in den Konservatorien angeht, aber die Gefahr in den USA liegt inzwischen in den Elementarschulen. Dort gibt es zu wenige Musiklehrer, es wird zu wenig Gewicht darauf gelegt, den Kindern die Freude am Musizieren beizubringen. Das allein ist ein Unterschied zwischen Asien, Europa und Amerika. Und wir werden erleben, was wir heute schon sehen, daß nämlich immer mehr Asiaten in unseren Orchestern sitzen, weil unser Nachwuchs einfach nicht mehr ausreicht.

Ihr kosmopolitisches Musikertum, um es mal so auszudrücken, führte Sie nach New York und nach London, und Sie werden in Frankreich das Nationalorchester übernehmen. Denken Sie daran, Ihr Repertoire in Richtung französisches Repertoire zu erweitern?

Es steht ja in keinem Land mehr die eigene Musik so sehr im Vordergrund. Das ist bei uns in Deutschland genauso wie in Frankreich. Aber ich habe damit keine Probleme. Ich war im Ausland sogar sehr oft als Deutscher gezwungen, deutsches Repertoire zu dirigieren, weil man von mir gar nicht erwartet hat, daß ich Debussy dirigieren kann oder andere französische Musik. Sicherlich wird es so sein, daß wir auf Reisen als französisches Nationalorchester auch französische Werke anbieten werden, aber ich glaube, nicht mit größerem Gewicht, als ich es bisher auch immer dirigiert habe. Das ist für mich nichts Neues.

Werden Sie, wenn Sie erneut in Europa ansässig sein werden, wieder mehr in Deutschland dirigieren?

Wir werden sehen, wie sich das entwickelt, ich weiß jetzt nicht, wie die Pläne in den nächsten Jahren sein werden. Im Augenblick ist mein Terminkalender der nächsten drei, vier Jahre schon ziemlich gefüllt, und was sich danach ergeben wird, das kann vielleicht mehr in Richtung Deutschland führen. Ich hege keine Ressentiments. Aber man muß abwarten, wie lukrativ das für beide Seiten ist.

Fühlten Sie sich eigentlich jemals als Botschafter des deutschen Kulturerbes?

Ja, eigentlich schon. Ich glaube, daß wir als in Deutschland geborene Musiker doch gewisse Dinge mitbringen, die andere nicht mitbringen. Insofern vertraut man mir natürlich viel deutsches Repertoire an. Aber ich würde diese Spezialisierung nicht so in den Vordergrund stellen. Ich habe hervorragende Interpretationen des deutschen Repertoires auch von Franzosen, auch von Österreichern gehört und von anderen Musikern auch.

Sie haben einen Großteil Ihres Lebens in der ehemaligen DDR verbracht, und Sie haben dann bei den Leipziger Montagsdemonstrationen unmittelbar an der Front der

Ereignisse gestanden, die die revolutionäre Wende bewirkten, die zum Sturz des DDR-Regimes führte. Sie galten für viele als mutige Integrationsfigur und man hörte, Sie hätten sich kraft Ihrer engen Kontakte zu den Mächtigen persönlich für einen friedlichen Verlauf engagiert. Gab es damals auch Momente von Angst in Ihrem Leben?

Jeder hatte damals Angst. Der Ausgang der Vorgänge war ja ganz ungewiß, und ich glaube, daß die Stadt Leipzig, ich meine die Einwohner der Stadt Leipzig, und ich damals genau das gleiche gefühlt haben: Wir wollen so nicht weiterleben, und wir wollen das jetzt verändern. Und alle, die etwas dazu beitragen konnten, daß es friedlich verläuft, taten das ihrige. Daß es alle gleichzeitig getan haben, das war ja eigentlich das Wunder von Leipzig. Und das hat für mich die Bewohner dieser Stadt zu einer der intelligentesten Stadtbevölkerungen gemacht, die ich jemals erlebt habe. Das ist schon eine wunderbare Begebenheit gewesen. Sie bleibt sicher auch das Beeindruckendste, was ich in meinem Leben erleben durfte.

Dennoch haben Sie nach der Wende Leipzig den Rücken gekehrt.

Das hat nichts mit ›den Rücken gekehrt‹ zu tun. Es gibt einfach die Ausschreitung eines Zirkels, ich konnte in Leipzig nichts mehr tun und nichts mehr erreichen. Nichts, was ich nicht schon getan hatte. Ich hatte bis zu dem Zeitpunkt der Vereinigung Deutschlands das Orchester auf einem hohen Standard hinterlassen, und als dann in der freien Marktwirtschaft Gefahren aufzogen, daß dieses Orchester abgebaut werden sollte, hab ich einfach protestieren müssen und habe gesagt, an dem Abbau dieses Orchesters möchte ich mich nicht beteiligen. Ich habe nicht Leipzig verlassen, sondern diejenigen, die Leipzig verändert haben!

Viele von Ihren Mitbürgern waren damals so von Ihren Aktivitäten beeindruckt, daß sie Sie damals am liebsten als Staatspräsidenten gesehen hätten. Stand ein politisches Amt für Sie jemals ernsthaft zur Debatte oder war Ihnen klar, daß Sie der Musik, die ja auch keine unpolitische ist, treu bleiben werden?

Ja, für mich gab es die Frage überhaupt nie. Ich wurde von Richard von Weizsäcker damals begrüßt mit ›Herr Kollege‹, und ich habe gesagt, für mich gibt's nur einen Bundespräsidenten, das sind Sie, und das ist das Entscheidende. Wobei ich damals eigentlich noch glaubte, daß wir zwei deutsche Staaten bekomme würden, in dem es auch zwei Bundespräsidenten geben müßte. Aber für mich war klar, daß ich, soweit möglich, versuchen mußte zu helfen, als ich spürte, daß es für die Menschen nur noch wenige Personen gab, denen sie noch vertrauten. Und zu denen gehörte ich; deshalb konnte ich meine Hilfe natürlich nicht verweigern. Aber es gab andere mutige Männer in Leipzig, die wirklich an vorderster Front standen, die ich bewundert habe, die ich heute noch bewundere. Die großen Fehler, die dann gemacht wurden, die hätte auch ich nicht verhindern können. Und die lagen auch nicht in der Absicht derjenigen, die die Vereinigung politisch unterstützt haben.

Wir leben in einer Zeit großen Werteverfalls in der Kultur, auch in der Musik. Da gewinnt zunehmend so etwas wie Unterhaltungskultur, Freizeitkultur, Eventkultur die Oberhand. Was kann Musik noch bewirken? Was wollen Sie mit Musik bewirken?

Musik kann den Menschen gesund erhalten, sie kann ihn immer wieder dazu bringen, daß er sich die Frage stellt, was bedeutet Leben, was bedeutet die Schönheit des Lebens, wieviel Schönheit hat ein Leben. Musik ist eine Kunst, die dich daran erinnert, daß für dich jeder Tag ein neues Geschenk ist und sein sollte. Das kann oberflächliche Unterhaltung auf keinen Fall leisten. Wobei ich nicht prüde bin, es gibt auch Unterhaltungsbranchen, die sinnvoll sein und die durchaus eine Lebensqualität ausdrücken können. Aber wir sind eine Konsumgesellschaft geworden und in der Gefahr, daß alles ähnlich klingt, daß alles austauschbar wird, daß das Wort Liebe verflacht, daß das Wort Moral überhaupt nicht mehr existiert und daß Ehrbegriffe als altmodisch gelten. Ich glaube, wenn man sich mit der Musik und mit den herausragenden Werken der Musik befaßt, kann einem nicht passieren, daß man mit den wertvollen Dingen des Lebens achtlos umgeht. Die Liebe zweier Menschen zueinander ist, glaube ich, noch wertvoll geblieben für die meisten Menschen. Aber wie oft gibt es das noch in unserer abgebrühten Ellbogengesellschaft, daß zwei Menschen sagen: ich bin bereit für dich zu sterben wie Romeo für Julia. Das wirkt heute doch schon ziemlich idealistisch, um nicht zu sagen unrealistisch. Und doch markiert dieses Beispiel eigentlich genau die Definition des Wortes ›Liebe‹. Wieviel bin ich bereit, für meinen Partner zu opfern, wieviel gebe ich auf, damit er sich wohlfühlt?

Ich glaube, jetzt haben wir uns aber weit von der Musik entfernt.

Nein, jetzt sind wir genau in der Mitte der Musik. Wer gelernt hat, gute Musik zu hören, der weiß genau, was ich meine. Wenn das harmonische Empfinden und die Empfindsamkeit eines Menschen noch in Ordnung ist, wird er menschliche Fehler und Oberflächlichkeit nicht zulassen, auch bei sich selbst nicht. Gute Bücher lesen, gute Musik hören hilft einem zumindest, nicht dem allgemeinen Trend blind zu folgen und zu sagen: Wenn ich das neueste Auto besitze und gut angezogen durch die Gegend laufe, bin ich schon Jemand. Man sollte eigentlich jemand sein, der von innen heraus Menschlichkeit und Schönheit besitzt, um für die anderen ein angenehmes und ein glaubwürdiges Gegenüber zu sein.

Zubin Mehta
Illusionen für das Publikum

Herr Mehta, haben Sie als Inder, der in Wien ausgebildet wurde und heute vor allem in München und Florenz lebt und arbeitet, noch einen Bezug zur traditionellen indischen Musik Ihrer Heimat?

Ich bin in Bombay mit der westlichen Tradition aufgewachsen. Mein Vater war der Gründer des Bombay-Symphonie-Orchesters. Ich habe bei uns zuhause entweder seinen Unterricht oder Geigenunterricht gehört oder seine Quartettproben, er hat zeitweise auch mit Gruppen des Orchesters in unserem Haus geteilte Proben abgehalten. Das war meine Welt. Es war die Welt der eurpäischen Musik. Natürlich kann man nicht in Indien leben, ohne indische Musik um sich zu haben. Aber ich habe sie nie wirklich studiert. Später, als ich Ravi Shankar sehr nahe kennengelernt habe und mit ihm Musik machte, hat er dann sein zweites Sithar-Konzert für uns, also für die New Yorker Philharmoniker, die ich damals leitete, geschrieben, und das haben wir dann in New York mit großem Erfolg aufgeführt, danach auch in London und Paris. Als Ravi Shankar zum ersten Mal in den frühen 60er Jahren nach Los Angeles kam, ich habe damals einmal die ganzen großen Jazz-Drummers eingeladen und seinen Tabla-Spieler vorspielen lassen, da stand ihnen und mir der Mund offen, was wir gehört haben. Was ein Inder auf seinen Tablas improvisiert, ist unfaßbar.

Also indische Musik hat nicht Ihr Verständnis von europäischer Musik geprägt?

Nein! Ich bin ja auch nicht in einer typisch indischen Stadt aufgewachsen, ich bin in Bombay aufgewachsen, Bombay war in meiner Jugend eine englische Stadt. Benares, Madras, Kalkutta und Bombay waren stark von den Engländern geprägt. Und da lebten wir natürlich westlich assimiliert.

Sie sollten zunächst Medizin studieren. Warum sind Sie dann Musiker geworden?

Ich komme aus der indischen Bourgeoisie. Da gibt es nur gewisse Berufe: mein Bruder ist Buchhalter geworden, ich sollte Arzt werden; wenn es noch einen Bruder gegeben hätte, wäre der vielleicht Ingenieur geworden. Die Eltern schauen doch, wenn man ganz jung ist, zuerst einmal in Richtung zukünftiger Sicherheit ihrer Kinder.

Aber die Musik hat sich dann bei ihnen doch durchgesetzt ...

Die Musik war so dominant bei uns zu Hause, ich habe eigentlich keine Wahl gehabt.

Ihr prägender Lehrer war Hans Swarowsky in Wien. Er ist ja ein berühmter Dirigentenerzieher gewesen, was haben Sie vor allem bei ihm gelernt?

Musikalische Disziplin! In meinem Fall ist das ganz klar, ich hatte damals keine Disziplin. Er kam ja aus der Toscanini-Schule, und da galten Werktreue und

Disziplin als wichtigste Tugenden eines Dirigenten. Aber Swarowsky machte mich auch sensibel für die unglaublichsten Tempi, für Übergänge. Bei Swarowsky hatte man, wenn man eine Partitur von Haydn studierte, das Gefühl, man sitzt neben dem Komponisten, während er sie schreibt.

Sie haben 1958 Examen gemacht in Wien und haben dann zwei Dirigenten-Wettbewerbe gewonnen, in Liverpool und Tanglewood.

In Liverpool machte ich den ersten Preis, das brachte mir für ein Jahr die Stelle eines Assistenten ein. Das ist nicht sehr gut verlaufen, und nach einem Jahr hat man mir ›Auf Wiedersehen‹ gesagt.

Aber eine andere Tür hat sich aufgetan, und Sie sind nach Montreal gegangen.

Ja, und dann war ich arbeitslos. Glücklicherweise habe ich einen wunderbaren Agenten gehabt. Ich habe in meinem ganzen Leben nur zwei Agenten gehabt, ganz für mich allein, das war mein amerikanischer Agent Siegfried Hurst. Siegfried Hurst, er war deutscher Herkunft, und meine mir sehr, sehr nahestehende Agentin Ruth Böttcher. Leider ist der Hurst dann nach ein paar Jahren gestorben, die Ruth Böttcher arbeitet noch immer für mich, von Wien aus. Und Hurst hat mir mein erstes Engagement in Amerika verschafft, das war beim Radio von Toronto. Und er wollte mich selber sehen, er kannte mich nicht, ich war ihm empfohlen worden von Lucas Voss, der mich in Tanglewood kennengelernt hat. Lucas Voss, ein ausgezeichneter Musiker, Dirigent, Komponist, hat seinem Agenten, dem Hurst, gesagt: ›Schau, tu etwas für diesen jungen Inder‹. Und Toronto ist sehr gut gegangen. Da habe ich ›Petruschka‹ zum ersten Mal in meinem Leben dirigiert. Dazu muß man schon Chuzpe haben, wie man auf jüdisch sagt.

Dann kam Los Angeles?

Nein. Dann hat er mir zwei Sommerkonzerte, eines in New York und eines in Philadelphia, verschafft. Er hat auch Stokowski gemanagt und da er schlau war, hat er immer gepokert und gesagt: Wenn ihr Stokowski wollt, dann müßt ihr Mehta auch engagieren. Und so habe ich mein erstes Konzert mit dem Philadelphia-Orchester und mit den New York Philharmonic bekommen. Philadelphia ging gut, ich bekam sehr gute Kritiken. Aber in New York hatte ich schon damals schlechte Kritiken. Das hat sich auch später nie geändert in New York.

Trotzdem sind Sie dann in dieser Stadt so lange geblieben wie keiner Ihrer Vorgänger.

Das kam aber erst viel später, ja. Diese frenetische Kritik in Philadelphia hatten Leute an der Ostküste gelesen, und plötzlich kam eine Anfrage von Montreal, wo sie einen Dirigenten suchten, weil Igor Markevitch, der Chef, abgesagt hatte. Und so kam ich zunächst mal nach Montreal.

In Montreal ging es dann wirklich los, das war 1961. Aber ich dirigiere schon seit

1958 in Wien Jeunesse-Musical Konzerte, und in Norwegen und Jugoslawien, das waren allerdings kleinkarierte Konzerte. 1964 machte ich zum ersten Mal Oper. Aber nicht in einem Opernhaus. Wir haben ›Tosca‹ einfach auf unsere Kosten in Montreal gespielt. Schon ein Jahr später wurde ich dann an die Met eingeladen als Gastdirigent, und da habe ich ziemlich viel gemacht.

Wo schlägt Ihr Herz höher, bei der Oper oder im Konzert?

Bei beidem. Vorgestern habe ich von Messiaen die ›Turangalila‹-Suite mit den Wiener Philharmonikern dirigiert und gestern ›Freischütz‹ ohne Probe in München. Bei Messiaen kann man sich nicht einen Takt entspannen, und wenn man ohne Probe ›Freischütz‹ dirigiert, muß man schauen, wer heute im Orchester spielt, man muß die Zügel in der Hand haben, man kann das nicht einfach lahm spielen lassen. Und heute morgen habe ich die Strawinsky-Symphonie in 3 Sätzen für ein Konzert geprobt. Das ist mein Leben: Immer im Einsatz und immer mit Vollgas. Ich kann mich auch zurücklehnen und in die Luft pinseln, aber dann kommt nichts heraus. Ich muß alle unter und auf der Bühne inspirieren, sodaß nicht nur meine Anteilnahme 120 Prozent beträgt.

Und wie inspirieren Sie sie zu solchen Höchstleistungen?

Mit unserer Sprache. Dirigieren ist Kommunikation. Ich muß natürlich den Komponisten und seine Handschrift genau kennen. Und ich muß soviel wie möglich davon dem Orchester mitteilen und im Konzert auch dem Publikum. Ich muß also den Komponisten verstehen, und was ich von ihm weiß, teile ich dem Orchester mit. Das fängt schon vor dem Auftakt an.

Aber man kann probieren, soviel man will: Am Abend der Aufführung kann es dann ganz anders kommen.

Das ist bei mir oft so. Es kommt nie ganz anders als bei der Probe, aber oft anders. Nun lasse ich meinen Solisten im Orchester eine gewisse Freiheit innerhalb meiner Interpretation, und diese Freiheit gebe ich ihnen gern. Wann etwas wirklich die Grenzen meiner Toleranz überschreitet, dann sage ich natürlich mit höchster Bewunderung, daß ich nicht damit einverstanden bin.

Sie dirigieren nicht nur ein sehr breites Repertoire, sondern Sie sind ja auch an sehr vielen Orten der Welt als Dirigent anwesend. Ein Orchester, mit dem Sie regelmäßig zusammenarbeiten, seit Jahrzehnten, ist das Israel-Philharmonic Orchestra. Wie kam es, daß Sie so ein intensives Verhältnis zum Israel-Philharmonic entwickelt haben?

Unsere Zusammenarbeit begann, als ich dort 1961 für Eugene Ormandy eingesprungen bin. Das Orchester und ich, wir waren damals beide 25 Jahre alt. Und der Konzertmeister, der Orchestervorstand war, hat in einer Rede nach dem Konzert, bei einem Empfang gesagt: Ich bin sicher, nachdem, was ich heute erlebt habe, in diesem Konzert, daß wir beide, Orchester und Mehta, auch unseren 50. Geburtstag zusammen feiern werden. Und das ist geschehen. Wir haben sogar den 60. zusammen gefeiert. Uns verbindet eine Zusammenarbeit auf Lebenszeit.

Gelegentlich liest man, es seien politische Gründe, daß Sie sich Israel so verbunden fühlen?

Nein, das ist nicht wahr. Ich bin ein Inder und habe keinerlei Grund zu besonderer Freundlichkeit gegenüber Israel. Diese Zusammenarbeit ist rein musikalischer Natur, und sie ist gewachsen. Natürlich schätze ich es sehr, daß Israel eigentlich die einzige wirkliche Demokratie ist in dieser Gegend. Deswegen kann ich dort auch jederzeit meine Meinung sagen.

Neulich war ich zu einem Essen geladen, am Tisch links von mir saß Shimon Peres und rechts von mir Ariel Sharon. Und wir haben locker drauflosgeplaudert, ich spielte ein bißchen den Katalysator. Die beiden haben ihre gegensätzlichen Standpunkt klar und deutlich vertreten, um uns herum viele aufmerksame Israelis, die Fragen stellten. Ich glaube nicht, daß so ein unkompliziertes Dinner bei Sadam Hussein und seinem Erzfeind denkbar wäre. Peres und Sharon sind zwar persönlich Freunde, aber politisch in völlig entgegengesetzten Lagern, das ist Demokratie! Und deswegen schätze ich dieses Land. Natürlich ist dieses Land jung, und manchmal übertreibt man dort in seinen Aktionen und Reaktionen etwas. Versuchen Sie mal, 50 Jahre in einem Kriegszustand zu leben, dann werden Sie auch übertrieben reagieren auf das eine oder andere Ereignis. Aber ich kann dort wenigstens sagen, daß die Israelis übertreiben, in aller Öffentlichkeit. Und ich sage das auch, wenn ich der Meinung bin.

Sie bezeichnen sich selbst als westlich assimilierten Inder. Spielt die Religion in Ihrem Leben eine Rolle?

Ja, schon! Ich bin ein Parsi, meine Religion ist eine sehr ökologische Religion. Wir beten reines Wasser, reine Erde und reine Luft an. Wenn es in unserer Religion Fanatiker gäbe, dann würde überhaupt keine Chemie-Industrie existieren. Aber wir kennen diesen Fanatismus nicht, so wie er beim Islam oder beim Christentum existiert.

Hat Ihre religiöse Überzeugung Auswirkungen auf Ihr Selbstverständnis als Musiker?

Natürlich, ich bin kein Dirigent nur für Abonnementsaufführungen, Oper oder Konzert. Wir Musiker müssen unsere Musik auch unters Volk bringen. Dafür tun wir alle nicht genug.

Aber Sie geben sich Mühe.

Ich versuche es.

Deshalb befürworten Sie auch die multimediale, massenhafte Verbreitung von Musik?
Ja, weil ich möchte, daß die jungen Leute, die noch nie im Konzertsaal waren, unsere Musik hören. Vielleicht gehen Sie irgendwann in eines unserer Konzerte. In New York haben wir jedes Jahr im Sommer vier Wochen lang pro Woche vier Konzerte in den vier Bezirken gegeben, also in der Bronx, in Brooklyn, in Manhattan und so weiter. Kostenlose Konzerte. In New York kamen dann manchmal zwei- bis dreihunderttausend Leute. In der Bronx waren es manchmal nur zehntausend Leute, aber das macht nichts, sie sind gekommen mit Kissen, Decken, Klappstühlen und Picknick-Körben, und wir haben für sie die Zweite von Brahms gespielt. Wenn fünf Prozent von diesen Leuten im folgenden Jahr Karten für eines unserer Konzerte kaufen, dann ist es uns die Veranstaltung wert gewesen.

Solche Orchesterarbeit steckt in Deutschland ja immer noch in den Kinderschuhen.
Weil in Deutschland zuviel nur staatlich finanziert und gedacht wird. Die Bereitschaft zur Eigeninitiative der Bevölkerung ist zu gering. Aber der Staat gibt den Privatleuten auch nicht die Gelegenheit, Spenden in dem Umfang von der Steuer abzusetzen, wie das bei uns in Amerika möglich ist. In New York kommen Taxichauffeure von der Straße in die Philharmonie: Hier sind meine zehn Dollar für mein Orchester. Verstehen Sie, das ist der Unterschied. Das geschieht in New York und Los Angeles. Die Leute glauben wirklich: Das ist unser Orchester, das ist unsere Oper. Und jeder gibt etwas dazu.

Was hat Sie gereizt, nach München zu kommen?
Die Attraktivität und die Qualität des Hauses, ohne Zweifel, die Akustik, das Orchester, der Chor, das Direktorium. Das sind lauter Opernfans, es gibt am Münchner Nationaltheater keine kunstfeindlichen Bürokraten wie offenbar in Berlin, wie man mir immer wieder erzählt.

Nun haben Sie sich in Berlin ja ziemlich rar gemacht.
Aber nächstes Jahr werde ich in Berlin mein vierzigstes Jubiläum als ständiger Gastdirigent bei den Philharmonikern feiern, mit Bruckner und Haydn.

Was haben Sie für eine Beziehung zu Bruckner?
Als ich Bruckner kennenlernte, war ich ein vollkommener Bruckner-Analphabet. Ich habe zwar schon in Indien viel Musik gekannt, aber als ich mit Achtzehn nach Wien kam, kannte ich Bruckner noch gar nicht. Ich habe ihn daher von Anfang an richtig kennengelernt in Wien. Ich mußte später nichts umlernen bei Bruckner.

Aber er gehört nicht zu Ihren ›special favourites‹, oder? Was ist Musik, die Ihnen aus dem Herzen spricht?

Es gibt sehr viel Musik, die mich tief berührt, von Haydn aufwärts …

Sie haben immer wieder sehr viel italienische Oper dirigiert, Verdi, Puccini …

Ja, aber auch Wagner liebe ich sehr. Politisch bin ich mit ihm zwar überhaupt nicht einverstanden, aber die Musik spricht zu mir, was soll ich dagegen tun? Ich habe überhaupt keinen Respekt vor diesem Mann als Denker, weil er das jüdische Volk so haßte. Solcher Rassenhaß ist für mich ebenso wenig akzeptabel wie Religionshaß. Ich meine das nicht nur auf Deutsche und Juden bezogen. Auch in meiner Heimat, in Indien, existieren Haß und Verachtung aus religiösen und rassischen Gründen. Meine Glaubensgenossen sind zwar im Großen und Ganzen beliebt bei Hindus und Moslems, aber es gibt manche Hindus und manche Moslems, die uns einfach hassen, weil wir überhaupt existieren. Ich finde das inakzeptabel. Und so bin ich aufgewachsen, mit dieser Mentalität. Warum soll ich Rassen- und Religionshaß hier in Europa akzeptieren?

Dann dürfte ja Wagner weitgehend tabu für Sie sein.

Als Mensch, ja. Nehmen Sie doch seine Konversation mit Cosima, alles, was sie aufgeschrieben hat, ist doch peinlich … aber trotzdem war Wagner ein genialer Musiker, daran kommt niemand vorbei, der sich mit Musik beschäftigt.

Ganz ähnlich liegt der Fall ja auch bei Richard Strauss, er hat teilweise hinreißende Musik geschrieben, aber menschlich, politisch war er bedenklich.

Bei Strauss bin ich mir nicht so sicher. Strauß war erstens mal kein Antisemit …

Aber Bruno Walter hat er als ›Saujud‹ bezeichnet, ist das kein Antisemitismus?

Na gut, aber wissen Sie, das Wort ›Saujud‹ habe ich meine ganze Jugend hindurch in Wien tagtäglich gehört. Die Leute benutzen es, ohne darüber nachzudenken. Sie haben es mit der Muttermilch aufgesogen. Ich möchte niemanden dafür entschuldigen, aber ich glaube nicht, daß Strauss ein wirklicher Antisemit war, er war nicht gegen das ganze Volk. Swarowsky war auch Jude und mit Richard Strauss eng befreundet während des Krieges, und Strauss hat ihm sehr geholfen …

Aber er hat vor dem Holocaust die Augen zugedrückt, solange man ihm einzelne, die ihm wichtig waren, aus den Konzentrationslagern zurückschickte. Er war ein Opportunist und Mitläufer, schlimm genug! Verteidigen Sie Richard Strauss, weil er Ihnen als Musiker so viel bedeutet?

Ja, durch Swarowsky habe ich viel über ihn erfahren und ihn sozusagen aus erster Hand kennen und lieben gelernt. Swarowski kannte ihn gut, er war wie ein Lehrer für Swarowsky, und der war mein Lehrer. Also es gab eine direkte Linie von Strauss über Swarowsky zu uns, seinen Schülern. Das gleiche gilt für Schönberg und Webern. Sie standen ihm auch sehr nahe.

Was war das für ein Mensch, Hans Swarowsky?

Swarowsky war ein Rennaissancemensch, ich habe niemanden mehr in meinem Leben kennengelernt, der so gebildet und kultiviert war wie Swarowsky, und zwar geistig wie in allen Sinnen. Musik, Literatur, die Künste kannte er, er hat immer Querbeziehungen hergestellt, hat immer verglichen, wir hatten historischen Unterricht bei ihm, Kunstunterricht, Literaturunterricht, wenn er mit uns Haydn- oder Beethovensymphonien durchging. Was er nicht unterrichten konnte, war Schumann. Schumann gehört nicht zur Wiener Schule. Seine Form war Swarowsky fremd. Auch für Bruckner galt dies. Swarowsky konnte mit Bruckners Form gar nichts anfangen. Und Formenlehre war ihm das wichtigste.

Was glauben Sie, welche Rolle die Musik in der heutigen Gesellschaft spielt. Spielt sie noch eine wichtige Rolle?

Für mich ist Musik meine erste oder zweite Sprache. Das ist so selbstverständlich für mich, daß ich darüber nicht nachdenken kann, Musik ist mein Leben.

Sie machen also in erster Linie Musik für sich selbst?

Natürlich! Ich genieße es, Musik zu machen. Ich liebe sie mit ganzem Herzen. Ich kann gar nicht genug von ihr bekommen. Wenn ich im August 3 Wochen Urlaub habe, musikfreie Zeit also, dann kann ich es nie abwarten, bis die Proben wieder beginnen, bis ich wieder Musik mache, bis ich wieder etwas kontrolliere – musikalisch.

Aber denken Sie nicht auch an das Publikum, wenn Sie Musik machen?

Als Botschafter der Musik, ja. Aber hauptsächlich, als ich jung war, heute nicht mehr so viel.

Aber ich kann ein Publikum spüren in der Aufführung. Man spürt seine innere Anteilnahme, seine Begeisterung, jeder Musiker spürt das, auch die Sänger spüren das, das ist ganz normal. Wir sind – ob auf oder unter der Bühne – Illusionen für das Publikum.

Haben Sie denn beim Musizieren ein Anliegen? Wollen Sie die Welt verbessern mit Musik?

Wer sagt das nicht von sich? Aber überlegen Sie mal, wieviele Menschen in der Welt jeden Tag Musik hören, das muß doch etwas Gutes bewirken. In dieser Kathedrale der Musikschaffenden bin ich ja nur ein Ziegelstein. Aber in diesen 2 Stunden, in denen das Publikum in einem Konzert ist, herrscht immerhin Frieden, das ist doch schon etwas. Weder vorher, noch nachher ist Frieden selbstverständlich!

Wo fühlen Sie sich eigentlich zuhause?

An mehreren Plätzen der Welt, in Indien, in Bombay natürlich. Zweimal im Jahr reise ich dorthin und fühle mich immer wieder so, als ob ich Bombay nie verlassen hätte, obwohl es viel größer geworden ist, viel mehr Menschen dort leben, obwohl es noch schmutziger geworden ist. Indien war nie sauber wie die Schweiz, aber was jetzt in Bombay und Kalkutta zu erleben ist, sprengt jedes europäische Vorstellungsvermögen. In Bombay war das in meiner Jugend anders. Manchmal, wenn ich darüber nachdenke, weine ich. Aber ich fühle mich dennoch in Bombay zuhause. Unser Haus existiert auch noch, wenn auch viele Menschen von damals nicht mehr. Aber auch in Kalifornien, wo ich meist lebe, fühle ich mich sehr wohl, in einem Teil von Los Angeles, wo wir vollkommen isoliert, ganz privat und in Ruhe wohnen. Aber auch in Florenz habe ich ein Haus, außerhalb in den Bergen, also in den Hügeln, wo es auch ganz ruhig ist. Ich lebe in Kalifornien und in Florenz nur in der Natur.

Als Gegenpol zu Ihrem Jet-Set?

Ja, aber es ist ein Jet-Set mit dem Orchester, fast nie allein. Aber ich reise sehr gern mit dem Orchester. Tourneen machen mir Spaß. Jeden Tag in einer anderen Stadt, einem anderen Saal mit anderen akustischen Konditionen dieselben Werke zu spielen, ich liebe das.

Sie arbeiten immer wieder mit großen Sängern, aber Sie haben auch mit den größten Instrumentalisten zusammengearbeitet. Einer, der Ihnen besonders nahestand, war der Pianist Artur Rubinstein.

Ja, Rubinstein war wie mein musikalischer Vater. Ich habe von ihm so viel gelernt! Von seiner Art zu musizieren. Es war die natürlichste, logischste Art zu musizieren, nie übertrieben, nie etwas zu hastig, er hat sich immer seine Zeit gelassen. Es war wunderbar mit ihm.

Ich vermisse ihn sehr. So wie ich Isaac Stern vermisse. Der leider jetzt nicht mehr soviel spielt mit Orchester. Mit Isaac und Rubinstein war ich am glücklichsten auf der Bühne, dann kam die nächste Generation: Barenboim, Perlman, Zuckerman. Mit denen habe ich auch sehr viel gemacht, auch mit Ashkenazy, aber auch der spielt heute viel weniger als früher. Und dann kamen Maria Joao Pires und Radu Lupu. Ich bin gesegnet!

Das Stichwort Entwicklung: Sie haben eben gesagt, bei Rubinstein hätten Sie bewundert, wie er alles so selbstverständlich und natürlich entwickelt. Ist das für Sie wichtiger als analytisches Arbeiten?

Ja. Man muß wissen, wie das Stück konstruiert ist, wie es instrumentiert ist, aber dann kommt die Interpretation. Und die muß logisch klingen. Besonders bei den Komponisten, die nicht so viel in die Partitur geschrieben haben. Was schreibt Schubert schon in die Partitur? Nicht sehr viel. Wir müssen seine Handschrift kennen, und wir müssen auch seine Kammermusik kennen.

Was, glauben Sie, bleibt von der Musik des 20. Jahrhunderts bestehen?

Von dem, was vor dem Krieg komponiert wurde, sehr viel, von dem, was später kommt, wohl nicht sehr viel. Weil es einfach zu leicht geworden ist für die Komponisten. Weil alles erlaubt ist.

Aber die musikalische Sprache vieler Zeitgenossen ist so kompliziert und theoretisch, daß der einzelne, der einfache Musikkonsument diese Sprache nicht mehr nachvollziehen kann.

Ja, weil es eine intellektuelle Musik ist, die auf dem Papier Sinn hat. Aber eben nur auf dem Papier – vielleicht.

Besonders wichtig war Ihnen die zeitgenössische Musik nie.

Aber ich habe unendlich viel dirigiert in meinen 30 Jahren in Los Angeles und in New York! Ich habe es auch als meine Pflicht betrachtet, denn wenn wir den heutigen Komponisten nicht die Chance geben, dann bleibt nichts übrig von ihnen.

Haben Sie alles dirigiert, was Sie je dirigieren wollten? Oder gibt es da noch offene Wünsche?

Ja, ich muß den ›Parsifal‹ dirigieren, unbedingt! Es ist schade, daß ich nie in Bayreuth dirigiert habe. Wieland Wagner hat mich in den sechziger Jahren eingeladen, aber ich habe ihm abgesagt, weil ich im Sommer immer in Israel sein wollte. Ich bin immer den ganzen Juli über in Israel, und dann gehen wir auf Tournee. Und das will ich so. Und ich bereue es nicht, daß ich nicht nach Bayreuth gegangen bin. Ich liebe auch Bachs h-Moll-Messe und die Matthäus-Passion sehr, aber ich fürchte mich vor Bach.

Warum?

Ich fürchte mich nicht vor Bach, ich liebe Bach, aber mein Bach, so wie ich ihn liebe, kommt aus Wien, verstehen Sie? Und jetzt gibt's so viele Bach-Spezialisten der Historischen Aufführungspraxis.

Zu der haben Sie ein gespanntes Verhältnis.

Ja, weil sie auf so vielen unbekannten Größen aufbaut, auf Unwägbarkeiten. Und ich kann diese Haydn-Symphonien auf alten Instrumenten, die verstimmt spielen, nicht hören, ich habe auch keine Zeit dafür. Wenn ich nur an diese Holzbläser denke …

Gab es eigentlich für Sie Vorbilder, Dirigentenvorbilder?

Ja, die zwei Größten waren für mich immer Toscanini und Furtwängler. Ich kenne beide von vielen Aufnahmen und Schriften her sehr gut.

Nun waren die beiden ganz entgegengesetzte Pole.

Ja, Toscanini hat gesagt, ich reinige die alte Malerei, und ich stelle das Bild einfach so hin, wie es ist, und Furtwängler hat gesagt, ich will wissen, was zwischen den Noten steht, was Beethoven wirklich wollte mit diesem Trauermarsch in der ›Eroica‹. Und dabei ist natürlich etwas Gigantisches herausgekommen bei Furtwängler. Das heißt nicht, daß mich Toscanini mit einer Brahmssymphonie nicht auch überzeugt hat. Aber ich bin aufgewachsen mit diesen beiden Giganten. Und in meiner Studienzeit war Karajan natürlich ein ganz großer Einfluß. Ich war immer in seinen Opernaufführungen, Konzerten, Proben; als junger Mensch muß man das tun. Und dann hab ich ihn ganz gut kennengelernt. Ich habe mit ihm ein paar Opern durchgesprochen, er war sehr offen zu mir, ich hab bis zu seinem Tode sehr viel Respekt vor ihm gehabt. Es war eine Mode, nie etwas Gutes über Karajan zu sagen. Er war so mächtig in einem nichtmusikalischen Sinne, daß man ihm auch die Musik, die er dirigierte, übel genommen hat. Ich fand das nie richtig. Joseph Krips habe ich auch sehr verehrt und Karl Böhm, das waren die Leute, mit denen ich geistig aufgewachsen bin.

Hat Karajan Sie persönlich gefördert?

Er hat es versucht. Er hat mich schon 1962 nach Wien eingeladen, aber ich habe gesagt, ich hab keine Erfahrung, ich würde das nicht machen. Und als die Deutsche Oper Berlin mir ein Angebot machte, 1976, da habe ich ihn um Rat gefragt. ›Ja, nehmen Sie das Angebot an‹, hat er zu mir gesagt, ›dann können Sie auch bei mir soviel machen, wie Sie mögen.‹ Er meinte die Berliner Philharmoniker. Das klappte dann aber nicht, denn meine Frau wollte einfach nicht in Berlin leben, damals, und sechs Monate später bot man mir die New Yorker Philharmoniker an, da hat sie gesagt: ›Siehst Du, hättest Du Berlin akzeptiert...‹ Ich hätte den Ruf an die Deutsche Oper damals gern angenommen. Ich kannte den Intendanten, Siegfried Palm, sehr gut.

Hatten Sie zur New Yorker Met eine Liebesbeziehung?

Nein, aber ich habe viel dirigiert dort, denn ich hatte eine sehr gute Beziehung zu Rudolf Bing gehabt, als Wiener! Und er mochte mich gern, und ich hab ihn auch gern gehabt. Das war auch eine Mode, nie etwas Gutes über Bing zu sagen! Ich habe das alles unfair gefunden, wie bei Karajan.

Aber Birgit Nilsson hat sehr gut über ihn geschrieben in ihren Memoiren.

Rudolf Bing, bitte, er hat viel versucht, auch wenn er nicht soviel verstanden hat von Musik. Aber er war ein guter Impresario. Er hat Leute von überallher eingeladen, außer die, die er nicht mochte, da hatte er manchmal einen Vogel; wenn ich nur an Beverly Sills denke, sie war die große amerikanische Sängerin damals. Aber er wollte sie partout nicht engagieren. Das war nicht richtig. Aber im Großen und Ganzen hat er sehr gute Dirigenten gehabt, Krips als Mozart-dirigent, und Chagall hat die Zauberflöte ausgestattet, nicht schlecht, oder?

Er hat sich mit den Primadonnen ja immer schwer getan.

Ja, gut, er war eine markante Persönlichkeit, und er hat die Frauen sehr geliebt, zu sehr vielleicht, da waren Probleme mit Primadonnen, die ja auch Frauen sind, unvermeidlich...

Ist für Sie Familie wichtig?

Ja, eigentlich sehr wichtig, aber leider vernachlässigen wir reisenden Künstler unsere Familien manchmal sträflich. Ich habe immer wieder versucht, das gut-zumachen, aber Kinder vergessen nichts.

Ist es für Sie, wenn Sie Ihr Leben Revue passieren lassen, ein Opfer, diese musikalische Existenz?

Ja, es ist ein Opfer, aber ich gebe es gern!

Ingo Metzmacher
Musik ist nicht zum Entspannen da

Herr Metzmacher, als Sie nach Hamburg kamen, stießen Sie auf ein ziemlich bürgerliches Opernhaus. Zwar hat schon Ihr Vorgänger, Herr Albrecht, ein bißchen vorgearbeitet in Sachen 20. Jahrhundert. Aber das Hamburger Opernpublikum ist ein eher konservatives. Betrachteten Sie das als Wagnis für Sie, der Sie ja besonders am 20. Jahrhundert interessiert sind?

Ja, ein Wagnis ist es ohne Frage gewesen, aber mich hat es gerade gereizt, an die Ära Liebermann anzuknüpfen. Immerhin war er an diesem Hause einer der erfolgreichsten Intendanten und ein Vorkämpfer fürs zwanzigste Jahrhundert.

Nun ist diese Ära aber auch schon Legende.

Die liegt schon lange zurück, zugegeben, aber man ist immer noch sehr stolz auf diese Zeit in Hamburg. Ich kann mich darauf berufen, wenn ich jetzt wieder mehr das 20. Jahrhundert in den Mittelpunkt rücken möchte. Ich glaube auch, daß die Hamburger geradezu darauf warten, etwas Neues, Außergewöhnliches präsentiert zu kriegen, auf sehr hohem Niveau natürlich, und dann kommen sie in Strömen.

Nun haben Sie ihr Publikum schon ein bißchen erzogen. Ist es nicht schwierig, ein Opernpublikum, das lieber ›Carmen‹, ›Madame Butterfly‹ oder ›Rigoletto‹ sehen möchte, mit Wolfgang Rihm zu konfrontieren oder mit Janàček, auch wenn der gegen Rihm geradezu romantisch wirkt, obwohl er immer noch bei weiten Teilen des Publikums als ›modern‹ eingestuft wird?

Es gibt ein Publikum, das geht einfach nur in ›Traviata‹ und ›Carmen‹, das ist ja auch o.k., von diesem Publikum leben wir auch. Ich würde mir allerdings wünschen, daß jemand, der in die ›Traviata‹ geht, auch genauso viel Lust hat, sich ›Jenufa‹ anzuschauen, denn die emotionale Erfahrung, der Grad, von dem man bewegt wird in diesen Stücken, ist ja doch sehr ähnlich. Das wäre ein Ziel von mir, das Publikum, das in ›La Traviata‹ rennt, zu animieren, auch in ›Jenufa‹ reinzugehen, sodaß sie das Repertoirestück wird, das sie verdient zu sein beziehungsweise zu werden.

Wie glauben Sie, das Publikum dazu ermuntern zu können?

Ingo Metzmacher

Ich glaube, stetes Wasser höhlt den Stein, wie man so sagt, also ich werde immer weiter in diese Richtung arbeiten. Natürlich auf möglichst hohem musikalischen Niveau. Wir denken natürlich im Moment darüber nach, unsere Marketingstrategie diesbezüglich zu ändern. Es kommt auch darauf an, wie man die Dinge verkauft. Darüber denkt man an deutschen Theatern viel zu wenig nach, finde ich. Früher war das ja immer so, daß man dachte: wenn wir gute Sachen machen, dann kommen die Leute, und wenn sie nicht kommen, sind sie selber schuld, denn wir machen ja schließlich gute Sachen! Diesen Standpunkt kann man sich heute einfach nicht mehr leisten. Wir müssen heute wirklich darüber nachdenken, wie wir den Kampf um das Zeitbudget der Menschen gewinnen können. Wenn jemand am Abend überlegt, gehe ich jetzt ins Kino oder gehe ich ins Musical oder gehe ich ins Theater oder gehe ich in die Oper, müssen wir als Freizeitangebot so attraktiv sein, daß wir ganz vorne liegen in der Gunst des Publikums.

Aber reden Sie da nicht einer gefährlichen Entwicklung das Wort, einer Reduzierung der Kultur auf Events einer Freizeitindustrie, ja Freizeitkultur?

Es ist doch so! Ich meine, wir werden natürlich immer darauf bestehen, daß wir das hochwertigste Angebot in dieser Freizeitkultur sind. Dieses Attribut muß man natürlich auch mitverkaufen. Wir haben immer noch so ein bißchen ein schlechtes Gewissen, wenn wir uns so verkaufen wollen in Deutschland, denn es macht unser Produkt ein bißchen billiger. Natürlich kann man das nicht verkaufen wie eine Seife oder wie eine Zahnpasta. Jemanden zu finden, der das, was wir auf der Bühne machen, in intelligentes Marketing zu übersetzen versteht, ist natürlich schwierig.

Also Opernbetrieb als Stätte bürgerlicher Kultur, Tradition, Wertebewahrung, Bildung und Aufklärung, um es in wenigen Stichworten zu umschreiben, halten Sie für ›out‹?

Ich will es mal so sagen: wir müssen natürlich auch das Publikum befriedigen, das dies von uns erwartet. Das dürfen wir auf keinen Fall verschrecken, aber wir müssen unser Publikum erweitern und Wege finden, auch an die Leute ranzukommen, die Oper vielleicht ganz interessant finden, aber den Schritt in die Oper bisher nicht wagten. Es ist ein Spagat, den wir machen müssen.

Sie gelten als Spezialist für Musik des 20. Jahrhunderts. Gefällt es Ihnen, so etikettiert zu werden?

Ich setze mich schon besonders ein für die Musik des 20. Jahrhunderts, die ja nun schon von gestern ist, aus dem letzten Jahrhundert. Daraus mache ich keinen Hehl, weil ich einfach glaube, wenn wir das nicht schaffen, die große, wichtige Musik des 20. Jahrhunderts am Leben zu erhalten dadurch, daß wir sie immer wieder spielen, daß wir ein Publikum dafür finden, dann werden wir ganz große Probleme bekommen in der Oper.

Aber was ist denn mit dem Publikum, das die ›großen, wichtigen Sachen des 20. Jahrhunderts‹, um es bei Ihrem Begriff zu belassen, nicht zu verstehen glaubt. Wie öffnet man diesem Publikum die Ohren dafür, wie gewinnt man es?

Man muß die Dinge, die ihm fremd sind, einfach spielen, das ist ganz wichtig. Aber man muß sein treues Publikum einfach ab und zu mit Dingen konfrontieren, die ihm vielleicht weh tun, obwohl ich keine Musik kenne, die wirklich weh tut.

Nun hören Sie anders Musik als der unbedarfte Opernfreund.

Natürlich, aber das war nicht immer so. Ich bin ja genau den Weg gegangen, den alle gehen können. Ich habe bis zu meinem achtzehnten Lebensjahr keine Note von Schönberg gekannt, bei uns zuhause wurde von Bach bis Reger gespielt, ausschließlich klassisch-romantische Kammermusik, alles, was danach kam, war für mich eine terra incognita. Es war natürlich sehr aufregend für mich, zu sagen, o.k., das kenn ich ja nun alles, jetzt geh ich mal los und gucke, was da hinter dem Zaun ist. Ich habe unheimlich viel Faszinierendes entdeckt, und diese Erfahrung möchte ich als Dirigent weitergeben, indem ich diese Stücke aufs Programm setze. Ich mache außerdem in Hamburg in den Philharmonischen Konzerten mit meinem Orchester immer selber eine Einführung, wenn ich selbst dirigiere. Eine dreiviertel Stunde vor dem Konzert setze ich mich in einem kleineren Saal ans Klavier und improvisiere meistens über die Gedanken, die ich mir gemacht habe beim Ausdenken des Programms. Das kommt erstaunlich gut an beim Publikum, und ich habe die Erfahrung gemacht, daß die Menschen unheimlich dankbar sind, wenn man ihnen den Sprung über diese Schwelle des vermeintlichen Nichtverstehens so erleichtert. Die neuere Musik ist verbunden mit diesem Image ›unverständlich‹. Viele Leute denken: ich versteh davon nichts, ich kann da nicht hingehen, das ist zu schwierig für mich und so weiter. Diese Hürde möchte ich gerne wegräumen.

Ein Stichwort, das Sie eben nannten, ist das Klavier. Sie haben ja eigentlich als Pianist angefangen, haben eine Ausbildung zum Pianisten gemacht. Wie kam es bei Ihnen zum Dirigieren?

Naja, wie man so als junger Kerl immer sagt, ich möchte Lokomotivführer werden oder so, gab es irgendwann einmal diese Idee. Ich hatte Celibidache mal erlebt in Hannover, als ich vierzehn war, das hat mich tief beeindruckt. Dann habe ich studiert, ich habe immer gedacht, Dirigieren ist eine Arbeit, da muß man soviel kennen und soviel wissen und soviel Erfahrung haben, bevor man sich da hinstellt ... Ich war mir nicht sicher, ob ich das kann. Und dann habe ich in Köln an der Musikhochschule mit meinem Dirigierprofessor gesprochen, der mir sagte: Wenn Sie nicht wirklich wissen, ob Sie dirigieren wollen, dann hat es gar keinen Sinn. Später hat mir jemand, den ich wirklich gut kannte, den entscheidenden Stoß gegeben und gesagt: Mach das, Du wirst sehen, Du kannst das! Learning by doing. Man merkt eigentlich erst unterwegs, ob man es kann oder nicht.

Nun gibt es Kollegen von Ihnen, die haben immer schon den glühenden Wunsch gehabt, den eisernen Willen, Dirigent zu werden.

Ich weiß, aber so war das nicht bei mir. Ich hab mich immer nach einer sinnvollen Tätigkeit gesehnt. Ich hatte auch eine große Krise, habe zeitweise ganz aufgehört mit der Musik, weil ich überhaupt nicht mehr eingesehen habe, wozu das Musikmachen gut sein soll und an dem Musikbetrieb verzweifelte, den Sie ja ganz richtig so beschrieben haben, wie Sie ihn beschrieben haben. Deswegen habe ich nach einem Weg für mich gesucht, mein Leben sinnvoll mit Musik zu verbringen. Und jetzt glaube ich, ich habe ihn gefunden, und es gibt noch viel zu tun.

Darf man fragen, wer das war, der Ihnen dann den entscheidenden Stoß gegeben hat?

Das war ein wunderbarer Klavierlehrer aus Hannover, der leider vor kurzem erst verstorben ist, er heißt Bernhard Ewald. Er war ein ganz großartiger Lehrer und ein toller Musiker. Er hat mir viel über Musik beigebracht, und sein Wort hatte für mich so ein Gewicht, daß ich auf ihn hörte.

Und daraufhin haben Sie dann auch Dirigierklassen besucht.

Ja, ich habe das Dirigieren richtig studiert an der Musikhochschule in Köln, bei Volker Wangenheim, und habe nebenher hier und da ein bißchen was gemacht, Proben geleitet, Vorproben geleitet, und dann bin ich nach dem Studium ans Frankfurter Opernhaus gegangen, zu Michael Gielen, und habe dort die harte Repetitoren- und Kapellmeisterschule durchgemacht.

Nun gibt es ja heute so viele Quereinsteiger, die diese Schule nicht durchlaufen haben, sondern beispielsweise bei einer großen pianistischen Karriere plötzlich meinen, sie müßten jetzt Symphonie-Orchester und den ›Tristan‹ dirigieren. Und mit gutem Management, engagierter Public Relation, Plattenindustrie im Hintergrund und geschicktem Marketing klappt das dann auch, zumindest kommerziell, auch wenn es dirigentisch Schaumschläger oder Etikettenschwindler sind.

Sie werden verstehen, wenn ich mich dazu im Detail nicht äußere, aber ich kann Ihnen nicht widersprechen. Aber es gibt auch Klassik-Radios, die verkaufen eben Musik auf eine Weise, die kann ich überhaupt nicht gutheißen: Musik zum Entspannen und Genießen! Wenn Beethoven wüßte, wie er da benutzt und verstümmelt und banalisiert wird, hier mal einen halben Satz, da mal einen halben Satz, er würde die dafür verantwortlichen Leute kurz und klein schlagen. Bei dieser Art, Musik so billig zu verkaufen, ob Beethoven, Wagner, Verdi, all diese radikalen Komponisten, ich weiß es nicht, was die tun würden, wenn die das hören könnten, sie würden wahrscheinlich explodieren. Das kann nicht der Weg sein, Musik populär zu machen!

Man muß die sogenannte Klassische Musik so, wie sie ist und sein will, hinstellen, auch wenn sie für einen Großteil der Jugend in die altmodische Ecke gerutscht ist. So wie das humanistische Gymnasium. Es ist im Grunde so wie mit der Kirche: Die Bibel ist sehr aufregend, aber die Kirche schafft es nicht, das irgendwie rüberzubringen. Eben das müssen wir mit der klassischen Musik wieder hinkriegen. Musik ist keine alte, verstaubte Sache, das ist auch nix zum Entspannen und Genießen, sondern es ist sehr aufregend, und das müssen wir vermitteln. Dabei kommt es natürlich in erster Linie darauf an, wie's gemacht wird. Wenn es wie zum Entspannen und Genießen aufgeführt wird, dann paßt das zwar gut in die Verkaufsstrategie, aber es hat nichts mit der Sache zu tun.

Aber bedeutet Ihr ehrenwerter Standpunkt heutzutage nicht, eine Sisyphusarbeit auf sich zu nehmen? Wenn man sieht, daß für die meisten Menschen, und das wird ja von den meisten Kulturpolitikern auch noch gefördert, Kultur wirklich nur noch eine Art von Feierabendbeschäftigung ist, bei der man Musik, Theater oder Kunst mehr oder weniger besinnungslos in sich hineinschlürft? Der klassische Bildungsbegriff mit seinen Werten existiert ja längst nicht mehr.

Also, ich bin natürlich nicht der Meinung, daß wir dazu da sind, den von ihrem Beruf gestreßten Menschen am Abend Erleichterung und Vergnügen im Sinne von Genuß und Entspannung zu verschaffen. Dazu ist die ganze große Musik einfach nicht geschrieben worden. Das ist einfach so! Wenn Oper ernst genommen und richtig gemacht wird, dann will sie aufwühlen und grundlegende Fragen stellen, Fragen, die einem im Berufsleben vielleicht nicht immer so ohne weiteres über den Tisch laufen. Es ist, zugegeben, in gewissem Sinne eine Sisyphusarbeit, die wir leisten, aber für meine Hamburger Arbeit muß ich ganz klar feststellen, daß es sich lohnt, weil es sehr gut angenommen wird vom Publikum und meine Konsequenz, mit der ich meinen Weg gehe, und meine große Anwesenheit hier wird sehr geschätzt.

Es ist ja auch fast schon so ein Auslaufmodell, dem Sie huldigen, indem Sie als Musikchef des Hauses fast immer da sind und fast alles dirigieren.

Das ist beste deutsche Kapellmeistertradition, der ich mich nicht zu schämen brauche, auch wenn ich da, Sie haben recht, nicht im Trend liege, was die großen Opernhäuser angeht.

Ich meine das ja auch gar nicht negativ, eher im Gegenteil.

Wissen Sie, Ich habe harte Zeiten durchlebt auf meinem Weg durch die Opernhäuser, durch die Institutionen, wie die ›Achtundsechziger‹ sagen, aber sie haben mich auch gestärkt. Wenn man diese Kapellmeisterlaufbahn erfolgreich überlebt, lernt man sehr viel dabei. Ich glaube nicht, daß die Dirigenten, die das nicht durchgemacht haben, wirklich das Handwerkszeug, also das technische Rüstzeug besitzen, das für ihren Beruf nötig ist … ohne Namen zu nennen, möchte ich das mal im Raum stehen lassen.

Wie würden Sie denn den Anteil dessen beurteilen, was man auf der Hochschule lernt?

Das wichtigste auf der Hochschule ist, das man sich Ideale bildet, meiner Ansicht nach, denen man dann später in seinem Beruf folgen kann. Also, das war bei mir jedenfalls so. Handwerklich hab' ich nicht so viel gelernt im Studium, muß ich ehrlich sagen. Über die deutschen Musikhochschulen müßte mal gründlich nachgedacht werden, aber das ist ein Kapitel für sich. Mir hat beispielsweise ein auch intellektuell anspruchvolles Angebot sehr gefehlt, damals.

Nun hatten Sie bei Michael Gielen in Frankfurt einen äußerst glücklichen Umstand angetroffen; er war ja der Spiritus rector einer wegweisenden Epoche nicht nur der Frankfurter Operngeschichte und ein radikaler, konsequenter Mensch und Musiker, der wie Sie der Ansicht ist, man müsse mit der Oper in der Zeit bleiben, in der man ist.

Ich habe Gielen damals geschrieben, daß ich gerne bei ihm arbeiten möchte. Er lud mich ein, ihm vorzuspielen und war sehr streng mit mir, weil ich keinen Beethoven dabei hatte. Ich bin nachhause gefahren und habe gedacht: ach Gott, der ist genau wie alle anderen auch. Aber es hat mir doch zu denken gegeben, und es hat mich so gewurmt, daß ich wie ein Besessener Beethoven geübt habe und noch mal zu Gielen gegangen bin. Und dann hat er mir eine Chance gegeben. Ich werde nie vergessen, wie er so mit seinem breiten Rücken in dem Graben alles verteidigt hat, die radikalsten szenischen Lösungen, und eben auch auf seine Art musikalisch sehr konsequent. Das war einfach toll. Er ist für mich schon ein großes Vorbild. Er könnte natürlich mein Vater sein, das ist eine andere Generation. Er wird sicher in bestimmten Bereichen noch konsequentere und radikalere Ansichten haben als ich. Wir leben heute in einer anderen Zeit.

Aber er hat ja auch eine andere Geschichte. Michael Gielen hat ja noch diesen Bruch der deutsch-jüdischen Tradition mitgemacht und Emigrantentum, was er allerdings als sein großes Glück bezeichnet.

Ja, weil er noch von dieser Kapellmeistertradition gelernt hat. Deswegen bin ich auch so froh, daß ich ihm über den Weg gelaufen bin. Ich hätte ohne ihn nur schwer einen Anknüpfungspunkt für mich gefunden in der deutschen Nach-kriegs-Musiktradition.

Eine Spezialität Michael Gielens ist seine Art, Konzertprogramme zu gestalten, in denen er Tradition und Moderne meist miteinander verknüpft. Wie konzipieren Sie Ihre Kon-zertprogramme?

Ich nehme mir jedes Jahr ein Thema vor, in meinem ersten Jahr waren das Debussy und Frankreich; ich möchte ganz deutlich die Komponisten in den Mittelpunkt meiner Konzertprogramme stellen, die ich für wegweisend halte für die Moderne. Komponisten wie Strawinsky, die zweite Wiener Schule, Hin-demith, Hartmann, Henze, Charles Ives, Bartók, Janàček und so weiter. Ich werde langsam das ganze Feld aufarbeiten, Saison für Saison. Am Anfang haben die Leute natürlich gesagt: ach Gott, das ganze Jahr dasselbe. Ich habe dann immer gesagt: nein, das ist hier kein Volkshochschulkurs, das ist einfach eine Reise. Man reist ja auch nicht durch Europa in einer Woche. Darum reisen wir sozusagen eine Saison durch die französische, dann durch die russische, dann durch die Wiener Musik und durch die deutsche, immer kombiniert natürlich mit dem großen symphonischen Repertoire. Es kommt darauf an, die richtige Mischung hinzukriegen.

Und wie ist der Zuspruch des Publikums?

Der ist verschieden, aber wir halten uns gut, es gibt keinen Einbruch. Aber man darf nicht vergessen, daß das Abonnement für die Konzerte des Philharmoni-schen Staatsorchesters in Hamburg, das ich übernommen habe, früher vererb-te, wurde darum mußte sich niemand kümmern. Die Abonnements waren ein-fach ausverkauft. Heute ist die Situation eine andere. Es ist vor allem ein Publi-kum über Fünfzig, das in den klassischen Konzerten anzutreffen ist, das Publi-kum stirbt uns sprichwörtlich weg. Und das junge Publikum nimmt kein 12er Abonnement. Die Jungen kommen zum einen oder anderen Konzert. je nach Angebot. Die Amerikaner sagen immer, where is the hook, also, wie kriege ich die Leute an den Haken, damit sie überhaupt mal reinkommen. Dieses Gefühl: da muß ich hin! Das muß man halt irgendwie hinkriegen. Mit jeder Pro-duktion. Durch die junge Laufkundschaft sind die Einnahmen unserer Abend-kasse gestiegen, aber unsere Abonnementzahlen gehen runter. Da müssen wir gegensteuern, deswegen werden wir die Abonnements ein bißchen flexibler und variabler anbieten, jenseits dieser klassischen Abonnementssaison. Wir müssen auch andere Typen von Konzerten anbieten, wie etwa meine Neujahrskonzerte, locker moderierte Silvesterkonzerte nach Wiener Vorbild, nur eben mit Musik des 20. Jahrhunderts. Die haben unserem Konzertangebot einen großen Aufschwung gegeben.

Manche Intendanten und Dirigenten setzen auf Stars, um ihre Häuser voll zu kriegen.

Aber es ist in der Oper wie beim Fußball: Ein Star macht noch keine gute Mannschaft. Also wir müssen vor allen Dingen sehen, daß wir auch ein gutes hauseigenes Ensemble aufbauen und pflegen, und auch da kommt es auf die richtige Mischung an. Nur einfach, wie das die ganz großen Opernhäuser machen, nach der Liste die größten Sängernamen zu kaufen für jede Produktion, heißt noch lange nicht, daß wirklich eine gute Produktion zustande kommt.

Ist das denn noch zeitgemäß, Ensemble- und Repertoiretheater?

Nein, sicher nicht. Aber das wollen wir ja auch nicht. Das geht auch nicht mehr. Das Orchester beschwert sich natürlich immer, die Musiker möchten gerne jeden Abend ein anderes Stück spielen, damit sie bei Laune bleiben, aber wenn man das ansteuerte, würde sich die Frage nach der musikalischen Qualität stellen.

Nun gibt eine lange, bürgerliche Hamburger Operntradition, wenn man an die Gänsemarktoper und Reinhard Keiser denkt.

Daran wollen wir durchaus anknüpfen. Ich finde es unglaublich wichtig, daß wir in Hamburg Barockoper machen. Ich bin noch nicht ganz sicher, ob es sinnvoll ist, dafür immer ein Spezialorchester einzukaufen. Ich würde mir eigentlich wünschen, auch für die Zukunft des Orchesters, daß sich genügend hauseigene Musiker für alte Musik interessieren und bereit sind, sie mit Spezialisten in der gebührenden Zeit einzustudieren. Das Problem sind, glaube ich, nicht so sehr die Musiker, sondern ihre Verträge, unter denen sie arbeiten. Viele Proben kosten einfach unglaublich viel Geld. Durch die Tarifverträge wird vieles verhindert.

Was hält Sie denn hier in Hamburg bei Laune, gibt Ihnen Kraft für Ihren Optimismus, das Musikleben der Hansestadt gegen den Strich zu bürsten?

Ich weiß, daß es eine Menge Leute im Orchester gibt, die meine Konzepte gut finden, die wollen, daß es nach vorne geht, und das Orchester verjüngt sich auch sehr. Es kommen ja mehr und mehr Musiker der jüngeren Generationen in das Orchester, Musiker, die in der Jungen deutschen Philharmonie waren, oder vielleicht im Gustav-Mahler-Jugendorchester und eine andere Tradition haben, andere Ideale mitbringen, die sie noch nicht verloren haben, an die man anknüpfen kann. Außerdem haben wir hier wirklich viel Erfolg in dieser Stadt, ich bin sehr gut angenommen worden, und das gibt mir natürlich auch die Kraft, weiterzugehen. Hamburg ist eine offene Stadt, Hamburg ist eine Bürgerstadt, wird mir immer gesagt, und in Hamburg ist sehr viel Geld, privates Geld. ...

Welche Rolle spielt Sponsoring für Sie?

Wir müssen einfach versuchen, an das private Geld ranzukommen! Ein Argument aus Hamburger Sicht ist immer wieder: wir müssen gegen Berlin hier ein Modell entwickeln, ein Opernmodell, über das sich die Berliner noch wundern werden. Das kostet natürlich Geld. Aber ich finde, es gibt im Moment keinen besseren Ort in Deutschland als Hamburg, um aufregende Oper zu machen.

Können Sie denn das Modell, über das Berlin sich noch wundern wird, ein bißchen erläutern, es hört sich ja spannend an.

Ich meine die Art und Weise, wie man Oper eben betreiben kann. Ich verstehe das einfach nicht, daß man in Berlin nicht mal darüber nachdenkt und überlegt: wie war das denn in den 30er Jahren, da hatten wir doch ... warum machen wir das heute nicht wieder ... In Hamburg kommt das Argument jedenfalls immer gut an: die Berliner müssen nach Hamburg kommen, um gute Oper zu sehen, ob es den Transrapid je geben wird oder nicht.

Kent Nagano
Dem Orchester helfen, sich selbst auszudrücken

Herr Nagano, Sie kommen aus einer Familie, in der Musik eine besondere Rolle spielte.
Ja, das stimmt, wenn auch in einer etwas ungewöhnlichen Weise. Meine Familie kommt aus einer sehr kleinen Stadt, die ziemlich einsam, fünf Stunden von San Francisco und fünf Stunden von Los Angeles entfernt an der kalifornischen Küste liegt, also ziemlich weit ab vom Schuß. Das Ungewöhnliche ist, daß sowohl mein Vater als auch meine Mutter als Farmer in dieser ländlich geprägten Umgebung arbeiteten, obwohl sie beide eine Universitätsausbildung hatten: meine Mutter als Pianistin und in Biologie, mein Vater als Architekt und Ingenieur. Das war schon eine seltsame Situation, auf einer Farm, weit weg von den großen Städten, in einer Welt von Büchern aller Art, von Literatur und Bildung zu leben. Meine Mutter legte großen Wert auf dieses kultivierte Umfeld. Sie hat nicht nur allen ihren Kindern schon sehr früh Klavierunterricht erteilt, sondern uns auch in die Literatur eingeführt. Sie können sich also vorstellen, daß wir uns sehr wunderten, als wir in der Schule feststellen mußten, daß wir keine typischen Fischer- oder Farmerkinder waren. Aber das lag eben an den seltsamen Umständen unserer Erziehung. Es gab auch nur ein sehr kleines Orchester an unserer Highschool, und wir hatten nur selten das Glück, ein großes Sinfonie-Orchester zu hören, etwa wenn die Orchester aus San Francisco oder Los Angeles auf einer Provinztournee bei uns vorbeikamen oder wenn unsere Eltern uns von Zeit zu Zeit in die großen Städte mitnahmen, um ein Sinfonie- oder Opernkonzert zu erleben. Aber das war selten. Ich habe darum auch nie daran gedacht, Dirigent zu werden. Das geschah erst viele Jahre später, obwohl ich mich der Musik immer sehr verbunden fühlte und viel musizierte.
Aber Sie musizierten schon als Kind?
Ja, sehr viel. Das war ein zentraler Punkt meiner Erziehung. Wo ich aufwuchs, arbeiteten die Menschen sehr hart. Es war eine ländliche Gemeinde mit Ackerbau und Fischereiwirtschaft. Die üblichen Freizeitbeschäftigungen wie Einkaufen, ins Kino gehen, Fernsehen standen uns nicht wirklich offen. Unsere Gegend war so isoliert, daß sogar der Fernsehempfang so dürftig war, daß man nichts anderes machen konnte als musizieren. Also machten wir Musik in unse-

232 Kent Nagano

rer Freizeit. Wenn wir die Gelegenheit gehabt hätten, wären wir sicherlich in irgendwelche schicken Geschäfte gegangen oder hätten mit Videospielen gespielt, was man als Kind eben so tut. Aber dieser Ort war damals und ist selbst heute noch so abgelegen, daß wir keine anderen Möglichkeiten hatten. Glücklicherweise hatten wir Musik und die Kunst.

Wie verlief Ihre musikalische Entwicklung?

Das erste Mal kam ich mit den großen Kultureinrichtungen und den darstellenden Künsten in Kontakt, als ich diesen Teil der Welt verließ. Ich habe meine gesamte Kindheit dort verbracht, was nicht schlecht war, sondern in gewissem Sinne sogar sehr gut, aber meine reguläre Ausbildung erhielt ich erst als Teenager, als ich Theorie- und Kompositionsunterricht nehmen konnte.

Wo war das?

Zuerst in meiner Geburtstadt bei einem Lehrer, der sehr wichtig für mich war. Er hat ein kleines Konservatorium aufgemacht, das zum Teil zur Schule gehörte und zum Teil in seinem Privathaus untergebracht war. Er war komischerweise ein Deutscher, der der Meinung war, daß es in Amerika ein wenig an einer gründlichen, europäischen Musikausbildung mangele. Das war ziemlich ungewöhnlich, aber er begann damals ein ziemlich strenges Unterrichtsprogramm, das er noch heute aufrechterhält mit dem Ergebnis, daß diese kleine Stadt Morro Bay, aus der ich komme, eine außergewöhnliche Anzahl professioneller Musiker hervorgebracht hat: zum Beispiel den Solohornisten der Los Angeles Philharmonic, eine ganze Reihe Musiker anderer Sinfonie-Orchester sowohl in den USA, als auch außerhalb der Staaten und sogar Musiker anderer Sparten als der klassischen Musik. Der Solotrompeter der Stan Campton Jazz Band zum Beispiel war mein Nebenmann in unserem kleinen Konservatoriums-Orchester. Damals also, als ich ein Teenager war, wurde mein Unterricht systematischer und gründlicher. Schließlich setzte ich meine Studien an der University of California fort und legte Examina in zwei Fächern gleichzeitig ab: in Musik und Gesellschaftswissenschaften. Ich interessierte und interessiere mich immer noch sehr für Politik, was damals, Anfang der 70er Jahre, weit verbreitet war. Wir erlebten intensiv, daß die Welt durch Technologie und Kommunikation immer kleiner wurde, und ich stellte mir vor, daß internationales Recht und Politik eine große Rolle in der künftigen Kommunikation spielen würden. Am Ende bemerkte ich dann aber doch, daß Musik ein viel besseres Mittel der Kommunikation ist als Politik. So wurde ich Musiker.

Und wann kam es Ihnen zum ersten mal in den Sinn, Dirigent zu werden?

Ziemlich spät. Ich glaube, jeder Dirigent hat seine eigene Geschichte, und meine Entscheidung fiel ziemlich spät, was überraschend war, weil ich bereits als Kind einen kleinen Kirchen-Kinderchor leitete. Während meiner gesamten Studienzeit an der Universität und am Konservatorium habe ich ebenfalls kleine Ensembles geleitet, aber nie daran gedacht, daraus einen Beruf zu machen. Das kam, glaube ich, irgendwann in meinen Zwanzigern, daß ich daran dachte, daß das vielleicht eine Möglichkeit sein könnte. Bis dahin habe ich sehr viel geschrieben, ziemlich viel für ein Opernhaus gearbeitet, aber niemals wirklich geglaubt, daß ich eine Chance haben würde in diesem Beruf.

Wo hatten Sie Ihre erste Chance?

Ich glaube, als Gast eines sehr kleinen kalifornischen Orchesters, wo ich zum ersten Mal die Gelegenheit hatte, damit anzufangen, wirklich zu dirigieren. Und dann fragte man mich, ob ich dessen musikalischer Leiter werden wollte. Aber das war, wie ich bereits sagte, ziemlich spät in meinen Endzwanzigern.

Seither haben Sie eine glänzende Karriere gemacht, nicht zuletzt an der Oper von Lyon, wo Sie ein sehr berühmter Dirigent wurden. Was war das Besondere an Lyon?

Eine der wichtigsten Aufgaben in der Opernlandschaft heute ist, nicht so zu werden, wie alle anderen auch. Die Oper darf kein Warenhaus sein, in dem man dasselbe bekommt wie überall, auf hohem Niveau vielleicht, aber doch das, was man überall sieht. Eine der besten Eigenschaften der Menschen ist, daß sie alle so unterschiedlich sind. Und einer der Vorteile, in der Provinz zu arbeiten, also in Lyon, statt in Paris oder London, liegt darin, daß man in Ruhe eine starke, eigenständige Persönlichkeit entwickeln kann, ohne an den anderen Einflüssen irre zu werden. Das Besondere und Wunderbare an Lyon war, daß die künstlerische und administrative Leitung diese Meinung teilte. Wir wollten in Lyon wirklich Lyonnaiser werden: starke Persönlichkeiten, die ihren eigenen Weg verfolgen und keinerlei Ambitionen haben, irgend jemanden zu kopieren. Wir dachten uns, wenn wir versuchen, wie die Pariser Oper zu werden, würden wir damit erstens keinen Erfolg haben, und zweitens wäre das für niemanden interessant. Wir wollten einfach die beste Oper für Lyon werden, und das machte uns frei, uns selbst zu entwickeln und künstlerischen Anspruch mit einer klaren künstlerischen Linie zu verbinden. Aufgrund der besonderen Struktur dieses Opernhauses konnten wir eine enge Familie bilden: das Orchester, die Administration, ich, die Werkstätten, die Dramaturgie – wir hatten wirklich alle das Gefühl, daß wir gemeinsam an einer großen, künstlerischen Vision arbeiteten. Wo so ein Gemeinschafts-Geist herrscht, erreicht man viel, viel mehr, als wenn die Menschen keine gemeinsamen Ziele haben.

Glauben Sie, daß so eine Freiheit, wie Sie sagen, auch in einer Stadt wie Berlin möglich ist?

Natürlich. Berlin ist eine sehr wichtige Stadt und wird täglich wichtiger. Sie ist ein Fokus, ein internationales Zentrum, wir sehen es ja tagtäglich angesichts der Intensität und Aktivität, die in Berlin herrscht. Und wenn ich von Freiheit spreche, meine ich eine künstlerische Vision. Wenn Ihre Vision klar ist und Sie sie mit ihren Kollegen teilen können, dann können Sie ihren Weg auch gehen. Nur wenn Sie eine beschränkte Vision haben und selbst beschränkt werden, sind Sie nicht mehr frei.

Dirigieren Sie lieber Oper oder Konzert?

Ich fühle mich in der Oper wie in der Sinfonik gleichermaßen zuhause. Ich sehe da keinen Unterschied, jedenfalls sollte es keinen geben. Es geht einfach um musikalischen Ausdruck. Für mich ist Oper eine musikalische Kunstform, keine theatralische; eine musikalische Kunstform, die natürlich theatralische Elemente und theatralische Seitenzweige hat, aber in der Hauptsache auf einer Partitur und dem musikalischen Ausdruckswillen basiert. Darum halte ich die beiden nicht für fundamental und geistig unterschiedlich. Die unmittelbare Form und der Kontext der beiden sind natürlich verschieden, aber der Geist und das Medium sind dieselben.

Lassen Sie mich eine naive Frage stellen: Haben Sie Lieblingskomponisten?

Die wechseln täglich. Es gibt aber bestimmte Dinge, die mich interessieren und denen ich nachgehe. Man hofft natürlich, daß man sich als Interpret entwickelt und reifer wird, und wenn man reifer wird, dann wird auch der Horizont der Interessen weiter, und man wird auf eine weniger naive Weise offen für Entdeckungen. Ich habe besondere Interessen, aber das müssen nicht unbedingt meine Interessen von gestern oder vorgestern oder vorvorgestern sein.

Sie haben in der Spielzeit 2000/2001 die künstlerische Leitung des Deutschen Symphonie-Orchesters in Berlin übernommen. Welche Ziele haben Sie sich gesteckt?

Das Deutsche Symphonie-Orchester hat eine lange Geschichte mit einer ehrfurchtgebietenden Liste an Künstlern, die mit ihm zusammengearbeitet haben. Und damit meine ich nicht nur Dirigenten und Solisten, sondern die Mitglieder des Orchesters selbst, die oft bedeutende Karrieren im Orchester und als Solisten anderer Orchester durchlaufen haben. Die Geschichte und Tradition dieses Orchesters ist meines Erachtens das stärkste Pfund, mit dem man wuchern muß. Unser Programm soll diese Tradition auf den Punkt bringen, sichtbar machen und auf die Zukunft hin ausrichten. Mein Wunsch wäre es, wenn das Deutsche Symphonie-Orchester ein Spiegel Deutschlands im 21. Jahrhundert werden würde. Deutschland ist dabei, sich so schnell zu verändern, Berlin ist dabei, sich so schnell zu verändern und zu entwickeln – das ist aufregend: eine starke Tradition, ein hochsensibles Gespür für historische Inhalte und gleichzeitig eine sehr ehrgeizige, aggressive Ausrichtung auf die Zukunft. Diese Eigenschaften können sich in irgendeiner Weise in der ›Persönlichkeit‹ des Deutschen Symphonie-Orchesters spiegeln, wie es bereits geschehen ist.

Wenn Sie Berlin mit anderen Städten vergleichen: halten Sie die Stadt für eine Musik-Metropole? Und wie schätzen Sie das Publikum ein?

Es gibt eine bemerkenswerte intellektuelle Aufgeschlossenheit hier. Aber als Nicht-Deutscher und mehr noch als Kalifornier, der am äußersten Ende der USA lebte, bin ich nicht qualifiziert, Ihnen zu sagen, warum das so ist. In der Zeit, die ich mittlerweile hier verbracht habe, ist mir dieses hohe Niveau an Aufgeschlossenheit sehr aufgefallen und die persönliche Beteiligung, die das Publikum hier in ein Konzert investiert. Die kommen nicht nur zur Unterhaltung hierher, sondern bringen ihr kulturelles Wissen, ihre kulturelle Erfahrung mit ein und nehmen teil am schöpferischen Prozeß. Ich möchte Ihnen ein Beispiel geben: ich ging zweimal in die Uraufführung von Elliott Carters neuer Oper ›What next‹ an der Staatsoper Unter den Linden, weil das Werk ziemlich komplex, voller Details ist. Was mich sehr beeindruckt hat, war, daß ziemlich viele Leute zweimal hingingen. Ich war nicht allein. Natürlich mag ich diese Art von Musik sehr, ich mag die Oper und bin persönlich mit Elliott Carter befreundet, aber so vielen Gesichtern im Publikum beim zweiten Mal wiederzubegegnen, das hat mich sehr beeindruckt. Die Tatsache, daß sich das Publikum Schönbergs ›Von heute auf morgen‹ überhaupt angehört hat, ein vielzitiertes Stück, das nur sehr selten aufgeführt wird, die Tatsache, daß die Leute bereit waren, sich vorzubereiten, indem sie das Libretto lasen und vorher und nachher sehr emotional über das Werk diskutierten, das sind einige der Gründe, warum ich sagen würde: ja, Berlin hat eine sehr starke, anspruchsvolle Musikkultur, die man in anderen Städten nicht so sieht, und das wird auch noch lange so sein, denn Berlin ist eine der musikalischen Hauptstädte der Welt.

Glauben Sie, daß es eine Rivalität zwischen den verschiedenen Orchestern und Dirigenten in Berlin gibt?

Als Interpret strebt man immer nach der Perfektion, die wir als Menschen niemals erreichen. Das ist das Paradox des Künstlers. Aber wir versuchen es immer weiter und lernen dabei immer mehr, und dadurch werden unsere Aufführungen hoffentlich auch immer stärker und interessanter, obwohl wir natürlich wissen, daß wir niemals vollkommen sein werden. Wir arbeiten trotzdem daraufhin. Wenn es bei dieser Arbeit, diesem Verlangen, sich mitzuteilen, keine gesunde Rivaltität gibt, keinen Kampf auch mit sich selbst, dann hat man als ausübender Künstler keine Aussicht darauf, sich weiter zu entwickeln.

Glauben Sie, daß Berlin zuviele Orchester hat?

Wie können Sie einen Künstler fragen, ob es zu viele Künstler oder zuviel Kunst in einer Stadt gibt? Was man fragen kann, ist: ob Berlin genug Geld hat, das alles zu bezahlen? Das ist eine schwierige Frage, und es steht mir nicht zu, das zu beantworten. Es ist ein seltener, kostbarer kultureller Reichtum, so viele verschiedene Aufführungen in einer Stadt zu haben. Und es ist noch mehr: als Neuling in dieser Stadt hatte ich in den Konzerten, die ich besuchte, den Eindruck, daß jedes dieser vielen Orchester sein eigenes Publikum hat, eine starke, treue Gemeinde, und das sagt viel über diese Stadt, über Berlins Tradition. Das zurückzustutzen kann nichts anderes als ein schmerzlicher Verlust sein.

Sie haben sehr unterschiedliche Orchester in Amerika, Frankreich, England, Deutschland dirigiert. Gibt es nationale Unterschiede in Zugang, Disziplin, Handwerk?

Es gibt heute trotz Video, E-Mail, Internet und des Zusammenwachsens der Welt glücklicherweise immer noch große kulturelle Unterschiede. Und ich sage das aus vollster Überzeugung. Was wäre das für eine langweilige Welt, wenn wir alle gleich wären? Aber es wäre, glaube ich, falsch, zu sagen: deutsche Orchester sind so, französische so, englische und amerikanische so. Wenn man vier große englische Orchester hört, hört man vier sehr unterschiedlich klingende Ensembles, vier total unterschiedliche ›Persönlichkeiten‹. Sogar in derselben Stadt. Wenn man die Londoner Orchester zum Beispiel vergleicht: das Philharmonia Orchestra, das London Philharmonic Orchestra, das London Symphony Orchestra, das BBC Symphony Orchestra, das Royal Philharmonic Orchestra, nur um einige zu nennen, dann sieht man, daß all diese Klangkörper so unterschiedlich sind, daß jede Verallgemeinerung Sie sofort in Widersprüche verwickeln würde. Interessanter ist es, sich mit der Eigenart eines jeden Orchesters selbst zu beschäftigen und dann zu versuchen, daß diese persönlichen Züge eines Orchesters so stark wie möglich herauskommen.

Sie sprachen den ›Klang‹ an. Ein sehr expressiver Klang gehört zu Ihren Markenzeichen. Was, glauben Sie, sind die wichtigsten Voraussetzungen bei einem Dirigenten, um seine Klangvorstellungen umzusetzen? Noch dazu bei einem neuen Orchester.

›Klang‹ ist vielleicht ein zu wenig spezifischer Begriff. Er umfaßt alles, was wir hören. Geräusche sind auch Klänge. Und wir hören sogar den Klang der Stille. Wir sollten vielleicht lieber von ›Konzepten der Tonerzeugung‹ sprechen. Ton ist Ausdruck, Spiritualität, Gefühl, ist Drama, Theater – all das kommt in unterschiedlichem Maße in der spezifischen Eigenart eines Tons zusammen. Das alles ist natürlich fundamental in der Kommunikation, nicht nur in der Musik, sondern auch in der Art und Weise, wie Sie sprechen: in der Modulation ihrer Stimme, in der Aussprache. Dieses Wort ›Ton‹ hat zutiefst menschliche Implikationen. Und Musik ist eine sehr, sehr hohe und entwickelte Form von Kommunikation. Durch Musik können wir Dinge vermitteln, die wir möglicherweise nur sehr unvollkommen mit Worten ausdrücken können. Wie oft zum Beispiel wurde das Gefühl der Liebe auf so wunderbare Weise in Musik ausgedrückt, während es mit einer Reihe von Verben und Adjektiven nur sehr oberflächlich berührt worden wäre. Expressivität ist wichtig für mich. Es ist, als ob sie in einem Gemälde nur Schwarz und Weiß verwenden würden, Laut und Leise, Schnell und Langsam. Diese einfachen Primärfarben sind natürlich wichtig, aber um wirkliche Menschlichkeit auszudrücken, braucht man eben auch alle Schattierungen dazwischen, alle Stufen von Grau und ihre Schatten, und nicht nur diese Abstufungen, sondern auch die Überleitungen von einer Stufe zur nächsten, all diese Transformationsprozesse über die Länge eines Abends hinweg. In ihnen liegt die Bewegung. Und das ermöglicht es uns, mehr als nur eindimensional zu sein, sondern so, wie menschliche Wesen eben sind.

Ich meinte etwas anderes. Dasselbe Orchester kann, wie Sie sehr gut wissen, völlig unterschiedlich klingen, wenn es unter unterschiedlichen Dirigenten dasselbe Werk spielt.

Allerdings.

Sie haben eine sehr genaue Vorstellung von der Klanglichkeit, die Sie bei einem bestimmten Werk haben wollen. Wie bringen Sie Ihre Orchester dazu, diese zu realisieren?

Es mag Sie überraschen, aber ich habe kein festes, starres Konzept, wie ein Orchester klingen sollte. Und noch überraschender mag es sein, wenn ich sage: Wenn ein Orchester genauso klingt wie ein anderes, dann ist irgendetwas total schief gelaufen. Das ist unmenschlich und mechanisch, als würde man Maschinen in Serie produzieren. Aber Orchester sind keine Maschinen, sie werden nicht aus Fertigteilen gemacht, sondern bestehen aus richtigen menschlichen Künstlern, die leben und atmen und denken und sich ausdrücken. Unsere Aufgabe ist, einem Orchester dabei zu helfen, zu klingen, wie es klingen sollte, zu klingen, wie es wirklich klingt. Und das ist viel Arbeit. Ein Ensemble zu bilden heißt, die Musiker zu einer Zusammenarbeit zu bewegen, die seinen inneren Eigenklang zum Vorschein und zum Sprechen bringt. Das meine ich mit ›Tradition eines Orchesters‹, mit ›Persönlichkeit‹ oder Charakter eines Orchesters und der Musiker, die dieses Orchester ausmachen. Lassen Sie uns ein kleineres Ensemble betrachten, um den Punkt präziser zu fassen: wenn man drei ganz große Streichquartette hört, dann kommt es doch auch auf den Unterschied der künstlerischen ›Persönlichkeit‹ eines jeden dieser Ensembles an. Und wenn man diese Unterschiede nicht hört, ist das hochbetrüblich. Ein Dirigent muß meines Erachtens einem Orchester dabei helfen, sich selbst auszudrücken. Inhaltlich muß das natürlich vom Dirigenten gefüllt werden, aber in der Frage des ›Wie‹ muß der Dirigent dem Orchester genügend Raum lassen, damit sich die Musiker persönlich einbringen können. Dann wird der Inhalt, um den man kommunizieren möchte, sehr viel reicher und bedeutungsvoller.

Das verlangt allerdings sehr viel Zeit, mehr Zeit, als man im normalen Konzertbetrieb hat.

Man hat nie genug Zeit. Wenn man zugeben würde, man hätte genug Zeit, dann hieße das, daß man mit dem Ergebnis zufrieden wäre. Mit Zufriedenheit kann man sich aber weder als Künstler noch als Mensch weiterentwickeln. Zeit ist immer beschränkt. Was wichtiger ist, ist Engagement, ein Ziel vor Augen und künstlerischer Ehrgeiz bei jedem einzelnen Beteiligten. Wenn man das in der Zusammenarbeit erreicht hat, kann man effizienter und schneller arbeiten. Man wird niemals genug Zeit haben, aber man muß als Ensemble versuchen, soweit wie möglich innerhalb dieser Zeit zu gehen.

Welches sind Ihrer Meinung nach die Probleme für einen Dirigenten, der zum ersten Mal mit einem Orchester zusammenarbeitet?

Dabei entstehen viele Probleme gleichzeitig. Die einfachste Antwort auf Ihre Frage wäre: stellen Sie sich vor, Sie begegnen jemandem zum erstenmal. Um eine Beziehung herzustellen, müssen sie eine Leistung erbringen, aber nichts bloß Mechanisches, sondern etwas, das auch Gefühle, Verstand, sogar Spirituelles einschließt. So etwas mit jemandem zu machen, den Sie bereits lange kennen, sodaß sich eine gewisse Art von Vertrautheit eingestellt hat, führt natürlich zu anderen Ergebnissen als mit jemandem, den Sie zum ersten Mal sehen. Solche Situationen sind nicht per se besser oder schlechter. Jede Situation hat ihre guten und ihre schlechten Seiten. Wenn Sie jemanden treffen, von dem Sie auf den ersten Blick hingerissen sind, kann das zu einer, sagen wir mal, interessanten Leidenschaft führen, wenn es die Person ist, die ein Feuerwerk in ihnen zündet, ein spontanes Gefühl von Intensität. Das ist etwas anderes als das tiefe Gefühl, das aus einer langen Beziehung ewächst. Das sind sehr unterschiedliche Situationen, wenn man jemanden – auch ein Orchester – zum ersten Mal trifft. Sie bringen sehr unterschiedliche Probleme oder, sagen wir, Komplikationen mit sich.

Haben Sie manchmal Angst vor einer besonders schwierigen Stelle oder vor einem speziellen Risiko in einem Konzert oder in einer Oper?

Das größte Risiko für jeden ausübenden Künstler, nicht nur für einen Dirigenten, ist Routine. Das gilt aber für jede Tätigkeit, auch für einen Banker. Routine ist der größte Feind der Kreativität, der Spontaneität. Und Kreativität und Spontaneität sind die wichtigsten Antriebe des Lebens, sie sind das Leben selber, das im Konzertsaal in einer dynamischen Weise dargestellt werden muß. Das größte Risiko, wenn man Tag für Tag, Woche für Woche, Jahr für Jahr hart arbeitet, liegt darin, ein Opfer dieser Routine zu werden. Daran müssen wir hart arbeiten, daß dies nicht passiert.

Was tun Sie denn dagegen, wenn Sie mit einem neuen Orchester arbeiten und sehen, daß die Musiker bereits in der Routine erstickt sind?

Eines der wichtigsten Dinge, die man niemals vergessen darf, ist, daß fast alle Musiker Musiker geworden sind, weil sie die Musik lieben. Natürlich gibt es immer Ausnahmen, aber die meisten von uns hatten zumindest am Anfang ein großes Bedürfnis danach, Musik spielen und unsere Liebe, unsere Faszination, unser Staunen über dieses künstlerische Ausdrucksmedium mitteilen zu können. Dieses Bedürfnis resultiert aus der Faszination, dem Respekt und dem tiefen Wunsch, zu verstehen, was ein Komponist zu sagen hat. Wenn der Sinn für die Aussage eines Werkes, wenn der Respekt vor einer Komposition in irgendeiner Weise erhalten werden kann, ist die Tür noch nicht zu. Und wenn man das wiederbelebt, ist die Routine verflogen. Im Grunde ist es völlig natürlich, daß man sich für große Musik begeistert, das ist völlig menschlich, sich da hineinziehen zu lassen. Unnatürlich sind dagegen Situationen, in denen wir zu Routine und Apathie gezwungen werden. Das sind Anzeichen für Verhältnisse, die uns nicht erlauben, uns selbst einzubringen. Darum ist es so wichtig, sicherzustellen, daß die Bedingungen, unter denen wir die Aufführungen vorbereiten, uns gestatten, alles zu geben, was wir geben wollen.

Gibt es Orchester, auch berühmte Orchester, die zu Trägheit neigen und ein Werk lieber so spielen, wie sie es immer gespielt haben, statt sich auf eine neue Interpretation einzulassen?

Ich glaube, wir ertappen uns alle immer wieder dabei, bequem zu sein. Wir wissen alle, daß wir noch dies und das tun sollten, dies Buch lesen sollten und so weiter. Wir sind alle schuldig in Situationen, wo wir uns nicht gut genug vorbereitet, die Sache nicht genau genug auf den Punkt gebracht haben und so weiter, weil wir alle im Grunde faul sind. Wer das bestreitet, lügt sich, glaube ich, selbst in die Tasche. Das ist einfach eine Situation, in der wir uns alle hier oder da befinden. Und Musiker machen da natürlich keine Ausnahme. Wir sind Menschen.

Sie sind ein Diplomat. – Nicht viele Ihrer Kollegen dirigieren so viel moderne Musik wie Sie. In welcher Situation befindet sich die zeitgenössische Musik im heutigen Musikbetrieb?

Zum Menschsein gehört, daß uns die Vorstellung des Wandels Unbehaglichkeit verursacht. Ungewohntes bereitet uns manchmal ein Gefühl des Ausgeschlossenseins, das ist ganz natürlich. Wir können keinen inneren Kontakt herstellen, wir können etwas nicht verstehen, und das ist nicht besonders angenehm. Andererseits sind Menschen neugierig auf das Unbekannte. Die Schlangen vor dem Film ›Star Wars‹ zum Beispiel waren kilometerlang, weil die Leute eine unbekannte Folge sehen wollten. Dieses Unbekannte hat sie nicht ruhen lassen. Der Unterschied liegt darin, daß die Leute, die für ›Star Wars‹ anstanden, eine gemeinsame Kultur, eine gemeinsame Sprache und eine gemeinsame Erfahrungswelt teilten, und aufgrund dieser Erfahrungswelt konnte man gewisse Erwartungshaltungen entwickeln, und das machte die Leute neugierig. In der Musik ist es ähnlich: wenn Sie einen lebenden Komponisten kennen und lieben, sind Sie gespannt auf sein nächstes Werk, weil Sie ein Verhältnis zu ihm, zu seiner Sprache haben. Wenn Sie aber ein Konzert hören, wo Sie nicht nur nichts verstehen, sondern wo die Musik obendrein völlig anders klingt als alles, was Sie je gehört haben, werden Sie wahrscheinlich Probleme haben, damit klar zu kommen. Ich dirigiere eigentlich nicht so furchtbar viel zeitgenössische Musik. Es gibt einige lebende Komponisten, die meines Erachtens sehr wichtig sind und die unterstützt werden müssen, aber nicht nur unterstützt, sondern deren Musik ich auch mit anderen Menschen teilen möchte. Und dann stelle ich sicher, daß es in meinen Programmen die Möglichkeit gibt, diese Musik mit anderen Menschen zu teilen. Besonders wenn sie noch leben, denn wenn ein Komponist noch lebt, haben wir die Möglichkeit, eine wirklich maßgebliche Meinung über Stilfragen und Aufführungspraxis zu bekommen. Das war der Grund, warum ich so viel Messiaen dirigierte. Messiaens Musik gehört meiner Meinung nach zu den bedeutendsten Werken des 20. Jahrhunderts. Und die Möglichkeit, seine Musik unter seinen Augen aufzuführen, war ein wichtiger Anreiz, es zu tun. Dasselbe gilt für Henri Dutilleux, Pierre Boulez und so weiter. Die Liste großer Komponisten ist beachtlich, wenn sie auch in meinem Falle nicht sehr lang ist. Ich dirigiere Komponisten, bei denen ich zutiefst davon überzeugt bin, daß es wichtig ist, daß das Publikum sie hört. Wenn ich nicht persönlich begeistert oder überzeugt bin, dann dirigiere ich ihre Werke nicht. Ich fühle mich äußerst unwohl, wenn ich ein Werk dirigieren muß, an das ich nicht glaube. Wie kann das Publikum ein Werk akzeptieren, das man selbst nicht akzeptiert.

Viele Leute gehen nicht ins Konzert, wenn Boulez oder Messiaen auf dem Programm stehen, weil sie Mozart, Beethoven, Brahms hören wollen. Das führt in der Praxis zu einer Verengung des Repertoires.

Das ist das, was ich Routine nenne und worüber wir vorhin gesprochen haben. Wenn wir ein unbekanntes Stück spielen, muß der Komponist bedeutend und die Aufführung grandios sein, überzeugend, sonst hat das Publikum keine Möglichkeit, eine Beziehung dazu aufzubauen. Ich vermute, wenn der Zeitfaktor dazu tritt, könnte auch solch ein Stück eine Perspektive haben. Denken Sie zum Beispiel an Werke, die noch vor 25 Jahren als schwerverständlich galten wie ›Le Sacre du Printemps‹ oder Schostakowitschs Sinfonien, oder an Mahler, der noch in den fünfziger, sechziger Jahren in vielen Gegenden der Erde als hochkomplizierte Herausforderung galt. Mit den Jahren, in der diese Musik aufgeführt wurde, hatten die Menschen Gelegenheit, sich damit vertraut zu machen und durch ein tieferes Verständnis einen tieferen Genuß daraus zu ziehen, was zur Folge hatte, daß sie heute zum Repertoire gehört. Nur weil ›Le Sacre du Printemps‹ mal als exorbitante Provokation des Gehörs oder ein Werk von Olivier Messiaen als total unverständlich oder Mahlers Neunte als übermenschliche intellektuelle Anstrengung galt, heißt das noch nicht, daß man sich morgen immer noch unwohl mit ihnen fühlt. Wenn ein Werk wirklich bedeutend ist, wird es irgendwann auch mal die Schätzung finden, die es verdient, denn Menschen sind fähig, große kulturelle Leistungen zu erkennen und aufzunehmen. Wie ich bereits sagte, ist es das Wichtigste, daß man alle Stücke gut aufführt: das Standardrepertoire, wie auch das Repertoire, das zufällig heute komponiert wurde und ungewohnt klingen könnte.

Worin liegt das Geheimnis einer großen Aufführung?

Das ist in der Tat ein Geheimnis, ein Geheimnis, das auch ein nicht so grandioses Life-Konzert um so viel intensiver macht als jede perfekte Plattenaufnahme. Aber das kann man einfach nicht vorhersehen. Sie können so intensiv geprobt haben, Sie können sich so gut vorbereitet und das Werk einstudiert haben, wie Sie wollen – es ist trotzdem keine Garantie dafür, daß es klappt. Die Chancen sind vielleicht größer, aber es gibt keine Sicherheit in den darstellenden Künsten. Schauen Sie sich den Sport an: Sie können das beste Training absolvieren, Sie können den besten Ruf in der Welt des Sports haben, Sie können die Nummer eins auf der Rangliste sein – aber werden Sie das nächste Spiel gewinnen? Vielleicht. Wenn Sie physisch und mental besser vorbereitet sind, haben Sie die größere Chance. Aber es bleibt immer ein Gran Geheimnis dabei.

Vergleichen Sie Musik mit Sport?

Nein. Ich habe das nur gesagt, weil die Leute Musiker oft als Maschinen ansehen, die alles aus dem Stand heraus hervorbringen können. Aber wir sind auch nur Menschen. Wir können uns, so gut wir können, vorbereiten, aber die Aufführung ist die Aufführung mit ihren Unwägbarkeiten.

Ihre Aufführungen sind meistens sehr gut. Das kann doch nicht so mysteriös zugehen.

Ich fühle eine Verantwortung, so gut zu sein, wie ich nur kann.

Aber verschiedene Dirigenten haben verschiedene Methoden, das zu erreichen.

Eines der schönen Dinge, die man in einem Konzert meines Erachtens erleben kann, ist die Lust an der Entdeckung, und diese Entdeckung fügt der Aufführung einen ganz besonderen Aspekt hinzu. Sie können Spielkultur hören, Qualität der Tonerzeugung, stilistisches Raffinement und dies verbunden mit der Aura des Neuen, dem Gefühl, etwas zu erleben, was man nie zuvor gehört hat. Das ist das Wesentliche an einer Live-Aufführung. All diese Voraussetzungen sind aber keine Garantie dafür, daß jede Aufführung eine metaphysische Offenbarung wird, aber wenn sie keinen Sinn für Raffinement und Qualität, kein Vertrauen in ein Werk und keine Neugier haben, dann werden Sie auch keine große Aufführung hinkriegen. Und das heißt, daß ich an diesen Dingen arbeite.

Sie haben viel über menschliche Qualitäten gesprochen. Sind Sie gläubig?

In unserer Welt müßte man unglücklicherweise zurückfragen: Was verstehen Sie unter gläubig? Das bedeutet in unserem Sprachgebrauch unglücklicherweise so viel Verschiedenes. Ja. Ich bin in der Kirche groß geworden und bin immer noch stark in viele kirchliche Aktivitäten involviert. Es ist Teil meiner Erziehung und etwas, woran ich auch heute noch festhalte.

Was tun Sie, wenn Sie nicht dirigieren?

Es gibt in meinem Leben nur sehr wenige Augenblicke, die nicht irgendwie mit Musik zu tun hätten. Meine Liebe zur Musik ist wirklich sehr tief, und ich habe noch soviel zu entdecken, zu lernen, zu erforschen, sodaß es irgendwie aussieht, als hätte all mein Tun in der einen oder anderen Weise mit Musik zu tun. Da ich nun eine junge Familie habe, könnte man denken, daß das irgendwie meine musikalischen Aktivitäten bremsen würde. Aber dem ist nicht so. Musik scheint irgendwie immer da zu sein: als Kammermusik oder Hausmusik oder Lektüre oder zusammen mit den anderen Familienmitgliedern. Irgendwie ist sie immer da.

Gab es Dirigenten, die Sie verehrten?

Ich hatte sehr wichtige Lehrer und war so glücklich, daß sie stark genug waren, mich von ihren Einflüssen, um nicht zu sagen, Beeinflussungen fernzuhalten.

Können Sie uns ein paar Namen nennen?

Ja, aber die meisten würden Ihnen nichts sagen. Einige sind bekannt, aber die meisten sind völlig unbekannt. Aber das Entscheidende ist, daß es soviel Ablenkung in unserem Leben gibt, daß man seine Spannung verliert, daß man von seinem Weg abgelenkt und von außermusikalischen Dingen verführt wird. Es ist nicht leicht, Musik als Kunst zu betreiben. Das Pensum an Forschung und Engagement ist unendlich, und wenn Sie sich die größten Künstler ansehen, bemerken Sie, daß sie ständig geplagt wurden von dem Bewußtsein, wie wenig sie wissen. Das ist ein nie endender Prozeß. Und wenn man sich verführen läßt, dann ist man schnell weg vom Fenster. Mein Glück war, daß ich starke Lehrer hatte, die aufpaßten, daß ich mich nicht verzettele.

Gibt es ein Traumprojekt, das Sie eines Tages verwirklichen wollen?

Träumen ist sehr wichtig. Aber was genauso wichtig ist, ist, daß die Träume immer größer werden und immer weiter reichen. Denn wenn Sie einmal Ihre Träume erreicht haben, bedeutet das, daß sie starr und tot sind, daß Sie aufhören, sich zu entwickeln. Sie müssen also jeden Tag einen neuen Traum haben, einen, der noch größer und breiter als der davor ist.

Und wovon träumen Sie heute?

Meine heutigen Träume beziehen sich zum größten Teil auf das Deutsche Symphonie-Orchester. Ich habe die große Hoffnung, daß es sich entwickelt und sein Potential realisieren und eine große Zukunft hat.

Wieviele Abende dirigieren Sie das Deutsche Symphonie-Orchester?

Wenn ich mit einem Orchester arbeite, mache ich keine Zeitvorgaben. Ich versuche so oft mit ihm zusammen zu sein, wie es nötig ist. Als ich in Lyon arbeitete, stand in meinem Vertrag zwar eine bestimmte Zahl von Wochen, in denen ich anwesend zu sein hatte, aber wenn wir wichtige Projekte vorbereiteten, war ich sehr viel länger dort, als ich mußte. Das Wichtigste ist die Musik und die Sorge, daß die musikalischen Ziele erreicht werden. Da denkt man nicht an die Zeit.

Roger Norrington
Ins Herz der Musik gelangen

Herr Norrington, Sie haben im Leipziger Gewandhaus zwei höchst unterschiedliche Werke aus sehr verschiedenen Epochen dirigiert: Vaughan-Williams und Beethoven, Musik eines Briten des 20. Jahrhunderts und Musik aus der Wiener Klassik. Welchen tieferen Sinn haben solche Kombinationen für Sie?

Ich denke, es geht um zwei verschiedene Ansichten der Natur. Vielleicht sollte man erst Beethovens Pastorale und dann den Vaughan-Williams spielen, aber umgekehrt macht es mehr Spaß. Der Vaughan-Williams ist nämlich trotz seiner pastoralen Thematik im Grunde ein ernstes Werk: ein Requiem für die Opfer des Ersten Weltkriegs. Es ist 1921 entstanden, etwas mehr als ein Jahrhundert nach Beethovens 6. Sinfonie, was ich interessant fand. Ob die Programmgestaltung aufgeht, merkt man immer erst im Konzert, aber es ist schön, zwei so unterschiedliche Werke mit ländlicher Thematik zu kombinieren. Für mich gibt es kein fröhlicheres, vergnüglicheres Stück als Beethovens Sechste. Es ist in gewisser Weise seine originellste, zukunftsträchtigste Sinfonie, denn ihr fehlt der dialektische Widerstreit der Themen, wie er in seiner Dritten und Fünften oder sogar in seiner Achten und Zweiten Sinfonie dominiert. In diesem Sinne ist die 6. Sinfonie romantisch, es ist die neue Welt des romantischen Orchesters, das im 19. Jahrhundert unablässig nachgeahmt wird.

Ist das Programm aus Ihrer Sicht ein Plädoyer für einen Komponisten, der in Deutschland immer noch nicht so anerkannt ist, wie er es eigentlich verdiente?

Ja. Ich versuche im Moment, englische Musik im deutschsprachigen Raum bekannt zu machen, besonders natürlich in Stuttgart, wo ich Musikdirektor bin, aber auch in Berlin, Wien und anderswo. Ich halte Britten, Tippett, Elgar und Vaughan-Williams für großartige, aber zu wenig bekannte Komponisten. Vaughan-Williams gehört meiner Meinung nach zu den großen Sinfonikern des 20. Jahrhunderts neben Schostakowitsch, Sibelius und Nielsen. Seine Sinfonien sind wichtige Stellungnahmen. Wenn man beginnt, sich in seine Sprache einzuhören – und ich glaube, man kriegt schon nach ein, zwei Durchgängen ein Gespür dafür – dann kann man als Hörer reiche Erfahrungen machen. Ich bin überzeugt von der Qualität dieser Musik und fühle mich hier zuhause, denn ich kenne Vaughan-Williams, seit ich ein Kind war.

Sie sind Chef des Radio-Sinfonieorchesters Stuttgart und dirigieren regelmäßig große internationale Orchester, wie die Berliner Philharmoniker und das Leipziger Gewandhausorchester. Trotzdem spielt die Historische Aufführungspraxis, das Musizieren auf historischen Instrumenten nach Maßgabe der Uraufführungsbedingungen für Sie eine wichtige Rolle. Sie haben sogar ein eigenes historisches Orchester gegründet, die London Classical Players.

Ja, das ist mir immer noch wichtig, und ich arbeite immer noch etwa vier Monate jährlich mit historischen Instrumenten. Aber heute, nach 20 Jahren, interessiert es mich am meisten, den regulären Orchestern einige der Tricks beizubringen, die wir aus dem Umgang mit historischen Instrumenten und aus der Neubewertung der Musik der Vergangenheit gelernt haben. Was heute wirklich faszinierend ist, ist die Tatsache, daß so viele Orchester das wirklich lernen wollen. Das heißt nicht, daß sie ihre Identität aufgeben. Aber dadurch verabreichen wir ihnen sozusagen ein paar zusätzliche Vitamine und stellen ihre Nahrung ein bißchen auf Nouvelle Cuisine um. Und im großen und ganzen scheinen sie das zu mögen. Die Zeiten, wo wir in zwei feindliche Lager gespalten waren, sind, glaube ich, vorbei. Wir haben jetzt Glasnost, und das klappt ziemlich gut. Für die traditionellen Orchester ist es offenbar selbstverständlich geworden, ein paar relevante historische Techniken zu befolgen. Ich finde, wir leben in einer ziemlich glücklichen Zeit, die Leute sind sehr interessiert, nicht nur die jungen, sondern auch einige der älteren, die viele verschiedene Stile haben kommen und gehen sehen.

Mit dem Schütz Choir und den London Classical Players haben Sie Meilensteine der Originalklang-Interpretation gesetzt, aber Sie musizieren, wie Sie eben schon sagten, genauso viel, wenn nicht mehr mit modernen Orchestern. Ich nehme an, das ist bei Ihnen nicht nur ein Kompromiß?

Nein, das ist es nicht. Die modernen Instrumente sind im Grunde nicht so verschieden von den Instrumenten vor 100 Jahren. Natürlich gibt es Unterschiede, aber eine der Überraschungen dieses ganzen Historisierungsprozesses war, daß er von den Instrumenten ausging, um heute bei der Seele, dem Innenleben der Musik anzukommen. Wenn sie den London Classical Players oder dem Orchestra of the Age of Enlightenment, also Leuten, die sich lange mit Alter Musik beschäftigt haben, moderne Instrumente in die Hand drücken, würden sie trotzdem mehr nach den London Classical Players als nach dem London Symphony Orchestra klingen. In diesem Sinne sind die Instrumente in der soge-

nannten Historischen Aufführungspraxis nicht so wichtig wie der intellektuelle Zugang und die Art zu spielen. Man spielt zum Beispiel mehr leere Saiten, verwendet weniger Spiccato, weniger Vibrato, das sind alles relativ einfache Dinge. Und wenn Sie ein gutes modernes Orchester haben wie das Radio-Sinfonieorchester Stuttgart oder die Camerata Academica Salzburg, dann können die wie ein intelligentes historisches Orchester klingen. Die Information ist jedermann zugänglich. Man muß nur herausfinden, was man tun muß, und diese Welt steht einem offen. Und darüber bin ich glücklich. Es handelt sich nicht so sehr um einen Kompromiß, sondern einfach darum, seine Einstellung darauf zu richten, wo man sie haben will, und dann fängt man an und spielt. Außerdem: in 300 Jahren werden die modernen Instrumente auch alt sein und wahrscheinlich werden sie dann nicht wesentlich anders sein, sodaß die Unterschiede nicht mehr ins Gewicht fallen. Man muß ins Herz der Musik vordringen, den Grund finden, warum diese Musik da ist, was sie wirklich will und sich nicht in Traditionen verrennen. Traditionen können unheimlich gefährlich sein – in allen Lebensbereichen. Was man braucht, ist eine Mischung aus Tradition und neuem Denken.

Apropos Tradition: Sie haben immer viel Oper dirigiert. Sie waren 15 Jahre Chef der Kent Opera, Sie haben an Covent Garden gearbeitet, an der Mailander Scala, in Pesaro beim Rossini-Festival, in Wien, in Salzburg ... Welchen Stellenwert hat Oper für Sie?

Oper spielt eine wichtige Rolle an meinem musikalischen Horizont. In den letzten zehn Jahren habe ich allerdings wenig Oper gemacht, alle drei Jahre eine etwa. Das liegt einerseits daran, daß ich viele der Opern bereits dirigiert habe, die ich dirigieren wollte, sodaß im Moment eine Menge Konzertrepertoire ansteht, das ich noch nicht für die Platte dirigiert habe und das ich gerne dirigieren möchte. Zum andern kosten Operneinstudierungen viel Zeit. Dafür muß ich sechs oder neun Wochen an einem Opernhaus sein, und ich möchte nicht mehr so lange von zuhause fort sein. Ich habe auch noch andere Dinge im Leben vor. Der dritte Grund ist, daß es schwierig für mich ist, Regisseure zu finden, mit denen ich sympathisiere. Die Opernwelt heute ist so sehr darauf erpicht, fast ohne Rücksicht auf Verluste etwas Neues zu erfinden, daß es mir sehr, sehr schwer fällt, einen Regisseur zu finden, der wirklich das Stück inszenieren will und nicht seine Version des Stückes. Wissen Sie, ich bin mehr an Stücken interessiert als an Regisseuren.

Das heißt, und damit haben Sie meine folgende Frage schon vorweg genommen, im Konzert können Sie viellleicht eher ihre Intentionen verwirklichen als im normalen Opernbetrieb?

Ja. Aber ich spreche hier nicht von Routine. In einer Neuinszenierung sollte man natürlich auch in der Lage sein, seine Intentionen zu verwirklichen. Aber ich finde kaum Regisseure, die dieselbe Art von Intentionen haben wie ich. Ich bin ziemlich altmodisch, was Oper angeht. Wenn ich mit meiner Tante in die Oper gehe, und ich dirigiere selbst oder irgendjemand anderer, dann möchte ich das Werk sehen, das der Komponist komponiert hat. Ich meine, heute will man ja nicht die Oper sehen, sondern die Oper, die der Regisseur geschrieben hat. Und manchmal sagt der Dirigent dann eben: naja, es ist doch ein seltsamer Kontrast. Die haben manchmal sogar historische Instrumente im Graben, in Glyndebourne zum Beispiel, wenn sie Mozart spielen, und auf der Bühne sieht man dann ein Motorrad oder irgendwas total Modernes. Das mag unterhaltend sein, aber für mich hat es nichts mit der Musik zu tun und darum lehne ich diese Art von Inszenierung ab. Ich gucke mir den ›Figaro‹ nicht oft an, aber wenn ich ihn mir ansehe, dann will ich ›Figaro‹ sehen und nicht irgendwas anderes. Das ist im Moment nicht die gängige Auffassung, aber manchmal stimmt man eben mit seiner Zeit nicht überein und das trifft auf dem Gebiet der Oper im Augenblick auf mich zu.

Es ist heute nichts Ungewöhnliches mehr, Mozart, Haydn und Beethoven auf alten Instrumenten zu hören. Aber Sie sind bereits bis Berlioz und Wagner vorgedrungen und wollen sich auch an Gustav Mahler heranwagen, dessen Instrumentarium weitgehend dem modernen entspricht. Wo sind die Grenzen der Originalklangpraxis?

Ja, es waren dreißig ungewöhnliche Jahre, wahrlich eine Pilgerreise von Heinrich Schütz bis zu Brahms und Elgar. Und es stimmt, was Sie sagen: wir haben jetzt die Grenzen erreicht. Man hat uns vorgeschlagen, daß wir jetzt ›Le Sacre du Printemps‹ mit historischen Fagotten und so weiter aufführen sollen. Vielleicht sollte man das wirklich tun. Aber wir sind gerade erst mit Tschaikowsky und Bruckner fertig, und ich möchte jetzt unbedingt Dvořák auf historischen Instrumenten hören. Und Mahler wird mit Sicherheit auch faszinierend. Bei jedem neuen Komponisten bis hinauf zu Wagner und Tschaikowsky kamen einfach wahnsinnige Dinge zum Vorschein. Das war atemberaubend. Bei Tschaikowsky zum Beispiel dachte ich, daß da nicht viel Interessantes mit historischen Instrumenten herauskäme, aber das Gegenteil war der Fall, also lohnt es sich. Mahler wird wahrscheinlich auch noch funktionieren, aber dann haben wir mehr oder weniger das Ende der Fahnenstange erreicht, weil das moderne Orchester so wurde, wie es sich uns heute darstellt. In den zwanziger Jahren kommt das Vibrato auf. Aber jetzt kann man das moderne Orchester in einer historisierenden Weise verwenden. Ich habe das auf meiner jüngsten Platte zum Beispiel mit dem Radio-Sinfonieorchester Stuttgart in Elgars 1. Sinfonie so gehandhabt. Elgar selbst hat das Werk um 1932 eingespielt, und zwar mit Vibrato und satten Portamenti. Aber ich glaube, daß die Orchester 1908, als er die Sinfonie schrieb, nicht so spielten. So habe ich eine Aufnahme gemacht, die sich enger an die historischen Gegenheiten hält als der Komponist selber.

Natürlich kann man sich auf den Standpunkt stellen, das ist kompletter Blödsinn. Ich finde es aber hochinteressant und sehr schön. Es ist unglaublich, diese hochromantische Musik mit anderen Mitteln als nur dem Vibrato interpretiert zu hören. Wir gehen gewöhnlich davon aus, daß das Vibrato das A und O der romantischen Musik ist. Das stimmt aber nicht. Romantische Musik arbeitet mit einer bestimmten Gestik, mit Leidenschaftlichkeit, Ton, Farbe, Phrasierung. Vibrato ist eine viel spätere Erfindung. Das ist hoch interessant, dieses ganze Repertoire der romantischen Musik bis zu – vielleicht – Richard Strauss von modernen Orchestern ohne Vibrato spielen zu lassen. Das Radio-Sinfonieorchester Stuttgart zeigt hier den Weg, wie man das vielleicht tun könnte. Das finde ich interessant. Das ist wohl das letzte der großen Fragezeichen der Historischen Aufführungspraxis.

Sie waren immer ein großer Experimentierer, der den unkonventionellen Weg geht. Ist das auch weiterhin Ihr Credo?

Wenn es keine Experimente mehr gibt, könnte ich das Dirigieren ja sein lassen. Mein Wunsch ist es, die Werke zu uns sprechen zu lassen als wären sie neu. Aber das ist dasselbe wie mit den alten Aufführungen. Eine gute Aufführung muß meines Erachtens die Musik klingen lassen, als wäre sie hier und heute geschrieben worden. Das ist wie beim Jazz. Was mich interessiert, ist das Schöpferische. Ich will nicht, daß eine Aufführung ein Zeremoniell ist, eine alte Zeremonie, die wir früher bereits einmal miterlebt haben und die wir jetzt genauso wieder erleben. Mich interessiert die Suche nach der Musik, die Entdeckung, die überraschende Erkenntnis. Das ist eine Art, sich da heranzutasten, sie sich einzuverleiben. Und darum suche ich automatisch danach, was neu an einem Stück ist. Manchmal gibt es Stücke, in denen einfach nichts Neues zu finden ist, und dann versuche ich eben nur eine sehr gute Aufführung hinzukriegen. Darum denke ich: Experimentiergeist ist mein Credo, allerdings ein ziemlich gewöhnliches. Ich bin immer enttäuscht, wenn ich eine Aufführung höre, in der die Musik Fragen beantwortet, aber die Fragen gar nicht gestellt wurden.

Sehen Sie eine Gefahr darin, daß das Geschäft mit der klassischen Musik heute Teil der Freizeit- und Spaßkultur geworden ist?

Haydn und Mozart hatten auch Spaß. Wenn Sie diese Musik gut spielen, macht es einem Teil der Leute großen Spaß, ein anderer Teil erlebt Spaß plus etwas. Aber wenn ich in einem albernen Kostüm an einem albernen Ort alberne Sachen machen müßte, würde ich das nicht tun. Es macht mir Spaß, bei einer Haydn-Sinfonie oder selbst bei den meisten Beethoven-Sinfonien Spaß zu riskieren in dem Sinne, indem ich denke, daß sie Spaß machen sollen: sie sind einfach unterhaltsam. Und ich hab keine Angst davor, daß klassische Musik unterhaltsam ist. Das macht mich sogar glücklich. Sie wurde ja zum überwiegenden Teil dazu komponiert. Ich mag diesen weihevollen Zugang nicht, ich will nicht, daß klassische Musik furchteinflößend wirkt. Man kann doch die ›Meistersinger‹ nicht wie ›Parsifal‹ dirigieren. Ich freue mich darüber, daß klassische Musik Spaß macht, weil das Publikum dann Vergnügen daran hat. Es ist wunderbar, es ist gut, es ist eine tolle Arznei für die Leute. Was ich nicht mag, ist dieser hohepriesterliche Zugang zur Ernsten Musik nach dem Motto: Ihr versteht diese Musik sowieso nicht, aber ich verstehe sie. Das ist schrecklich. Ich mag lieber, wenn sie Vergnügen bereitet.

Ist das typisch englisch?

Das bin ich. Ich glaube nicht, daß das typisch englisch ist, aber für mich ist es sehr wichtig. Das ist Teil davon, daß man sich auf Musik einläßt, daß man etwas Neues riskiert. Und wenn man es richtig macht, ist es ziemlich aufregend. Wir haben die Achte Beethovens in New York aufgeführt, und das Publikum war völlig aus dem Häuschen, weil es soviel Vergnügen daran hatte. Naja, die Achte Beethovens ist auch eine Riesenspaß. Das ist eine richtige Handgranate. Ich mag das, und ich mag es nicht, wenn es feierlich gemacht wird. Wenn die ›Missa solemnis‹ ›Missa la bamba‹ heißen würde, würde sie auch jeder hören wollen.

Wie sieht es gegenwärtig im britischen Musikgeschäft aus?

Die Mentalität der Engländer ist unglaublich schwierig. Aber das war schon die letzten fünfzig Jahre so, jedenfalls solange ich im Geschäft bin. Es gibt keine Subventionen, weniger private Sponsoren, all das ist sehr schwer, aber es gibt wunderbare Musiker in England und wunderbare Orchester. Das ist ein hartes Geschäft. Kein Mensch will Musik in England. Es ist ein einziger Kampf.

Wie halten Sie das aus?

Indem ich in Deutschland, Australien und Amerika arbeite. Im letzten Jahr habe ich vier Konzerte in England dirigiert. Es war schön, und ich hätte mehr machen können, aber da ich fest in Stuttgart und Salzburg bin, halte ich mich vorwiegend dort auf. Dazu kommen Gastspiele in Berlin, Wien und Leipzig, und das ist wunderbar. Ich bin gerne hier. Wir erhalten mehr Unterstützung, wir haben mehr Zeit, uns ernsthaft mit den Dingen auseinanderzusetzen, die Orchester haben mehr Energie für künstlerische Dinge, weil sie weniger kämpfen müssen. Es ist hochinteressant, hier zu arbeiten. Ich mag das sehr.

Aber Musik ist sicher nicht alles in Ihrem Leben?

Nein, ich mag mein Haus, die Natur, meine Familie, meine Pferde, unseren

Garten. Wir leben auf dem platten Land, und ich verbringe 26 Wochen im Jahr dort, lese, beschäftige mich mit Kunstgeschichte ...

Manche Musiker sagen, man müsse alles der Kunst opfern ...

Ich glaube nicht, daß sie das ernst meinen. Die wollen sich nur wichtig machen. Nein, Musik ist ein wundervolles Spiel: ein ernstes Spiel, das Spaß macht. Wie Tennis oder Schach oder Romane schreiben ...

Da gibt es sicher einige Komponisten, die Ihnen harsch widersprechen würden.

Mag sein. Ich kann mir keinen von den wirklich Großen vorstellen, der nicht etwas davon hat. Aber diese Musik aufzuführen, das ist kein Gottesdienst, sondern wie Spielen – im vornehmsten Sinn des Wortes. Man sagt ja auch: eine Sinfonie spielen, schauspielen. Es ist ein wunderbares, kompliziertes Kinderspiel, manchmal nachdenklich, manchmal vergnüglich. Der beste Zeitvertreib vielleicht, den es gibt, aber es ist nicht alles im Leben. Es frißt mich nicht mit Haut und Haaren auf. So wichtig ist es nun auch wieder nicht. Wer ist wichtiger: ein Arzt oder ein Musiker? Der Arzt natürlich. Musik kuriert andere Krankheiten. Ich würde dem nicht zuviel Gewicht beimessen. Musik ist wunderbar, und wenn die Leute sie mögen, dann ist sie wichtig für sie. Das ist alles. Man muß keinen Kult um sie machen und ihr alles opfern. Ich opfere ihr die Zeit, die ich nicht zuhause sein kann, weil es auf dem Land keine Sinfonieorchester gibt, aber das ist kein tragischer Akt, sondern ein fröhlicher.

Das scheint mir eine sehr englische Anschauungsweise.

Musik hat etwas Belebendes, und ein Teil dieser belebenden Kraft liegt in ihrem Witz, in ihrer guten Laune. Das ist es, was ich den Sinfonieorchestern vermitteln möchte. Wir wollen Spaß haben. Vielleicht bin ich da anders als die andern. Vielleicht bin ich nicht ernst genug.

Haben Sie mal mit schlechten Orchestern zusammengearbeitet?

Nein. Vielleicht ein- oder zweimal in Amerika und einmal mit einem weniger bekannten in Holland, aber ich sagen Ihnen nicht, welche das waren. Und einmal, als ich noch sehr jung war, hatte ich eines in Frankreich, das der Meinung war, Spaß sei in der Musik fehl am Platze. Aber das ist genau die Einstellung, die ich zu ändern versuche. Wie wollen Sie denn eine Haydn- oder Beethoven-Sinfonie spielen, wenn Sie keinen Sinn für Humor haben?

Dann müßten Sie eigentlich Offenbach lieben.

Natürlich, und Arthur Sullivan und ›Falstaff‹ und Rossini. Aber es geht mir um eine allgemeinere Haltung. Es darf nicht mehr verboten sein, Vergnügen an einer Sinfonie zu haben. Deutschland hat da noch so eine Tradition, die besagt: Musik ist ernst und darf keinen Spaß machen. Aber wenn ich ins Museum gehe und mir einen Rubens, einen Vermeer oder einen Botticelli ansehe, dann genieße ich das doch und finde es herrlich. Das macht mir zunächst mal Spaß. Und danach kann ich dann vielleicht noch darüber nachdenken, wie ernst das alles ist. Aber Ernst allein genügt nicht ...

Michail Pletnev
Ich mache, was ich will

Herr Pletnev, Sie sind als Pianist wie als Dirigent gleichermaßen erfolgreich. Was ist Ihnen persönlich das Wichtigere von beidem?

Mir ist gar nichts wichtig. Und ich glaube, wir Menschen auf dieser Erde sind auch nicht so wichtig. Aber wir machen Dinge, die uns am Herzen liegen. Manchmal dirigiere ich eben, manchmal spiele ich Klavier, und manchmal mache ich einfach – nichts.

Bleibt Ihnen angesichts Ihrer auftrittsintensiven Karriere für das Nichtstun überhaupt Zeit?

Ja, sicher.

Sie haben in Ihrem Leben schon sehr früh am Klavier gesessen. War es für Sie immer schon klar, daß Sie Musiker werden wollen?

Naja, meine Eltern waren Musiker, das Musizieren war für mich etwas ganz Normales, und ich wollte eigentlich auch immer Musiker werden. Und das war kein elterlicher Zwang, kein aufgepfropfter Wunsch oder so etwas.

Sie haben dann eine sehr steile Karriere gemacht.

Aber keine schnelle. Heute machen die jungen Leute viel schneller, in ein paar Stunden manchmal, Karriere. Meine sogenannte Karriere, ich hasse dieses Wort, entwickelte sich langsam. Ich habe mit Einundzwanzig so einen Tschaikowsky-Wettbewerb gewonnen. Das hat mir sehr geholfen, aber es gab da noch die Probleme mit der sowjetischen Politik. Herr Breschnew wollte nicht, daß ich im Westen spiele. Deshalb hat meine Karriere zunächst stagniert. Aber ich habe mich immer mit Musik beschäftigt, in jeder Form. Ich habe ein bißchen komponiert, ein bißchen Klavier gespielt, ein bißchen dirigiert und ein bißchen Musikprofessor gespielt. Aber ich bin Gott dafür dankbar, in jeder Minute.

Sie sagen, es war ein Spaß, ist die Musik für Sie Spaß?

Ja, und was für einer!

Zum musikalischen Spaß gehört natürlich auch Technik und Perfektion.

Perfektion gibt es nicht. Für mich ist Musik wie eine Sprache. Ich spreche jetzt mit Ihnen. Ich weiß nicht, ob das für Sie ein Spaß ist …

Oh ja, und was für einer!

Genauso mache ich Musik. Ich komme auf die Bühne, dann spiele ich. Ich bin ja nicht gezwungen zu spielen. Wenn ich spiele, weiß ich nicht, ob das ein Spaß für das Publikum ist. Vielleicht für manche im Zuschauerraum, für andere ist es vielleicht furchtbar. Aber trotzdem spiele und spreche ich. Den Gedanken, daß Musik wie ein Gedankenfluß ist, den habe ich übrigens vom großen Rachmaninow, der stammt nicht von mir. Aber er hätte von mir sein können!

Aber bei vielen Kritikern liest man immer wieder, Ihr Spiel sei analytisch, sei intellektuell, nicht unbedingt Adjektive, mit denen man Spaß kennzeichnen würde.

Vergessen Sie Kritiker! Diese Kategorien interessieren mich im übrigen nicht. Ich spiele wie und was ich fühle.

Das Gefühl ist die wichtigste Voraussetzung aller Kunstausübung. Aber Gefühl umzusetzen in Kunst, das kommt ja nicht von allein.

Richtig! Wenn man spricht, benutzt man ja auch keine leeren Wörter, sondern sagt, was man denkt, und was man denkt, hängt davon ab, was man erlebt hat oder was man für ein Mensch ist und von vielen anderen Parametern. Und genauso ist es mit der Musik.

Wer hat Ihnen das, was Sie mir da eben gesagt haben, in Ihrer Ausbildung begreiflich gemacht?

In meiner Ausbildung? Zu der möchte ich ein paar Worte sagen: Ich habe in meinem Leben viel Glück gehabt mit meinen Professoren. Einer von meinen Professoren, er hat auch Pogorelic unterrichtet, war geradezu genial. Ich kam mit Dreizehn nach Moskau und konnte noch nicht wirklich spielen, aber er hat mir seine fabelhafte Technik beigebracht. Ich glaube, wenn er zwei Jahre lang einen Elefanten oder einen Affen unterrichtet, dann können die so perfekt spielen wie alle anderen seiner Schüler. Und dann habe ich auch noch drei Jahre am Moskauer Konservatorium gelernt, wo ich eigentlich nur hervorragende Lehrer hatte. Aber ich glaube, ich war kein leichter Schüler. Ich wollte niemanden kopieren. Ich wollte nie machen, was man mir diktierte. Ich wollte immer sprechen, diskutieren, mich mit dem Lehrer auseinandersetzen.

Hatten Sie denn als Pianist Idole?

Ja, Rachmaninow.

Rachmaninow spielen Sie ja auch oft. Sie haben eine herausragende CD aufgenommen an seinem wunderbaren Instrument in seiner Villa. Worin lag für Sie der besondere Reiz, auf diesem Instrument zu spielen?

Wissen Sie, ich glaube, dieses Instrument, das vor dem Kriege gebaut wurde von Steinway, war zwar nicht perfekt, aber es war einfach mechanisch absolut großartig! Alles ist handgemacht, und die Kopfhämmer produzieren einen ganz besonderen, singenden Ton. Das Verhältnis zwischen Tastatur und Hammermasse ist ideal. Rachmaninow hat das Instrument zwar selbst ausgewählt, aber er hat es nicht oft gespielt. Ich hatte immer die Idee, auf seinem Instrument ihm eine Hommage zu spielen, ohne mich auch nur im entferntesten mit ihm vergleichen zu wollen. Diese CD ist eine CD zu Ehren Rachmaninows.

Was fasziniert Sie so an Rachmaninow?

Alles! Ich könnte stundenlang über Rachmaninow sprechen, um seine Vorzüge zu preisen. Nur soviel jetzt: er ist für mich ein Genie. Ein einzigartiges Genie des 20. Jahrhunderts. Heute produzieren die Kritiker zwar jede Saison ein neues Genie. Aber ich behaupte, im 20. Jahrhundert gab es nur ein Genie. Andere waren gut, nicht besser, vielleicht etwas schlimmer, aber wissen Sie, jemanden mit Rachmaninow zu vergleichen, das ist wirklich sinnlos.

Aber Sie spielen ja nicht nur Rachmaninow, Sie spielen auch beispielsweise viel Tschaikowsky.

Wissen Sie, Rachmaninow spiele ich eigentlich nicht viel. Ich spiele inzwischen viel mehr Beethoven und Chopin, und bald kommt Mozart dran. Tschaikowsky habe ich früher viel gespielt, ja.

Sie haben ein besonderes Verhältnis zu Tschaikowskys zweitem Klavierkonzert, das ja nicht so oft gespielt wird, weil es ein sehr schwieriges und sehr langes Konzert ist. Was reizt Sie gerade an diesem Konzert?

Es ist ein wunderschönes Konzert. Es dauert bei mir etwa 35 Minuten.

Aber die Urversion dieses Konzertes dauert sehr viel länger. Ziloti hat es dann sehr stark gekürzt, er hat um 40 Prozent eingestrichen. Wie balancieren Sie zwischen Zilotis Bearbeitung und dem Urtext?

Nun, Ziloti war grausam. Er hat gegen Tschaikowskys Willen das Konzert eigentlich ruiniert. Also ich spiele Tschaikowsky! Er selbst hat acht Striche vorgeschlagen. Ich spiele aber nur einen davon.

Wie kommt es, daß das 2. Klavierkonzert von Tschaikowsky so wenig populär wurde?

Das weiß ich auch nicht, aber Gott sei Dank spielen es die Pianisten nicht oft. Ich habe ein paar Aufnahmen gehört, die ich alle furchtbar finde. Wenn man das hört, hat man wirklich keine Lust, jemals in das Konzert zu gehen.

Herr Pletnev, Sie spielen neben dem russischen auch ein ganz anderes Repertoire. Beispielsweise auch Werke von Mendelssohn, das ist ja doch eine ganz andere Welt.

Naja, zugegeben. Aber warum soll ich immer in einer Welt bleiben?

Ich bin der letzte, der dafür plädieren würde, immer in ein und derselben Welt zu bleiben. Ihre Vita zeigt Sie als geradezu exemplarischen Wanderer zwischen den Welten.

Ja, das stimmt irgendwie.

Haben Sie manchmal das Gefühl nach Heimat und Seßhaftigkeit?

Wissen Sie, meine Heimat ist Tschaikowsky, Rachmaninow, Tschechow, Tolstoi, aber nicht das neue Rußland!

Dennoch haben Sie nach der Wende das erste nichtstaatliche Symphonie-Orchester Rußlands gegründet, das russische Nationalorchester, mit dem Sie auch als Dirigent auftreten.

Ja, ich wollte ein eigenes orchestrales Instrument haben.

Warum wollten Sie gerade so ein großes Instrument haben? Und was hat Sie als Pianist gereizt, ein Orchester zu gründen?

Wissen Sie, ich hätte es vorgezogen, ein kleineres Instrument zu schaffen. Aber leider haben die großen Komponisten wie Tschaikowsky und Schostakowitsch, viele andere auch, ihre besten Werke für großes Orchester geschrieben. Deshalb war ich gezwungen, dieses große Orchester zu gründen.

Nun lagen Ihnen sicher viele schon existierende große Orchester zu Füßen, mit denen Sie alles, was Ihr Herz begehrt, hätten einspielen können. Die dringende Notwendigkeit bestand ja eigentlich nicht, ein eigenes Orchester zu gründen.

Vielleicht nicht, aber ein eigenes Instrument zu haben ist immer besser, als ein ausgeliehenes. Und in Rußland waren die existierenden Orchester nicht so gut. Meine Idee war, ein ganz exklusives Orchester von hoher Qualität allein für mich zu haben. Und ich suchte mir wirklich die besten Musiker aus, die ich finden konnte und nahm nur die, die mir gefielen.

Es gibt ja mittlereweile eine ganze Reihe von Pianisten, die ans Dirigentenpult wechselten. Ist das die Sehnsucht eines jeden Pianisten, irgendwann selbst zu dirigieren?

Woher soll ich das wissen? Ich habe keine Ahnung. Ich kann nur von mir sprechen.

Ist die Sehnsucht, viele Instrumente gleichzeitig zu spielen bzw. spielen zu lassen die Folge der Begrenztheit des einen Instruments Klavier?

Nicht unbedingt. Aber ich kann Ihnen das nicht genau sagen. Es ist wohl auch individuell sehr verschieden. Chopin hat nur Klavier gespielt und war sehr glücklich damit. Liszt dagegen hat komponiert, dirigiert, Klavier gespielt, er hat alles gemacht. Und die Mehrheit der großen Musiker des 18. Jahrhunderts machte Musik in diesem umfassenden Sinne. Natürlich kann man von Bach sagen, daß er Komponist war, aber er war auch ein hervorragender Cembalist, Organist und eben auch ein Dirigent. Das gleiche gilt für Mozart.

Und Sie sehen sich in dieser Tradition? Vergessen wir nicht, daß das Dirigieren damals eine andere Tätigkeit war.

Warum? Mozart hat seine Opern auch dirigiert, wie auch Schumann, Rachmaninow oder Prokofjew ihre Werke. Alle haben ein bißchen dirigiert, ein bißchen komponiert, etwas gespielt, wer konnte wirklich ein Instrument total beherrschen und beschränkte sich darauf? Das ist für mich völlig normal. Ich definiere mich auch nicht als Pianist oder Dirigent. Ich bin Musiker.

Was hat Sie gereizt, den Taktstock in die Hand zu nehmen.

Ein Taktstock interessiert mich gar nicht. Man kann auch ohne Taktstock dirigieren. Mich interessiert es, den Musikfluß zu kontrollieren. Daß alle Musiker so spielen, wie ich es will. Das ist alles.

Jetzt haben Sie doch das Wort Musikfluß gebraucht, das Sie vorhin gar nicht so sehr mochten.

Musikfluß, Gedankenfluß. Das ist dasselbe für mich.

Nun wissen Sie am besten, daß Klavierspielen und Dirigieren nicht das gleiche ist. Dirigieren erfordert sehr viel Technik und Handwerk, um die eigenen Visionen den vielen Individuen des Orchesters zu vermitteln.

Ja, aber das lernt man. Das ist nicht so schwer.

Was sind Ihre mittelfristigen Pläne. Bleiben wir mal zunächst beim Dirigieren.

Wieso? Ich bleibe immer bei mir. Egal, was ich mache, ob ich dirigiere, Klavier spiele oder ein Omelett esse. Ich mache, was ich will. Und ich bin immer dankbar, wenn ich dirigieren möchte und mein eigenes Orchester steht mir zur Verfügung. Es gibt schließlich Leute, die würden gerne dirigieren, aber sie werden von Niemandem eingeladen. Manche Menschen möchten Konzerte spielen, möchten Konzerte hören, möchten gut essen gehen, aber sie haben kein Geld. Ich habe solche Probleme nicht. Ich bin Gott dankbar dafür.

Das heißt, der heutige Musikbetrieb mit seinen kommerziellen Zwängen ist für Sie kein Problem?

Er ist überhaupt kein Problem für mich. Nur ein Problem gibt's leider, das muß ich gestehen: Die Programme. Man muß heute 50 Jahre im voraus ein Programm abgeben. Wie kann ich wissen, ob ich in 50 Jahren noch lebe und was ich am 3. Mai 2050 um 15 Uhr in New York wirklich spielen möchte. Jetzt sag ich: Brahms. Aber vielleicht interessiert mich in 50 Jahren Brahms nicht mehr. Ich möchte dann viel lieber Schönberg spielen. Aber es steht Brahms auf dem Programm. Also bin ich gezwungen, Brahms zu spielen. Das ist idiotisch.

Sir Simon Rattle
Plutonium in der Hand

Sir Simon, was bedeutet es Ihnen, zum Chef des renommierten Berliner Philharmonischen Orchesters gewählt worden zu sein?

Ich bin natürlich erregt und entzückt, in Berlin zu sein und sogar nicht wenig überrascht. Ich habe ja lange und glücklich über all die Jahre mit den Berliner Philharmonikern zusammengearbeitet, aber es kam mir niemals in den Sinn, daß dieses Orchester einmal meine musikalische Familie werden könnte. Es ist ein bißchen, als ob ich zum Papst gewählt worden wäre, obwohl man mir sagte, daß ich nicht zölibatär leben muß. Ich befinde mich jetzt in einem großen Lernprozeß: ich muß herausfinden, was das für ein Orchester ist und wo genau sein Stellenwert liegt in der Hauptstadt. Aber Sie können sich vorstellen, was in mir vorgeht, wenn ich die Möglichkeit der langjährigen Zusammenarbeit vor mir sehe und an die außerordentliche Fähigkeit dieser Truppe von Musikern denke, einfach abzuheben. Natürlich kann man proben und proben … Dieser Ort, wo das tägliche Leben eine Probe ist, ist für mich die Hölle. Aber wenn das Flugzeug auf der Startbahn steht, sind wir alle verloren. Und eines der großen Geschenke, die uns dieses Orchester beschert und immer beschert hat – das können Sie in den ersten Aufnahmen Arthur Nikischs hören, bei Wilhelm Furtwängler, Herbert von Karajan, Claudio Abbado – ist diese Fähigkeit zu fliegen und dieses Gefühl, daß Musik zutiefst wichtig ist. Karajan hat es mir vor vielen Jahren gesagt: Sie werden verblüfft sein, wenn Sie dieses Orchester dirigieren! Sie geben ihnen etwas, und die geben ihnen soviel mehr zurück. Das ist etwas ganz Besonderes, besonders in dieser Zeit, die uns als neues Jahrtausend verkauft wird, und besonders in Berlin. Ich weiß nicht, was meine Statistik taugt, aber Berlin, das ist für mich 60 Prozent Deutschland, 38 Prozent New York und 2 Prozent Wilder Westen, nein, ein bißchen mehr Wilder Westen. Aber es ist eine außerordentliche Stadt, die sich neu erfindet, ein Ort, wo es mir scheint, als wüßte er selbst nicht, wie er einmal werden wird, wo alle Möglichkeiten offen stehen. Und wir haben dieses außerordentliche Gebäude, die Philharmonie, die einmal in märchenhafter Vorzeit ein isolierter Außenposten am Rande einer einst sehr berühmten Mauer war und die jetzt ein kultureller Brennpunkt mitten im Zentrum einer Stadt ist, die darauf wartet, Licht zu geben und zu empfangen. Diese Aussicht ist erregend für mich. Wie ich bereits sagte: ich bin erst am Anfang dieses Prozesses. Ich fühle mich ein bißchen, als hätte ich Plutonium in der Hand. Der Vergleich hinkt natürlich, aber es ist hinter Glas, da sind diese großen Elektroden, ich habe Handschuhe an. An dem Beispiel der neuen Labour-Regierung in England habe ich etwas sehr Interessantes gelernt: die wurden gewählt und ins kalte Wasser geworfen; unser großes Privileg und unsere Freude dagegen ist es, daß wir Zeit haben, zu lernen und nachzudenken, uns kennenzulernen, miteinander zu reden und Freunde zu werden. Was auch interessant ist: Ich bin zwar noch nicht ins kalte Wasser geworfen worden, aber ich schwimme schon. Vielleicht werde ich ja irgendwann einmal im Wasser ankommen. Und außerdem hatte ich von den Politikern die Gabe zu lernen, viel und lange zu reden, nur damit die, die mir zuhören, am Ende sagen: Oh, er hat ja überhaupt nichts gesagt.

Werden Sie nach Berlin ziehen?

Ich werde einen großen Teil des Jahres in Berlin leben, aber London ist mein anderes Zuhause. Die Welt ist ein kleiner Planet. Die Vorstellung, daß es in Berlin Parks und Seen und Wälder gibt, ist außerordentlich anziehend. Ich werde weniger arbeiten als früher, damit ich Zeit auch für ein Zuhause und ein Leben in England haben werde. Ich werde kein hyperaktiver Dirigent sein, außer, wenn ich dirigiere.

Warum studieren Sie einen so zentralen Werkkomplex wie Ihren Beethoven-Zyklus mit den Wiener Philharmonikern ein und nicht mit den Berliner Philharmonikern?

Die Partnerschaft mit den Wiener Philharmonikern besteht bereits seit zehn Jahren und das Beethoven-Projekt war bereits geplant, bevor ich zum Chefdirigenten der Berliner Philharmoniker gewählt wurde. Außerdem versuche ich mein musikalisches Leben – ich mag das Wort Karriere nicht – auf einer Vertrauensbasis aufzubauen. Wenn wir einander nicht vertrauen, haben wir gar nichts. Der Beethoven-Zyklus ist ein gewaltiges Projekt, das braucht Zeit. Es wurde mit den Wienern und mir nicht nur vor vielen Jahren geplant, sondern wir haben auch viele Jahre daran gearbeitet, und der Gedanke, das fallen zu lassen würde mir wie ein immenser Vertrauensbruch erscheinen. Aber vor uns liegt doch ein riesiges Repertoire an Werken, ich würde sogar sagen, es ist größer, als es sich die Berliner Philharmoniker träumen lassen. Es gibt soviel zu spielen und aufzunehmen in den nächsten Jahren.

Wie wichtig ist Ihnen die künstlerische Qualität eines Werkes, das Sie in ihr Repertoire aufnehmen? Und sehen Sie die künstlerische Qualität eines Orchesters in Gefahr,

wenn es mit einer Rockband wie den ›Scorpions‹ zusammen spielt und kommerzielle Programme macht, wie es zum Beispiel auch das Royal Philharmonic in London tut?

Die künstlerische Qualität eines Werkes ist von allerhöchster Wichtigkeit, und die Dinge, die wir in der Philharmonie in Berlin machen, sollten allein künstlerischen Ansprüchen gehorchen. Ich als Dirigent muß schließlich auch die Musik lieben, die ich dirigiere. Ich glaube, daß es sehr viele verschiedene Arten von Musik gibt, mit denen man sich beschäftigen kann. Wir brauchen an diesem Haus eine sehr weitgehende Qualitätskontrolle, aber man kann nicht immer auf Nummer sicher gehen, besonders auf dem Gebiet der neuen Musik, wo man einfach etwas wagen und eine Gelegenheit ergreifen muß und sehen, was passiert. Grundsätzlich habe ich nichts gegen eine Öffnung hin zu anderen Arten von Musik, besonders nachdem wir ein Jahrhundert hinter uns gebracht haben, in dem viele Komponisten fasziniert davon waren, was der Jazz zu bieten hat. Es ist hochinteressant zu sehen, daß sogar Altmeister wie György Ligeti sich intensiv mit allen Arten von afrikanischer Musik und afrikanischen Rhythmen beschäftigen. Ich denke, da gibt es eine ganze Menge von interessanten Entwicklungen, aber Qualitätskontrolle ist natürlich sehr wichtig. Die Berliner Philharmoniker sind meiner Meinung nach keine ideale back-group für ein Rock-Ensemble. Aber im Prinzip befürworte ich die Idee, sich für alle verschiedenen Arten von Einflüssen aus aller Welt zu öffnen. Ich war nie für musikalische Ghettos. Natürlich ist es von Zeit zu Zeit interessant, ein Konzert nur mit Neuer Musik zu machen. Aber ich glaube nicht, daß dies eine raison d'être ist. Meiner Meinung nach müssen Sie alles miteinander vermischen. Ich glaube auch, daß wir in einer Zeit leben, in der dieser furchtbare Begriff ›world-music‹ wichtig ist. Wir hören viele verschiedene Arten von Musik aus vielen verschiedenen Gegenden. Selbst die Balkanisierung der früheren Sowjetunion hat uns viele neue Formen klassischer und populärer Musik beschert. Das liegt vor uns wie ein offenes Buch. Aber Qualität ist der einzige Maßstab. Und doch nehme ich wahr, daß einer unserer brillantesten jungen englischen Komponisten, Thomas Adès, Stücke schreibt, in denen man Couperin, Stücke aus ›Parsifal‹ und Techno-Musik hört. Interessant ist das, was die Leute aus diesem Material machen. Ich habe den Eindruck, daß wir zu einer Einstellung zurückkehren, in der die Komponisten wieder aus der populären Kultur schöpfen. Was wäre Schubert gewesen, wenn er nicht mit all seinen Ländlern von der populären Kultur seiner Zeit durchdrungen gewesen wäre? Es wäre ihm überhaupt nicht in den Sinn gekommen, sich zu sagen: ich sollte mich damit nicht befassen. Was ist Bruckners Siebente, wenn nicht ländliche Musik? Jeder Bauer hätte damals gesagt: Ja, das ist unsere Musik. Entscheidend ist, was Sie daraus machen. Ich finde es sehr wertvoll, daß Musiker und Komponisten wieder Einflüsse aus vielen verschiedenen Quellen aufnehmen, und wir nehmen das so auf, wie wir es können. Ich denke, das Schöne an der Musik ist, daß sie keine notwendig richtigen Antworten gibt. Wir wissen es nicht unbedingt.

Sie kommen aus einem Land, in denen Orchester erzieherische Aufgaben groß schreiben. Haben Sie diesbezüglich auch in Berlin Pläne?

Ja. Ich glaube, daß Erziehung in jeder Form zu den zentralen Aufgaben jeder künstlerischen Institution gehört. Die Welt ändert sich, und viele verschiedene Dinge werben um die Aufmerksamkeit der Menschen. Wir müssen heute Apostel sein. Wir können nicht erwarten, daß die Leute zu uns kommen, weil es immer so war. Mein geliebtes enfant terrible Peter Sellars wurde einmal in Boston gefragt: Warum ist unser Publikum so alt? Und er sagte: Als gläubiger Christ würde ich antworten: Schaut, Gott sorgt eben für eure Abonnenten in einer Weise, die nur er kennt. Die Zeiten ändern sich. Wir dürfen nicht erwarten, daß die Leute zu uns kommen, wir müssen auch zu ihnen gehen. Und wenn wir das in diesem neuen Jahrhundert nicht tun, werden wir nicht überleben und verdienen es auch nicht, zu überleben. In Mitteleuropa nimmt klassische Musik noch einen zentralen Platz im kulturellen Leben ein. Ich komme aus einem Land, wo die Künste seit 20 Jahren finanziell, wenn nicht künstlerisch bankrott sind. Sie kämpfen dort ums Überleben. In Amerika sehe ich, daß ernsthafte Kunst, obwohl es dort Wunderbares gibt, weit außen am Rand steht. Die Dinge ändern sich. Wir müssen sehen, was vor sich geht in der Welt und müssen die Leute ansprechen. Es geht nicht darum, wie wir in England sagen, mehr Ärsche auf die Sitze zu kriegen. Es geht darum, die Botschaft zu verbreiten, daß die Leute merken: Schaut euch diese Stadt an, seht, wie sie sich wandelt. Wir müssen die Leute dazu bringen, daß sie einsehen: Ja, das ist auch wichtig, das kann unser Leben ändern, wir brauchen das, das ist kein Luxus, sondern eine Lebensnotwendigkeit für menschliche Wesen. Auf die eine oder andere Weise muß in diesem Sinne die erzieherische Aufgabe hier eine wichtige Rolle spielen.

Planen Sie auch Opernaufführungen in Berlin?

Ich glaube, diesen Job mache ich lieber bei einem kleinen Festival – in Salzburg. Das ist natürlich, wenn auch am anderen Ende, Teil unserer Familie. Im Moment sehe ich meine Hauptaufgabe in der Arbeit mit diesem Orchester in diesem Haus. Aber wenn Sie sich ansehen, was dieses Haus zu bieten hat, dann ist es schön, sich eine Menge Aktivitäten beispielseise im Foyer vorzustellen.

Außerdem muß man sich die Frage stellen: Was genau ist Oper? Was ist Musiktheater? Das sind natürlich Dinge, mit denen wir uns beschäftigen müssen. Aber das Opern-Repertoire ist gewaltig, und es gibt mir einen ziemlichen Kick zu hören, wie dieses Orchester es entdeckt und erweitert. Und es schenkt Ihnen mehr Farben in Ihrem musikalischen Federkleid.

Herr Rattle, es heißt, Sie seien früher dem Berliner Philharmonischen Orchester gegenüber etwas kritisch eingestellt gewesen. Was hat Sie, wenn dem so ist, zu ihrer Meinungsänderung bewogen?

Gab es jemals eine Zeit, in der Musiker einander nicht kritisch begegnet wären? Ich halte das gar nicht für schlecht. Natürlich hatten wir Meinunsgverschiedenheiten. Welche Gruppe von Musikern hätte die nicht. Und es werden neue entstehen, denn ich werde ja jetzt für eine ziemlich lange Zeit mit ihnen zusammen sein. Aber ich liebe sie, ich denke, sie sind ein wunderbares Orchester. Die Möglichkeiten sind grenzenlos. Ich spüre, daß dies ein Orchester ist, das alles spielen kann und sollte. Es gibt kein anderes Orchester auf der Welt, das nicht nur seine offensichtlichen Stars hat, sondern auf ganzer Linie von dieser Qualität ist. Was für ein Klangkörper! Aber bitte kein Musikleben ohne Konflikte. Wir brauchen alle ein bißchen Paprika!

Wie sehen Ihre konzeptionellen Pläne für Berlin aus?

Wir denken über vieles nach, über Bachs ›Johannespassion‹ zum Beispiel. Ich versuche, die Lage mit einem objektiven Auge zu überblicken, und es gibt ja eine Riesenmenge von Stücken, die ich liebe und die ich mit meinen Freunden hier machen möchte. Aber das hält mich nicht davon ab zu sehen, daß es Sachen gibt, die hier gebraucht werden oder die notwendiger sind als andere. Ein bißchen mehr ruhigere Musik wäre hier gar nicht so fehl am Platze. Wir brauchen unbedingt mehr alte und klassische Musik, weil Haydn, Mozart und Barockmusik wirklich die Grundlage für alles andere sind. Das sind unsere Wurzeln. Dann gibt es die Idee, daß wir uns auf lange Sicht mit französischer Kultur in jeder Beziehung beschäftigen müssen. Wie ich bereits sagte: es gibt hier nichts, was man nicht tun könnte oder sollte. Natürlich auch Neue Musik. Einer meiner Wünsche für das 21. Jahrhundert ist, daß die Leute aufhören, über ›Neue Musik‹ zu reden, außer vielleicht, wenn sie über Gesualdo oder Rameau sprechen oder ein anderes Stück aus anderen Zeiten, das so erstaunlich ist, als ob es morgen geschrieben würde. Man sollte einfach nur noch über Musik sprechen. Ich möchte genauso Rameau und Bach spielen wie Stücke, die gestern komponiert wurden. Und ich hoffe, daß wir jedes Jahr Auftragswerke aufführen werden. Und ich hoffe auch, was noch wichtiger ist, daß wir Zweitaufführungen von Stücken präsentieren können. Uraufführungen sind einfach zu bekommen von Komponisten, das ist wie eine Geburt, was wundervoll ist, aber das Leben ist noch wundervoller. Ich habe bereits vertraulich mit Thomas Adés und John Adams gesprochen, und ich hole jetzt tief Luft und nehme all meinen Mut zusammen, bevor ich mich auf Komponisten mit dem Anfangsbuchstaben B stürze und so weiter. Aber das wird natürlich ein völlig selbstverständlicher Teil unserer Arbeit sein, zumal ich nun ein Orchester habe, das das spielen kann. Es ist unglaublich wichtig, Tradition zu akzeptieren wie sie ist, aber auch voranzuschreiten mit dieser Tradition. Und ich fühle, daß ich auf den Schultern meiner großen Vorgänger, von Nikisch bis Abbado, stehe, wenn ich neue Musik, die wir für das Orchester finden, mit ihm spiele. Wir brauchen auch Stücke, die dem Orchester erlauben, neue Klänge zu finden und mehr Farben zu entwickeln. Dazu muß man das Ganze im Auge haben und auch wissen, was das Orchester bereits oft gespielt hat. Mahler zum Beispiel ist einer meiner Lieblingskomponisten, aber in Zukunft wäre es vielleicht für uns alle besser, wenn er ein wenig zurückträte, weil diese Stücke so speziell sind, auch Brahms, weil diese vier Sinfonien so speziell sind. Ich glaube nicht daran, daß wir sie ewig auswalzen können wie eine Art Schaustück unserer täglichen Arbeit. Wir müssen eine Welt schaffen, in der jedes dieser Stücke ein gewaltiges Ereignis ist.

Stimmt es, daß die Berliner Philharmoniker Schwierigkeiten haben, gute Musiker zu finden?

Das ist wirklich ein Problem, über das wir nachdenken müssen. Wir müssen sicherstellen, daß wir die Leute kriegen, die wir brauchen. Die Berliner Philharmoniker sind eine Gruppe von ganz außergewöhnlichen Musikern, und es ist nicht leicht, in diesem Orchester zu spielen. Das allgemeine Niveau, von dem sie ausgehen, ist außergewöhnlich hoch, und darum gibt es nur wenige Leute, die in diese Positionen nachrücken können. Aber diese Leute müssen wir auch bezahlen können! Sonst kommen sie nicht zu uns.

Welche Beethoven-Sinfonie werden Sie zuerst mit den Philharmonikern einstudieren?

Ludwig ist so sehr der Mittelpunkt meines Lebens und wird es auch in den nächsten Jahren bleiben. Aber ich weiß nicht, mit welcher Sinfonie ich anfangen werde. Ich kann auch keine Lieblingssinfonie nennen: er hatte neun wundervolle Kinder, Kinder, die viel größer und älter sind als ich, als daß ich auf sie aufpassen könnte. Aber dieses zentrale Repertoire wird natürlich prominent vertreten sein. Alles, was ich tun möchte ist, dieses Repertoire, das wir für wesentlich halten, zu erweitern. Früher gab es mal einen Begriff, der unter

Kritikern und Plattenfirmen sehr geläufig war und der jetzt glücklicherweise aus der Mode gekommen ist: Kernrepertoire. Als ich mir dieses Kernrepertoire mal leidenschaftslos ansah, schien es immer das Repertoire zu sein, das Karajan dirigiert hat. Dann hieß es zum Beispiel Debussys ›La Mer‹ ist natürlich ein Meisterwerk, aber dafür sind es die ›Images‹ vielleicht nicht. Bartóks ›Konzert für Orchester‹ ist wichtig, aber der ›Hölzerne Prinz‹ nicht. Es ist unsere Pflicht, ein neues Kernrepertoire zu kreieren, es ist unsere Pflicht, dafür zu sorgen, daß mehr Werke als wesentlich angesehen werden. Das ist alles, was ich dazu zu sagen hätte.

Es heißt immer, die alten Leute gehen ins Konzert, die jungen zur Love-Parade. Stimmt das nicht?

Wie kann man die jungen Leute für klassische Musik interessieren?

Nun, man muß anfangen, wenn sie klein sind und darf die Hoffnung nicht aufgeben, wenn sie in den Stimmbruch kommen. Aber Erziehung ist nichts, was nur für Kinder da ist. Wir dürfen einfach nicht aufhören, zu ihnen zu gehen. Das muß selbstverständlicher Teil der institutionellen Strukturen werden. Aber ich glaube auch: je mehr verschiedene Arten von Musik wir anbieten, umso größer ist die Wahrscheinlichkeit, daß sie sich interessieren lassen. Aber das hängt auch davon ab, daß man den Leuten sagt: ihr braucht das und zwar aus diesen und jenen Gründen. Wir müssen Partnerschaften aufbauen. Ich freue mich sehr darauf, viele Leute hier zu treffen, aber nicht in der Art von altmodischen Lehrern, sonst werden die Leute nämlich mit ihren Füssen abstimmen. Ich saß vor einigen Tagen mit Daniel Barenboim zusammen, und Daniel erzählte mir, er habe gerade einen Vortrag in Amerika gehalten. Das Problem in Amerika sei, daß klassische Musik als etwas angesehen werde, mit dem man ab einem gewissen Alter und Sozialstatus anfange. Und wenn ein junger, intelligenter Arzt dann zum ersten Mal ein Konzert des Chicago Symphony Orchestra besuche und Barenboim zufällig Bruckners Fünfte dirigiere – ja, welche Hoffnung könne er denn dann noch haben? Diese Musik ist nicht leicht. Das braucht Zeit, und manche Stücke eignen sich besser für den Anfang als andere. Man muß ein Verständnis dafür aufbauen. Und die Tatsache, daß sie noch eine zentrale Rolle im mitteleuropäischen Denken spielen heißt nicht, daß es immer so bleiben wird. Ich glaube, wir müssen sehen, was uns bevorzugten Menschen dieser Erde widerfahren ist, und wir müssen rausgehen aus der Ecke der Privilegierten und unablässig daran arbeiten, daß andere Menschen auch daran teilnehmen können und ihnen dieses Denken, diese Erfahrungen, diese Mythen zugänglich machen.

Wir sprachen das Thema Oper eben schon mal an. Was bedeutet Ihnen die Oper?

Ich liebe die Oper, ich liebe das Theater, seit ich ein Kind war. Mein erster Berufswunsch nach dem üblichen Lokomotivführer und Brummifahrer war ›Richard III.‹ oder, um genauer zu sein, ich wollte Laurence Olivier in der Rolle Richards III. sein. Theater war eine Leidenschaft und ein Teil meines Lebens. Ich liebe es, im Theater zu sein, aber das kostet viel Zeit und was ich in meinem nächsten Leben in ein gesundes Gleichgewicht zu bringen versuchen muß, sind meine verschiedenen Rollen als Musiker, Ehemann, Vater und Mensch zur gleichen Zeit. Eine Opernproduktion ist immer ein sehr langfristiges, zeitaufwendiges Projekt. Die Routine einer Repertoire-Oper war für mich kulturell immer ein Buch mit sieben Siegeln. Das hat mir nie eingeleuchtet, und mir ist klar, daß ich darum nur sehr wenig Oper machen kann – aber hoffentlich gut. Umso mehr habe ich mich gefreut, daß ich in den letzten Jahren etwas mehr gemacht habe, beispielsweise ›Ariadne auf Naxos‹, ›Die Sache Makropoulos‹, sowie meinen ersten ›Tristan‹ und meinen ersten ›Fidelio‹ und das im Abstand von vier Monaten. Wenn das nicht Wahnsinn war, weiß ich nicht, was Wahnsinn ist. In Salzburg habe ich meine erste Barockoper gemacht, Rameaus ›Les Boréades‹, und dabei gemerkt, daß Barockoper für mich möglich ist. Und da gibt es noch so viel zu entdecken. Vielleicht mache ich künftig eine Oper pro Jahr außerhalb der Salzburger Osterfestspiele, ich weiß es noch nicht. Ich kann nicht wie ein Hamster im Rad laufen und unentwegt Musik produzieren.

Werden Sie Ihr Renommée dazu nutzen, unbekannte Musik auch bei musikalisch weniger vorgebildeten Menschen populär zu machen?

Konzerte sind Ereignisse, und selbst in bekannter Musik entdeckt man jedesmal wieder Unbekanntes. Aber wir haben sehr viele Möglichkeiten bei der Programm-Planung und ich hoffe, ich kann das Publikum überraschen. Das ist Teil meines Berufs. Ich möchte das ganze Repertoire mit allen teilen, ich möchte, daß alle Leute diese Dinge genauso lieben wie ich. Und außerdem gibt es niemanden ohne musikalische Vorbildung. Wir haben uns selbst geschadet, als wir den Leuten suggerierten: Sie müssen das ›verstehen‹. Das intellektuelle Fundament unter der Musik ist manchmal von Nutzen, manchmal auch nicht. Aber was wir brauchen, sind Leute mit offenen Ohren, die zuhören und Musik lieben.

Kurt Sanderling
Die Uneindeutigkeit der Musik ist Glück

Herr Sanderling, Sie haben eine sehr bewegte, ungewöhnliche Vita.

Allerdings, aber was in den Lexika über mich steht, ist meist falsch, deshalb will ich gleich den Anfang meines Lebens klarstellen: ich bin in Königsberg und in Berlin aufs Gymnasium gegangen und habe während der Schulzeit musikalische Studien getrieben. Dann bin ich ohne eine Ausbildung direkt nach dem Abitur an die Städtische Oper in Berlin gekommen als Korrepetitor. Daraufhin machten damals in Berlin die wildesten Gerüchte die Runde, beispielsweise, daß ich ein uneheliches Kind von Richard Strauss sei. Mein damaliger Chef, der Dirigent Breisach, war Assistent von Richard Strauss gewesen, und es mußte doch einen Grund geben, weshalb ich so direkt von der Schule an die Oper kam. Und da verfiel man eben darauf, daß er seinem ehemaligen Chef Richard Strauss einen Gefallen getan habe und sein uneheliches Kind unterbrachte. Ich habe meine Mutter danach gefragt. Sie sagte, sie könne sich an nichts erinnern.

Also Sie haben als Korrepetitor in Berlin angefangen.

Ja, das war der normale Weg, ein schöner Weg, der leider heute allzu wenig beschritten wird. Ich bin dann aber 1933 als Jude entlassen worden, ich glaube, im Juni war es. Ich kam daraufhin und ohne, daß ein Quasi-Vater darum bemüht wurde, innerhalb eines Wettbewerbs, wie man heute sagt, als Korrepetitor zum Kulturbund. Ich war Begleiter und sozusagen musikalisches Mädchen für alles.

1936 emigrierten Sie in die Sowjetunion. Warum nicht, wie viele Ihrer Kollegen, in andere Länder, etwa in die USA?

Ich konnte es mir nicht aussuchen, wohin ich emigrieren wollte. Man ging schließlich dorthin, wo es irgendwie möglich war, Tritt zu fassen. Ich war glücklich, daß ich überhaupt irgendwie raus konnte aus Deutschland. Und ich hatte Berliner Verwandte in der Sowjetunion, denen ich sehr nahe stand, die waren so etwas wie zweite Eltern für mich, die waren schon im Jahre 1933 emigriert. Mein Onkel war als deutscher Spezialist, als Ingenieur dorthin gegangen und lebte dort mit seiner Frau unter – für dortige Verhältnisse – geradezu wunderbaren Verhältnissen. Als sie hörten, daß ich – ich befand mich damals in

Italien – mich entschlossen hatte, nicht mehr nach Deutschland zurückzukehren, also sozusagen vor dem Nichts stand, boten sie mir an, alles in ihrer Macht Befindliche zu tun, um mir ein Einreisevisum zu verschaffen. Das war schon damals, nach dem Mord an Kirow, außerordentlich schwer. Es herrschten unglaublich harte Einreisebedingungen für Leute, die ständig in der Sowjetunion leben wollten. Ich weiß noch, daß es dauerte, ich glaube vier Monate, bis ich die erlösende Nachricht bekam, ich dürfe kommen.

Was versprachen Sie sich von der Sowjetunion? Es war zweifellos mehr als das, was Sie in Deutschland hätten erwarten können. Aber nun war ja in der Sowjetunion der Antisemitismus auch nicht gerade sehr unterentwickelt. Hatten Sie keine Angst davor, damals?

Was Sie sagen, stimmt für spätere Jahre. Als ich hinkam, gab es keinen Antisemitismus, er war gesetzlich verboten, als Rassenhaß, und wenn mich jemand in der Straßenbahn oder irgendwo angepöbelt hätte als Jude, wäre er umgehend verhaftet und als Rassenhetzer verurteilt worden.

Aber Stalin war doch ein sehr antisemitischer Mensch.

Ja, aber damals hatte er das offensichtlich noch verborgen, denn damals saß ja auch die halbe Regierung voller Juden.

Die er später alle rausgeworfen und ermordet hat.

Liquidiert hat, wie man das nannte, nicht nur in der Regierung. Sehen Sie, ich kam zum Rundfunk in Moskau, übrigens nach zwei Wochen; ich war zwei Wochen dort, und schon war ich bereits beim Rundfunk.

Erstaunlich in der Tat, und das ohne besondere Verbindungen oder Gegenleistungen?

Beim Berliner Rundfunk war damals ein gewisser Georg Sebastian Chefdirigent gewesen, der dann später Georges Sébastian hieß. Ihm hatte ich mich als 17jähriger, als Unterprimaner, vorgestellt, er prüfte mich ein bißchen und ging dann aber weg von der Oper. Als ich eines Tages in Moskau bei ihm erschien, war er überglücklich, denn er machte am dortigen Rundfunk einen konzertanten Mozart-Zyklus und war glücklich, jemanden zu haben, der Bescheid wußte, und ich wurde sozusagen von der Straße weg engagiert als sein Assistent. Als Sebastian dann nicht mehr zurückkommen durfte, weil ihm das Visum nicht mehr erteilt wurde, übernahm ich diese Mozart-Opern, und das war eigentlich der Beginn meiner dirigentischen Karriere.

Und wie gings dann dort weiter, in der Sowjetunion mit Ihrer dirigentischen Laufbahn?

Das ist schwer in zwei Worte zu fassen. Auf der einen Seite, wenn Sie die nüchternen Fakten nehmen, ich kam als ein Nichts, ein absolutes Nichts, als ein

unbekannter junger Mann 1936 an und wurde 1941 Dirigent, um es vorsichtig zu formulieren, eines der bedeutendsten Orchester, die es in der Sowjetunion gab, der Leningrader Philharmonie. Und so muß ich natürlich sagen: Es ging fantastisch. Wenn ich aber auf der anderen Seite an die Stolpersteine denke, über die ich zu stolpern hatte als ehemaliger Ausländer, das heißt für die Sowjets als potentieller Spion und vielleicht, in der letzten Zeit kurz vor dem Kriege, vielleicht schon als Jude – nein, da glaube ich, gab es noch nicht den Antisemitismus – zumindest als ehemaliger Ausländer, dann hat es doch auch sehr schwere Momente in meinem Leben in der Sowjetunion gegeben.

Sie waren ja auch in Charkow beim Philharmonischen Orchester, ist das richtig?

Ja, das war, nachdem ich endlich mit vielen Mühen die sowjetische Staatsbürgerschaft bekommen hatte, was zu erreichen unglaublich schwer gewesen war. Es gelang auch erst beim zweiten Anlauf, danach wurde meine – sozusagen offizielle – Situation leichter. Ich war also, wie soll ich sagen, zu ›verwenden‹, vorher war ich kaum zu verwenden. Ich hatte dort ein Gastspiel im Sommer, ein Sommerkonzert, die suchten einen Dirigenten, und ich scheine gefallen zu haben. Sie boten mir sofort an, dort Chef zu werden und zwar unter für mich sehr günstigen Bedingungen; das heißt, ich konnte meinen Wohnsitz in Moskau behalten und brauchte nur so etwa elf, zwölf Tage im Monat, am Stück allerdings, in Charkow zu sein, um während dieser Zeit drei Konzerte zu leiten.

Das war ein großes Glück für mich, denn ich war dort ziemlich unabhängig, ich konnte dirigieren, was ich wollte. Vergessen Sie nicht, ich war ja ein unbeschriebenes Blatt damals. Ich kam nach Moskau als junger Opernkorrepetitor, und vom symphonischen Repertoire hab ich wenig gekannt, das heißt, ich hatte schon viel gehört, aber wenig gekannt, und in Charkow habe ich mir sehr viel erobert. Auf ähnlich märchenhafte Weise bin ich dann nach Leningrad gekommen. Ich glaube, in meiner zweiten Charkow-Saison, so genau erinnere ich mich nicht, hatte ich ein Schulkonzert als junger Gastdirigent an der Leningrader Philharmonie zu absolvieren, mit einer Probe, die direkt vor dem Konzert stattfand, und das war Liebe auf den ersten Blick. Unmittelbar danach schlug man mir vor, für die gleiche Saison, das war im Januar, drei Programme zu übernehmen, darunter so ›kleine Werke‹ wie ›Also sprach Zarathustra‹ von Strauss, die Große C-Dur Sinfonie von Schubert, ich weiß schon nicht mehr, was das dritte Stück war, und für die nächste Saison zehn oder zwölf Konzerte. Ich wollte eigentlich ungern aus Charkow weggehen, obwohl mir die Leningrader anboten, zu ihnen als Kodirigent des jungen Mrawinski zu kommen. Aber ich wollte noch ein bißchen in der Stille für mich arbeiten. So verabredeten wir, ich glaube zehn oder zwölf Programme für die nächste Saison, für die ich dann als Gast engagiert wurde. Inzwischen mischte sich aber, wie so häufig in meinem Leben, die Weltgeschichte ein. Der Krieg zwischen der Sowjetunion und dem faschistischen Deutschland brach aus, ich glaube, umgekehrt müßte man es eigentlich sagen, der überraschte mich gerade in Leningrad, wo ich beim Rundfunk ein Konzert gab. Ich erinnere mich noch genau, ich dirigierte gerade die Achte von Beethoven, und mitten in der Probe wurden wir unterbrochen. Ich sollte eine halbe Stunde warten, und nach einer halben Stunde wurde uns mitgeteilt, was geschehen war, was das für Konsequenzen hätte. Ich verabschiedete mich vom Orchester und sagte: ›Ich bin sicher, wir sehen uns wieder‹. Und tatsächlich, nach dem Krieg, da war ich nun schon Dirigent der Leningrader Philharmonie und in Leningrad, da bekam ich sofort wieder ein Konzert beim Rundfunk, und es war natürlich die achte Sinfonie von Beethoven. Ich setzte meine Arbeit an der Stelle fort, nämlich im Trio vom Menuett, wo ich vor dem Krieg aufgehört hatte.

Sie haben den Namen Mrawinski erwähnt. Was verband Sie?

Die Stadt Nowosibirsk. Das Orchester war sofort nach Beginn des Krieges mit Mann und Maus, mit Schwiegermüttern und allem, was dazu gehört, evakuiert worden. Ein ganzer Zug voll mit Leningrader Philharmonie wurde nach Nowosibirsk ausgelagert. Ich glaube, es war der letzte Zug, der aus dem belagerten

Leningrad noch rausgekommen ist. Es war Anfang August 1941 und dort war nun Mrawinski ganz allein, und die Leningrader Philharmonie schickte verzweifelte Hilferufe an das nun nicht mehr in Moskau residierende Kulturministerium der Sowjetunion: ›Schickt uns den Sanderling her, findet ihn und schickt ihn her.‹ Ich wußte davon gar nichts; wenn ich das gewußt hätte, ich wäre überglücklich gewesen, ich hatte inzwischen nämlich ein paar sehr schwere Wochen und Monate gehabt.

Meine zukünftige Frau, ihre Freundin und ich überlegten uns damals: wo finden wir ein ruhiges Plätzchen, wo man uns nach Einnahme des Veronals, das ich die letzten Monate vor dem Krieg gehortet hatte, nicht allzu früh aufweckt; wir entschieden uns für das damalige Alma Ata. Ich übertreibe nicht, wenn ich sage, es war der Tag, an dem wir die Entscheidung treffen wollten, abzureisen, als ich auf der Straße einen Musiker aus dem Staatsorchester der Sowjetunion in Moskau traf. Er sagte: ›Sie sind hier?‹ ›Ja‹, sage ich, ›warum nicht?‹ ›Also der Soundso sucht Sie verzweifelt‹. ›Gehen Sie sofort zu ihm hin, er will Sie nach Leningrad schicken.‹ Sie können sich vorstellen, was das für ein Wechselbad sowohl der Gefühle als auch des Schicksals war, denn wenn ich zehn Minuten später über die Straße gegangen wäre, hätte ich ihn wahrscheinlich nicht getroffen und wir könnten uns heute nicht unterhalten, wenn alles so funktioniert hätte, wie wir es vorhatten. Ich war also davon befreit, dieses Veronal einzunehmen, ich habe es dann später fortgeworfen. Ich fuhr stattdessen nach Nowosibirsk zur Leningrader Philharmonie. Und dort begann meine Zusammenarbeit mit dem Orchester und mit Mrawinski. Die Zusammenarbeit mit dem Orchester war zunächst enttäuschend, so gern sie mich als Gastdirigent gehabt hatten. Ich war wohl auch noch zu jung und zu unerfahren, um eine solche Stelle bei einem solchen Orchester auszufüllen, aber es gab ja gar keine andere Wahl. Sie mußten mit mir auskommen, und ich wollte mit ihnen arbeiten. Aber auch Mrawinski war so unerfahren wie ich, er war ein oder höchstens zwei Jahre zuvor zum Ballettdirigenten der großen Leningrader Oper ernannt worden, als der damalige Chefdirigent Fritz Stiedry kein Einreisevisum mehr bekam, wie alle ausländischen Dirigenten, die nicht die Staatsbürgerschaft annehmen wollten. Mrawinski wurde einfach zum Chef der Philharmoniker ernannt, obwohl er nichts weiter als die fünfte Sinfonie von Tschaikowsky im Gepäck hatte. Wir waren also beide unerfahren sowohl im Umgang mit Partituren als auch mit den Partituren selbst, aber es war trotz schwerster äußerer Bedingungen, unter denen wir arbeiteten, wunderbar, wie wir nach jedem Konzert zusammen im Künstlerzimmer saßen und uns gegenseitig kritisch auseinandernahmen. Dabei haben wir beide viel gelernt. Wir haben beispielsweise etwas gelernt, was ich sehr, sehr oft bei Kritikern, professionellen Kritikern, vermisse. Wir haben gelernt, zu trennen zwischen der Kritik an dem, was einer gewollt hat und dem, wie und ob er das Gewollte erreicht hat. Das ist nämlich ein Unterschied. Es kommt darauf an, zu verstehen, was einer gewollt hat und unter Umständen sagen zu können, du hast etwas gewollt, was ich nicht kannte, aber es flößt mir Respekt ein. Ob das in der Aufführung gelingt, wie du dir das wohl gedacht hast, das ist dann sekundär. Es ist schön, wenn es gelingt. Aber schon zu erkennen, was jemand will, was für eine Arbeit, was für eine Intention dahinter steckt, das ist doch das Entscheidende. Wenn die Ausführung im einzelnen nicht gelingt, oder nicht ganz gelingt, liegt das ja an vielen Faktoren, das weiß man ja, an der Abendverfassung des Orchesters, des Dirigenten, am Orchester selbst und so weiter.

Wie haben Sie denn eigentlich Ihr dirigentisches Handwerk gelernt, ich meine Sie sind direkt als Pianist und Abiturient sozusagen an die Oper gekommen, haben als Korrepetitor gearbeitet, und dann wurden Sie plötzlich Dirigent. Zum Dirigieren gehört ja neben Musikalität, der Intelligenz, Partitur lesen und schnell lernen zu können auch die Technik, das Gewollte, um in ihrem Sprachgebrauch zu bleiben, umzusetzen. Viele studieren ja sehr viele Jahre an Universitäten, um diese Technik zu erlernen. Wie haben Sie sich dieses handwerkliche Rüstzeug angeeignet?

In der Praxis. Wir hatten allerdings einen vorzüglichen Lehrer, Mrawinski und ich, das Orchester der Leningrader Philharmonie. Die Musiker dieses Orchesters haben uns kritisch auseinandergenommen ohne Gnade. Wenn wir probiert haben und irgendwas lief nicht richtig, dann haben sie uns darauf aufmerksam gemacht, warum etwas aus manuellen Gründen bei uns nicht funktionierte. Man war aufeinander angewiesen. Das Orchester war auf seine Dirigenten angewiesen. Es gab keine anderen Dirigenten, der nächste Dirigent war hunderte Kilometer entfernt. Und sicher auch nicht besser als wir. Sie wollten aus uns brauchbare Dirigenten machen. Es hat natürlich auch Konflikte gegeben, denn es gab auch bei den Leningradern Musiker, wie überall und immer, die den Dirigenten schlechthin als Erbfeind betrachten, als ›Klassenfeind‹, wie man damals sagte.

Was hat Sie 1960 bewogen, nach Berlin zurückzukommen?

Ich muß, wenn ich auf diese Frage antworten soll, mit der Vorgeschichte antworten. Als ich nach Moskau kam und mir dort so allmählich mein Leben einrichtete, hatte ich das Gefühl: nach Deutschland zurück, niemals! In dieses Land, das so umgegangen ist mit mir und meinesgleichen, niemals und unter keinen Bedingungen! Und dann, ja, so ganz allmählich merkte ich, daß ich halt doch Deutscher war und daß ich mit einer Brahms-Partitur besser zurecht kam als mein sonst mir weit überlegener Kollege Mrawinski. Und ich merkte auch, daß man 20 Jahre seiner jugendlichen Entwicklung nicht über Bord werfen kann, Jugend und Heimat lassen sich nicht über Bord werfen. Diese Erfahrung verdichtete sich um so stärker, als die Fremde sich mir nicht wirklich erschloß. Ich habe mir zwar alle Mühe gegeben und es ist mir auch weitgehend gelungen, Teilhaber der russischen Kultur zu werden, aber ich habe sehr viel in mir auslöschen und dazulernen müssen. Es gab in der Sowjetunion keinen Goethe, keinen Schiller, allenfalls Eichendorff, es gab alles, was nicht Wagner hieß, es gab Brahms und Schumann. Allmählich verstärkte sich das Gefühl in mir: ich kann mir nicht mit Gewalt all das aus dem Herzen und aus dem Hirn reißen und durch etwas anderes ersetzen lassen, was so ganz meines nie werden kann. Tschaikowsky gut, der ist wie Wagner, der ist international, aber schon Rimski-Korsakow, Glasunow, Borodin, zu schweigen von diesen ganzen sowjetischen Komponisten der neueren Zeit dann. Außer Schostakowitsch, das war ›mein‹ Komponist. Der hat das geschrieben, was ich hätte schreiben wollen, wenn ich es gekonnt hätte.

Er war ja auch eine große Ausnahmeerscheinung!

Ja, weil er vielleicht auch der, im positiven Sinne gemeint, politischste Komponist seiner Zeit war.

Und der widersprüchlichste, man könnte ihn ja fast als modernen Mahler der russischen, der sowjetischen Gesellschaft bezeichnen, in seiner Brüchigkeit und Vielschichtigkeit und seiner Überlagerung von Ironie und Pathos, von Staatsnähe und Staatsferne, von innerer Emigration unter dem Subtext einer gewissen Musik und gleichzeitig dem Erfüllen von erwarteten Formeln.

Lassen Sie uns bitte nicht über die Staatsnähe von Schostakowitsch sprechen. Die war doch immer nur Tünche. Die hat es nie wirklich gegeben. Er war ein russischer Patriot. Ich hätte mir nicht vorstellen können, daß er aus Rußland weggegangen wäre, obwohl er unter der Sowjetunion litt. Sein Verhältnis zur Sowjetunion war geprägt durch Furcht und Utilitarismus, wie anders sollte er existieren? Es gab nicht nur in der Sowjetzeit, sondern auch während der Zeit des deutschen Faschismus so etwas wie eine innere Emigration, man konnte irgendwie überwintern, man wurde nicht unbedingt gezwungen, aktiv mitzumachen. Wer sich um keinen Preis hat zwingen lassen, der wurde auch nicht gezwungen. So möchte ich es sagen.

Aber manche wurden ins Exil getrieben, umgebracht oder kaltgestellt, auf die eine oder andere Weise, in der Sowjetunion wie in der Nazi-Zeit.

Schostakowitsch konnte nur im Verborgenen eine niedere Existenz führen, keine exponierte, versteht sich. Aber er konnte existieren. Und sei es als Musiklehrer in einer Musikschule.

Auch da war natürlich der Zwang, sich anzupassen oder in die Partei einzutreten.

Gewiß, da gab es kein Entrinnen und je höher die Position war, die man bekleidete, umso weniger gab es dieses Entrinnen. Das gehört zu den Traumata, nicht verarbeiteten Traumata im Leben des Dmitri Schostakowitsch, diesem Zwang ausgesetzt gewesen zu sein, und mehr noch, vor der Welt so tun zu müssen, als sei das kein Zwang, sondern eine freiwillige Entscheidung und als möge man das ernst nehmen. Glauben Sie mir: ich kenne viele Artikel, die mit seinem Namen unterzeichnet wurden, aber nicht von ihm stammen. Ich kenne oder kannte die Autoren genau, die das geschrieben haben, weil das jetzt von ihm gesagt werden mußte, und er unterschrieb bloß geduldig, was ihm vorgelegt wurde!

Kannten Sie ihn persönlich gut?

Ja, ich kannte ihn sehr gut. Ich lernte ihn allerdings noch besser kennen, als ich schon wieder in Deutschland war, er war übrigens sehr gern zu Gast in Berlin, denn er wurde dort mit offenen Armen aufgenommen und als das empfangen und behandelt, was er war, als genialer Komponist und nicht als politische Einheit.

Als Repräsentant?

Ja, als Repränsentant! Deshalb war er gern hier, und trotzdem war ich hier so ziemlich der einzige Mensch, mit dem er reden konnte und von dem er sofort verstanden wurde.

Sie sind dann in Berlin Chefdirigent des städtischen Berliner Sinfonie-Orchesters geworden. War das nach den Leningrader Philharmonikern nicht ein Abstieg in der Karriereleiter?

Nun ja, jede Stellung in Berlin, die ich hätte einnehmen können, wäre ein Abstieg gewesen. Aber auf Auf- oder Abstieg kam es mir gar nicht an. Lassen Sie mich noch einmal anknüpfen an den Faden von vorhin: Als das Hitlerreich zerschlagen war, da gewannen die Gefühle in mir wieder Oberhand, eventuell doch zurückzukehren nach Deutschland. Zumal mir in der Sowjetunion allzu unverblümt gezeigt wurde, daß ich dankbar zu sein hätte für die Luft, die ich atme, man habe mir das Leben gerettet, man habe mir, einem Ausländer, eine beispiellose Karriere eröffnet, man habe mich vor Auschwitz bewahrt und so weiter ... also, ich hatte nur dankbar zu sein in der Sowjetunion, für alles und jedes. Und dann kam auch der mehr und mehr hervortretende Antisemitismus der Sowjetunion zum Vorschein. Der begann eigentlich mit dem Krieg. Der Krieg öffnete Schleusen, die vorher geschlossen waren, aus welchen Gründen auch immer. Vielleicht wollte und konnte man große Teile der Bevölkerung mit Judenhaß chauvinistisch mobilisieren. So ganz durchsichtig ist das für mich bis heute nicht. Schon am Ende des Krieges zeigte sich ein, wenn auch nicht offiziell zugegebener, so doch durchaus spürbarer Antisemitismus, der sich in kleinen Dingen äußerte.

Ich erinnere mich an folgenden Vorfall, den ich Ihnen als typisch für den damaligen Antisemitismus erzählen möchte: Die Freundschaft zwischen Mrawinski und mir war schon etwas abgekühlt, er war pathologisch eifersüchtig auf jeden Erfolg, der nicht ihm galt, was ganz lächerlich war. Natürlich war unsere Beziehung immer noch gut, einfach schon deshalb, weil wir froh waren, jemanden zu haben, mit dem man offen reden konnte. Das war damals schon eine ausreichende Grundlage für Freundschaft. Wir wußten, daß wir einander nicht verraten werden. Aber er ertrug es nicht, daß ich auch Erfolg hatte. Und ich erinnere mich, es war in einem Periodikum, einer Monatszeitschrift, ein Artikel über die erste Saison der Leningrader Philharmonie nach dem Krieg erschienen, und da rupfte man ihn ein bißchen, man schrieb über den kalten Mrawinski, der alles durch den Verstand regele, ganz anders der junge Sanderling, der mit offenem Herzen dirigiere und dessen Konzerte immer eine Freude seien, so ungefähr hieß es. Mein Direktor fuhr mit mir nach Moskau, ich weiß gar nicht mehr, aus welchem Grunde, und er zeigte mir eine Beschwerde über diesen Artikel, gerichtet an das Ministerium. Und in dieser Beschwerde war folgender Satz zu lesen: ›in dem Artikel sowieso von ... (dessen wirklicher Name aber Samuel Goldschmidt ist) ...‹. Ich weiß nicht, ob Sie die ganze Gemeinheit dieses Satzes ermessen können? Das war kurz nach dem Ende des Krieges. Und das war die alltägliche, die übliche Form des sowjetischen Antisemitismus. Ich wurde als Aushängeschild benutzt, ich galt sowohl als ehemaliger Ausländer wie als Jude. Was wollt ihr eigentlich, wurde gefragt? Antisemitismus bei uns? Schauen Sie sich doch diesen Juden an, er ist in so einer Stellung! Und dazu galt ich immer noch als ein potentieller Spion. Ich wurde dieser Situation müde. Und das war ja auch eine Situation, gegen die ich mich in keiner Weise wehren konnte.

Noch etwas kam hinzu: ich war 17 Jahre an der Leningrader Philharmonie. Ich hatte das Gefühl, ich habe in der Sowjetunion alles erreicht, was ich erreichen konnte. Um Ihnen zu demonstrieren, wie sehr mir das bewußt war, will ich Ihnen folgende Anekdote erzählen: Es muß 1957/58 gewesen sein, als Mrawinski sehr krank wurde, er mußte eine sehr schwere Magenoperation über sich ergehen lassen, und es war so gut wie sicher, daß er danach nicht wieder würde dirigieren können. Da rief mich mein Direktor zu sich und fragte mich, ob ich bereit wäre, sein Nachfolger zu werden. Darauf sagte ich ›Nein‹. Und er sagte nur: ›Ich habe nichts anderes von Ihnen erwartet. Ich danke Ihnen.‹ Genügt Ihnen das?

Hat es Sie eigentlich nie gereizt, ans Bolschoi zu gehen?

Nein, das stand auch nicht zur Diskussion. Aber ich hatte größte Mühe, abzuwenden daß ich künstlerischer Leiter des zweiten Opertheaters in Leningrad wurde. Ich hatte dort mehr als Privatvergnügen einmal den ›Fliegenden Holländer‹ dirigiert, und der schlug dort ein wie eine Bombe. Also das war unbeschreiblich, man reiste von Moskau nach Leningrad, um diese sowjetische Erstaufführung des ›Holländer‹ zu hören. Zu dieser Zeit suchte man dort einen neuen Chef, und ich sollte fast gezwungen werden, dort Musikchef zu werden.

Das war aber nicht das Marien-Theater?

Nein, das war das Michailowski-Theater, das zweite Opernhaus der Stadt, in dem viele Opern von Schostakowitsch und Prokofjew uraufgeführt wurden, ein gutes Theater, aber nicht das offizielle.

War die tägliche Auseinandersetzung mit dem Apparat, dem Administrativen, Autoritären und mit der Partei nicht eine ständige Gratwanderung zwischen Kadergehorsam und eigener Freiheit?

Wissen Sie, ich war in der Leningrader Philharmonie in dieser Hinsicht in besten Händen. Dort hatte man ein bißchen Narrenfreiheit. Leningrad war ja überhaupt, wie soll ich sagen, das Athen gegenüber dem Sparta Moskau, und die Leningrader Philharmonie war immer etwas Exklusives, Einmaliges in der Sowjetunion. Man spielte in einem Saal, in dem niemals eine Modenschau stattgefunden hat, obwohl es der frühere Ballsaal der Adligen gewesen ist. Und ein Saal, in dem unter ein bestimmtes Genre, Niveau nicht gegangen wurde, das gab es ansonsten nicht in der Sowjetunion. Dann stand der Saal eben mal leer. Es war ein Saal, in dem selbstverständlich das Orchester jeden Morgen um halb elf seine Probe hatte, woran nicht zu rütteln war. Ich war dort also gut aufgehoben. Und da man für Mrawinski sehr viele Extrawürste gebraten hat, fiel so einiges ab, so daß ich eigentlich für sowjetische Verhältnisse keinem großen Zwang ausgesetzt war. Natürlich mußte ich viele Kompositionen und Komponisten, die ich lieber nicht gespielt hätte, aufführen; das mußte Mrawinski aber auch. In dem Jubiläumsjahr der Sowjetmacht mußte er sogar ein ganzes Abonnement hindurch, zehn Konzerte umfassend, nur Sowjetmusik spielen. Das war Chefsache! Und es hat sich nicht mal für ihn ausgezahlt, ich glaube, er hat keinen Orden dafür bekommen.

Aber diese täglichen Grabenkämpfe und Kleinkriege mit der Nomenklatura, unter denen so viele Ihrer Kollegen litten, die wurden Ihnen erspart?

Weitgehend, aber mir standen auch keinerlei Vergünstigungen materieller Art zu, wie Mrawinski sie als offizieller Leiter genoß. Ich bekam mein Gehalt und damit hatte es sich. Ich bekam auch keinen Ferienplatz im Sommer, wo ich hätte hinfahren können, ich mußte mir das mit größter Mühe irgendwie selbst organisieren, wie Millionen andere auch. In künstlerischer Hinsicht habe ich Vorteile daraus ziehen können, daß Mrawinski so war, wie er war. Mrawinski hat im Grunde genommen ja Angst vorm Dirigieren gehabt. Er war überglücklich, wenn er ein Konzert hinter sich hatte und es ein Erfolg war. Aber vor dem Konzert hat er gezittert, gebebt und geweint, vor Angst, vor Furcht, das spricht übrigens für ihn. Ich erzähle Ihnen das nicht abschätzig! Seine Angst hat dazu geführt, daß er zum Beispiel einige Zeit lang überhaupt nur drei oder vier Mal im Laufe der Saison dirigierte, zu Anfang mit der 5. Tschaikowsky-Symphonie, dann in der Mitte mit der 5. Glasunow-Symphonie und am Schluß noch einmal mit der 5. Tschaikowsky-Symphonie oder einer Schostakowitsch-Symphonie. Das hatte immerhin zur Folge, daß ich ziemlich frei war in der Wahl meines Repertoires.

Weil er erst in den allerletzten Jahren seine Fühler ausgestreckt hat nach Neuem und mal einen Bartók wagte oder einen Sibelius, war er dann auch so glücklich, daß ich wegging. In den Jahren, in denen ich bei den Leningradern war, habe ich niemals von ihm Beethovens Erste, Zweite oder Achte gehört, einmal nur die Sechste, niemals die Neunte. Schon weil in der Neunten Chor und Solisten mitwirkten, zitterte er beim bloßen Gedanken an das Werk. Er ließ mir insofern sehr viel Freiraum für einen Co-Dirigenten, gewisse Schwierigkeiten gab es natürlich; also Bruckner dufte man nicht allzu viel spielen. Wenn er zufällig zwei Symphonien von Bruckner in einer Saison spielte, das ist vorgekommen, dann konnte ich eben keinen Bruckner spielen.

Gab es eine offizielle Zensur, standen Komponisten auf dem Index?

Nein, es gab in dem Sinne keine Zensur, es gab ja keinen Index.

Ich meine das auch nicht wörtlich, so wie in der katholischen Kirche. Aber verstand es sich nicht von selbst, daß man gewisse, ich sag es mal polemisch im Sinne sozialistischer Ideologie, ›bürgerlich-dekadente‹ Stücke wie ›Parsifal‹ aus Prinzip nicht spielte?

Ja, natürlich, aber das Vorspiel haben wir gespielt. Das Stück wäre natürlich undenkbar gewesen. Aber das Vorspiel wurde gespielt. Auch Richard Strauss haben wir gespielt, nur während des Krieges nicht. Aber danach wieder. Ich habe unzählige Male den ›Don Juan‹ dirigiert. Mrawinski hat den ›Eulenspiegel‹ dirigiert, in späteren Jahren auch die ›Alpensymphonie‹.

Aber wußte man damals in der Sowjetunion nicht, daß Richard Strauss ein opportunistischer Mitläufer war und nicht sehr feine Musikpolitik gemacht hat in Deutschland?

Vieles wußte man nicht und in vielem war man klug genug, die Augen davor zu verschließen. Man konnte die Augen nicht verschließen vor Strawinsky, weil Strawinsky eine sehr scharfe Zunge hatte und zum Beispiel die sowjetischen Orchester sehr geißelte. Es wurde nur der ›russische‹ Strawinsky gespielt.

Kommen wir zurück auf den Punkt, wo wir eben kurz unterbrochen haben. Sie haben eine ganze Reihe von Faktoren genannt, die Sie bewogen haben, nach Deutschland zurückzukehren.

Ja, und es kommt noch einer hinzu, den ich nur angedeutet habe. Ich hatte das Gefühl, meinen Weg abgeschritten zu haben. Da ich klug war, verzeihen Sie diese Formulierung, erwartete ich nicht mehr, als ich erreicht hatte. Das war schon mehr, als ich mir hätte träumen lassen dürfen. Ich war noch nicht mal Fünfzig, es hätten jetzt nur noch die Datsche, das Auto und ein Orden kommen können. Und es ist ja auch ein Alter, in dem man sich sagt, ich möchte nochmal etwas auf die Beine stellen. Und ich war ja bei den Leningradern nicht der verantwortliche Chef. Ich wollte aber auch mal mein eigener Herr sein und zeigen, ich kann's auch.

Nun wurde ich damals mehrfach aus der damaligen DDR von den politisch Oberen, die immer auf mich aufmerksam gemacht wurden von irgendwem, angefordert. Das wurde immer abschlägig beschieden, das letztemal war sogar Schostakowitsch höchstselbst der Überbringer einer Bitte der DDR, man möge mich doch zurücklassen. Daraufhin hat mein Direktor, der gefragt wurde, gesagt: Wir haben den Krieg doch nicht dafür gewonnen, daß wir die Leute, die wir selbst brauchen, zurückschicken. Damit war der Fall erledigt. Erst als ich auf allerhöchster Ebene verhandelt wurde, konnte man mich nicht schnell genug loswerden. Ulbricht und Chruschtschow saßen einmal bei einem Abendessen zusammen, als Ulbricht seinen Spickzettel vornahm und sagte: ›Übrigens habt ihr da in Leningrad so einen Dirigenten, das ist auch ein ehemaliger Deutscher, den könnten wir im Moment gut brauchen!‹ Dann ging es ganz schnell, und ich war in Berlin. Aber ich war nicht traurig, denn wie gesagt, ich hatte das

Gefühl, alles erreicht zu haben und durfte mit Fug und Recht etwas Neues erwarten. Es war eine neue Chance.

Haben Sie das russische, sowjetische Publikum geliebt? Hat es Sie geliebt?

Das ist ein Thema für sich. Bei meinem Abschiedskonzert sah es um mein Pult so aus, als läge ich in meinem eigenen Grab mit Blumen um mich herum, es war unbeschreiblich. Mrawinski hat grün vor Neid den Saal verlassen. Das Publikum in der Sowjetunion war ganz anders als im Westen. Zunächst einmal ist es ein großer Unterschied, ob sie dort als Stern erscheinen und wieder wegfahren oder ob sie ständig, das ist übrigens auch nicht nur dort so, das ist überall ein großer Unterschied, oder ob sie ständigen Erfolg haben. Der ist schwerer zu erringen und zu halten und nicht so rauschend. Aber sie spüren ihn, und ich habe ihn gespürt, immer wenn ich mal wiederkam. Es war ein besonderes Publikum deshalb, weil in Leningrad das Publikum, das ins Konzert geht, die Musik liebt. Der Anteil derer, die ins Konzert gehen, um ihre Pelze zu zeigen und die das Konzert als gesellschaftliches Ereignis sehen, ist in der Sowjetunion geringer gewesen als in anderen Ländern.

Aber es gab doch auch organisierte Besuchergruppen, die von den Betrieben geschickt wurden.

Das gab es zu meiner Zeit schon weniger. Gruppen wurden nur geschickt bei Konzerten, die Prestigecharakter hatten, wo der Saal voll sein mußte, da schickte man eben mal eine Kompanie Soldaten hin oder eine Brigade Arbeiter. Aber das war wirklich die Ausnahme, das war nicht nötig.

Wie wurden Sie denn, als Sie dann nach Berlin kamen, nachdem das auf allerhöchster Ebene ausgehandelt wurde, wie wurden Sie in Berlin empfangen? Sie wurden ja sozusagen auf höchster politischer Ebene heimgeholt, als ein Mann des Neuen Deutschland, der in der Sowjetunion ein Star geworden ist.

Man hat damals alle, die noch übriggeblieben waren, die dem Terror entgangen sind, die von ›hier‹ waren, alle Deutschen also, zurückgeholt. Es sind ganz wenige, man kann sie an den Fingern beider Hände abzählen, ›dort‹, also in der Sowjetunion geblieben. Ich war einer der letzten, die man zurückholte. Man versprach sich davon, daß wir trotz der Erfahrungen, die wir alle in der Sowjetunion gemacht haben, eine andere Einstellung zu Staat und Gesellschaft hätten. Das war die hoffnungsvolle Zeit der DDR, und das war offensichtlich gar nicht mal so falsch, denn wir alle waren nicht nur indoktriniert, das waren natürlich alle, das war unumgänglich, dem konnte man sich gar nicht entziehen, aber wir waren auch prinzipiell als Staatsbürger anders geschult, als man hier geschult war. Niemand hätte in der Sowjetunion leichtfertig gesagt: ›Macht ihr, was ihr wollt, ich mache meine Kunst und damit lebe ich!‹ Es haben alle gewußt, daß die Kunst einen bestimmten Platz in der Gesellschaft hat und daß man einen Fehler begeht, wenn man sagt, alles andere geht mich nichts an. Es gab keinen Elfenbeinturm des Musikers. Insofern wurde ich mit offenen Armen empfangen. Erstaunt hat mich, als ich auf einer meiner ersten Proben in Berlin – ich wollte den Musikern den Wind aus den Segeln nehmen und die Fronten gleich klären –, meinem Orchester gesagt habe, daß ich Jude sei, bemerkte, daß das offenbar niemanden interessierte. Das war damals in der DDR kein Thema. Aber ich kam aus einem Land, in dem Antisemitismus zwar verboten war, und wenn man sagte, es gäbe welchen, wurde man wegen Verleumdung eingesperrt. Aber es gab ihn doch, und zwar massiv!

Haben Sie Ihr Judentum gelebt, als Religionsausübung?

Niemals, ich war ja niemals religiös, also konnte ich Judentum als Religion niemals leben. Ich habe mein Judentum tief und schmerzhaft empfunden, weil ich von meinen Mitschülern verprügelt wurde, immer wieder solche antisemitischen Geschichten in meiner Jugend in Deutschland erlebte. Ich hätte beispielsweise niemals in Stettin Korrepetitor werden können. Das war undenkbar, daß Stettin einen jüdischen Korrepetitor engagiert hätte. Insofern habe ich Antisemitismus empfunden, aber mein Judentum als Religion habe ich niemals empfunden, obwohl meine Eltern noch die religiösen Bräuche einhielten.

Also hat es auch keine Rolle gespielt für Sie in der Favorisierung von Komponisten aufgrund jüdischer Affinitäten.

Überhaupt nicht. Ich glaube auch, daß beispielsweise das Jüdische in Mahler sehr übertrieben wird, wie auch das Katholische bei Bruckner.

Sie waren dann hier in Berlin und haben eine Chefposition in Dresden bekommen, bei der Staatskaplle.

Ja, das war ja auch ein sehr traditionsreiches wunderbares Orchester, und das ist es ja heute noch.

Das war dann aber doch eine ganz andere Tradition, mit der Sie zu arbeiten hatten. Da haben Sie ja auch gelegentlich Oper gemacht, nicht?

In Dresden einmal, ja. Ich habe ›Turandot‹ dirigiert, meine heimliche Liebe, Puccini. Aber nur einmal. So wie ich in Berlin nur einmal den ›Boris Godunow‹ in der Schostakowitsch-Instrumentation dirigierte.

Wie würden Sie Ihre Zeit in der DDR charakterisieren, aus Ihrer persönlichen Sicht im Nachhinein?

Im Nachhinein muß ich sagen, daß die Entscheidung, das Berliner Sinfonie-Orchester zu übernehmen, eine richtige Entscheidung war, denn sie hat mich vor eine fast unlösbare, aber hochinteressante Aufgabe gestellt, nämlich, mit einem jungen Orchester von Bach bis Bartók alles zu erarbeiten. Ein Orchester, das noch nicht, wie die Leningrader Philharmonie, alles seit Mozart und die Dresdner alles seit Weber gespielt hatte, sondern das unvoreingenommen war. Ich habe selbst dabei unglaublich viel gelernt. Vor allem aber war es ein Orchester, das zunächst vorbehaltlos mit mir glücklich war, während ich durchaus bei den traditionellen Orchestern in Dresden und Leipzig das berechtigte Gefühl hatte, sie seien mir gegenüber voreingenommen. Sie hatten wohl das Gefühl, ich sei als ›rote Fackel‹ hergeholt worden, um sie das Fürchten zu lehren. Deshalb ist weder in Dresden noch in Leipzig, wo man mich ja auch fast zwangsweise zum Chef machen wollte, die Rechnung aufgegangen. Zu beiden Orchestern habe ich selbst heute kaum noch Kontakt. Das rührt aus der damaligen Zeit her, wo sie mir weniger mit musikalischem, sondern eher mit prinzipiellem Mißtrauen gegenüberstanden. Ganz anders war es bei der Staatskapelle Berlin, die hat mich sogar in einem schweren Moment, als Konwitschny plötzlich starb, gefragt, ob ich nicht sein Nachfolger werden möchte. Das war, nachdem ich den ›Boris Godunow‹ dort gemacht hatte. Aber ich war klug genug, ihnen die richtige Antwort zu geben: Ein Chef, der mit 50 Jahren in der Oper nur den ›Fliegenden Holländer‹ von Wagner dirigiert hat, ist kein Chef für die Berliner Staatsoper.

Sie haben sich selbst als im Munde anderer als ›rote Fackel‹ bezeichnet. Waren Sie überzeugter Kommunist oder Sozialist?

Kommunist ganz gewiß nicht, sozialistischen Idealen hing ich natürlich nach. Wissen Sie, das ist ein weites Thema, natürlich stand ich links, wo das Herz schlägt. Das war aber bei fast jedem Intellektuellen, zumal jüdischem Intellektuellen eo ipso der Fall. Allerdings habe ich dann in der Sowjetunion zumindest die ersten drei, vier Jahre hindurch die Welt nicht mehr verstanden. Alles war so anders, entsprach so gar nicht den Vorstellungen, die man vom Sozialismus haben sollte, konnte und mußte.

Sie haben mir gesagt, daß sich der Beruf des Musikers nicht aus dem gesellschaftlichen Leben und aus der politischen Verantwortung der Zeit heraus lösen ließ, in der Idee jedenfalls. Wurden diese Ideale in der DDR eingelöst, so wie man sich das vielleicht erträumt hat nach dem Krieg?

Wissen Sie, ich kann nur für mich sprechen und für wenige andere, aber ich glaube, daß die meisten von meinen Mitemigranten wie ich zurückgekommen sind mit dem Gefühl: Nun werden wir's denen mal zeigen, wie es wirklich zu geschehen hat. Alle diese Fehler, die ganz offensichtlich begangen wurden, deren Ursache dieser unglaubliche stalinistische Terror war, was wir gar nicht so übersehen hatten, all das glaubten wir, hofften wir, vielleicht vermeiden zu können. Es waren dieselben Hoffnungen, die man wohl auch in Prag beim ›Prager Frühling‹ hatte. Mit diesem Gefühl sind wir alle hergekommen. Nur: Ich bin ja nicht in die DDR gekommen, um mich politisch zu betätigen. Ich hatte mich über jeden Erfolg gefreut, den die DDR als sozialistischer Staat hatte, aber ich habe mich, weiß Gott, auch oft geärgert und manchmal auch geschämt für Dinge, die ich gesehen und erfahren habe!

Haben Sie sich denn, Sie hatten ja eine herausragende Position im Kulturleben der DDR, haben Sie sich als Repräsentant dieses Systems, dieses Staates gefühlt; als Aushängeschild, oder haben Sie sich als Musiker gefühlt, der in diesem Staat lebt?

Das ist schwer auseinanderzuhalten, also ganz sicher habe ich mich nicht als Repräsentant in dem Sinn gefühlt: ›Wes' Brot ich ess', des' Lied ich sing‹, aber ich habe mir schon gewünscht, daß meine Tätigkeit in der DDR nicht nur musikalisch sinnvoll sein möge. Ich hatte in der Sowjetunion aber gelernt, daß man vor vielen Dingen die Augen verschließen muß und sollte, wenn man es in der Karriere und in der Sache weiterbringen will. Ich genoß im Rahmen des vorherrschenden Systems mit seinen Nöten und Beschränkungen aufgrund meiner politischen Vorgeschichte natürlich einige Vergünstigungen, die nicht alle hatten. Zum Beispiel erlegte man mir eigentlich keine Reisebeschränkungen auf. Nur in zwei Länder durfte ich nicht einreisen: Israel und Südafrika, aus politischen Gründen. Der eine galt als Staat, der sich gegen die aufstrebenden arabischen Völker wendete, und wir waren als DDR befreundet mit den Arabern, der andere galt als Sklavenhalterstaat. Beides Formulierungen, die nun einmal existierten, gegen die nicht anzukämpfen war. Aber sonst galten für mich keine Einschränkungen. Natürlich durfte ich nicht in Westberlin spielen. Mein Kollege Kurt Masur als Chefdirigent in Leipzig durfte es, warum, weiß ich bis heute nicht.

Hatten Sie gelegentlich das Gefühl, weggehen zu wollen aus diesem DDR-Staat?

Nein, das Gefühl hatte ich nicht. Sehen Sie, es haben sich so viele Leute für mich einsetzen müssen, um mich aus der Sowjetunion nach Ostberlin holen zu können, daß ich es als unanständig empfunden hätte, wenn ich denen eine politische Ohrfeige gegeben hätte. Außerdem hatte ich keinen persönlichen Grund, den Staat zu verlassen.

Sie hatten hier ja auch Familie ...

Ja, aber auch andere, die weggingen, hatten Familie und haben es getan. Ich unterlag keinen Repressalien. Natürlich hatte man in den sogenannten sozialistischen Staaten nur eine sehr begrenzte Freiheit. Aber wo gibt es unbegrenzte Freiheit?

Nun gut, jetzt sage ich einmal, das ist ein weites Feld, der Freiheitsbegriff ist relativ, und jeder hat seinen persönlichen Freiheitsbegriff. Aber haben Sie nicht unter dem Eisernen Vorhang gelitten, unter der Mauer, die quer durch Berlin verlief, unter der Teilung der Welt in West und Ost?

Wissen Sie, ich habe mit aller Gewalt versucht, mir in der DDR eine Heimat zu schaffen, denn in meinem Leben habe ich ja immer nur mit verlassenen ›Heimaten‹ gelebt. Ich wollte mir einmal eine Heimat schaffen und das war nun einmal die DDR, so wie sie war, so, wie ich sie mir besser und anders gewünscht und vorgestellt hätte und habe, aber sie war nun mal so, wie sie war.

Haben Sie denn das Musikmachen, die Musikerexistenz als Nische empfunden, als Utopie, als Freiraum?

Nein, ich habe zwar gewußt, daß in der Musik vieles möglich ist, was im Leben sonst nicht möglich wäre, habe gewußt, daß, wenn Schostakowitsch in Worten gesagt hätte, was er in Musik gesagt hat, es bereits zur 6. Symphonie nicht mehr gekommen wäre. Aber ich habe Musik dennoch nie als eine Nische betrachtet, es war eine Vergünstigung des Schicksals, daß ich für Musik leben durfte.

Würden Sie das denn über Musik allgemein sagen, daß Musikmachen eine besonders beglückende Betätigung oder besonders sinnvolle Ausnahmeexistenz ist?

In gewisser Hinsicht schon und sei es dadurch, daß sie in ihrem Inhalt immer zumindest zweideutig, wenn nicht noch mehrdeutiger ist. Sie können den Anfang von Beethovens Egmont-Ouvertüre als Terror spielen, als politischen Terror von außen, sie können ihn aber auch als inneren Seelenkampf spielen.

Ja, das ist ja im Grunde genommen Anfang und Ende, Wohl und Wehe der Musik, diese Vieldeutigkeit und ihre Mißbrauchbarkeit.

Es ist das Glück der Musik. Wenn es dieses Glück nicht gäbe, hätten wir keinen Schostakowitsch und vielleicht vieles in unserer Vergangenheit nicht, wovon wir noch nicht einmal etwas ahnen.

Glauben Sie denn, daß dieses Glück, als das Sie die Uneindeutigkeit der Musik bezeichnet haben, daß dieses Glück ein Mittel ist, die Welt zu humanisieren, zu verbessern?

Ich möchte daran glauben, daß es möglich ist, die Welt zu humanisieren, denn sonst wäre Musikmachen unsinnig.

Haben Sie jemals daran gezweifelt, daß es einen Sinn macht, Musik auszuüben?

Nein. Es war für mich eine so selbstverständliche Lebensäußerung, daß ich niemals daran gezweifelt habe, ich zweifle ja auch nicht daran, daß ich atmen muß.

Und wie kommen Sie damit zurecht, wenn Sie heute sehen, daß das Musikleben mehr und mehr zu einer Verkaufskultur wird, in der es oft nicht mehr um die Inhalte und schon gar nicht um die Qualität geht?

Es macht mich sehr besorgt, zumal ich in keiner Weise in diesen Prozeß eingreifen kann. Ich kann ihn nur wahrnehmen, und das ist schrecklich.

Wie haben Sie die erneute Änderung Ihrer Lebenssituation durch die Aufhebung der politischen Ost-West-Teilung der Welt, den Fall der Mauer, persönlich empfunden?

Ich müßte lügen, wenn ich sagen würde, daß ich jetzt nicht freier atme. Ich atme freier, weil ich weiß, daß die Freiheiten, die ich früher hatte, nun auch andere haben. Aber ich vergesse auch jetzt nicht, daß Freiheit ein sehr relativer Begriff ist. Ich sage das nur, weil man nicht alle Freiheit an diesem Begriff der Mauer festmachen sollte.

Haben Sie für sich neue Möglichkeiten gewonnen.

Nein, außer, daß ich nicht bei jedem Grenzübergang zittern muß, daß mir ein Grenzbeamter sagt, daß irgendein Stempel falsch ist.

Sie dirigieren jetzt ja nur noch ein schmales Repertoire. Dirigieren Sie nur noch Bekenntnisstücke?

Nur noch, was mir wichtig scheint, woran ich noch etwas arbeiten möchte und Werke, die mir besonders nahe stehen.

Sie haben sehr viele Uraufführungen dirigiert. Sie haben sich immer sehr für die neue Musik eingesetzt. War das für Sie selbstverständlich oder war das ein notwendiger Kompromiß, in der Sowjetunion wie in der DDR?

In der DDR war das gar nicht so viel, auch wenn man mir das immer zum Vorwurf gemacht hat. Ich lag ja im ständigen Kampf mit den Offiziellen des Komponistenverbandes, die immer der Meinung waren, wieviel ich auch machte, es sei zu wenig. Es wurde nicht im geringsten honoriert, eher kritisiert, daß ich mein Hauptaugenmerk auf die Klassiker des 20. Jahrhunderts richtete. Ich erinnere gerne daran, daß eine Reihe von wichtigen Werken des 20. Jahrhunderts, alle drei Strawinsky-Symphonien, die Pittsburgh-Symphonie von Hindemith, die herrliche Musik für Streicher von Bartók zum erstenmal in Berlin durch mich und mein Orchester gespielt wurden. Ich habe das als meine Aufgabe betrachtet, weil ein großer Rückstand im Empfinden des Publikums vorherrschte. Die Leute wollten ja nichts über Bruckner hinaus hören. Und ich war der Meinung, wenn man ihnen Liebe und Verständnis für Musik des 20. Jahrhunderts beibringen will, dann über die besten Werke dieses Jahrhunderts. Nicht über Werke, die, aus welchen Gründen auch immer, gespielt werden mußten.

Giuseppe Sinopoli
Dirigieren heißt Masken herunterreißen

Herr Sinopoli, Sie haben Ihre Kindheit in Venedig und in Sizilien verbracht. Sizilien ist ein Eldorado der Archäologen. Die Archäologie ist für Sie ein zentrales Thema Ihres Lebens. Sie haben Archäologie studiert und manchmal denkt man, Sie graben lieber aus, als daß Sie dirigieren. Hat das etwas mit Ihrer sizilianischen Kindheit zu tun?

Ja sicher, Sizilien hat mich geprägt. Aber neben dieser Liebe zur Archäologie habe ich mich, in meiner Jugend vor allem, auch sehr für die Medizin interessiert und natürlich bis heute für die Musik. Alle drei Disziplinen, Wissenschaften, Künste graben den Menschen aus. In der Medizin habe ich mich ohnehin für die psychoanalytischen und psychologischen Aspekte am meisten interessiert, die so etwas wie Menschenarchäologie bedeuten. In der Archäologie gräbt man schließlich alte Kulturen aus, die Werte vermitteln, die uns heute verlorengegangen sind. Mich interessiert in allem vor allem das, was Nietzsche, mein Lieblingsphilosoph, das vorrationale System nennt, ein System, das nicht irrational ist, sondern arational. Und das ist ein ganz wichtiges Element, das auch in der Musik vieles erschließt, zumal heute. Das hat Nietzsche ganz klar vorausgesehen. Ich habe mich viele Jahre mit dieser unglaublichen Persönlichkeit auseinandergesetzt.

Ist das Vorrationale der Schlüssel Ihres Zugangs zur Oper?

Ich glaube, alle Opern, die ich dirigiere – und ich dirigiere nicht alles – haben einen roten Faden, den ich den roten Faden des kulturellen Gedächtnisses Europa nenne. Ich denke jetzt natürlich in erster Linie an die Opern von Richard Strauss und an die Texte von Hugo von Hofmannsthal oder an die Wiener Schule, natürlich auch an ›Wozzeck‹, an ›Lulu‹. Das sind alles Stücke, die wegführen von dem gemütlichen rationalen System.

Auch wenn Sie jetzt nur diese Komponisten genannt haben: Darf man dennoch sagen, daß das Spannungsfeld, in dem Sie sich bewegen, zwischen Giuseppe Verdi, Richard Wagner und Richard Strauss liegt?

Verdi war meine Jugend, mein Anfang. Das war vor allem ein affektiver Aspekt meiner Grundkultur. Aber von meinem 15. Lebensjahr an ist meine Grundkultur die deutsche Kultur geworden. Und dann konzentrierte sich mein hauptsächliches Arbeitsgebiet auf Richard Wagner, die Strauss-Oper und auf die Wiener Schule. Und dann kam natürlich Puccini hinzu als ein bürgerlicher Aspekt der italienischen Dekadenz. Auch bei Verdi gibt es natürlich Werke, die ich jetzt vielleicht nicht dirigieren würde, aber eine neue Beschäftigung mit Verdi wird wiederkommen. Mit ›Maskenball‹, ›Don Carlos‹ und ›Falstaff‹ werde ich mich eines Tages erneut auseinandersetzen.

Das kann man nur hoffen angesichts der vorherrschenden Verdi-Verhunzung in Deutschland.

Sie haben recht, gute Verdi-Aufführungen sind sehr selten geworden hierzulande. Der allgemein vorherrschende Verdi-Geschmack entspricht Verdis Absichten überhaupt nicht. Insofern darf ich wohl sagen, daß wir drei Italiener, Claudio Abbado, Riccardo Muti und ich, ein vom Gängigen abweichendes Verdi-Bild haben und ihn anders dirigieren als die anderen. Ich hatte das Glück, in meiner Berliner und Wiener Zeit einen Verdi der anderen Art präsentieren zu können und die Häuser, das Publikum und auch die Kritik haben das mitgemacht und zu schätzen gewußt. Aber das ist mehr als zwanzig Jahre her. An den meisten Häusern ist Verdi gewöhnlich, um nicht zu sagen banal. Es gibt nur Routineaufführungen, man versteht Verdi nicht, aber man versteht auch Donizetti und Bellini nicht. Und alle werden gleich routiniert herunterdirigiert. So wie Fritz Busch in Dresden eine Verdi-Renaissance einläutete, schwebt mir das auch in Zukunft für Dresden noch einmal vor, anknüpfend an meinen Berliner Verdi.

Nun ist natürlich das Problem Verdi auch ein Sängerproblem. Wo kriegt man die Sänger her, die ihn singen können. Belcanto ist ja für viele jungen Sänger fast ein Fremdwort heutzutage. Es gibt beispielsweise nur noch wenige Tenöre, die mit Technik, Ausdruck und Geschmack eines Lauri Volpi, Gigli oder Bergonzi zu singen verstehen.

Das größte Problem neben dirigentischer Routine ist wirklich diese schlampige Angewohnheit vieler Sänger, die glauben, machen zu dürfen, was sie wollen. Abgesehen von der Mailänder Scala, wo es eine präzise Tradition gibt, die Abbado und Muti fortgesetzt haben. Die Sänger erlauben sich bei Verdi Freiheiten, die bei Wagner oder bei Strauss nicht denkbar wären. Verdi singen heißt zunächst einmal handwerklich, technisch, stilistisch eine präzise, kenntnisreiche Schule des Singens zu durchlaufen und dann Disziplin und Geschmack walten zu lassen. Aber schon der heutige sängerische Jet-Set verschleißt die Gesangskultur und macht jede Verdi-Aufführung zum Problem. Gute Sänger beschränken sich nicht mehr. Sie wollen alles singen, auch Repertoire, für das ihre Stim-

me nicht geeignet ist. Ich will keine Namen nennen. Jeder weiß, welche heutigen Sänger daran kaputtgegangen sind, weil sie das falsche Repertoire gesungen haben. Heute italienisches Fach angemessen zu besetzen, ist enorm schwierig. Deshalb dirigiere ich ja seit einigen Jahren keinen Verdi mehr.

Wobei es natürlich – Hand aufs Herz – auch bei Wagner das Problem ist, daß man ihn eigentlich nur noch selten angemessen besetzen kann. Die meisten hochdramatischen Sängerinnen und Heldentenöre, die keine mehr sind, schreien heutzutage. Wenn man sich aber historische Aufnahmen anhört oder Wagners unmißverständliche Äußerungen übers Singen liest, ist Schreien verpönt. Es ging und geht um Wortverständlichkeit bei Wagner!

Ja, das ist ein grundsätzliches Problem, das ich aber mit einigen Sängern lange besprochen habe, Sängern, die das Thema ernstnehmen und sehr engagiert angehen. Ich glaube, es gibt Sänger, die daran interessiert sind, den echten Wagnergesangsstil wiederherzustellen. Jedenfalls bin ich überzeugt, daß man es versuchen kann. Ich glaube übrigens, daß die Sänger des deutschen Faches intelligenter sind, weil sie sich mehr mit der Materie beschäftigen, die Reflexion und Interpretation, Hinterfragung und gedankliche Auseinandersetzuung jenseits der Noten verlangt. Ich habe ja als Vorbereitung für Bayreuth mit vielen

Sängern intensiv gearbeitet in dieser Hinsicht, und ich habe sehr schöne Erfahrungen dabei gemacht. Womit ich sagen will, daß man optimistischer sein darf beim deutschen als beim italienischen Fach. Dort sehe ich viel größere Probleme.

Und das aus einem Munde eines Italieners!

Ich bin zwar von Geburt Italiener, aber was bedeutet es für mich eigentlich? Es ist doch nur ein Teil von mir. Auch in der Archäologie bin ich kein Spezialist für italienische Archäologie, sondern viel mehr an Ägypten interessiert. Italien ist natürlich ein wunderschönes Land mit einem fabelhaften Klima, zugegeben. Aber meine Sozialisation habe ich in Deutschland erlebt. Wien und Berlin sind meine kulturellen Hauptbildungsstätten gewesen. Mit Italien verbindet mich vor allem die Sehnsucht nach dem Klima, die Sehnsucht nach dem Archaischen im Süden Italiens, aber arbeiten könnte ich dort nicht! Allenfalls vielleicht an der Scala. Aber dort ist kein Platz für mich, und später bin ich für sie zu alt.

Haben Sie Ihre jüngsten Erfahrungen in Rom derart deprimiert?

Schauen Sie mal, man hat mich gebeten, die Römische Oper, die soviel kostet wie die Wiener Staatsoper, aber nur einen Bruchteil der Leistung erbringt – man spielt nur 65 Abende, und das für 100 Millionen – zu reformieren, wieder auf Vordermann zu bringen und auf europäisches Niveau. Eine Vorstellung kostet in Rom Millionen. Das Haus ist den größten Teil des Jahres geschlossen. Ich habe es immerhin geschafft, mit Hilfe eines guten Verwaltungsmannes die Defizite auszubügeln. Aber das Haus hat eine Bühnentechnik, die so altmodisch ist, daß man 4 Tage braucht, um von einem ›Fidelio‹ zu einer ›Aida‹ zu kommen. Man müßte das Haus teilen in zwei Spielstätten, so wie Volksoper und Staatsoper in Wien. Ich habe dafür sogar ein privates Orchester etabliert, mit privatem Geld, das 70 Abende zur Verfügung gestanden hätte, ein Weltorchester mit den besten Musikern aus London, aus Österreich und aus Deutschland. Aber die Gewerkschaft hat sich quergestellt. Und dann hab ich gesagt: liebe Freunde, dann eben nicht! Die Gewerkschaft ist in Italien so stark, daß sie in der Oper alles Innovative und Künstlerische blockiert. Und die Politik hat das eigentlich nicht mehr unter Kontrolle. Man kann in Italien nicht arbeiten. Vielleicht muß bei den Kulturpolitikern in Rom erstmal eine Mrs. Thatcher auf der Tisch hauen. Dann kann man in 20 Jahren eventuell was machen, aber dafür bin ich dann zu alt.

Nun sind hierzulande die Opernzustände auch nicht rosig. Auch bei uns blockieren die verschiedenen Tarifsysteme die Leistungsfähigkeit, vor allem an den großen ›Opernmaschinen‹, die immer träger werden. Nur in der Provinz, an den kleineren Häusern kleben die Beschäftigten nicht so an den Dienstplänen und Tarifvorschriften bzw. -Forderungen und leisten aus Idealismus mehr, als sie müßten, was dem künstlerischen Output natürlich zugutekommt.

Wissen Sie, ich habe damals, als ich in Dresden vor 10 Jahren angefangen habe, ganz klare Forderungen in meinen Verhandlungen gestellt, daß man beispielsweise die Tarifverträge ändern müsse. Dafür hatten wir zum Beispiel bei der Ersatzkapelle Honorare für Dirigenten und für Sänger radikal gekürzt, ich habe übrigens bei meinen eigenen Honoraren damit angefangen. So haben wir vom Ministerium nicht mehr Geld verlangen müssen und haben die Tarifverträge in Ordnung gebracht. Hier sind das Orchester und der Chor bei 87 Prozent inzwischen, und stehen viel besser da, als andere Opernhäuser im Osten. Ich verstehe ja, daß die Ministerien nicht unbegrenzt Geld zur Verfügung stellen können, um so mehr muß man eigene Ideen entwickeln und Strategien schaffen, mit denen man an Geld von außen herankommt. Ob mit präziser Organisation von Tourneen, mit verfeinerter Mitwirkung von Agenturen oder wie auch immer. Man muß ein System finden, das Geld woanders wiederzufinden, das einem die Kulturpolitiker vorenthalten. Wir müssen auch daran denken, unsere Gagen nicht immer weiter in die Höhe zu treiben; auch das ist eine Möglichkeit, ohne damit meine Kollegen irgendwie angreifen zu wollen.

Sie haben vorhin gesagt, Sie glauben, daß die Sänger des deutschen Fachs intelligenter sind als die des italienischen. Das finde ich gewagt, wenn auch originell, aber natürlich ein bißchen polemisch. Ich nehme an, so war es auch gemeint. Um diese Polemik aufzugreifen: kann das damit zu tun haben, daß es im deutschen Fach, also bei den deutschen Komponisten wie Wagner oder Strauss, im Gegensatz zu Verdi beispielsweise, mehr um eine Dynamik der Existenzprobleme als der Affekte geht?

Absolut! Was ist denn der Unterschied zwischen italienischer und deutscher Oper? Die italienische Oper ist extensiv und expressiv und die deutsche Oper ist intensiv und impressiv. Auch bei den Melodien. Eine Bellini-Melodie oder eine Verdi-Melodie ist nicht mehr wert als eine Strauss-Melodie oder eine Wagner-Melodie. Aber die Natur dieser Melodie ist vollkommen unterschiedlich. Und diese intensiven, impressiven Melodien, die sind das, was Nietzsche visionär und scheinbar destruktiv, aber im Endeffekt konstruktiv damit meint, wenn er die Deutschen abgestempelt hat mit dem Wort ›Tiefe‹. Aber eigentlich ist diese Tiefe eine grundsätzliche Möglichkeit, sich mit existenziellen Problemen zu befassen. Das macht natürlich die Texte und die Musik von Wagner und Strauss aus. Das macht auch die Texte und die Musik von ›Lulu‹ und ›Wozzeck‹ aus. Ich meine das übrigens nicht persönlich, daß ein Herr X aus dem deutschen Fach intelligenter ist als der Herr Y aus dem italienischen. Es gibt ja Ausnahmen, Sänger, die weit über das Fach hinaus, das sie bevorzugt singen, sängerische Intelligenz zeigen, etwa Placido Domingo, Renato Bruson oder Mirella Freni, Sänger von unglaublichem Niveau. Aber die deutschen Sänger sind mehr als die italienischen verpflichtet, sich mit inneren Aspekten der Existenz auseinanderzusetzen. Das bedingt natürlich eine andere Art zu singen. Belcanto ist ja nicht nur das Gutsingen, sondern verlangt auch eine Art von Weltanschauung, die eher extensiv bleibt.

Darüber könnte man lange reden: Was ist das Kreativere, was ist das Ursprünglichere ...
Da kann man sofort antworten: Was ist nützlicher, gesund oder krank zu sein? Was ist für die anderen Menschen nützlicher? Daß gesunde Menschen singen und komponieren oder daß wir singende Menschen haben, die innere Katastrophen ausdrücken und zwar die, die jeder in sich hat, so daß sich jeder angesprochen fühlt?

Damit kommen wir zur grundsätzlichen Frage: Was ist Oper überhaupt? Wenn man davon ausgeht, wie Sie das mal gesagt haben, daß Oper ein Refugium des Mythos ist oder der letzte Rest oder Ersatz für den verlorengegangenen Mythos, dann wären es doch die einfachen Dinge, die archaischen Situationen, die archaischen Konflikte, die die Oper ausmachen.
Man kann das so sagen. Was hat der Mythos eigentlich für eine Funktion gehabt, muß man sich doch fragen. Der antike Mythos war eine Erzählung, die notwendige Aspekte der Existenz aufbewahrte. Die lernte man auswendig und das war ein Vorteil, und zwar deshalb, weil es nicht notwendig war, das Aufschreiben zu erfinden. In der griechischen Kultur war der Mythos einfach ein Moment des Gedächtnisses, das erinnern und tragen musste. Ich spreche von der Archaik. Wo ist der Mythos heute gelandet? Nietzsche analysiert das in der ›Geburt der Tragödie‹ sehr gut, wenn auch eigenwillig. Der Mythos ist in den Tragödien gelandet. Und da ist er geblieben. Auf ähnliche Weise, können wir heute sagen, ist dieser Aspekt der Aufbewahrung der Affekte oder innerer Problematiken ein ganz wichtiges Element der Oper, die auch eine Ritualität hat. Ritualität ist ein ganz wichtiger Aspekt des Mythos. Und eben der Oper. Was ist Ritus im Vergleich zu Mythos? Ritus ist die Wiederholung des Mythos in fortschreitender Zeit. Die Oper hat mehrere Aspekte einer Ritualität, die wiederholt wird, die gewissermaßen in einem Tempel stattfindet und in einer bestimmten Zeit anfängt ...

... und die Konflikte sind eigentlich auch immer die gleichen ...
Ja, Oper ist eigentlich ein typischer Aspekt der Aufbewahrung der Mythologie als Aufbewahrung menschlicher Konfliktualität.

Vielleicht der wichtigste Aspekt von Oper?

Zumal in einer politisierten Welt, die durch die Globalisierung ideologische Konflikte abbaut. Heute gibt es kaum mehr ideologische Konflikte. Die großen Ideologien sind nicht mehr da, der Kommunismus und, ein besonders komplizierter Fall, das Christentum. Die Religionssysteme sind weitgehend zusammengebrochen. Auch die präzisen ideologischen Systeme. Dafür gibt es mehr ökonomische, wirtschaftliche Konflikte; Konflikte der Globalisierung.

Aber im Rahmen dieser Kommerzialisierung dieses Lebens, die Sie ja grade angesprochen haben, mutiert natürlich das Phänomen Oper zunehmend zum Event. Das war Oper ursprünglich nicht, Teil einer Eventkultur.

Dagegen kämpfe ich ja an. Man hat mir immer wieder solche Events angeboten, ich habe sie immer zurückgewiesen. Eine Oper zu machen in einem Stadion mit zehntausend Leuten und mit Lautsprechern und mit TV-Vermarktung, um Millionen zu erreichen und zu verdienen, ist meine Sache nicht. Man kann durchaus, ein Mal pro Jahr, wie wir das auch in Dresden machen, so ein Open Air-Sommerkonzert vor der Oper veranstalten, mit populären Evergreens, aber das muß immer ein Konzept haben und eine präzise Zielrichtung. Für ein Event nur um des Events willen bin ich nicht zu haben. Ich habe alle Angebote, die in diese Richtung gingen, immer abgelehnt. Auch wenn ich mich damit gegen eine steigende Tendenz fast schon anachronistisch oder altmodisch wehre. Aber man muß sich dagegen wehren. Man muß die von mir schon erwähnte Ritualität aufbewahren, besonders heute. Man muß gegen die Globalisierung angehen und die Aufbewahrung der europäischen Kultur unterstützen. Damit die Globalisierung die Unterschiede nicht vollends verwischt und und eliminiert. Sie liquidiert ja geradezu das nationale kulturelle Gedächtnis. Und wenn ich das sage, hat das nichts zu tun mit Nationalismus. Das ist ganz etwas anderes. Und wir erfahren ja, daß eben durch die Globalisierung neue Nationalismen aufkommen. Man sollte nie vergessen, daß das Nationalgedächtnis, ich meine nur das kulturelle nationale Gedächtnis, unendlich wichtig ist, weil eine Nation ein Raum ist, in dem sich unter bestimmten Bedingungen eine ganz präzise Art von Weltanschauung entwickelt, und diese Weltanschauung ist in Deutschland eine andere als in Südafrika oder in Italien oder Frankreich. Und das ist doch schön, wenn die Menschen diese verschiedenen Kulturen miteinander vergleichen können. Wenn die Blue Jeans von Levis, die in den USA auf eine präzise Art und Weise der Verarbeitung von Stoffen, von Farbe u.s.w. hergestellt werden, wenn die in Thailand, Italien und Belgien fabriziert werden, sind sie auch nicht anders. Das ist in der Kultur, in der Musik ebenso.

Jeder dirigiert überall und alles, aber es wird dadurch alles gleich, austauschbar, verwechselbar.

Musik als eine besondere Funktion der Aufbewahrung des kulturellen Gedächtnisses, das ist, mit Verlaub gesagt, eine Auffassung, aus der man den Ärchäologen in Ihnen durchhört. A propos: Sie sind besonders an ägyptischer Archäologie interessiert, wie Sie schon gesagt haben, wann werden Sie wieder graben?

Ich habe mit Begeisterung in Luxor gegraben, aber im Moment muß ich mich auf den ›Ring‹ in Bayreuth konzentrieren, danach will ich meine Doktorarbeit in Archäologie diskutieren, die Doktorarbeit habe ich schon fertig geschrieben, auch meine Prüfungen sind alle absolviert. Und dann möchte ich eigentlich einige Jahre pausieren als Dirigent, um mich ganz der Archäologie und der Grabungsarbeit zu widmen.

In Wagners ›Ring‹ kann man ja auch archäologisch tätig werden.

Allerdings, aber der ›Ring‹ beschäftigt einen im Grunde doch ein ganzes Leben lang. Man kann den ›Ring‹ unter mythologischen, strukturellen, Lorenz- und Freud-Aspekten betrachten. Die psychologischen und psychoanalytischen Aspekte sind unglaublich reichhaltig in diesem Werk. Ich habe wirklich den Mut gehabt, vor einigen Jahren den ganzen Freud zu lesen. Als ich den ›Ring‹ das erste Mal vor 14 Jahren dirigiert habe, habe ich festgestellt, daß Freud nur eine kleine klinische Abteilung des psychoanalytischen Systems Wagners ist.

Diese Lust am Aufspüren der anthropologischen, der psychologischen, vielleicht auch neuropathologischen Strukturen in der Oper, ist das ein Erbteil Ihrer Ärzteausbildung?

Irgendwie vielleicht schon. Aber ich glaube, daß jeder von uns seine Geschichte hat und Teil einer übergeordneten Geschichte ist. Worauf es ankommt: daß man seine eigene, persönliche Geschichte versteht als Schichtung, denn alles ist doch eigentlich ein Resultat von sich überlagernden Schichten. Ich mache Musik, weil ich ein Mensch bin, der auf eine besondere Weise geschichtet ist, das ist meine individuelle Geschichte, und meine Schichten berühren sich mit den Schichten, die in der Musik hörbar sind, die ich dirigiere. Natürlich beschäftige ich mich auch mit anderen Dingen. Mit Archäologie, Literatur, Psychologie. Aber ich will mich nicht verzetteln. Meine Interessen machen einen präzisen Bereich aus. Ich versuche, mich so wenig als möglich beeinflussen zu lassen von anderen Systemen. Ich schaue zum Beispiel fast nie Fernsehen und ich lese auch nur ganz wenig Zeitung. Das raubt einem doch Stunden am Tag, die man für Wichtigeres verwenden kann und muß. Ich glaube daß jeder Aspekt sich im anderen spiegelt. Die Qualität und die Affinität eines Textes, einer Musik, einer Dramaturgie für mich ergibt sich aus diesen Spiegelungen, aus dieser Überlappung von gemeinsamen Schichten. Natürlich verrät sich darin meine Neigung zur Menschenanalyse.

Aber besteht nicht das Problem darin, um in ihrem Vokabular zu reden, daß ein Komponist möglicherweise völlig anders geschichtet ist als der Dirigent? So genau kennt man beispielsweise das Innenleben von Puccini nicht, obwohl man vieles von ihm weiß, vieles von seinen psychischen und erotischen Obsessionen, die sich ja auch in seinem Werk manifestieren. Wenn Sie nun Puccini dirigieren, sind Sie aber nicht Puccini. Ist es nun Ihr Anspruch, sich sozusagen archäologisch in das Seelenleben Puccinis einzugraben, oder wollen Sie vielmehr Ihre Seele in dieser Musik spiegeln?

Es ist für mich ganz einfach, ich frage mich, was ist die Brücke, die ich zu dieser Puccini-Welt habe. Oder was geht es mich an, heute Giordano Bruno wieder zu lesen. Natürlich, wenn ich so einen Text lese, ist er schon als Dokumentation interessant, aber vielleicht nicht für mich! Zeit und Leben verkürzen sich doch zunehmend. Insofern sind bloße historische Dokumente für mich nicht mehr so interessant. Aber wenn ich dann lese, was Bruno über Begriffe wie Materie oder Leben schreibt, dann öffnen sich mir plötzlich unheimlich viele Aspekte, und dann beschäftige ich mich ganz intensiv in dieser Materie. Das gleiche ist es, wenn ich eine Oper mache, wenn ich einen Puccini dirigiere. Es ist natürlich interessant, gewisse biographische, entstehungsgeschichtliche Hintergründe zu kennen, beispielsweise zu wissen, daß Puccini, als er diese Oper geschrieben hat, eine bestimmte Beziehung zu einer gewissen Frau hatte oder einen Konflikt mit einem bestimmten Mann austrug. Und dennoch ist es total unwichtig für mich. Was dagegen wahnsinnig wichtig für mich ist, in diesem Moment des Dirigierens zu wissen, was ist das eigentlich für eine tiefere Sensibilität, was für eine psychologische Problematik, um die es in diesem Werk geht. Diese klein-bürgerliche Seelen-Problematik, die bei Puccini im Mittelpunkt steht, verbindet ihn beispielsweise mit Richard Strauss. Trotz aller Unterschiede in den Opern und ihren Libretti gibt es starke Parallelen. Nicht umsonst hassen die Leute Strauss, die auch Puccini hassen. Und die, die Puccini lieben, lieben auch Strauss. Das sind auf der Bühne zwei vollkommen verschiedene Welten, aber die Parallele der inneren Systeme ist da. Es gibt einen bürgerlichen Aspekt, der von Hofmannsthal bei Strauss gerettet und verklärt wird. Und von unten drückt das Sezessionsproblem dagegen. Aus dieser Einsicht heraus konzipiere ich einen bestimmten Klang, analysiere ich die musikalische Struktur, die bei Strauss wie Puccini vollkommen übersinnlich und überorganisiert ist. Das sind die Aspekte, die mich in erster Linie faszinieren.

Was mich an Strauss und Hofmannsthal reizt, ist der Widerspruch zwischen Kompo-

nist und Librettist. Hofmannstal war ja viel intelligenter als Strauss, der – bei aller Bewunderung für ihn – doch in seiner bajuwarisch-musikantischen Naivität nicht immer verstanden hat, was Hofmannsthal meinte. Gerade die daraus erwachsende Spannung finde ich so interessant.

Es gibt einen aufschlußreichen Brief von Hofmannsthal an Strauss, Sie kennen ihn sicher, wo er sagt: Lieber Freund, Ihr Vorteil und Ihr Nachteil ist Ihre Ignoranz. Das ist doch klar und deutlich, nicht? Die beiden waren zwei grundverschiedene Menschen. Strauss hat ganz sicher manche Schlüsselpunkte in Hofmannsthal Art zu denken nicht verstanden.

Der ›Rosenkavalier‹ ist ja ein eklatantes Beispiel. Die Hofmannsthalsche Gesellschaftskomödie und die Straussche Musik widersprechen sich geradezu.

Auch wenn man den Verwandlungsprozeß betrachtet, der ein typischer, ein wichtiger Aspekt von Hofmannsthal Denken ist, etwa in der ›Frau ohne Schatten‹ oder auch in der ›Ariadne‹, den hat Strauss zwar irgendwie bewältigt und in Musik umgesetzt, aber es bleibt doch manchmal ein ungelüftetes Geheimnis, ein Unbehagen übrig. Es gibt Momente, wo ich den Text von Hofmannsthal vor mir habe, und dann denke ich: Die Musik von Strauss paßt wunderbar dazu. Dann wieder denke ich: Es ist eigentlich alles viel naiver und funktioneller und nur szenisch gedacht bei Strauss.

Aber dieses Unbehagen haben Sie ja beispielsweise in ihrer fulminanten Berliner ›Arabella‹ geradezu dirigiert in der Ironisierung des Walzers. Das scheint mir ohnehin das größte Problem bei Strauss zu sein, daß er oft falsch verstanden, also auch falsch dirigiert wird. Hat Sie eigentlich, nebenbei gefragt, nie gestört, daß Strauss sich im Dritten Reich nicht eben rühmlich verhalten hat? Strauss war doch, wie wir heute wissen, opportunistisch und ignorant bis zum Unerträglichen. Können Sie vor diesem Hintergrundwissen die unbestreitbare Schönheit seiner Musik ohne Bauchgrimmen ›schön‹ finden und als ›schöne‹ Musik dirigieren?

Es gibt natürlich bei Strauss manche Aspekte, die darf man nicht ignorieren und nicht unterschätzen, aber er ist kein einfacher Fall von Nazi-Mitläufer. Denken Sie an den Fall ›Schweigsame Frau‹ oder ›Friedenstag‹. ›Friedenstag‹ ist eine Oper, die ich aufgenommen habe, weil ich sie für ein sehr interessantes Stück halte. Es gibt Briefe über die Entstehung der Dramaturgie des ›Friedenstags‹, die Stefan Zweig vollkommen und in jedem Detail festgelegt hatte. Das wurde aber von Stefan Zweig nicht mehr weiter verfolgt und mit Strauss realisiert nach dem Fall ›Schweigsame Frau‹. Da war Strauss übrigens alles andere als ein Opportunist der üblichen Sorte. Er hat ungeachtet des Publikationsverbots jüdischer Autoren trotzdem in Dresden den Namen Stefan Zweigs als

Librettist veröffentlicht. Und er hat einen deutlichen Brief an den ›Führer‹ geschrieben. Der hat nicht geantwortet, sondern ihn wissen lassen, daß er, Strauss, selbst aufpassen müsse, weil sein Sohn eine Jüdin geheiratet habe. Das weiß ich von meinem Lehrer Hans Swarowsky, mit dem mich eine enge Freundschaft verband. Er hat mir viel erzählt, was nicht allgemein bekannt ist, als ich damals in Wien war. Er hat mir übrigens kostenlos dirigentischen Privatunterricht gegeben. Ich hatte damals kein Geld und konnte ihn nicht bezahlen. Aber er hat immer gesagt: Ich brauche kein Geld von Ihnen. Diese Dirigierstunden waren außergewöhnlich. Ich habe natürlich immer meine Partituren mitgebracht. Aber wir haben sie nie aufgeschlagen. Swarowskys Devise lautete: Beim Dirigieren braucht man, wenn das Orchester mitmacht, eigentlich nur bis 1 oder bis 4 zählen zu können. Aber er hat mir wahnsinnig viel erzählt von dieser unglaublichen Zeit des Dritten Reichs, von Strauss, über den ›Friedenstag‹. Joseph Gregor hat zwar die Dramaturgie von Stefan Zweig in Reime gefaßt, aber das Projekt stammt nicht von ihm, sondern von Zweig. Und der Friede ist keine rationale Lösung, sondern eine plötzliche, total arationale. Auf einmal ist der Friede da. Dem liegt im Grunde ein absolut pessimistisches Konzept zugrunde. Daß die Nazis das Stück für sich beanspruchten, hat nichts mit dem eigentlichen Anliegen des Stücks zu tun. Aber ich gebe zu, Richard Strauss war kein Mensch, mit dem ich außer in Sachen Musik etwas zu tun haben wollte. Ich hätte viel lieber andere Leute kennengelernt als ihn!

Ich hätte beispielsweise viel lieber eine Persönlichkeit wie Richard Wagner kennengelernt, oder Gustav Mahler, oder Hugo Wolf.

Also die ganz komplizierten Fälle …

Die existenziellen!

Sie haben vorhin gesagt, wenn Sie etwas dirigieren, dann muß die Musik, die Sie dirigieren, etwas in Ihnen zum Schwingen bringen, was heißt, Sie dirigieren nicht alles, nur das, was Sie persönlich angeht.

Was ich verarbeiten kann. Ich dirigiere nur Opern, die ich persönlich verarbeiten kann, die meine eigenen Probleme, Sehnsüchte, Gefühle behandeln. Natürlich muß man Respekt vor der Musik bewahren und versuchen, sie so rein, so ›werktreu‹ wie möglich zu realisieren, also in dem Sinne, wie sie sich der Komponist gedacht hat, soweit man es ermitteln kann. Aber ich erwarte von einem Dirigenten, daß er mit seinem Intellekt versucht, herauszufinden, was Absicht des Komponisten war. Jeder Künstler muß auch ein Denker sein. Alles andere ist gefühliger Geniekult des neunzehnten Jahrhunderts. Natürlich gibt es jenseits dessen, was man rational ergründen kann, einen doppelten Abgrund in der Kunst. Das ist der Abgrund, der vor dem oder im Werk liegt. Der Komponist trägt ihn in sich oder aus sich heraus und muß ihn in seine Schreibweise übersetzen. Und es gibt einen kosmogonischen Abgrund.

Dennoch gibt es eine Treuepflicht des Dirigenten. Die Musik muß absolut im Sinne des Komponisten realisierbar sein, in einer quantitativen wie qualitativen Texttreue. Und die qualitative Treue, das ist Sympathie. Damit meine ich das Mitleiden mit dem, was man dirigiert. Das persönliche Miterleben des dirigierten Konflikts, das nachempfindende Verarbeiten der Problematik des Stückes. Das Stück muß durch mich hindurch gehen, es muß zum Spiegel meiner eigenen Befindlichkeit werden. Wenn es nicht ganz essentielle Schichten meiner eigenen Innerlichkeit tangiert, werde ich es nicht erfassen können. In diesem Prozeß der ›Interpretation‹ kann natürlich das Tempo bestimmten Schwankungen unterliegen, oder der Klang kann Nuancen annehmen, die nicht notiert sind, die man auch gar nicht notieren kann.

Man kann bei dem, was Sie sagen, den Eindruck gewinnen, Sie wollten einem Subjektivismus das Wort reden und strenge Werktreue als unmöglich erachten. Wobei man sich die Frage stellen darf, ob interpretierende Kunst überhaupt werktreu in strengem Sinne sein kann und muß.

Werktreue ist ein Begriff, der verschiedenen Parametern unterliegt. Es gibt in der Musik einen quantitativen Aspekt. Ein Komponist kann seine Idee fixieren. Aber der Abgrund zwischen Komponist und Werk enthält qualitative Aspekte, die nicht beschrieben werden können. Aber auch mit diesen qualitativen Aspekten, die nicht notiert sind und auch gar nicht beschrieben werden können, hat man sich als Dirigent zu beschäftigen. Natürlich ist ein schnelles Tempo ein schnelles Tempo, da gibt es nichts zu deuten. Das ist ein quantitativer Aspekt, der muß respektiert werden. Die quantitativen Aspekte dürfen nicht veruntreut werden, denn es gibt andere, eben qualitative Aspekte, die sowieso nicht veruntreut sein können, weil sie nicht in die Partitur geschrieben werden können. Es gibt einen fantastischen Brief von Rilke an seine Frau über Cezanne, und in diesem Brief spricht Rilke über die Kunstdinge und er sagt, daß das Erlebnis der Kunst eben darin besteht, so weit zu gehen, wie kein Mensch eigentlich gehen kann oder gegangen ist. Solche Prozesse gehen in guter Kunst und in guter Musik soweit, daß sie nicht mehr einzuordnen sind. Und vor diesem Hintergrund erscheint jeder Objektivismus geradezu primitiv.

Sie haben vorhin das Stichwort Mahler fallen lassen. Was reizt Sie an ihm so sehr, denn Ihr Herz schlägt ja doch mehr für die Oper?

Ich habe Mahler sehr oft dirigiert, obwohl seine Musik eine total andere Welt ist als die, über die wir eben gesprochen haben. Wir sprachen von Strauss und Nietzsche. Mahler kann eher in Verbindung gebracht werden mit einer anderen deutschen Ecke, die mir auch am Herzen liegt, beispielsweise Novalis oder Schelling. Das sind entgegengesetzte Extreme. Mahler ist ein besonderes Extrem, gerade weil er diese Brüchigkeit in sich hat, diesen Aufbruch zur musikalischen Moderne. Das betrifft die formalen Aspekte der Gestalt seiner Musik, das betrifft auch sein Klangmaterial, aber die Grundlage seiner Musik ist viel naiver und eigentlich konservativer als die ideologische Grundlage der Musik von Richard Strauss, die sich auf Nietzsche bezieht. Wenn man auch sagen muß, daß die Beziehung Strauss-Nietzsche komplizierter ist als gemeinhin angenommen wird, auch wenn Strauss im ›Zarathustra‹ und auch in der ›Alpensinfonie‹ Texte von Nietzsche verwendet, sei es als Satzüberschriften, sei es als Idee. Er sprach ja bei der ›Alpensymphonie‹ als von seinem Antichrist. Er hat Nietzsches ›Antichrist‹ gelesen.

Aber Strauss hat Nietzsche wohl nicht wirklich verstanden.

Das sicher nicht, dann hätte er anders gelebt. Aber er hat sich auf jeden Fall in diese Richtung bewegt, auch wenn er nicht alles von Nietzsche kapiert hat.

Jetzt sind wir von Mahler abgekommen.

Mahler ist jemand, der eigentlich in konservativen ideologischen Systemen befangen war. Aber es gibt bei ihm neben dem Text einen Antitext. Mahler ist ziemlich konservativ ideologisch, er hat einen christlichen Zug. Wenn man an die dritte Symphonie denkt, in der er eine Abstufung der Natur im Sinne Athanasius Kirchners postuliert, dann darf man geradezu von einem scholastisch-thomistischen Denksystem Mahlers sprechen. Das ist natürlich so eine Art Übersehnsucht nach dem Christentum aus der Perspektive des Juden.

Und in ihr war er christlicher als der Papst.

Natürlich, und ein totaler Antinietzscheaner und erzkonservativ. Die ideologische Welt Mahlers ist ein endzeitlich optimistisches System.

Reizt Sie das?

Nein. Das nicht, aber der Konflikt, der sich aus diesem Optimismus ergibt, der reizt mich sehr! Es gibt ein posthumes Fragment von Nietzsche, in dem es heißt, der beste Komponist sei der, der über das Erlebnis der größten Freude eine klagende, leidende, traurige Musik schreiben könne. Bei Mahler und bei Schubert ist das, wenn auch je anders, so. Mahler ist ein Komponist, der über die tiefste Schmerzerfahrung eine freudvolle Musik schreibt. Bei Nietzsche war es genau das Gegenteil: alle Lust oder Freude war bei ihm immer an Leid geknüpft.

Taugt das als Modell von Kunstproduktion?

Es gibt Künstler, die aus einer ganz tiefen schmerzlichen Erfahrung des Lebens heraus eine positive Sehnsucht, Illusion, Utopie kreieren, die nach oben blickt.

Das ist ja ein altes philosophisches Denken über Kunst und ihre kathartische, befreiende Wirkung, das Sie jetzt umschrieben haben. In diesem Sinne könnte man soweit gehen, zu sagen, daß Opera buffa nichts anderes ist als der Versuch, auf die Tragik der Existenz mit einer Illusion, einer Utopie von Komödie zu antworten.

Ja, und damit berühren Sie einen Punkt, der mir sehr wichtig ist: ist Kunst nicht eigentlich immer Maskierung? Was sind die Masken der Kunst? Was verbirgt sich hinter den Masken? Das scheint mir eine Grundfrage aller Kunst seit der Antike. Kunst als Schutzmechanismus, als Form und Gestalt, die nicht identisch sind mit dem Gehalt.

Bestes Beispiel: Rossini. Warum dirigieren Sie keinen Rossini?

Ich kann mental Rossini vollkommen verstehen. Aber seine Maske paßt nicht auf mein Gesicht! Seine Problematik ist wunderbar. Seine Maske ist ein Schutzmechanismus, seine perfekte Ordnung ist aber nur eine scheinbare Ordnung.

Wie seine Musik.

Ja, aber hinter ihr lauert und bewegt sich äußerste Unruhe und Unsicherheit. Auch die Musik von Strauss ist eine Maske. Seine Musik kann man nicht nur mit der rechten Hand dirigieren. Jeder Mensch braucht eine Maske, jeder von uns trägt vor anderen Menschen eine Maske, die schützt, aber gleichzeitig kann sie Aggressivität auslösen. Sie bietet uns in jedem Falle Schutz davor, daß Leute uns ins Gesicht schauen. Sie ist auch ein Schutz in einem aktiven Sinne, der es verbietet, die anderen anzuschauen.

Und in deren Abgrund.

Ja, und das ist heute so, wie es schon früher war. Auch die Globalisierung ist eine Maske. Wir haben heute nicht weniger Probleme als die Menschen früher. Im Gegenteil. Wir leben in einer Zeit, in der psychische Katastrophen viel deutlicher erkannt werden, als wir sie aus der Literatur und Geschichte kennen.

Um auf die Musik zurückzukommen: Das Schöne an der Oper ist, daß Oper, indem sie sich und die Darsteller maskiert und auf die Bühne bringt, die Masken des Lebens herunterreißt. Das Faszinierende an der Oper ist, daß ihre Maskierung zur Demaskierung taugt.

Und wenn diese Demaskierung stattfindet, dann haben wir etwas erreicht. Es ist mir, Gott sei Dank, manchmal gelungen in meinen Opernaufführungen. Ich habe einmal eine Oper dirigiert, und ich sage jetzt nicht, in welcher Stadt, und dann kam nach der Aufführung, es war Winter, auf der Straße eine alte Dame auf mich zu, sie war wie ein kleiner Vogel im Schnee, und sagte: Ich mußte auf

Sie warten. Wieso, habe ich gefragt. Sie antwortete: Ich muß Ihnen sagen, daß ich jetzt nach Hause gehe und mich nach dieser Oper, die ich heute abend gehört habe, nicht mehr allein fühle.

Aristoteles würde sagen, wenn es zu seiner Zeit Oper schon gegeben hätte, das war die Katharsis des Opernerlebnisses.

Exakt!

Aber eine Einschränkung oder Ergänzung müssen Sie noch zugestehen: Dieses Demaskieren hängt doch auch wesentlich vom Regisseur ab. Und der ist nicht selten anderer Meinung als der Dirigent. Es gibt musikalisch fulminante Produktionen, die regieliche Katastrophen sind und umgekehrt. Wie stehen Sie zur Regie?

Ich kann dazu leidgeprüft nur sagen: Es geht am Theater nicht ohne Toleranz gegenüber Regisseuren, sonst ärgert man sich schwarz!

Aber wieweit kann Toleranz gehen und wieweit kann man sie verantworten?

Ja, das ist der entscheidende Punkt. Die Toleranz ist eine Sache, über die man von Fall zu Fall zu entscheiden hat. Aber ich bemühe mich von vornherein um Toleranz und Loyalität bis zum Ende, auch wenn ich vor Wut schon mal schnaube und ganz anderer Meinung bin als ein Regisseur oder Bühnenbildner. Ich bin allerdings der Meinung, daß die Regisseure etwas mehr an die Musik denken sollten! Und das ist nicht naiv und konservativ gemeint, sondern sie müssen eine enger verzahnte Beziehung zwischen der Musik, dem Text und dem Abgrund, von dem ich vorher gesprochen habe, herstellen. Das wichtigste ist, den Abgrund zu überwinden und in die Musik hineinzugehen. Wenn dieser Abgrund nicht überwunden wird und man nicht an die Musik herankommt, dann springt man vom Antitext direkt zur Aufführung, und das ist nicht meine Auffassung einer Umsetzung eines Werks.

Zumal sich manche Regisseure wichtiger nehmen als das Werk.

Eben. Es gibt zwei Abgründe, die man überwinden muß. Der eine ist der zwischen Text und Musik und der andere ist der zwischen dem Text und der Inszenierung. Wenn man den ersten überspringt und direkt vom Text aus an die Aufführung herangeht, dann ist das ein unglaublicher Fehler, denn in der gemeinsamen Schreibweise von Musik und Text ereignen sich die Botschaften dieses komponierenden Menschen. Und das sind für mich die wichtigsten Botschaften: wie ein Text sich durch die Musik verwandeln kann. Aber manche Regisseure kapieren das ja nicht annähernd, weil sie oft von Musik nichts verstehen. Und dann entstehen geradezu paradoxe Inszenierungen, in denen inszenierter Text und Komponist, also Musik, verschiedene Wege gehen. Viele Regisseure bauen ihr Regiekonzept nur auf dem Text auf. Wenn man dazu eine andere Musik schriebe, eine andere Oper meinetwegen, dann wäre ihr Konzept absolut das gleiche. Das ist doch lächerlich, oder nicht? Ein Regiekonzept kann und darf sich nicht nur auf den Text, sondern muß sich auch auf die Musik beziehen. Ich halte das für einen ganz wichtigen Aspekt von Musiktheater. Es ist meine Hauptforderung an alle Opernarbeit.

Georg Solti
Musik findet zuerst im Kopf statt

Sir George, eine der zentralen Gestalten in Ihrem musikalischen Leben ist Richard Wagner. Sie haben ihn früh entdeckt, Sie haben den ersten ›Ring‹ auf Schallplatte eingespielt, bis heute der erfolgreichste...

Ja, das war ein geradezu tollkühnes Unternehmen. Es wurde mir damals immer Übermut vorgeworfen und man prophezeite, bzw. Walter Legge prophezeite damals: Sie werden keine fünfzig Exemplare vom ›Rheingold‹ verkaufen. Der Zar des EMI-Aufnahmeimperiums, Herr Legge, hat sich gründlich geirrt. Ein Grund mehr für mich, der DECCA treu geblieben zu sein. Zu Wagner kam ich schon sehr früh, in meiner Zeit als Korrepetitor an der Budapester Oper kam ich mit seinen wichtigsten Opern in Kontakt. In München, in Frankfurt, London und in Chicago habe ich Wagner dirigiert. Wagner hat mich musikalisch schon immer hingerissen, rein musikalisch, nicht ideologisch. Ihm musikalisch Recht widerfahren zu lassen, ihn so unerhört ernst zu nehmen, wörtlich zu nehmen und dann optimal zu realisieren, ohne Kompromisse, war immer mein Wunsch gewesen. Fern von allem Pathos, korrekt, präzise, aber auch leidenschaftlich, dramatisch, gewissermaßen mit sinfonischem Anspruch. Die politischen, philosophischen und psychologischen Dimensionen Wagners haben mich ebensowenig interessiert wie seine Privatperson als Mensch und (wohl unangenehmer) Zeitgenosse. Ich bin sicher, Wagner wird unabhängig von seiner politischen Bedeutung und seiner Wirkung im Dritten Reich, für die er nicht verantwortlich zu machen ist, als musikalisches Genie alle Anfeindungen überstehen.

Sie haben Wagner von Anfang ihrer Karriere an enorm viel Zeit gewidmet. Dennoch wurde, ganz im Gegensatz zu den meisten Ihrer Kollegen, Ihr Bayreuth-Dirigat 1983 nicht eben die Krönung Ihres erfahrenen und gefeierten Wagner-Dirigierens.

Das kann man wohl sagen. Aber Bayreuth ist auch ungemein problematisch. Akustisch vor allem, wegen dieses Schalldeckels über dem nach unten tief abgestuften Orchestergraben. Das hat Nachteile für alle Werke außer dem ›Parsifal‹. Und das Orchester in Bayreuth ist nicht erstklassig, weil man die guten Musiker nicht bezahlen kann. Dasselbe gilt auch für die Sänger, die ja dort für ein besseres Taschengeld singen. In den fünfziger und sechziger Jahren war das noch anders, da gab es noch ein großes Reservoir an Wagnerstimmen, auch idealistischere Sänger, und es ging noch mehr um die Sache. Ich finde auch, daß die Festspielleitung – im Grunde genommen seit Wielands Tod – der Aufgabe künstlerisch nicht mehr gewachsen ist. Mein größtes Problem in Bayreuth war die Besetzung. Die Sänger ließen mich im Stich, die Tenöre vor allem und der Heldenbariton, der den Wotan zu singen hatte. Es gibt meiner Meinung nach keinen wirklich überzeugenden Heldenbariton mehr, auch keine dramatische Sopranistin, die in der Lage wäre, Brünnhilde adäquat zu singen. Birgit Nilsson war die letzte. Was macht man in Bayreuth, man schummelt sich durch mit stimmlichen Notlösungen. Natürlich kann man das Haus nicht schließen. Man sollte es vielleicht öffnen für andere Komponisten. Der Wagnerismus als Kunstreligion ist ohnehin dumm und geschmacklos. Vielleicht haben sich die Wagner-Festspiele überhaupt überlebt.

Schon Wagner selbst ist ja an seinen ersten Festspielen gescheitert und hat deprimiert die große Diskrepanz zwischen dem, was ihm vorschwebte und der Realität konstatiert. Erst nach seinem Tode wurde das Familienunternehmen rentabel, allerdings auch immer fragwürdiger, weil es sich immer mehr von den Intentionen Wagners entfernte, bis hin zu Winifreds Anbiederung an das Dritte Reich.

Sie haben völlig recht! Die Frage muß heute erlaubt sein, ob so ein verkapptes Familienunternehmen, das sich auf eine Tradition beruft, die noch nie oder immer weniger den Geist Richard Wagners ernst nahm, noch zeitgemäß ist. Zumindest ist dringend frischer Wind in Bayreuth nötig! Da war Salzburg doch immer kosmopolitischer, weltoffener und auch qualitativ von durchweg höherem Standard. Nur daß die Machenschaften im österreichischen Kulturleben in administrativer und politischer Hinsicht oftmals grauenvoll sind.

Denken Sie an Sir John Falstaffs letztes Wort in Verdis ›Weltabschiedswerk‹: ›Tutto nel mondo e burla‹!

Ja, ich weiß schon, warum ›Falstaff‹ meine Lieblingsoper geworden ist, je älter ich wurde. Toscanini hat mir das Wunder ›Falstaff‹ erschlossen, in Salzburg 1937. Es ist eine enorm schwer zu beherrschende Oper, das Ensemble in den schnellen Passagen zusammenhalten zu können verlangt ein Äußerstes.

Aber auch die ›Meistersinger‹ – Wagners demokratischste Oper und ein Plädoyer für das Neue in der Musik – haben Sie mehrfach eingespielt.

Ja, weil meine ›Meistersinger‹-Aufnahme der siebziger Jahre mir – ehrlich gesagt – schon während der Aufnahmesitzungen mißfiel. Ich wollte sie ganz aus dem Geist einer ›Cosí fan tutte‹-Leichtigkeit und Transparenz noch einmal neu

deuten, zumal mit jungen Sängern. Auch das ist übrigens eine Oper, die ich sehr liebe und noch einmal neu aufnahm. Im September 1995 habe ich dann meine ultimativen ›Meistersinger‹ live aufgenommen in Chicago. Und so hoffe ich, auch meinem ›Tristan‹ von 1960 noch einen ganz anderen entgegenzusetzen.

Georg Solti *305*

Damals haben wir die Sänger, sogar Birgit Nilsson, doch zu sehr in den Orchesterklang eingebettet. Das ganze Gegenteil dessen, was man bei der Konkurrenz falsch machte, als Furtwängler die Sänger geradezu ins Mikrofon singen ließ und das Orchester oft undifferenziert im Hintergrund blieb.

Da hatten Sie in John Culshaw, dem Aufnahmeleiter und Produzenten ihrer inzwischen legendären Decca-Aufnahmen, ich denke an den ›Ring‹, an ›Elektra‹ oder ›Salome‹ von Richard Strauss, den idealen Gesinnungsgenossen gefunden, mit dem Sie Musterbeispiele an Transparenz und ausgetüftelter Klangregie im Medium Schallplatte realisieren konnten, weit idealer als in jedem Opernhaus.

Ja, Culshaw war phänomenal. Er verstand mich absolut. Ich bin ja ein architektonischer Dirigent, der alles schon im Kopf hat, bevor er zu den ersten Proben kommt. Ich improvisiere nie, wie Furtwängler oder Knappertsbusch. Ziel des Dirigenten muß es sein, die Ergebnisse seiner monatelangen Partiturstudien im Orchester Klang werden zu lassen. Aber die Utopie muß im Kopf schon vorhanden sein, als exakte Klangvorstellung. Wenn Toscanini einmal zu den Musikern gesagt haben soll ›Ich hasse euch, denn ihr zerstört mir meine Träume‹, ist das zwar etwas übertrieben, aber es trifft den Nagel auf den Kopf. Man hat einen Traum, und den will man verwirklichen. Ob man es schafft, hängt natürlich davon ab, ob man ihn vermitteln kann. Und das kann man nicht lernen. Schlagtechnik, ja, das kann man lernen. Aber das ist nicht alles. Man muß führen können, Klang vorwegnehmen und den Schlag einen Bruchteil einer Sekunde vor dem Orchester geben können. Aber worauf es vor allem ankommt, das ist Phantasie und eine angeborene Begabung, Seelisches, Vorgestelltes, Geträumtes konkret zu vermitteln, wie auch immer. Da hat jeder Dirigent seine Methoden. Ich habe das Dirigieren als Korrepetitor an der Budapester Oper vor allem dadurch gelernt, daß ich großen Dirigenten zuschaute, wie sie es machen: Issay Dobrowen, Fritz Busch, Erich Kleiber, Bruno Walter. Ohne eine solche Schule als Korrepetitor kann man nicht ein guter Operndirigent werden. Später waren die Erfahrungen mit Toscanini bei den Salzburger Festspielen so etwas wie eine Offenbarung für mich. Es war mein Initialerlebnis. Die packende Leidenschaftlichkeit, die Großartigkeit seiner Präzision und die scharfe Klarheit seines Dirigierens haben mich nachhaltig beeindruckt und geprägt. Er war ein Jahrhundertgenie. Aber es bleibt ein Geheimnis, wie man dirigiert und wie man Dirigent wird, warum der eine es kann und der andere nicht. Da gibt es kein Rezept. Eines aber möchte ich noch einmal betonen: Wir Dirigenten dürfen nie vergessen, daß wir den Komponisten dienen müssen, wir sind nicht Schöpfer, sondern nur Interpreten. Gleichwohl ist Dirigieren viel komplizierter, als es sich die meisten Menschen im Publikum vorstellen, die nur einen in der Luft herumfuchtelnden Mann im Frack sehen.

Also ist das pathetische Wort von der ›Magie des Taktstocks‹ nicht ganz unzutreffend?
Überhaupt nicht. Nur, daß der Taktstock ein gefährliches Instrument ist. Ich habe mich schon mehrfach mit ihm verletzt. Man muß aufpassen, wenn man ihn schwingt. Und darf nicht zu viel herumfuchteln. Das hat mir der greise Richard Strauss noch kurz vor seinem Tod geraten. Obwohl er in seiner Jugend selbst furchtbar in der Luft herumgefuchtelt haben muß, wie seine Frau einwarf. Die Begegnung mit Strauss war neben der Begegnung mit Toscanini mein bewegendstes Erlebnis. Was er mir über die richtigen Tempi in seinen Opern sagte, habe ich immer versucht zu beherzigen: immer im normalen Sprachduktus, in der natürlichen Rezitationsgeschwindigkeit dirigieren, nicht schneller und nicht langsamer. Und man sollte als Dirigent immer zwischendurch in den Zuschauerraum gehen, um zu hören, wie es dort klingt. Es klingt nämlich im Orchestergraben völlig anders, als im Zuschauerraum.

Wie sehen Sie die Funktion der Regisseure, die ja im heutigen Opernleben keine unwichtige Rolle spielen?
Ich finde, sie spielen nicht die Rolle, die ihnen zukommt. Noch Anfang dieses Jahrhunderts waren sie stets dem Dirigenten und der Musik untergeordnet. Natürlich mußte frischer Wind auf die Bühne, aber heute geht es oft nur noch um szenische Provokation. Und die Geschmacklosigkeiten und Dummheiten, die sich viele Regisseure heute auf der Bühne erlauben, ärgern und deprimieren mich. Ich verstehe viele Dirigenten nicht, daß sie sich nicht wehren gegen die oft an den Haaren herbeigezogenen Konzeptionen profilierungssüchtiger Regisseure, die sich über die Musik und die Absichten der Komponisten bzw. Librettisten hinwegsetzen. Von der fachlichen Ungebildetheit, ja Unmusikalität so mancher Opernregisseure ganz zu schweigen. Oft werden Inszenierungen nur noch als Schaustücke neuester Technik und sensationeller Aktualisierungsideen goutiert und was im Orchestergraben und in den Kehlen der Sänger passiert, interessiert niemanden mehr. Das ist deprimierend. Der Idealfall ist, wenn Bühnenbildner, Regisseur und Dirigent miteinander kommunizieren und gemeinsam ein Konzept entwickeln und realisieren. Aber dieser Idealfall ist sehr, sehr selten.

Christian Thielemann
Den ›richtigen‹ Weg gibt es nicht

Herr Thielemann, was bedeutet es Ihnen, Generalmusikdirektor der Deutschen Oper Berlin zu sein?

Es ist eine große Freude für mich, zumal ich mit dem Orchester so gut zusammenarbeite und ein so großes Haus natürlich eine Aufgabe ist, die mich reizt. Daß ich mich an diesem Hause wohl fühle, liegt natürlich auch daran, daß ich ja aus Berlin stamme und dort angefangen habe. Ich habe in diesem Hause eigentlich seit meiner Jugend alles kennengelernt und habe in der Deutschen Oper angefangen als Repetitor; insofern ist es ein Zurückkehren an das Haus meines Anfangs. So etwas passiert nicht alle Tage!

Sie haben ja in Ihren Anfängen Herbert Karajan assistiert, nicht?

Ja, in der Zeit, als ich an der Deutschen Oper 1978 als Repetitor anfing. Damals hatte sich ein Kontakt zu Karajan ergeben. Ich pendelte damals zwischen Bismarckstraße und Philharmonie hin und her, wurde auch mal auf eine Konzertreise mitgenommen.

Auch bei Daniel Barenboim haben Sie assistiert.

Ja, der kam damals, um den ›Tristan‹ an der Deutschen Oper zu dirigieren, und da war ich sein Assistent. Er hat mich dann nach Bayreuth und nach Paris mitgenommen, und wir haben wirklich ganz wunderbar miteinander gearbeitet und irgendwann fing es halt an, daß ich woanders auch dirigierte und wie man so sagt, die Karriereleiter des deutschen Kapellmeisters hinaufzusteigen begann. Das war noch zu Mauerzeiten. Ich ging weit weg von Berlin, was mir zu Anfang sehr zu schaffen machte, denn wenn man in Berlin aufgewachsen ist, dann ist das, was einem Berlin bietet, normal und alles andere defizitär. Aber ich habe in den kleineren Häusern natürlich enorm viele Einblicke bekommen ins Metier und ins Repertoire und habe viel gelernt in Gelsenkirchen, in Karlsruhe und in Hannover. Ich bin dann die besagte Leiter immer ein Stückchen höher hinaufgeklettert. Ein ganz entscheidender Markstein meiner Karriere war meine Berufung zum Ersten Kapellmeister in Düsseldorf.

Ihre erste große Position war dann der Generalmusikdirektorposten in Nürnberg.

Ja, das war natürlich eine ganz tolle Geschichte. Ich war damals, wie jeder, glaube ich, auch mal jüngster GMD Deutschlands. Ich war damals eigentlich so richtig glücklich und habe offenbar in meinem jugendlichen Überschwang einige Dinge falsch gemacht. Aber nicht an allem, was man falsch macht, ist man allein schuld. Künstlerisch ist das eine unglaublich erfüllte Zeit gewesen, die Zusammenarbeit mit dem Orchester war einfach wunderschön. Ich habe dann natürlich meine internationale Karriere betrieben, und das hat manchen Leuten in Nürnberg nicht gepaßt. Daraufhin hat man sich also meiner entledigt unter dem Vorwand, ich sei nicht genug anwesend. Ich habe allerdings den Prozeß gegen die Stadt Nürnberg gewonnen, die sich jahrelang weigerte, mich auszuzahlen. Man hat dann im Nachhinein böse Gerüchte in die Welt gesetzt, was an üble Nachrede grenzt, aber das gehört wohl zu dem Beruf. Ich kann nur sagen: Die Arbeit in Nürnberg war sehr lehrreich, ich habe dort mehr gelernt als an jedem anderen Theater.

Stichwort ›gelernt‹: Wo haben Sie gelernt, bei wem haben Sie studiert?

Ich habe eigentlich überhaupt nicht studiert. Ich habe natürlich früh Klavierunterricht gehabt, schon mit fünf Jahren. Prägend war für mich Helmut Roloff in Berlin, dessen Unterricht ich viel verdanke, auch wenn ich damals erst vierzehn war, als er mich unterrichtete, während ich noch in Steglitz aufs humanistische Gymnasium ging. Ich hatte auch Geigen- und Bratschen-Unterricht in der Orchesterakademie der Karajan-Stiftung, bei dem damaligen Solobratscher der Berliner Philharmoniker. Nebenher hatte ich privaten Unterricht am Stern-schen Institut, einem alten, ehrwürdigen Konservatorium. Ich hatte zeitweise fünf verschiedene Musikunterrichte während meiner Schulzeit zu absolvieren. Dementsprechend wenig habe ich für die Schule getan und trotzdem das Abitur mit einem Schnitt von 2,4 gemacht. Wie mir das gelang, weiß ich eigentlich nicht mehr. Durch einen Musiker der Berliner Philharmoniker lernte ich Hans Hilsdorf kennen, der mir erstmals beibrachte, wie man einen Klavierauszug spielt. Herr Hilsdorf war Studienleiter an der Deutschen Oper Berlin und hat dann einen Kontakt zum Dirigenten Heinrich Hollreiser hergestellt. Herr Hollreiser war ja damals so etwas wie ein ständiger Dirigent der Deutschen Oper Berlin. Ich habe ihm vorgespielt und er hat sofort beschlossen, ›den Jungen da‹ an die Deutsche Oper zu holen. Und dann habe ich angefangen als Korrepetitor. Das ergab sich, weil ein anderer Kollege plötzlich aus dem Vertrag aussteigen wollte. Ich hatte gerade das Abitur gemacht, und der Zeitpunkt war günstig. Es gab damals eine große Anzahl von erfahrenen Repetitoren, die der Meinung waren, so einen kleinen Anfänger wie mich verkraften zu können, der noch nicht alles kann. Ja, und so fing alles an. Ich hatte Glück gehabt. Es war alles Zufall. Und Herrn Hilsdorf bin ich bis ans Ende meiner Tage dankbar.

Sie durchliefen also die klassische deutsche Kapellmeister-Laufbahn.

Ja, so ist es, mit allem Schönen, was dazu gehört, der oft wunderbaren Atmosphäre an den kleineren Häusern, mit Ensemblearbeit, intensiven Proben am Klavier und natürlich auch den weniger schönen Eitelkeiten, unerfreulichen Erlebnissen und bösen Vorkommnissen. Aber das alles muß man wohl erfahren, um in diesem Beruf etwas zu werden. Im nachhinein will ich auch eigentlich keine Minute davon missen, auch wenn ich zwischendurch tiefe Täler des Zweifelns durchschritten habe.

Sie haben ja eben erzählt, daß man Ihnen in Nürnberg vorgeworfen hätte, Sie wären zu wenig dagewesen. Das ist ja ein Problem aller Karriere-Dirigenten, daß sie an ihren Stammhäusern zu wenig Zeit haben. Das ist auch an der Deutschen Oper in der Vergangenheit häufig der Fall gewesen bei Ihren Vorgängern, was dann ja auch dazu führte, daß man es hörte beim Orchester. Wie gedenken Sie, hier in Berlin dieses Amt zu verwalten.

Also, ich habe aus den Erfahrungen in Nürnberg gelernt. In Berlin will ich schon die Hälfte des Jahres anwesend sein, was glaube ich, unüblich ist für eine GMD-Position dieser Größe. Und ich bin bereit, mehr Anwesenheit zu zeigen, wenn es not tut. Ich bin jetzt allerdings in der glücklichen Situation, schon auf eine Reihe von internationalen Erfolgen zurückblicken zu können, etwa bei den Wiener Philharmonikern, beim New York Philharmonic, beim Chicago Symphony oder beim Cleveland und beim Philadelphia Orchestra, an der Met, an Covent Garden und in Bologna. Ich will damit sagen: Ich kann mir heute, sagen wir, die Dinge auch ein bißchen einrichten, wie ich es will. Man muß ja immer sehen, daß man auch für das eigene Haus irgendwie international präsent ist. Es hat ja keinen Sinn, wenn der GMD immer nur ›da‹ ist und die Leute sagen: Der ist halt nur hier bei uns.

Herr Thielemann, einer Ihrer unbestreitbaren Favoriten unter den Komponisten ist Richard Strauss.

Ja, aber eigentlich sind alle Komponisten meine Favoriten. Sie werden halt eingeladen zu bestimmten Stücken, wenn Sie mit diesen einen Erfolg gehabt haben. Und dann werden Sie wieder dafür eingeladen. Das liegt in der Natur der Sache. Natürlich, ich will gern gestehen, ich bin von Wagner infiziert worden, von Strauss und Mozart und dieser Art von Repertoire. Allerdings habe ich auch etliches Französische dirigiert. Und vergessen Sie nicht, ich habe meine ersten internationalen Schritte mit Janáček gemacht, mit ›Jenufa‹ in London an Covent Garden. In Genf habe ich mit ›Katja‹ debütiert, in Zürich wieder mit ›Jenufa‹, ich habe das ›Totenhaus‹ dirigiert und ›Die Sache Makropulos‹. Und dann irgendwann kämpft man als junger Dirigent natürlich darum, einmal einen ›Tristan‹ oder die ›Meistersinger‹ zu dirigieren. Und dann sagen Ihnen die Intendanten: Ja, lieber Thielemann, da ist aber noch der ältere Kollege X, Y und Z zuerst dran. Irgendwann erbarmt sich dann endlich ein Intendant und sagt: ja, dem jungen Springer geben wir eine Chance. Der Herr Dr. Ruzicka, inzwischen einer meiner guten Freunde, hat mir meinen ersten ›Tristan‹ in

Hamburg gegeben, wo er Intendant war. Gleich nach der Premiere fiel irgend-ein Kollege aus, und da hat er gesagt: Machen Sie den ›Tristan!‹. Ich war natür-lich völlig begeistert, meinen ersten ›Tristan‹ zu dirigieren. Es ging gut, und dann wurde ich wieder eingeladen. Und dann dirigiert man hier einen Wagner und dort einen Wagner. Welcher junge Dirigent, der auf Wagner aus ist, schlägt mit Ende Zwanzig, Anfang Dreißig den ›Tristan‹ aus, wenn er ihm angeboten wird? Ich jedenfalls konnte nicht nein sagen. Und so hat sich bei mir halt so eine Art von Straße ergeben. An der New Yorker Met bin ich dann eingesprun-gen für Carlos Kleiber, der hatte abgesagt, und ich machte den ›Rosenkavalier‹. Der gelang ganz famos und was passierte: Das nächste Angebot war ›Arabella‹. Ja hätte ich denn da nein sagen sollen? Nee. Sie haben irgendwo einen Erfolg in einem speziellen Repertoire, und schon sind sie der Fachmann dafür und wer-den als solcher gehandelt. In London war es auch nicht anders, ich habe ›Elek-tra‹ gemacht, und dann wurde ich für ›Palestrina‹ eingeladen, die ›Frau ohne Schatten‹ und so weiter. Sie werden sehr schnell in so eine Spezialisierung hin-eingezwängt. Aber ich bin auch auf der anderen Seite der Auffassung, daß man als junger Dirigent nicht zu sehr kreuz und quer durchs Repertoire hoppeln sollte. Man muß als Musiker zwar polyglott sein, aber man muß auch wissen, auf welchem Boden man steht, wo die eigenen Wurzeln sind. Die sind bei mir natürlich, wie man auf italienisch sagt, in dubiamente, im deutschen Reper-toire. Ich bin in Deutschland aufgewachsen, ich bin mit Brahms, Beethoven, Wagner, Richard Strauss und diesen Herrschaften aufgewachsen, das ist einfach so. Das schließt anderes nicht aus. Aber ich bin relativ vorsichtig, wenn es um ein Debüt geht. Als ich das erste mal bei den New York Philharmonic zu Gast war, dirigierte ich immerhin als Debütstück ›Pelléas et Melisande‹ von Schön-berg. Nicht unbedingt ein Repertoirestück. Für mich schon, weil ich es schon x-mal gemacht hatte. In der zweiten Woche dirigierte ich Schumanns Zweite. Mein Debüt beim Chicago Symphony Orchestra machte ich mit Beethovens Fünfter und Sechster. Alle haben gesagt: Das wird ein Himmelfahrtskommando. Das wollen wir doch mal sehen, sagte ich, und es war ein irrer Erfolg. Ich wurde sofort fürs nächste Jahr eingeladen, und ich dirigierte Schumanns Vierte, die Manfred-Ouvertüre und Beethovens Siebente. Dann hieß es: Der kann Klassik dirigieren, dann geben wir ihm das in der nächsten Saison wieder. Und so weiter.

Wie gefällt Ihnen das Etikett: Der Thielemann dirigiert mit Vorliebe deutsches Repertoire.

Das hat sich so ergeben. Ich weiß nicht, warum die Leute das immer so mit Nachdruck betonen. Natürlich, ich bin ja Deutscher, und ich bin mit dem deutschen Repertoire aufgewachsen. Ich finde es idiotisch, das zu negieren, ich fühle mich schließlich in dem Repertoire wohl.

Ihr erstes Stück, das Sie an der Deutschen Oper dirigierten, war die Wiederaufnahme von Pfitzners ›Palestrina‹, auch so ein ›deutsches‹ Stück.

Ja, das habe ich davor zum letzten Male an der Deutschen Oper noch als Organist unten im Graben mitgemacht. Damals hätte ich mir nicht träumen lassen, daß ich wiederkomme, um es zu dirigieren und auch noch als GMD. Dieses Stück liebe ich heiß und innig! Die Kenntnis dieses Stücks verdanke ich übrigens Heinrich Hollreiser. Als er es vor einigen Jahren wieder aufnahm, war ich der Repetitor der Wiederaufnahme. Die Vorspiele gefielen mir so sehr, daß ich sie in der Carnegie-Hall mit dem Philadelphia Orchestra gespielt habe, in Philadelphia natürlich auch, an der Mailänder Scala habe ich sie dirigiert, in Rom in der Accademia di Santa Cecilia, an Covent Garden habe ich ›Palestrina‹ gemacht und natürlich auch in Nürnberg. Dort habe ich ja auch mit ›Palestrina‹ meine GMD-Tätigkeit begonnen. Ich habe ihn inzwischen bei den Berliner Philharmonikern gemacht. Der ›Palestrina‹ ist ein Stück, das mir ungeheuer am Herzen liegt. Ein Stück, mit dem man ja unglaublichen Aufruhr erzeugen kann, wie ich erfahren mußte. Aber ich habe gar keine Bange, mich über das Stück zu unterhalten, da gibt es keinen doppelten Boden und keine Tricks, das ist einfach gute Musik.

Was sind denn so Ihre Pläne an der Deutschen Oper?

Wir brauchen natürlich an diesem Haus ein breit gefächertes Repertoire. Allerdings möchte ich nicht zu sehr im Repertoire ›herumhopsen‹. Natürlich werde ich viel Wagner und Strauß dirigieren, gelegentlich ein zeitgenössisches Werk, ich komme vom deutschen Repertoire her, also werde ich mir mit dem italienischen noch etwas Zeit lassen. Ich habe übrigens sehr viel italienisches Repertoire dirigiert. Wenn Sie anfangen als Dirigent, dirigieren Sie natürlich ›Tosca‹ und ›Traviata‹ und ›Troubadour‹, das habe ich alles hinter mir. Ich bin nur der Auffassung, daß man nicht alle Stile zugleich ›beharken‹ kann. Also, ich werde vor allem Wagnerstücke spielen und Mozart, Mozart und nochmal Mozart, aber das ist auch eine Sängerfrage und da hat man manchmal große Wünsche, aber die lassen sich nicht immer realisieren.

Wie stehen Sie eigentlich dazu, dass man in den drei Berliner Opernhäusern gleichzeitig drei ›Zauberflöten‹, drei ›Meistersinger‹, drei ›Elektras‹ und zwei ›Ringe‹ im Repertoire hat?

Ich finde es schön, verschiedene Aufführungen desselben Stückes zu haben, wenn sie sich sehr unterscheiden. Natürlich sind da die Dirigenten ungeheuer gefordert, wie die Regisseure auch. Aber man sollte sich schon absprechen. Wenn das gelänge, wäre das schönes Neuland in Berlins Opernlandschaft.

Immer wieder werden Ihnen antisemitische Äußerungen vorgeworfen, deutschnationale Töne, rechtslastige Gerüchte machen die Runde. Wie stellen Sie sich zu diesen Vorwürfen und Gerüchten?

Das ist totaler Quatsch. Das ist der größte Mumpitz, den ich jemals gehört habe. Wissen Sie, manche Leute verfügen über eine geradezu blühende Phantasie. Als ich das zum ersten Mal gehört habe, habe ich das eigentlich gar nicht geglaubt. Am Theater wird so viel Mist geredet, um es mal etwas salopp zu sagen, daß ich gedacht habe, naja, das sind so diese üblichen Rohrkrepierer, die über das Privatleben der Leute herziehen. Wir kennen das. Man schenkt dem, weil man ja irgendwie abgebrüht ist am Theater, kein Gehör. Nach einer Weile allerdings mußte ich feststellen, daß da offenbar mehr dahinter steckt, und ich habe mich dann natürlich schon sehr intensiv darum gekümmert, wie einige Leute wohl wissen. Aber wie heißt es: Wer sich verteidigt, klagt sich an. Ich brauche mich gar nicht zu verteidigen. Ich habe das Israel Philharmonic Orchestra dirigiert, und ich gehe mit der Vergangenheit meiner Familie überhaupt nicht hausieren. Ich frage mich nur, wer profitiert davon, daß mir so etwas angehängt wird? Wer hat denn ein Interesse daran, zu behaupten, ich hätte antisemitische Äußerungen getan? Was soll damit bezweckt werden? Und da sind der Spekulationen natürlich viele möglich. Aber das ist ein derart vulgäres Niveau, daß ich mich darauf gar nicht einlassen will. Ich habe mich natürlich um Aufklärung bemüht, habe auch rausbekommen, was dahinter steckt. Ich kann nur allen, die laut über mich gelacht haben, sagen: Leute, paßt auf, daß Euch nicht bei diesem Thema irgendwann das Lachen im Halse stecken bleibt! Gott sei Dank gibt es gegen üble Nachrede und Verleumdung Mittel, um es ganz vorsichtig auszudrücken. Die Wege kann man beschreiten, aber man bleibt die Beweise schuldig. Sie müssen dann irgendwann ein unterschriebenes Dokument vorlegen, in dem erklärt wird, der und der hat das und das gesagt. Aber das gibt's natürlich nicht, und jeder wird sich da tunlichst zurückhalten, denn das ist ja das Wesen der Intrige und des Gerüchtes. Sie kennen diese wunderbare Arie aus dem ›Barbier von Sevilla‹, da wird ein Kanonenschuß aus einem Lüftchen. Und in meinem Falle ist das auch so. Wissen sie, Sie können ja bei einer Verleumdung meist die Urheber nicht ermitteln, die halten sich ja bedeckt. Ich will niemandem etwas unterstellen. Und ich möchte meine Energien lieber für andere Dinge verwenden. Und schon gar nicht werde ich mich veranlaßt sehen, nach dem Motto, nein, nein, nein, ich war's nicht, zu reagieren. Ich habe mich nicht zu verteidigen.

Beispielsweise für die Auswahl der Stücke, die Sie dirigieren, nehme ich an. Nach welchen Kriterien wählen Sie sich Ihre Stücke aus?

Wissen Sie, Bruno Walter wurde einmal gefragt: In welcher Partei sind Sie? Und da hat er so einen süßen Satz gesagt: Ich bin in der musikalischen Partei. Ich wähle ein Stück nur danach aus, ob es Qualität hat, und man kann wohl kaum sagen, daß der ›Palestrina‹ keine Qualität hat. Das ist eines der großen Werke der Literatur. Als ich das Stück in Nürnberg gespielt habe, stach ich in ein Wespennest. Es wurde behauptet, jemand, der Pfitzner gewogen ist, sei auch seinen Ideen gewogen. Ich muß sagen, ich habe mich zu diesem Zeitpunk eigentlich mit Pfitzners Leben nur sehr wenig beschäftigt, weil mich in erster Linie das Stück interessiert hat. Erst als der Protest anhub, habe ich mich dann mit Pfitzner als Person beschäftigt. Bis dahin habe ich von seinen Schriften gegen Schönberg, teilweise beleidigender Natur, nichts gewußt. Es hätte mich übrigens, auch wenn ich vorher davon gewußt hätte, niemals daran gehindert, Pfitzner zu spielen. Ich kann das Pfitzner-Verdikt gar nicht verstehen. Er sei rückwärtsgewandt, konservativ etc. ... das ist doch völliger Quatsch. Man muß doch nur hingucken, was in ›Palestrina‹ eigentlich passiert: Er ist ein Künstler, der von den Mächtigen gezwungen wird, zu schaffen und in den Kerker geworfen wird, um etwas zu tun, was die Machthaber wollen, na, aktueller geht's wohl nicht.

Es gibt andere Beispiele von Komponisten, bei denen das Künstlerische fasziniert, wo die menschliche, persönliche Seite eher abstößt. Bestes Beispiel: Richard Strauss, dessen musikalisches Genie unumstritten ist, dessen Machenschaften im Dritten Reich, wie man spätestens seit Gerhard Splitts Untersuchung weiß, nicht ›ohne‹ waren, wie man so sagt. Es fällt schwer, da immer zu trennen zwischen Werk und Komponist bzw. Zeitgenosse.

Da haben Sie völlig recht, das ist natürlich ein Problem. Aber werden wir jetzt den ›Rosenkavalier‹ nicht spielen aus diesen Gründen? Ich nehme an, wir spielen ihn doch! Was ›Palestrina‹ angeht: Bruno Walter hat als einer meiner Vorgänger hier die Uraufführung dirigiert, und da müssen Sie mal bei Thomas Mann in den ›Betrachtungen eines Unpolitischen‹ nachlesen. Was für eine Hymne auf den Palestrina! Später hat sich Thomas Mann dann mit Pfitzner schwer überworfen. Bruno Walter aber hat noch dem kranken Pfitzner aus dem Exil in den USA geschrieben, wie stolz er sei, der erste ›Palestrina‹-Dirigent gewesen zu sein. Und er hat ihm auch geschrieben, wie begeistert er war, und er hat auch im Exil Pfitzner gespielt. Wir können das Beispiel Wagner anführen, wir können da etliche Beispiele nennen. Ich möchte Beethoven nicht zu nahe treten, aber ob das so ein angenehmer Mensch war, weiß ich auch nicht. Ich finde, wir schütten das Kind gerne mit dem Bade aus. Meine Beurteilung und Wertschätzung von Musik richtet sich nur nach der musikalischen Qualität.

Nun stellt sich Musik, ob sie will oder nicht, immer wieder in den Dienst der Politik. Sie kann politisch mißbraucht werden, sie kann benutzt werden, sie kann sich bewußt in den Dienst einer Politik stellen.

Ja, allerdings.

Ein Stück wie die ›Meistersinger‹ ist, ob im ehemals sozialistischen Ostberlin, im Berlin des Dritten Reiches oder im Berlin der Bundesrepublik Deutschland, als Fest- und Repräsentationsoper immer gut gewesen.

Na klar, aber das liegt im Wesen der Kunst, daß die wirklich guten Kunstwerke auch eine gewisse Ambivalenz haben. Man kann sich über die letzten Textzeilen der Sachs-Ansprache am Schluß der ›Meistersinger‹ sicherlich sehr intensiv unterhalten. Sie sind aus der Zeit ihrer Entstehung heraus natürlich ganz anders zu verstehen als heute, und wir wissen alle, daß man sie auch trefflich so ganz anders im Sinne des Dritten Reiches verstehen kann. Trotzdem ändert es nichts daran, daß die ›Meistersinger‹ eines der genialsten Stücke des Musiktheaters sind, die es überhaupt auf diesem Erdball gibt. Ergo meine ich, daß wir als Musiker auch die Pflicht haben, dem Publikum soviel wie möglich gute Musik zu Gehör zu bringen. Wissen Sie, ich habe gar keine Probleme, über diese Dinge ganz offen zu sprechen. Deswegen habe ich mir natürlich auch die alte Ausgabe von diesen Pfitzner-Schriften, 3 Bände, besorgt. Nicht, daß ich sie komplett gelesen hätte, das ist ja nun wirklich etwas viel verlangt, aber ich hab mich da eingelesen, und ich bin bereit, darüber zu reden. Was ich nicht verstehe, ist eine Pauschalverunglimpfung Pfitzners.

Glauben Sie, daß das Amt eines Generalmusikdirektors, zumal in einer Stadt wie Berlin, auch eine politische Verantwortung einschließt?

In dem Sinne, daß man eine Aufgabe hat, als Musiker ein Repertoire zu verbreitern, ja. Das ist schon politisch. Aber das hat mit auch persönlichem Geschmack zu tun. Das ist wie mit einem Jackett. Wenn ich mir eines kaufe, das grünschwarz gesprenkelt ist, wird unter Umständen jemand, der mir nahesteht sagen, wie konntest Du nur. Mit den Tempi ist es genauso. Sie können als Dirigent ein Stück schneller nehmen oder langsamer. Entscheidend ist, daß wir an einem Haus wie der Deutschen Oper Berlin, einem der großen Häuser der Welt sozusagen, es uns nicht erlauben können, Dinge auszugrenzen aus dem Repertoire. Ich bin dafür, den Theaterdirektor zu verstehen, der sagt: Wer vieles bringt, wird vielen etwas bringen. Ich bin ein Gegner, wirklich ein erklärter Gegner von jeglicher Eindimensionalität. Und das betrifft auch die Regie. Sie müssen den Mut haben zur großen Geste, die manchmal in einen Aufruhr bzw. Skandal münden kann. So ein großes Haus hat eine Linie, das ist völlig klar, sonst ist es ein Gemischtwarenladen. Es hat aber auch, wenn es so groß ist wie die Deutsche Oper Berlin, die Möglichkeit, verschiedene Publikumsschichten anzusprechen. Ich habe da überhaupt keine ideologischen oder sonstige Schranken. Wir leben in einer Zeit, die eigentlich frei von Ideologien ist, und wir wollen dazu beitragen, daß Ideologien und Ausgrenzungen sowenig wie möglich Chancen haben durch das breite, weltoffene Repertoire. Wir wollen auch gegen Tabus antreten. Wir haben, und das ist wirklich Politik des Theaters, wir haben die Aufgabe, für die Subventionen und für die Steuergelder, die wir kriegen, dem Publikum auch ein breites Repertoire anzubieten. Es gibt nichts Schlimmeres als ideologisch geprägtes Theater. Gottlob haben wir das hinter uns!

Es ist bekannt, daß Sie Wilhelm Furtwängler sehr verehren. Er hat immer gesagt, es gibt nur eine Lesart von Musik. Ist das auch Ihre Meinung?

Furtwängler, den ich verehre wie kaum einen anderen, obwohl ich ihn ja leider nicht mehr live gehört habe, ist wahrscheinlich ein ganz schlechter Zeuge für diese Behauptung von der einen Lesart. Hören Sie sich mal die dritte Sinfonie von Beethoven an in Einspielungen von Bruno Walter, Erich Kleiber, von Mengelberg, von Furtwängler und von Toscanini, dann haben Sie fünf grundverschiedene Lesarten. Ich finde es toll, wenn sich die Dirigenten so krass unterscheiden voneinander. Den richtigen Weg, den gibt es nicht.

Ihr Weg – um das Wort aufzugreifen – hat vielleicht nicht von Anfang an bei Wagner begonnen, aber er hat zu Wagner geführt und nach Bayreuth, wo Sie die als größte Zukunftshoffnung gelten.

Ich war immer scharf auf Wagner und darauf aus, Wagner dirigieren zu dürfen. Man muß mir verzeihen, wenn ich die ›Tristan‹-Partitur manchem zeitgenössischen Stück vorziehe, sie besitzt für mich eine derart magische Anziehungskraft! Was mich an der generellen Rezeption bei uns in Deutschland allerdings ein bißchen stört ist, daß soviel politisiert wird und Leuten mit einem gewissen Repertoire so dies und das unterstellt wird.

Politische Bedenken oder politische Aspekte der Reflektion sind für Sie als Dirigent also nicht so wichtig?

Das ist schon für mich wichtig. Es ist aber eine diffizile Angelegenheit und wenn ich ein Stück sehr schätze, dann mag das musikalische Argument bei mir überwiegen, ich gebe das zu. Aber das muß von Fall zu Fall entschieden werden. Und ich glaube, wir sind uns einig, daß wir trotz Wagners oder Cosimas Antisemitismus den ›Tristan‹ auch künftig als Ikone vor uns hertragen werden.

Nun ist der ja gottlob auch frei von jedem Antisemitismus!

Sie haben keine Angst, in eine rechtsnationale Schublade gesteckt zu werden?

Nein, nicht mehr. Wissen Sie, die Stücke, die ich dirigiere, sprechen ja eine deutliche Sprache. Wir können ja nichts dafür, daß die großen Wagner- und Straussopern nun mal deutsche Stücke sind. Ich möchte gerne Italiener dirigieren, aber damit muß ich mir Zeit lassen. Man soll sich auch nicht selber in Zugzwang bringen. Ich finde, man muß die Sachen dann machen, wenn sie einem gut kommen. Ich habe vielleicht für gewisse Dinge noch nicht den richtigen Dreh, das gebe ich ganz offen zu. Ich gebe auch gerne zu und ich finde, es ist auch gar keine Schande, wenn man zugibt, daß man gewisse Dinge noch nicht kann.

Aber Wagner können Sie, um in Ihrem Jargon zu bleiben! In Bayreuth jedenfalls haben Sie Begeisterungsstürme ausgelöst. Und die Bayreuther Zukunft scheint Ihnen zu gehören. Was bedeutet Ihnen Bayreuth?

Es bedeutet mir immens viel. Weil es der Ort der Orte ist für Wagners Musik. Aber es ist ein sehr schwieriger Ort, wegen der Akustik. Es ist sehr problematisch, eine Durchsichtigkeit des Klangs zu erreichen. Langsame Tempi werden in Bayreuth schnell zu langsam, wenn man nicht aufpaßt. Man muß sehr dagegenarbeiten, muß sich immer wieder aus dem Zuschauerraum vergewissern, wie es klingt. Man hört nämlich als Dirigent im Bayreuther Orchestergraben nicht gut. Das Orchester muß in Bayreuth relativ laut spielen, damit dieser Mischklang im Zuschauerraum präsent und deutlich klingt. Da ist natürlich der Dirigent sehr gefragt. Man muß im Bayreuther Orchestergraben als Dirigent völlig anders als in einem ›normalen‹ Opernhaus arbeiten. Aber es ist eine enorme Herausforderung, die solides kapellmeisterliches Handwerk verlangt. Wolfgang Wagner hat mir, als ich hier anfing, einen Satz gesagt, der schlicht klingt, aber essentiell ist für Bayreuth: Dirigiere flüssig! Ich dirigiere in Bayreuth flüssiger als in allen anderen Opernhäusern.

Hat das Bayreuther Festspielhaus für Sie den vielbeschworenen ›Zauber‹, eine magische Aura?

Ich muß gestehen, jedes Mal, wenn ich in dieses Haus komme, stellen sich mir alle Rückenhaare auf. Es ist schon ein ganz besonderer Ort, an dem man auch zu außergewöhnlichen Leistungen inspiriert wird.

Die Spatzen pfeifen es von den Dächern, dass Sie der künftige Favorit Bayreuths sind. Möchten Sie dort eine übers Dirigieren hinausgehende Rolle spielen?

Nein, ich spiele ja an vielen anderen Orten der Welt eine Rolle, ich habe so viel zu tun, daß ich mich um die Nachfolgedebatte nicht kümmere. Ich will auch nicht zwischen den Fronten der Interessen zerrieben werden. Ich dirigiere in Bayreuth so viel: ›Meistersinger‹, ›Tannhäuser‹, ›Parsifal‹, ›Ring‹. Was will ich mehr? Ich bin dort Dirigent, mehr will ich dort auch nicht sein! Was passiert, was auf uns zukommt, weiß man nicht. Noch haben wir einen Festspielleiter, der alles wunderbar organisiert und wie ein Vater zu uns Künstlern ist, der Humor hat, und es ist eine Freude, mit Wolfgang Wagner zu arbeiten!

Ralf Weikert
Bei der Oper sind Komplikationen essentiell

Herr Weikert, am 10. November 2001 sind Sie sechzig Jahre alt geworden; das ist für einen Dirigenten noch ein fast jugendliches Alter, in dem man zwar schon auf viele Erfahrungen zurückblicken kann, aber auch noch viele Ausblicke vor sich hat. Was war für Sie Ihre wichtigste Zeit?

Jede Station meines Lebens war wichtig, aber ohne Frage waren meine neun Jahre am Opernhaus in Zürich ein Höhepunkt. In Zürich war ich musikalischer Oberleiter und konnte eigentlich alles spielen, was ich wollte, zu Bedingungen, die man nicht überall findet.

Ist Zürich immer noch ein Ausnahme-Opernhaus, wo vieles möglich ist, was an anderen Häusern schon aus Geldmangel nicht mehr machbar ist?

Ja, natürlich. Wir sind in Zürich gottlob in einer wesentlich besseren Situation als beispielsweise in Berlin, wo ja ein beispielloses Trauerspiel der Opernpolitik gegeben wird. Nicht, daß in Zürich die öffentliche Hand überaus mildtätig und spendabel mit uns Opernleuten umgeht, aber das Sponsoring ist dort eben weitaus potenter als beispielsweise in Deutschland. Man kann nicht genug hervorheben, daß gerade die Schweizer Banken einen enormen Beitrag für die Kultur leisten.

Ist es denn so, daß die Situation der Oper, die immer eine luxuriöse Kunstform war, über kurz oder lang eine andere werden wird, weniger öffentlich als privat finanziert, wie es ja in anderen Ländern und zu anderen Zeiten immer schon der Fall war?

Ich glaube, daß in zunehmendem Maße sich die öffentliche Hand zurückziehen wird, das soll keine Entschuldigung für die öffentliche Hand sein, die sich ja der feudalen Vergangenheit überlegen fühlt; aber es wird ganz sicher darauf hinauslaufen, daß man in Zukunft die staatliche Subvention abbauen wird. Man wird wesentlich mehr andere Geldquellen mobilisieren müssen, um sich eine so teure Gattung wie die Oper weiterhin leisten zu können.

In Italien ist es ja immer so gewesen, daß die Oper nicht jeden Abend spielt, man pflegt den Stagione-Betrieb, es werden Serien von Produktionen aufgeführt, dazwischen gibt es Pausen, und dann kommt eine neue Produktion. Aber die Oper spielt dennoch im gesellschaftlichen Leben und im breiten öffentlichen Bewußtsein eine größere Rolle als

bei uns im deutschsprachigen Raum der Opernwelt. Wenn man nur an Neapel denkt,
wenn dort am Nikolaustag die Stagione eröffnet wird, ist das der größten Tageszeitung
eine Titelseite wert. Sie wissen, was ich meine, Sie dirigieren ja sehr viel in den großen
italienischen Opernhäusern.

Schon, aber ich möchte doch in einem Punkte widersprechen. Viele Dinge, die
wir in Deutschland machen können aufgrund der Subventionen, wären in
Italien undenkbar. Schauen Sie sich doch den Spielplan von La Scala oder dem
Opernhaus Bellini in Catania oder dem San Carlo in Neapel an. Wenn man
dort mal den ›Wozzeck‹ oder die ›Lulu‹ spielt, ist das schon ein sensationelles,
modernes Wagnis. Was aber eigentlich selbstverständlich sein sollte, daß nämlich zeitgenössisches Musiktheater zur Tagesordnung gehört, ist in Italien praktisch nicht mehr möglich; allenfalls noch im Rahmen irgendeines Projektes
eines Festivals. Ich glaube nicht daran, daß man in Italien noch ein größeres
Bewußtsein hat für Oper als bei uns. Früher war das, zugegebenermaßen, einmal der Fall. Aber Italien hat wahnsinnig abgebaut in kultureller Hinsicht, und

das trifft auch für die Oper zu. Italien ist eine extreme Telekratie, das Fernsehen bestimmt alles. Italien ist nicht mehr das Land der Musik, das es einmal war. Das ist eher noch in Österreich der Fall, was ich ganz ohne übertriebene Vaterlandsliebe sagen muß. Dort hören Sie noch heute einen Taxifahrer in Wien fragen, wer am Abend die Isolde singt. Aber das ist vielleicht in keiner anderen Stadt der Welt so mehr denkbar. Die größere Beachtung des Opernlebens in Italien bezieht sich wohl zum größten Teil nur noch auf die Oper als gesellschaftliches Ereignis.

Dennoch registriere ich verwundert und erfreut, daß in Italien doch ein breiteres Publikum an den Opernveranstaltungen teilnimmt. Ich kann mich auch des Eindrucks nicht erwehren, daß die Oper auch den einfachen Leuten noch ›im Blut‹ liegt, sie verstehen instinktiv etwas vom Gesang. Sie müssen zugeben, viele der Sänger, die hierzulande sich an Belcanto versuchen, würden in Italien gnadenlos ausgebuht werden.

Das ist natürlich absolut richtig, da gebe ich Ihnen völlig recht. Von Gesangskunst verstehen die Italiener noch immer mehr! Nur lebt die Oper, vor allem die zeitgenössiche, ja nicht nur von der Gesangskunst. Und vom Zeitgenössischen will man in Italien nichts wissen bzw. hören.

Das ist ja bei uns nicht so völlig anders. Uraufführungen haben oft nur Alibifunktion eitler Intendaten oder Generalmusikdirektoren. Nach einer oder zwei Serien verschwindet die Produktion meistens auf immer im Fundus. Glauben Sie, daß aus der zweiten Hälfte des zwanzigsten Jahrhunderts etwas die Zeiten überdauern wird?

Viele Opern sind ja kaum ausprobiert worden. Und wenn eine neue Oper heute bei der Uraufführung verunglückt, fällt sie für immer in die Grube des Operntotenhauses. Kein zweites Theater versucht nach so einem Mißerfolg eine Reprise. Deshalb bleiben heute in der Regel neue Opern Eintagsfliegen. Dagegen müßte man steuern, indem man Klassiker der Moderne fest ins Repertoire einbindet. Daß man aber ein Ausnahmewerk wie ›Die Soldaten‹ von Zimmermann oder ›Le Grand Macabre‹ von Ligeti nur sehr gelegentlich mal auf den Bühnen antrifft, ist doch eigentlich ein Skandal. Aber selbst Henzes Opern, die so eminent theatralisch und eingängig sind, muß man in den Spielplänen suchen. Wo spielt man heute noch den ›Jungen Lord‹, oder nun wirklich einen Hit wie ›Boulevard Solitüde‹ oder die ›Elegie für junge Liebende‹? Wie soll ein Publikum etwas Neues beurteilen, wenn es die Stücke der Gegenwart gar nicht vorgesetzt bekommt?

Herr Weikert, Sie sind einer der Dirigenten, die sich fast ganz auf das Terrain des Operndirigierens spezialisiert haben, unbeirrt und unangefochten. Was fasziniert Sie so stark an der Gattung Oper, daß Sie anderen dirigentischen Versuchungen so beeindruckend hartnäckig und konsequent widerstehen?

Ich glaube, wenn man so wie ich von Anfang an den Weg des ›Kapellmeisters‹ gegangen ist, der heute zu Unrecht abschätzig betrachtet wird, einen Weg, den ich ganz bewußt gewählt habe, um mich vom Korrepetitor über den Kapellmeister hochzuarbeiten, von einer Station zur nächsten, dann kann man irgendwann eines Tages nicht mehr ohne Theater leben. Man kann sich eine Existenz ohne Opernhaus nicht mehr vorstellen. Das heißt nicht, daß ich am Konzert nicht auch Freude habe, aber längere Abstinenz von der Oper ist für mich undenkbar. Ich bin besessen von der Oper.

Halten Sie denn, provokativ gefragt, die Oper für eine eher museale oder utopische Kunstgattung?

Ich glaube, daß die Oper, so wie sie landauf, landab gepflegt wird, vor allem etwas Museales ist. Daß dies nicht so sein muß, belegen die Ausnahmen des Musiktheaters. Es liegt natürlich auch daran, daß die heutige Opernproduktion seitens der Komponisten, und das gilt weltweit, so verschwindend gering ist gegenüber früheren Epochen. Das Operngeschäft ist allerdings heute auch ein völlig anderes. Wenn heute ein Verdi eine erste Oper abliefern würde, die nicht gleich von den Medien als ›Event‹ gefeiert würde, wäre er ganz schnell wieder in der Versenkung verschwunden. Früher konnte man sich als Komponist ruhig mal einen Ausfall leisten. Heute bekommt ein Komponist diese Chance gar nicht mehr. Er kann sich eigentlich keine Entwicklung mehr erlauben.

Um so bedauerlicher finde ich die Tatsache, daß man vom bereits existierenden Repertoire komponierter Opern nur einen kleinen Ausschnitt aufführt. Man bedient sich immer wieder des gleichen schmalen Repertoires und wagt nur selten Ausgrabungen, Neuentdeckungen, Seitenblicke und Grenzgänge. Dabei hält der enorme Fundus der Operngeschichte so vieles Aufregende bereit. Die Operngeschichte ist ja nicht nur ein Beinhaus, sondern auch eine Schatzkammer, deren reiche Schätze noch nicht annähernd auch nur gesichtet, geschweige denn gehoben sind.

Ja, das ist wirklich erschreckend, was Sie da zu recht beklagen. Schauen wir uns die fünfzig Musiktheater Deutschlands an: sie spielen alle immer die gleichen Stücke. Und wenn einmal eines den Mut hat auszubrechen, dann stürmt alles dorthin. Aber ansonsten sieht man doch immer nur ›Traviata‹, ›Zauberflöte‹ und ›Rigoletto‹. Und in Berlin mit seinen drei Opernhäusern sieht man den gleichen Spielplan gleich dreimal in einer Stadt. Das ist schon sehr ärgerlich! Wobei ich nichts gegen diese genannten Stücke sagen möchte. Ich habe schon in meiner Zeit als Bonner Opernchef versucht, unbekannte Dinge, beispielsweise von

Donizetti, auszugraben, bin nach Bergamo gefahren und habe unter den Partituren Ausgrabungswürdiges gesucht und gefunden. In Köln habe ich den ›Faust‹ von Louis Spohr dirigiert, auch das ein fast völlig vergessenes, aber hervorragendes Stück des Musiktheaters. Natürlich muß ein hervorragender Regisseur einem solchen gewissermaßen ›neuen‹ Stück zu neuem Leben verhelfen. Aber muß er das nicht auch beim ›Fidelio‹, in dem ja genauso banale Wilhem-Busch-Texte vertont wurden, um es mal salopp zu sagen, wie in Spohrs Oper? Da muß man eben etwas investieren, aber das ist doch unsere Aufgabe. Man könnte das Spektrum gewaltig erweitern!

Es liegt natürlich am Mut der Intendanten, einmal ausgetretene Pfade zu verlassen und ein Publikum auch erziehen zu wollen zu Aufgeschlossenheit gegenüber Neuem. Aber es scheint in unserer heute vorherrschenden Spaßkultur die Bereitschaft, sich mit dem Neuen und Anderen auseinanderzusetzen, nur noch vereinzelt anzutreffen zu sein. Das gilt nicht nur für das Opernpublikum, das gilt auch für die Massenmedien, selbst für die öffentlich-rechtlichen Rundfunkanstalten, aber vielleicht doch besonders für das Opernpublikum, das ja vor allem Oper als kulinarischen Genuß goutieren will, rauschhaft, besinnungslos und unkritisch.

Aber man sollte die Schuld an diesem Zustand nicht nur dem Publikum zuschieben. Ich bin der Meinung, daß die Intendanten aus kommerziellen Gründen möglichst wenige Neuproduktionen pro Jahr anbieten, sie zu Tode reiten, um auf ›Nummer Sicher‹ zu setzen und dann etwas Unprobiertes aus der Schmuddelkiste herausziehen. Dabei gehen Niveau und Präzision hoffnungslos verloren. Ich finde das verantwortungslos und unverzeihlich. Wir haben in Zürich genau den anderen Weg gewählt. Wir machen relativ viel, ich sage wir, obwohl ich nicht mehr der Chefdirigent bin, sondern nur noch ein ständiger Gast, aber ich identifiziere mich doch noch mit dem Haus. Wir bieten soviel an, daß diejenigen, die die Oper wirklich lieben, es sich eigentlich nicht leisten können, eine Produktion nicht zu sehen. Und wir haben wirklich ein paar abseitige Repertoire-Raritäten im Programm. Das stimuliert natürlich das Publikum, es diskutiert, ist sehr engagiert und beobachtet sein Opernhaus sehr genau. Ich bin sicher, wir gehen den richtigen Weg.

Sie haben ja auch mit ihren Plattenaufnahmen Zeichen gesetzt, beispielsweise mit der Ersteinspielung von Eugen D´Alberts ›Toten Augen‹, einer Oper, die auch auf den Bühnen nicht mehr vertreten ist, obgleich sie sehr interessant ist. Was hat Sie gerade an dieser Oper gereizt?

Auf diese Oper bin ich eigentlich durch Hildegard Behrens gestoßen. Sie wollte unbedingt diese Oper singen, wir sollten sie produzieren, und zwar konzertant.

Sie ist nur dann leider krankheitshalber ausgefallen. Ich hatte dann aber Blut geleckt und bin von diesem Stück nicht mehr losgekommen. Wobei ich sagen muß, daß die Partitur eine ausgesprochene Meisterpartitur ist. Daß das biblische Stück nicht einfach auf die Bühne zu bringen ist, gebe ich gerne zu. Da wäre die Regie außerordentlich gefordert. Die Musik hingegen ist ganz anders als in ›Tiefland‹, diese Musik ist viel weiter gedacht, es ist Musik, die schon Verwandtschaft mit Korngold und Zemlinsky zeigt. Die musikalische Entwicklung schritt damals ja mit rasanter Geschwindigkeit voran. D´Albert ist auf den Zug dieser Entwicklung aufgesprungen.

Sie haben aber auch immer wieder Mozart und Rossini dirigiert, beispielsweise haben Sie ja auch mit Marilyn Horne in der Titelpartie Rossinis ›Tancredi‹ eingespielt, in Venedig, im leider inzwischen abgebrannten Teatro La Fenice. Was für ein Verhältnis haben Sie zu Rossini?

Ich muß gestehen, ich war immer ein Gesangsfetischist. Ich liebe Sängeropern, und ich liebe schöne Stimmen. Aber nicht nur schöne Stimmen, sondern auch ausdrucksvolle, vor allem solche, die sich in der Kunst des Belcanto ausdrücken können. In dieser Leidenschaft bin ich mir immer treu geblieben, ich habe ja fast alle Rossini-Stücke dirigiert, aber auch Donizetti und alles, was darauf hinweist. Man kann diese Komponisten ja nicht isoliert betrachten, in dieser Zeit greift ja alles ineinander. Wenn ich Bellini hier ausklammere, dann deswegen, weil er mir harmonisch manchmal etwas zu simpel ist. Ganz im Gegensatz zu Donizetti, der vor einer Arie innerhalb von acht Takten eine perfekte Stimmung aufbauen kann. Er kann mit einem Klarinettensolo und nur ganz wenigen Streichern, geradezu stenografisch reduziert, eine neue Stimmung entwickeln. Die muß man natürlich treffen und darf sie nicht nur herunterleiern wie Leierkastenmusik. Das ist nicht ganz einfach, aber das fasziniert mich.

Auch vom Belcanto kommen Sie nicht los, haben Sie gesagt, Sie haben ja auch immer große Sängerinnen begleitet bei Ihren Opernrezitals, Primadonnen des Belcanto. Sie kennen aber auch von den Opernhäusern her den Nachwuchs. Ist der Belcanto eine aussterbende Kunst? Wird er nicht mehr von Grund auf gelehrt?

Die Kunst des Belcanto wird vor allem – und das finde ich so schrecklich – falsch gelehrt heutzutage. Sehr oft gehen Sänger, die in Italien keinerlei Erfolg hatten, nach Amerika und unterrichten dort die italienische Tradition, oft auf die grausigste Weise, ich nenne das immer das Texasitalienisch. Ich höre ja immer wieder derart ausgebildete junge Sänger und Sängerinnen. Und wenn diese Sänger dann nach Europa kommen, verkaufen sie einem manchmal die wüstesten Zirkusnummern und behaupten, sie hätten das bei ihren Lehrern gelernt. Ich sage dann immer: Geht zu Maestro Abbado oder zu Maestro Muti, dort dürft ihr das alles nicht machen. Man muß die Musik respektieren, wie sie ist. Ich bin nicht gegen Verzierungen, aber Kehlkopfakrobatik darf nie Selbstzweck sein. Das muß einem allerdings beigebracht werden. Ich glaube, es gibt nur noch sehr wenige gute Lehrer des Belcanto. Und wenn heute ein junger Sänger eine Stimme und eine überdurchschnittliche Gesangskunst beherrscht, wird er innerhalb weniger Jahre derart verheizt, daß er seine Stimme in kürzester Zeit ruiniert. Man könnte lange Listen von Namen aufzählen. Schuld daran sind aber nicht nur gewissenlose Intendanten, die von ihnen alles hören wollen. Das noch größere Problem sind die Schallplattenproduzenten, die oft nicht die geringste Ahnung von Gesang und von Musik haben, aber den hochbegabten jungen Sängern Verträge und Partien anbieten, die sie völlig überfordern. Das ist das Gewissenloseste, was man sich vorstellen kann. Da wird ein Name plötzlich wie ein neues Markenprodukt herausgeschossen auf den CD-Markt, nach allen Gesetzen des Kommerzes beworben und promotet. Es müssen ja immer wieder neue Namen her, weil andere Sänger bereits verschlissen sind. Und so verführt man junge Sänger zu Partien, denen sie eigentlich noch nicht gewachsen sind und mit denen sie sich ruinieren. Da singt dann eine junge Sopranistin plötzlich ›Salome‹ auf CD, was ja mit technischer Hilfe glänzend gelingen kann, nur wenn sie dann eingeladen wird, die Partie in einem Opernhaus zu singen, kommt sie plötzlich mit ihrer Stimme nicht über's Orchester, weil sie nicht im entferntesten eine ›Salome‹-Stimme hat. Sie kann mit ihrer eigenen CD nicht konkurrieren. Das ist doch grotesk, oder nicht?

Sie haben sich immer auf die Oper beschränkt, was ich positiv meine, denn welcher Dirigent beschränkt sich heute schon. Worauf kommt es beim Operndirigieren in erster Linie an?

Ich glaube, Opern zu dirigieren ist eine sehr komplexe Tätigkeit. Man muß zunächst einmal mit den Sängern Partien und deren Interpretation erarbeiten, gemeinsam mit dem Korrepetitor und dem Regisseur. Man muß ja aufgrund eines Konzeptes auch die gesangliche Umsetzung im Rahmen der individuellen Möglichkeiten eines Sängers erörtern und festlegen. Oper ist ja nicht ein ablaufender Film, zu dem das Orchester spielt. Man muß natürlich rein technisch in der Oper unendlich viel geschickter sein als im Konzert, denn man hat ja einen viel größeren, vielschichtigeren Apparat zu kontrollieren und zu animieren. Glauben Sie mir, eine Brahms-Sinfonie spielt sich mit einem guten Orchester nahezu von allein, abgesehen von kleinen ordnenden Gesten. Aber bei einer ›Tosca‹ brechen Sie als Dirigent bereits nach wenigen Takten ein, wenn Sie nicht technisch, handwerklich als Kapellmeister hieb- und stichfest sind. Es ist fast eine sportliche Herausforderung, Sänger auf der Bühne und ein Orchester unter der Bühne gleichzeitig zu koordinieren und unter Kontrolle zu haben. Dazu braucht es enorme Erfahrung, Wissen, aber auch Instinkt. Man muß spüren, was im nächsten Moment passieren kann und passieren wird, was zu geschehen hat, was nicht passieren darf, und man muß jederzeit blitzschnell reagieren, auch auf die Sänger, die ja nicht immer in gleicher Form sind. Wenn ein Sänger abends plötzlich indisponiert ist oder einen kürzeren Atem hat, muß ich ihm helfen, muß das Orchester zügeln, ihm auch im Tempo entgegenkommen. Solche Komplikationen gibt es im Konzert nicht. Bei der Oper sind Komplikationen aber essentiell.

Viele Dirigenten, so scheint mir, die weder jemals Korrepetititoren waren, noch etwas von Oper, zu schweigen von Stimmen und Gesangskunst verstehen, dirigieren heute eigentlich gegen den Geist des Singens und arbeiten den Sängern nicht gerade zu. Im Gegenteil, sie zwingen sie oft genug, zu schreien und lassen sie allein auf der Bühne.

Das sind unprofessionelle Operndirigenten. Leider gibt es inzwischen viele solcher ›Maestri‹, die eigentlich keine sind. Aber wenn man Sänger liebt, so wie ich, dann läßt man sie niemals im Stich, man hilft ihnen, baut ihnen Brücken, trägt sie auf dem Orchesterklang wie auf Händen. Ich kann ja als Dirigent eine Oper nicht ohne Sänger aufführen, deshalb muß ich sie pflegen, ich muß ihnen helfen, ich muß ihnen zu ihrem Bestmöglichen verhelfen. Wir wollen und müssen doch gemeinsam die Oper zustandebringen. Das ist ein gegenseitiges Abhängigkeitsverhältnis. Wenn ein Sänger schön singt, tue ich alles für ihn, das ist doch selbstverständlich. Wenn ich merke, daß er in Nöte kommt, dann helfe ich ihm selbstverständlich! Aber man muß natürlich die Oper lieben, die Stimmen und die Sänger!

Geben Sie der Oper noch eine Zukunft?

Ja, ich gebe ihr noch eine, auch wenn ich glaube, daß die ganz große Zeit der Oper abgelaufen ist. Aber so, wie man in den Museen die großen alten Meister durch neue Konzepte der Präsentation immer wieder zu begeisternder, aktueller Wirkung bringen kann, so ist es auch in der Oper. Die alte Operntradition, die wir einmal hatten, wird leider wohl nicht wieder aufleben.

Bruno Weil
Nicht die Töne spielen, sondern ihre Bedeutung

Herr Weil, Sie haben ein sehr breites Repertoire. Sie dirigieren sowohl Barockmusik, wenn man da überhaupt von Dirigieren reden darf, als auch Wiener Klassik und zum Beispiel Jacques Offenbach. Sie haben bei Hans Swarowsky in Wien studiert, der ja, weiß Gott, kein Mann der alten Musik war. Wie kamen Sie zur alten Musik, zur Barockmusik?

Swarowsky war aber so etwas wie ein Vorreiter der Historischen Aufführungspraxis. Es gab ja in Wien damals bereits eine kleine Schule, mit dem Lehrer von Nikolaus Harnoncourt im Zentrum. Und die hatte mich schon sehr beeindruckt. Aber letzten Endes kam ich zur alten Musik durch den Produzenten Wolf Erichson von der Sony. Er hat ja in den 50er, 60er Jahren mit der Aufnahme der alten Musik begonnen, bei Teldec bzw. Telefunken. Ich lernte ihn kennen. Und er sagte, er würde gern mal etwas mit mir machen in Sachen Alte Musik. Und dann wurde Sony gegründet, und das war mein Glück, nicht der Zufall.

Was haben Sie bei ihrem Lehrer, dem berühmten Orchester- und Dirigentenerzieher Swarowsky gelernt?

Das kann man auf einen Punkt bringen: Eine Partitur so zu lesen, wie der Komponist sie sich vorgestellt hat, soweit man das ermitteln kann. Also nur auf das Werk zurückgehen, auf nichts anderes. Sich die Noten anschauen und aus den Noten heraus die Sicht des Werkes zu erleben.

Das ist natürlich bei der alten Musik sehr schwer, bei der ja oft nur 2 Systeme notiert sind, wo man die Instrumentation, die Stimmen ergänzen und auch noch im jeweiligen Stil improvisierend ausschmücken muß, was die Musiker heute auch nicht mehr so können, wie es im 17 und 18. Jahrhundert selbstverständlich war.

Das ist wahr, aber wenn man weiß, was der Komponist gemeint hat, wenn Händel also nur ein Skelett an Partitur geschrieben oder hinterlassen hat, dann ergänzt und verziert man es eben in dem Sinne, den er meinte. Das gehört zu unserem Handwerk. Es geht nicht darum, die Töne zu spielen, sondern was die Töne bedeuten. Dazu muß man das gesamte Umfeld kennen. Swarowsky hat uns damals gesagt, wenn ihr nicht den Quantz gelesen habt, den Leopold

Mozart, die Standardwerke des 18. Jahrhunderts, den Mattheson, und so weiter, könnt ihr diese Musik nicht spielen! Und in diesen Schulwerken steht alles ganz genau drin. So einfach ist das. Natürlich ist es um so schwerer, je älter die Musik ist. Aber heute gibt es so viele kenntnisreiche Spezialisten für die alte Musik.

Wie kommen Sie damit zurecht, daß Sie einerseits alte Musik spielen, andererseits relativ neue Musik. Das sind doch zwei Welten eigentlich, oder nicht?

Für mich gibt es keine alte und keine neue Musik. Die neueste Musik, die je komponiert wurde, stammt von Beethoven. Und das ist doch alte Musik. Es gibt für mich nur Musik, ob von Heinrich Schütz oder von Béla Bartók ist mir gleich, sie muß nur gute Musik sein!

Was für Kriterien legen Sie denn an, wenn Sie von guter Musik sprechen?

Im Idealfall – und da zitiere ich wieder Hans Swarowsky – muß sie zu fünfzig Prozent das Herz und zu fünfzig Prozent den Geist befriedigen. Wie es eben bei Bartók, Beethoven und Bach der Fall ist. Gute Musik muß mich emotional berühren, sie muß aber auch eine geistige Basis des kompositorischen Könnens haben, möglichst auf allerhöchstem Niveau. Dabei soll sie keine theoretische Musik sein, die einen nur berührt, wenn man ihren Hintergrund kennt.

Da wird es bei der neuen Musik natürlich etwas schwierig. Jedenfalls bei der Musik des späten 20. Jahrhunderts. Serielle Musik, strenge Zwölftonmusik, Musik der Frankfurter Schule, zu schweigen von noch Neuerem, hat mit Herz eigentlich nicht so viel mehr zu tun.

Ja, das ist ein großes Problem. Aber es gibt Ausnahmen. Ich hatte beispielsweise den ›Überlebenden aus Warschau‹ von Schönberg dirigiert, ein reines Zwölfton-Werk. Nichts hat mich mehr in meinem Leben berührt als dieses Stück. Es kommt auf den Inhalt der Musik an. Der Inhalt der Musik wechselt natürlich sehr stark, die Komponisten haben verschiedene Inhalte, und die Hintergründe dieser Musik der Noten zu finden ist eine wunderbare Sache, ist natürlich auch nicht einfach. Da sind wir Musiker halt im Vorteil gegenüber den Nur-Zuhörern.

Besonders schwer ist es für den Zuhörer, der sich nicht professionell mit Musik beschäftigt, die jeweilige Sprache der neuen Musik zu verstehen.

So ist es! Aber er hat – genau besehen – auch Mühe, die Sprache von Johann Sebastian Bach zu verstehen. Wenn wir die Musik mit dem Ohr hören, verlangt das Ohr die Konsonanz, weil nur die Konsonanz uns die Befriedigung gibt. Wenn die nicht eintritt, ist es natürlich äußerst schwierig, befriedigt zu werden.

Es gibt in Ihrer Biographie einen Punkt, der mich natürlich neugierig macht. Sie waren in Salzburg so etwas wie ein Undercover von Herrn Karajan, sind für ihn mal

eingesprungen. Viele haben mit Karajan zusammengearbeitet. Es gibt unterschiedliche Meinungen über ihn. Er war, wie oft zu hören ist, ein Despot und ohne Frage ein Groß-mogul, der ein Musikimperium besaß. Wie waren Ihre Erfahrungen?

Das kann man natürlich in einem Satz nicht sagen. Herbert von Karajan war für mich einer der größten Dirigenten des Jahrhunderts, weil er ein unglaublicher Könner war. Das steht für mich im Vordergrund. Natürlich war er ein Superstar. Und wenn man ein Superstar wird, dann kommt früher oder später der Punkt, an dem man den eigenen Starnimbus nicht mehr erträgt und arrogant wird, schon, um sich zu schützen. Das ist wie in Goethes ›Zauberlehrling‹: Die Geister, die ich rief, die werd ich nicht mehr los. Zu mir persönlich war Karajan fast wie ein väterlicher Freund. Das hatte nichts zu tun mit dem Mythos Karajan, der ja, wie jeder Mythos, nur teilweise stimmt. Wenn Menschen so unerhört erfolgreich sind wie Herbert von Karajan, haben sie auch sehr viele Neider. Die sich formieren und Front machen. Das hat im Falle Karajans eine gewisse Berechtigung, aber meiner Meinung nach sprach mehr für als gegen Karajan, der heute nicht immer fair bewertet wird.

Was haben Sie denn von ihm gelernt?

Wahnsinnig viel, beispielsweise die Probentechnik. Karajan war ein genialer Probierer. Aber das hat ja nie jemand zu würdigen vermocht, denn es durfte ja nie jemand dabei sein. Mit welcher Ökonomie und mit welcher individuellen Art und Weise er seine Resultate, seine – man muß schon sagen – unvergleichlichen Resultate erzeugt hat, ob sie einem nun gefallen oder nicht, das war einfach singulär. Da habe ich mir viel von ihm abgeguckt.

Herr Weil, Sie haben – was mich besonders freut – einen Komponisten immer mit größter Vehemenz verteidigt, der heute von vielen Philistern als ›leichte Muse‹ abgetan wird und meist nicht annähernd so aufgeführt wird, wie es in seinem Sinne wäre. Darüberhinaus werden nur wenige und immer die gleichen Stücken seines unglaublich umfangreichen Oeuvres aufgeführt. Was reizt Sie so an Jacques Offenbach und seinem parodistischen, ironischen, satirischen gesellschaftskritischen Musiktheater?

Offenbach ist für mich die Fortsetzung von Haydn, den ich auch sehr verehre. Und der ist, grob gesagt, der Erfinder des modernen musikalischen Humors. Er hat Gags in seine Symphonien eingebaut, die nur mit Offenbach zu vergleichen sind. Es liegt halt ein Jahrhundert dazwischen. Aber diese Art von musikalischem Humor bei Haydn, die führt direkt zu Offenbach und schließlich zu Schostakowitsch. Ich sage es immer so: Haydn hat den musikalischen Humor erfunden, Offenbach treibt ihn auf die Spitze und Schostakowitsch ist er wieder vergangen. Da kommt dann bitterer Sarkasmus oder scharfe, sezierende Ironie heraus. Aber diese drei Komponisten gehören für mich zusammen. Und Offenbach wird – Sie haben recht – sehr zu Unrecht vernachlässigt. Das hat aber mehrere Gründe. Seine Operetten, vor allem seine unbekannteren Einakter, beziehen sich auf das Dritte Kaiserreich. Wer versteht heute noch die aktuellen Bezüge und versteckten Anspielungen? Offenbach zieht dieses Kaiserreich durch den Kakao mit Hilfe der griechischen Mythologie oder einer exotischen Phantasiewelt. Wer kennt sich denn da noch aus? Das sind schon zwei Voraussetzungen, die jede Offenbach-Aufführung problematisch machen. Offenbach ist schwer zu spielen, seine Botschaften sind so schwer zu transportieren. Man muß heute einen Ersatz für die nicht mehr gegebenen Voraussetzungen erfinden, was nicht leicht ist. Das hat aber nichts damit zu tun, daß er der größte ›Operettenkomponist‹ aller Zeiten ist. Und die ›Operette‹ ja auch erfunden hat

Sie meinen die Operette im weitesten Sinne, denn die ›Opéra bouffe‹ Offenbachs, die Offenbachiade ist ja eine Gattung parodistischen Musiktheaters mit eigenen Gesetzen und Formen, die sich sich von der späteren Operette sehr unterscheidet. Was Johann Strauß junior als Gattung in Wien erschaffen hat, sind ja Offenbachkopien der anderen Art, jedenfalls keine Offenbachiaden mehr.

So ist es! Die Pariser Musikszene des frühen 19. Jahrhundert war geprägt von drei deutschen Juden. Der eine, Giacomo Meyerbeer, verkörpert die historische Oper, Heinrich Heine, der zweite, hat sie literarisch verarscht, um es salopp zu sagen, und der dritte, Offenbach, musikalisch. Das spielte sich alles in Paris ab, eine unglaublich faszinierende Angelegenheit.

Ein interessanter Faden, den man weiterspinnen könnte. Aber solche Meyerbeers, Heines und Offenbachs gibt es in der heutigen Kultur nicht mehr. Es gibt auch keine Operette mehr oder sonst ein Äquivalent satirischen, gesellschaftskritischen, aufmüpfigen Musiktheaters.

Mir leuchtet es zwar nicht direkt ein, warum das so ist, aber es scheint etwas mit dem Judentum zu tun zu haben, diese geniale Kühnheit, zu karikieren und zu parodieren. Man denke nur an Gustav Mahler und die Art, wie er karikiert hat.

Und man denke nicht zuletzt an die blühende Schlager-, Kaffeehaus-, und Revuekultur der 20 oder 30er Jahre in Berlin.

Bei Offenbach kommt übrigens noch dazu, daß man die Grand Opera, die er auf den Arm nimmt, im Original meist gar nicht mehr kennt. Also wie soll man seine Parodien verstehen, wenn man die Parodievorlagen gar nicht kennt.

Nun ist die musikalische Sprache Offenbachs natürlich eingängig auch für den, der die genauen Zeitumstände, die Offenbach ironisiert, karikiert, parodiert nicht kennt. Der Erfolg der paar Werke, die von ihm aufgeführt werden, ›Orpheus in der Unterwelt‹ , ›Die schöne Helena‹ und ›Blaubart‹, spricht für sich.

Umso bedauerlicher, daß diese etwa hundert anderen Einakter, von denen einer besser ist als der andere, praktisch vergessen sind.

Ein Sprung zurück von Offenbach zu Haydn: Sie haben aufsehenerregende Aufführungen und Einspielungen von Haydn-Messen präsentiert. Haydn als Komödiant in der Musik, das leuchtet ein bei der Symphonik, aber nicht unbedingt in seiner Kirchenmusik.

Der Humor hat ja auch in der Kirche eigentlich keinen Platz. Trotzdem ist er versteckt auch in den Messen Haydns zu entdecken. Um ein Beispiel zu geben: Haydn konnte offensichtlich den Pontius Pilatus nicht leiden, denn immer, wenn Pontius Pilatus in seinen späten Messen in irgendeiner Weise auftaucht, spielen die Fagotte etwas Tiefes, Perverses. Aber Haydn erfindet ja etwas anderes, was dem Humor nicht nachsteht: Er findet in den späten Messen zu einer Transparenz und Leichtigkeit, die ihresgleichen sucht. Das Inkarnatus kommt oft in geradezu strahlendem Dur daher. Das hat man natürlich zu seiner Zeit überhaupt nicht verstanden. Man hielt das für zu leicht und nicht für die Kirche geeignet, dabei ist es doch gerade eine Überhöhung der Situation, das Inkarnatus ist für die Menschheit doch ein Glücksfall. Man hat bis heute Haydn als Kirchenkomponist nicht wirklich verstanden. Da muß man Abhilfe schaffen.

Das haben Sie ja getan, indem Sie beispielsweise - und Haydn spielt darin ja immer eine große Rolle - 1993 Ihr eigenes Festival für Alte Musik gegründet haben: › Klang und Raum‹. Wie kam es zu dieser Festivalgründung, es gibt ja schon eine ganze Reihe von Festivals für Alte Musik?

Ich hatte mit der Kammersängerin Sena Jurinac in Wien im Sommer Meisterkurse gegeben, sie für Gesang, ich für Dirigieren, und wir stöhnten in der Sommerhitze und haben uns gesagt: Wieso macht man solche Kurse ausgerechnet in einer Großstadt wie Wien. Und so kamen wir auf die Idee, diese Kurse an angenehmerem Orte zu veranstalten. Und daraus entwickelte sich dann das Festival. Die Idee dazu kam mir auch, als das kanadische Ensemble ›Tafelmusik‹ erstmals nach Europa kam. Ich hatte die Idee, warum soll es denn nicht an einem Ort möglich sein, seine Konzerte zu präsentieren, anstatt immer herumzureisen. Und wir wollten die Werke der Alten Musik konzentriert so aufführen, wie wir sie uns vorstellten. So wurde die Idee des Festivals gefunden und der Raum und der entsprechende Klang dafür. Das ist der Grund, warum wir an diesem Ort in der schönen bayerischen Provinz geblieben sind. Die Konkurrenz hat uns keinerlei Angst gemacht. Und das Festival läuft bis heute fabelhaft.

Und was ist Ihr programmatisches Anliegen?

Ich will Musik des 18. Jahrhunderts in Räumen des 18. Jahrhunderts aufführen. Und wenn man diese Kirche im Kloster Irsee sieht und die Architektur und die Ausstattung, diese Leichtigkeit und Helligkeit, dann versteht man die kirchliche Musik von Mozart und Haydn sofort. Der Zusammenhang wird einem klar, wenn man unser Festival besucht. Selbstverständlich führen wir dort immer wieder Haydns ›Schöpfung‹ und seine ›Jahreszeiten‹ auf, und selbstverständlich musizieren wir auf historischen Instrumenten. Bei uns steht das Werk im

Vordergrund. Sie werden bei uns keine Stars erleben, sondern Interpreten, die die Musik nach bestem Wissen und Gewissen aufführen und das Werk in den Vorderbrund stellen und nicht sich.

Ein edler Vorsatz. Aber läßt es sich bei der Interpretation von Kunst immer vermeiden, sich in den Vordergrund zu stellen? Sie haben immerhin Kollegen, die der Meinung sind, Noten seien nur Knetmasse der Dirigenten, entscheidend sei deren Genialität, mit denen sie die Noten verlebendigen, wie subjektiv auch immer.

Das halte ich für eine grundfalsche Aussage und einen großen Irrtum aus der Zeit der Maestri, also des neunzehnten Jahrhunderts.

Sie musizieren sehr viel mit alten Instrumenten, vornehmlich mit dem Ensemble Tafelmusik, aber bei diversen Orchestern oder in Opernhäusern, in denen Sie regelmäßiger Gast sind, stehen Ihnen nur Orchester mit neuen Instrumenten zur Verfügung. Würden Sie denn auch mit einem modernen Orchester alte Musik spielen?

Heute ja, weil alle Musiker die Historische Aufführungspraxis registrieren und von ihr gelernt haben. Als ich vor vielen Jahren Johann Sebastian Bach auf historischen Instrumenten mit kleinem Chor gemacht habe, wurde ich in der Luft zerrissen, und als ich vor wenigen Jahren zur Eröffnung des deutschen Bachfestes die Johannes-Passion mit 250 Mann Chor und riesigem modernen Orchester, dem Symphonieorchester des Hessischen Rundfunks, aufführte, in Kombination mit moderner Musik, da wurde ich auch in der Luft zerrissen. Wissen Sie, einer der größten Interpreten der Musik J.S. Bachs ist für mich Glenn Gould. Und der spielte auf einem modernen Steinway. Es kann jemand auf dem Cembalo spielen und alles falsch machen. Natürlich, wenn man auf historischen Instrumenten spielt, ist die Fehlerquelle nicht so groß, weil gewisse Dinge, die in der Musik des späten 19. Jahrhunderts angebracht sind, auf den alten Instrumenten technisch nicht möglich sind. Deshalb ist es leichter, auf historischen Instrumenten zu spielen. Aber man kann auch mit modernen Instrumenten einen alten Klang herstellen. Und das ist ja das, was heute oft praktiziert wird. Es spielen viele moderne Orchester jetzt schon mit Barocktrompeten, auch mit Barockpauken und nicht mehr mit soviel Vibrato; auch die Bogenhaltung hat sich geändert, man spürt eine Annäherung zwischen Historischer und moderner Aufführungspraxis. Natürlich gibt es da Grenzen, die man nicht überschreiten kann.

Hat Ihr Repertoire der Alten Musik Grenzen?

Ich habe mich mit einigen Komponisten intensiv auseinandergesetzt, zum Beispiel mit Haydn. Und schon bekommt man einen Stempel als Haydn-Experte. Aber wenn ich in den Louvre gehe und diese schönen Gemälde aus fünf

Jahrhunderten sehe, will ich auch keins vermissen. So ist es auch in der Musik. Ich würde ungern auf das Bartók-Divertimento verzichten wollen, wenn ich mich ausschließlich auf die Musik des 18. Jahrhunderts spezialisierte. Ich glaube, es hilft einem sehr, wenn man das ganze Spektrum der Musik vor sich hat und nicht nur eingeengt ist auf eine Periode.

Aber im vorherrschenden Musikbetrieb wird doch das gleiche Repertoire von den immer gleichen Interpreten verkauft, oder nicht? Es gibt Spezialisten für dies, Spezialisten für das... Und die werden auch für nichts anderes eingekauft.

Das ist ein großer Fehler. Ich habe die Oper ›Endimione‹ von Johann Christian Bach auch erst nach jahrelangen Kämpfen herausbringen können. Es werden immer wieder die gleichen Sachen von mir verlangt, es ist unerträglich.

Das ist die Realität des Musikbetriebs.

Ja, aber die Realität wird immer schlimmer, weil viele nur noch das machen, was sie verkaufen können. Es ist wie im Fernsehen, nicht? Es bestimmt die Quote, was gezeigt wird. Aber das ist das Ende aller künstlerischen Kreativität. Man kann nicht die ›Lustige Witwe‹ en suite spielen, auch wenn sie ein wunderbares Stück ist, man kann sie sich doch nicht 500 mal anhören.

Welche Rolle spielt für Sie als Festival-Mann der Publikumsgeschmack?

Ich mußte, als ich das Festival etablierte, natürlich auf das Publikum achten. Aber jetzt ist ein Vertrauen da. Und jetzt geht es nur um die Qualität einer Aufführung. Und es steuert eigentlich völlig gegen den Mainstream. Es ist nicht eine Veranstaltung wie ›Die drei Tenöre‹ oder andere jämmerliche Vermarktungen der Klassik, die heute stattfinden, sondern es ist genau das Gegenteil. Es ist eine anspruchsvolle Angelegenheit, und es geht um Qualität, nicht um Quantität.

Apropos Qualität, Sie spielen ja mit verschiedensten Orchestern aus verschiedenen Teilen der Erde. Bleiben wir mal zunächst bei der alten Musik, Neben der ›Tafelmusik‹ in Kanada und dem RaumKlang im Bayerischen Irsee nennen Sie ja auch noch ein amerikanisches Festival, das Carmel-Bachfestival ihr eigen. Dort musizieren Sie mit verschiedenen Ensembles. Gibt es einen Unterschied zwischen amerikanischen und europäischen Interpreten alter Musik oder gar ein qualitatives Gefälle, Ihrer Meinung nach.

Überhaupt nicht. Viele amerikanische Ensembles können die Sachen besser spielen als die europäischen. Das muß man neidlos anerkennen. Das hat mehrere Gründe. Erstens sind sie technisch unglaublich gut ausgebildet. Zweitens hat es auch etwas mit der Konkurrenz und dem Ehrgeiz, auch dem Einsatz der Musiker zu tun angesichts ihrer wenigen Möglichkeiten. Drittens hat es auch damit zu tun, daß sie die Tradition nicht so wie wir im Nacken sitzen haben und nicht so vorbelastet sind durch eine Art von Aufführungspraxis, die sich immer mehr als falsch herausstellt. Und so geht man frisch und ohne Vorurteile an die Werke heran. Da kommen oft frappierende Resultate zustande.

Sie dirigieren an vielen großen und mittleren Opernhäusern. Was würden Sie sich wünschen, wenn Sie jetzt plötzlich zum Intendanten eines Opernhauses berufen würden, oder was würden Sie anders machen als die meisten Intendanten?

Ich würde mir zum Beispiel wünschen, daß man endlich eine Oper von Weber aufführt, ohne das Bewußtsein, daß Richard Wagner nach ihm gekommen ist, sondern Mozart vor ihm! Und das hat wieder was zu tun mit der Historischen Aufführungspraxis. Wir müßten diese Naivität wiedergewinnen, uns zurückzuversetzen in eine Situation, wie sie einmal gewesen ist. Dann verstünde man auch Fortschritt umso mehr. Aber heute wird ja alles über einen Kamm geschoren, was in den Opernhäusern gespielt wird. Es ist ein Stil und ein Brei und vieles, was gespielt wird, kann man stilistisch gar nicht, weder singen noch spielen. Es ist eine sehr seltene und sehr erfreuliche Ausnahme, daß man an der Berliner Lindenoper gemerkt hat, daß man Cavallis ›La Calisto‹ nicht spielen kann wie Wagners ›Lohengrin‹ und deshalb René Jacobs verpflichtet hat für dieses Repertoire.

Ist das nicht überhaupt die Tendenz der Zukunft, daß sich immer mehr Orchester, Ensembles und Opernhäuser spezialisieren?

Ja, ich denke schon. Das wird eine Änderung der gesamten Strukturen mit sich bringen. Aber es sollte nicht unbedingt so kommen wie in Italien, wo das Stagionetheater doch eine große Repertoire-Einengung und Einschränkung mit sich bringt.

Nun muß aber in unserem deutschen Theatersystem angesichts der schrumpfenden Abonnentenzahlen auch immer mehr die Laufkundschaft umworben werden, was den inzwischen so beliebten Event-Charakter nur fördert. Manche Opernhäuser schleppen sich von einem zum nächsten Event.

Ich finde dieses Event-Gehasche entsetzlich! Immer mehr Opern werden aus dem Opernhaus herausgezogen. Man spielt in irgendwelchen Arenen ›Elektra‹, sogar in Ägypten vor Tempelruinen die ›Aida‹ und in der Verbotenen Stadt in Peking die ›Turandot‹. Die Oper wird den angestammten Aufführungen zunehmend entfremdet. Und dadurch haben es die Opernhäuser immer schwerer. Früher waren die Opernhäuser exklusiv für die Oper zuständig.

Andererseits spricht es dafür, daß die Oper lebt, daß ein breites Bedürfnis nach Oper existiert. Was ja durch die Theaterstatistiken, vergleicht man die Besucherzahlen im Schauspiel, bestätigt wird. Die Opernhäuser sind besser ausgelastet als die Schauspielhäuser. Der Zulauf zur Oper ist groß.

Davon zu reden, die Oper sei tot oder im Sterben begriffen, ist natürlich Unsinn. Die Oper ist der Gipfel der abendländischen Kultur. Und solange wir als Exponenten dieser abendländischen Kultur existieren werden, wird die Oper eine zentrale Rolle spielen. Und wenn nicht mehr, wenn es die Oper nicht mehr geben wird, sind wir auch tot. Dann ist Schluß. Das ist wie mit den Pyramiden in Ägypten. Das ist doch überhaupt keine Frage. Alles, die gesamte abendländische Entwicklung von Kunst und Kultur, Geist und Malerei, Musik und Dichtung gipfelte in der Oper. Die ist nicht kaputt zu kriegen. Ich halte das für ausgeschlossen. Und sie ist auch nicht kaputt zu inszenieren.

Naja, darüber streiten sich die Opernleute. Aber Sie haben recht, eine ›Zauberflöte‹ kann noch so miserabel inszeniert sein, trotzdem gehen die Leute rein. Aber ist es nicht ein Paradoxon, daß der Großteil der Opern, die wir uns anschauen, aus einer vergangenen Zeit stammt? Die allgemein verständliche Zeitoper existiert nicht mehr. Offensichtlich kann niemand mehr eine Zeitoper schreiben. Läßt sich unsere Welt überhaupt noch spiegeln in der Oper?

Das ist ein Riesenproblem! Die heutige Oper existiert ja stilistisch gar nicht, streng genommen. Aber die Welt ist auch nicht mehr in einem Werk, so wie es in den großen Meisterwerken der Oper mal war, zusammenzufassen. Oper war aber nie dazu da, daß sie endlos nachgespielt wird. Es ging darum, neue Werke zu präsentieren. In dem Moment, wenn ich das so provokativ sagen darf, in dem die neuen Opern schlechter sind als die altbekannten, herrscht schon die Dekadenz als Kunstform. Ab dem Zeitpunkt, als man alte Werke zu spielen begann, weil die neuen nicht mehr ein gewisses Niveau halten konnten, fing man an, Opern zu inszenieren. Das markiert, streng genommen, das Erlahmen der Oper. Opern wurden doch in ihrer Glanzzeit nicht wirklich inszeniert. Es gab nicht, was wir heute Regisseur nennen, auch der Name eines Dirigenten stand nicht ganz groß auf dem Plakat.

Wann würden Sie denn diesen Bruch ansetzen.

Also, in Deutschland steht natürlich dieser Koloß Richard Wagner da, der so Endgültiges in der Oper formuliert hat. Diese Gipfelwerke von Wagner sind, vielleicht mit einigen Ausnahmen, nie mehr erreicht worden. Daran führt kein Weg vorbei. Und selbst ›Salome‹ und ›Elektra‹ kann man als Fortsetzung des Wagnerschen Musikdramas sehen. Aber was hätte denn in der deutschen Oper ein Werk wie ›Tristan und Isolde‹ musikalisch überboten? Gar nicht zu reden vom ›Ring‹.

Aber erstaunlicherweise hat Wagner doch seine Zeitgenossen aufgefordert, die Oper der Vergangenheit neu zu interpretieren. ›Kinder macht Neues‹ war sein Leitmotiv der

Theaterarbeit. Er hat sich dezidiert dafür ausgesprochen, man kann es nachlesen, daß man die Mozartopern aus dem Geist der Heutezeit, seiner Gegenwart also, interpretieren und auch darstellen müsse. Und das hat er ja schließlich auch für sein eigenes Werk gefordert nach der mißglückten ›Ring‹-Uraufführung 1876.

Naja, Wagner sah Beethoven und seine Vorbereiter als Wegbahner seines Musikdramas an. Er hat sich ja nicht für die ›Entführung aus dem Serail‹ eingesetzt, sondern für den ›Don Giovanni‹. Aber diese Sichtweise hat sich geändert. Heute käme keiner mehr auf die Idee, die Retuschen, die Wagner an der 9. Symphonie von Beethoven vorgenommen hat, die ja aus seiner Sicht hervorragend sind, spielen zu wollen. Man will doch heute keinen Beethoven mit wagnerschem Klang hören. Aber daß er sich als End- und Gipfelpunkt einer gesamten Entwicklung gesehen hat, das zeigt doch seine Größe.

Und es zeigt auch seinen Größenwahn.

Ja sicher, aber ohne seinen Größenwahn wären diese Werke nicht entstanden. Man darf nicht vergessen, daß der scheinbar größte Gegner von Wagner, Johannes Brahms, kurz nachdem er nach Wien übersiedelte, an Josef Joachim schrieb: Wenn ich betrachte, wie Wagner abgelehnt und bekämpft wird, dann müßte ich zum Wagnerianer werden. Wagner wurde von den Musikern abgelehnt! Die wollten solche Musik nicht spielen. Die war nämlich so unbeschreiblich schwer und neu und ungewohnt. Was für ein Selbstbewußtsein muß Wagner gehabt haben!

Die offiziellen Äußerungen eines Komponisten über einen anderen, das hat uns schon Swarowsky gesagt, die sollte man nie ernst nehmen, vor allem nicht die negativen.

An denen hat es natürlich nicht gefehlt bei Wagner.

Ja sicher, aber ich glaube, nur die ganz Großen können sich das erlauben. Aber heute macht das jeder, und das ist gefährlich.

Wagner ist sicher einer Ihrer Fixpunkte Ihrer Zukunftsplanungen?

Ja, ich habe natürlich einen Traum, nämlich Richard Wagner auf historischen Instrumenten zu spielen und wegzukommen von der Brüllerei. Denn das Laute des heutigen Wagnergesangs hat ja nicht nur die Sänger ruiniert, sondern einiges andere auch.

Dieses Brüllen wollte Wagner übrigens gar nicht, Er hat ja immer gesagt: Die kleinen Noten sind wichtig, auf die Wortverständlichkeit kam es ihm in erster Linie an, nicht auf Phonstärke

Und Furtwängler beschreibt noch eine Aufführung unter Hans Richter, also einem Wagnerdirigenten der ersten Stunde, in der er saß als junger Mann und jedes Wort verstand. Und wenn Wagner im ›Tannhäuser‹ zwei Naturhörner und zwei Ventilhörner verlangt, muß er ja einen Grund gehabt haben für eine solche Besetzung. Ihn so aufzuführen, wie es ihm vorschwebte, das ist etwas, was ich mir zum Ziel gesetzt habe. Daran arbeite ich schon.

Aber an den ›Tristan‹ im eigenen Opernhaus denken Sie noch nicht, oder?

Noch nicht. Und im Kloster Irsee gibt's leider kein Opernhaus.

Sie haben an der Wiener Staatsoper ja viel Repertoire dirigiert, mit wenig Proben und wechselnden Sängerbesetzungen.

Ja, aber zu diesen Verständigungen vom Pult aus, mit Fingerzeichen und diesen Geschichten, dazu habe ich keine Lust mehr. Das war zuweilen traumhaft schön, wenn alles schön lief. Aber nicht immer läuft alles schön, bei diesem Jet Set-Repertoiresystem ohne Proben, in dem eigentlich jeder macht, was er will. Da klappert es hier und dort... Ich habe mich entschlossen, grundsätzlich nur noch Opernproduktionen anzunehmen, wenn ich drei Monate an einem Haus sein kann, so wie ich das in Köln gemacht habe, und wenn ich alles blockiere. Aber ich bin auch von der ersten bis zur letzten Probe dabei. Anders ist es für mich nicht mehr denkbar, Oper aufzuführen.

Was sind denn Ihre Pläne und Wünsche im konzertanten Bereich?

Nachdem ich sehr viel Haydn-Symphonien dirigiert habe, arbeite ich jetzt an einem Zyklus der Beethoven-Symphonien, nachdem ich ja die Klavierkonzerte Beethovens schon eingespielt habe. Und ich kann es kaum abwarten, aus dieser Sicht die Ausstrahlungen auf Bruckner und Brahms neu zu entdecken.

Ich höre ihn schon: Ihren Bruckner auf Originalinstrumenten.

Warum nicht?

Biographische Anmerkungen

GOLO BERG

* 1968 (Weimar). Er studierte von 1985 bis 1991 an der Weimarer Hochschule für Musik
›Franz Liszt‹ Dirigieren, aber auch Klavier, Gesang, Komposition und Bratsche. Nach seinem
Studium wurde Golo Berg 1991 erster Kapellmeister, dann 1992 Chefdirigent und Musikalischer Oberleiter des Mecklenburgischen Landestheaters Neustrelitz. Unter seiner Leitung
erlebte das Haus einen starken künstlerischen Aufschwung. 1997 wechselte er als Chefdirigent
zu den Hofer Symphonikern, 1998 erfolgte dann seine Ernennung zum GMD des Städtebundtheaters Hof. Golo Berg hat schon mit zahlreichen Orchestern zusammengearbeitet,
u. a. mit den meisten deutschen Rundfunkorchestern und gastierte bereits an der Deutschen
Oper Berlin. Erfolgreiche Meisterkurse belegte er u. a. bei Lorin Maazel, Michael Gielen,
Rudolf Barschai, Gerd Albrecht, Lothar Zagrosek, Rolf Reuter und Frans Brüggen. Mit
Beginn der Spielzeit 2001/2002 wurde Golo Berg Generalmusikdirektor des Anhaltischen
Theaters und der Anhaltischen Philharmonie Dessau.

IVOR BOLTON

Er war nach seiner Ausbildung zum Dirigenten am Royal College Cambridge und am National Opera Studio London Musikalischer Leiter der English Touring Opera, dann von
1992–1997 der Glyndebourne Touring Opera und von 1994–1996 Chefdirigent des Scottish
Chamber Orchestra. Er dirigiert häufig an der Bayerischen Staatsoper, an der er mit Barockopern weithin Aufsehen erregte; er hat u. a. in Buenos Aires (Die Zauberflöte), Sydney (Der
Barbier von Sevilla), Leipzig (Orfeo, Pelléas et Mélisande) und Salzburg (Iphigenie in Tauris,
2000) gastiert und ist für Neuproduktionen an der Hamburgischen Staatsoper (Alcina,
Februar 2002), in Brüssel (Alceste und A Midsummer Night's Dream) und in Glyndebourne
(Iphigenie in Aulis) vorgesehen.

WILLIAM CHRISTIE

* 1944 (New York). 1953 begann Christie ein Klavier-, Orgel-, und Cembalostudium in den
USA, siedelte 1971 nach Paris über und arbeitete mit diversen Ensembles zusammen, vor
allem mit René Jacobs und seinem Concerto Vocale. 1979 gründete er sein eigenes Ensembles
›Les Arts Florissants‹. 1982 erhielt er als erster Amerikaner eine Professur am Pariser Musikkonservatorium. 1984 und 1985 wurde er – nicht zuletzt dank seines Einsatzes für die Barockoper (Händel, Rameau, Purcell) in Pariser Opernhäusern – zum ›Musiker des Jahres‹ in
Frankreich gekürt. Christie ist ein in allen Zentren der Alten Musik und Festspielorten wie
Aix en Provence oder Glyndebourne begehrter und umjubelter Star. Neben Mozart gilt sein
Hauptinteresse nach wie vor englischer, italienischer und französischer Barockmusik. Die

Wiederbelebung der Werke Charpentiers, Rameaus und Couperins ist ihm ein besonderes Anliegen. William Christie ist seit 1995 französischer Staatsbürger. Er hat konkurrenzlose CD-Einspielungen von Rameau-Opern und -Balletten veröffentlicht.

SIR COLIN DAVIS

* 1927 (Weybridge, Grafschaft Surrey, Großbritannien). Da der Klarinettist Davis das Klavier nicht beherrschte, wurde ihm die Aufnahme in die Dirigentenklasse am Royal College of Music in Lonon verweigert. Als dirigentischer Autodidakt wurde er 1957 Assistent des BBC Scottish Chamber Orchestra, 1959 sprang er für den erkrankten Otto Klemperer ein, ein Jahr später für Sir Thomas Beecham. Als Lückenbüßer fand er weitreichende Beachtung und Anerkennung. Colin Davis begann schließlich als Musikdirektor von Sadler's Wells Opera. Er leitete das BBC Symphony Orchestra (1967–1971), anschließend als Nachfolger Georg Soltis bis 1986 das Orchester des Royal Opera House Covent Garden. Als Nachfolger von Rafael Kubelik leitete er das Symphonie-Orchester des Bayerischen Rundfunks (1983–1992) und das London Symphony Orchestra (seit 1995). Seit 1990 ist Colin Davis Ehrendirigent der Sächsischen Staatskapelle Dresden. Er ist vor allem als Interpret von Berlioz, Sibelius und Tippett, Mozart, Händel, Beethoven und Schubert bervorgetreten. Er hat mit allen großen Orchestern zusammengearbeitet und viele preisgekrönte Platten eingespielt, vor allem seine frühen, geradezu prophetischen Berlioz-Aufnahmen haben eine Berlioz-Renaissance eingeleitet.

CHRISTOPH VON DOHNÁNYI

* 1929 (Berlin). Er studierte Jura und nebenher, in München und in Amerika, Klavier und Dirigieren. Georg Solti hatte ihn 1952 als Repetitor an die Frankfurter Oper geholt. 1957 wurde er mit nur 27 Jahren der seiner Zeit jüngste GMD in Lübeck und engagierte sich schon damals für das Vergessene und Unbekannte. Er brachte den ersten ›Fernen Klang‹ von Franz Schreker nach 1945 auf die Bühne. Die folgenden Stationen waren Chefpositionen in Kassel (1963–1966), beim Kölner WDR-Orchester, wo er wichtige Uraufführungen leitete (1964–1970), schließlich an der Frankfurter (1968–1977) und der Hamburger Oper (1977–1984). An der Frankfurter Oper entdeckte er viele bedeutende Sänger: u. a. Julia Varady, Agnes Baltsa, Eva Marton und Ileana Cotrubas. Seine Frankfurter Musiktheaterdramaturgie erregte Aufsehen durch Regisseure wie Rudolf Noelte, Volker Schlöndorff, Hans Neuenfels, Klaus Michael Grüber und Peter Mussbach. Seit 1982 ist der weltweit gefragte Dirigent Nachfolger Lorin Maazels als Chef des Cleveland Orchestra. Im Sommer 2002 gibt er seinen Posten ab an Franz Welser-Möst und wird wieder mehr in Europa dirigieren, beim Londoner Philharmonia Orchestra, an Covent Garden und in Zürich.

JOHN ELIOT GARDINER

* 1943 (Fontmell Magna, Dorset/Großbritannien). Er ist eine der Schlüsselfiguren der Wiederentdeckung Alter Musik und der Historischen Aufführungspraxis von Monteverdi über Händel bis zu Mozart. Als Gründer und Leiter des Monteverdi Choir (1964) und Orchestra (1968) sowie der English Baroque Solists (1978) hat er wesentliche Impulse für einen zeitgemäßen historischen Aufführungsstil der Musik des 17. und 18. Jahrhunderts gegeben. Mit dem 1990 gegründeten Orchestre Révolutionnaire et Romantique und anderen Orchestern erarbeitet er auf der Grundlage der Erkenntnisse der Historischen Aufführungspraxis das

Repertoire des 19. Jahrhunderts bis zur Moderne. Immer wieder überrascht Gardiner durch seine Aufgeschlossenheit für Entlegenes, nicht seinem eigentlichen Repertoire Zugehöriges. Im Bach-Jahr 2000 hat er eine spektakuläre Bach-Kantaten-Pilgerreise mit ausschließlichen Kantaten-Konzerten quer durch Europa bis in die USA veranstaltet. Neuerdings hat Gardiner sogar Verdis ›Falstaff‹ eingespielt.

Valery Gergiev

* 1953 (Moskau). Gergiev verbrachte seine Jugend im Kaukasus. Er erlernte für eine russische Karriere eher spät das Klavierspiel. Nach dem Studium des Dirigierens bei Ilya Musin am Leningrader Konservatorium errang Valery Gergiev erste Erfolge. 1976 gewann er den gesamtrussischen Dirigentenwettbewerb in Moskau. Im Jahr darauf siegte er im Herbert-von-Karajan-Wettbewerb in Berlin. 1977 wurde Gergiev zum Assistenz-Dirigenten von Yuri Temirkanov an der Kirow Oper in Leningrad (dem einstigen Mariinskij-Theater im ehemaligen St. Petersburg) ernannt. Von 1981 bis 1985 leitete er das Armenische Staatsorchester. 1988 wurde Gergiev Chefdirigent und künstlerischer Leiter der im Herzen von Leningrad/St. Petersburg gelegenen Kirow Oper. Seit 1996 ist er auch Generaldirektor des Mariinsky/Kirow Theaters im nun wieder in St. Petersburg rückbenannten Leningrad. Gergiev führte das Mariinsky Theater, das regelmässig auf Tournee rund um die Welt geht, an die Spitze der Opernhäuser der Welt. Gergievs Operneinspielungen auf CD und Fernseh- bzw. Videoproduktionen haben ihn und die St. Petersburger Institution international bekannt gemacht. 1989 übernahm Gergiev die Funktion des ersten Gastdirigenten des Rotterdamer Philharmonischen Orchesters und wurde 1995 dessen Chefdirigent. Seit 1997 ist er auch erster Gastdirigent der Metropolitan Opera in New York. Gergiev ist Träger vieler nationaler und internationaler Preise und Gründer zahlreicher Festivals. 1993 hob er die St. Petersburger Weissen Nächte aus der Taufe, 1994 ein internationales Festival in Finnland. Seit Herbst 1996 leitet er das Rotterdam Festival. Er hat viele inzwischen erfolgreiche russische Stimmen entdeckt und gefördert. Er gehört inzwischen zu den erfolgreichsten Dirigenten der Welt.

Michael Gielen

* 1927 (Dresden). Sein Vater war der Regisseur Josef Gielen, sein Onkel der Pianist der Schönberg-Schule, Eduard Steuermann. Vor den Nazis emigrierte die Familie Gielen über Wien nach Buenos Aires. Dort studierte Gielen bei Erwin Leuchte (1942–1949), anschließend in Wien (1950–1953) bei Josef Polnauer. Als ausgezeichneter Pianist trat Michael Gielen 1949 in Buenos Aires auf und spielte in Konzertzyklen das Gesamtwerk Arnold Schönbergs. Er wurde Korrepetitor am Teatro Colón, wo die Aufführungen Erich Kleibers ebenso wie die Gastspiele von Maria Callas zu seinen prägenden Jugendeindrücken gehörten. 1950 wurde er Korrepetitor (1950–1952), später Kapellmeister an der Wiener Staatsoper (1952–1960) und assistierte Herbert von Karajan. 1960–1965 war er Chefdirigent der Stockholmer Oper. 1965 leitete er die UA der ›Soldaten‹ von B. A. Zimmermann. 1969–1972 war er Chefdirigent des belgischen Nationalorchesters. Seit 1969 ist er ständiger Gast des Symphonie-Orchesters des Süddeutschen Rundfunks. 1972–1975 war er Chef der Niederländischen Nationaloper. In den zehn Jahren seiner inzwischen legendären Ära als GMD der Frankfurter Oper (1977–1987) hat er exemplarisch modernes Musiktheater verwirklicht. 1979 wurde er Principle Guest Conductor des Symphonie-Orchesters der BBC London. 1986 übernahm er die Leitung des

Symphonie-Orchesters des Südwestfunks Baden-Baden. Am Mozarteum in Salzburg unterrichtet er Orchesterleitung. Michael Gielen hat sich bleibende Verdienste um die Aufführung zeitgenössischer Musik erworben. In Oper und Konzert hat sich der literarisch und philosophisch hochgebildete Dirigent durch viele Erst- und Uraufführungen, als Interpret spätromantischer wie zeitgenössischer Musik international einen großen Namen gemacht. Die reflektierte Durchdringung von Tradition und Avantgarde ist stets sein Hauptanliegen gewesen.

Nikolaus Harnoncourt

* 1929 (Berlin). Als Pionier auf dem Gebiet der Interpretation Alter Musik gründete er 1952 das Ensemble Concentus musicus Wien. Mit seinen Monteverdi-Operneinspielungen und -Aufführungen am Zürcher Opernhaus hat Harnoncourt das Interesse des 20. Jahrhunderts an Monteverdi geweckt. Er hat sich aber auch intensiv mit Bach und Mozart auseinandergesetzt. Seine erste Einspielung der kirchlichen Bachkantaten (gemeinsam mit Gustav Leonhardt) ist inzwischen Schallplattengeschichte. In den letzten Jahren dirigierte Harnoncourt zunehmend auch Werke des klassisch-romantischen Repertoires, sogar Opern und Operetten des späten 19. Jahrhunderts. Seiner erstaunlichen Vielseitigkeit und nicht selten verblüffend ›anderen‹ Lesart wohlbekannter Repertoirestücke entspricht die Bandbreite der Ensembles, mit denen er inzwischen zusammenarbeitet. Das Concertgebouw Orkest Amsterdam und das Chamber Orchestra of Europe, aber auch die Wiener und die Berliner Philharmoniker gehören heute zu seinen regelmäßig dirigierten Orchestern. Harnoncourt hat eine geradezu überwältigende Menge an CDs veröffentlicht. Seine Präsenz auf den ersten Konzertpodien und bei den bedeutendsten Festspielen Europas gehören zu den ›Events‹ des heutigen Musiklebens. Das Mattheson-Wort von der ›Klangrede‹, das Harnoncourt wiederentdeckte, wurde zum Markenzeichen seiner Auffassung von Musik.

Peter Hirsch

* 1956 (Köln). Studierte an der Musikhochschule seiner Heimatstadt und wurde anschließend Assistent von Michael Gielen an der Frankfurter Oper. 1984–1987 war er dort 1. Kapellmeister. 1985 debütierte er an der Mailänder Scala mit Luigi Nonos ›Prometeo‹. Im folgenden Jahr leitete er die Uraufführungen von Hans Zenders ›Stephen Climax‹ in Frankfurt sowie von ›Risonanze Erranti‹ von Luigi Nono in Köln. Er dirigierte aber auch zahlreiche Opernproduktionen im In- und Ausland, so u. a. in Vancouver, an der English und Welsh National Opera, der Scottish Opera, der Nederlands Opera (die Rekonstruktion der Urfassung von Berlioz' ›Benvenuto Cellini‹), der Staatsoper Unter den Linden in Berlin und an der Komischen Oper Berlin. 1993–1994 war er Leiter der Jeune Philharmonie de Belgique. Er ist regelmäßiger Gast beim Deutschen Symphonie-Orchester Berlin, dem Berliner Sinfonie-Orchester, dem Kölner Rundfunk-Sinfonie-Orchester, bei der Kammerphilharmonie und dem Sinfonieorchester des Mitteldeutschen Rundfunks, beim Ensemble Recherche, beim Orchestre National de Belgique, dem Residenz-Orchester Den Haag u. a. Klangkörpern im In- und Ausland. Er ist gern gesehener Gast bei den Berliner Festwochen, beim Bologna Festival, dem Steirischen Herbst, dem Ars Musica Festival in Brüssel sowie bei der Biennale in München. Zahlreiche Uraufführungen und CD-Produktionen mit Musik von Nono,

Lachenmann, Zender, Knaifel, Delz, Ospald, aber auch Mahler und Schönberg haben seinen Ruf als Spezialist für zeitgenössische Musik gefestigt.

RENÉ JACOBS

* 1946 (Gent, Belgien). Als Chorknabe groß geworden mit einer reichen musikalischen Tradition, studierte er parallel zum Studium der klassischen Philologie in Brüssel bei Louis Devos und in Den Haag bei Lucie Frateur Gesang, zunächst als Tenor. Die Begegnungen mit den Brüdern Kuijken, Gustav Leonhardt und Alfred Deller ermutigten ihn, sich als Countertenor zu spezialisieren. In diesem Fach machte Jacobs international Karriere und entwickelte sich zu einem der führenden Barock-Interpreten seiner Zeit, was auf zahlreichen CD dokumentiert ist. 1977 gründete Jacobs das Ensemble ›Concerto Vocale‹. Viele der Produktionen von Jacobs und seinem Ensemble wurden als Marksteine der Aufführungspraxis von Barock-Opern gefeiert. Seit 1991 verantwortet Jacobs das Opernprogramm der Festspiele für Alte Musik in Innsbruck. An der Berliner Staatsoper wurde er zum Principal Guest Conductor und Berater des vorklassischen Repertoires und realisierte, in Kooperationen mit anderen Theatern, herausragende Produktionen barocker Opern von Händel, Cavalli, Telemann, Keiser, Gassmann und Graun mit dem Concerto Köln und der Akademie für Alte Musik Berlin. Mit beiden Ensembles hat er auch exzeptionelle Einspielungen auf CD veröffentlicht. Herausragende Ereignisse des internationalen Opernlebens sind stets seine Opernausgrabungen, etwa Grauns ›Cleopatra e Cesare‹, Gassmanns ›L'Opera seria‹, Telemanns ›Orpheus‹, Reinhard Keisers ›Croesus‹ oder Naumanns ›Cora‹. Als Spezialist barocker Oper und der Historischen Aufführungspraxis ist René Jacobs seit Jahren auch ein sehr gefragter Pädagoge, unter anderem an der Schola Cantorum Basiliensis.

MAREK JANOWSKI

* 1939 (Warschau). Er wuchs in Wuppertal auf, studierte an der Hochschule für Musik in Köln bei Wolfgang Sawallisch und setzte seine musikalische Ausbildung an der Accademia Musicale Chigiana in Siena fort. Erste berufliche Stationen waren Kapellmeisterstellen in Aachen, Köln und Düsseldorf, bevor er in gleicher Funktion an die Kölner Oper, danach an die Hamburger Oper verpflichtet wurde (1969–1974). 1973–1975 war er in Freiburg, 1975–1979 in Dortmund Generalmusikdirektor. Danach holte ihn das Royal Liverpool Philharmonic Orchestra zunächst als Ersten Gastdirigenten, von 1983–1986 als künstlerischen Berater. In den achtziger Jahren gewann er eine enge Bindung an die Dresdner Staatskapelle. 1986–1990 war Marek Janowski Chefdirigent des Gürzenich-Orchesters in Köln, die gleiche Position bekleidete er beim Orchestre Philharmonique de Radio France in Paris. Er ist ständiger Gastdirigent des Deutschen Symphonie Orchesters Berlin. Seit Sommer 2000 leitet Janowski das Orchestre Philharmonique de Monte Carlo, und seit Januar 2001 ist er künstlerischer Leiter und Chefdirigent der Dresdner Philharmonie. Janowski gastiert an den bedeutendsten Opernhäusern der Welt, in Wien, München, Berlin, San Francisco, Chicago, New York (Metropolitan Opera) und bei den großen Orchestern in Europa, Amerika und Fernost. Außerdem wurde er durch seine Schallplattenaufnahmen bekannt, wobei hier vorrangig die Einspielungen des Wagnerschen ›Rings‹ und der Weberschen ›Euryanthe‹ mit der Dresdner Staatskapelle zu nennen sind.

Michail Jurowski

* 1945 (Moskau). Der Sohn des Komponisten Wladimir Jurowskij (1915–1972) wurde am Moskauer Konservatorium durch Leo Ginsburg und Alexej Kadinsky in den Hauptfächern Dirigieren und Musikgeschichte ausgebildet. 1969 wurde Gennadi Roshdestwensky auf ihn aufmerksam und engagierte ihn als seinen Assistenten beim Großen Symphonieorchester des Sowjetischen Rundfunks und Fernsehens (1970–1973). Seit 1973 war Jurowski Dirigent des Moskauer Stanislawski-Theaters und des Nemirowitsch-Dantschenko-Musiktheaters. Dort sammelte er praktische Theatererfahrungen und baute sich ein umfangreiches Opern- und Ballett-Repertoire auf. Seit 1988 gastierte er regelmäßig am Bolschoi-Theater. 1988 initiierte er das Musiktheater FORUM, das erste vom Staat unabhängige Musiktheater der Sowjetunion, dessen Generalmusikdirektor er wurde. 1990 übersiedelte Michail Jurowski mit seiner Familie nach Deutschland, wo er sich schnell als erfahrener und glutvoller Ballett-, Konzert- und Operndirigent einen Namen machte. 1992/1923 wurde er kurzzeitig GMD der Nordwestdeutschen Philharmonie Herford. An der Leipziger Oper war er unter Udo Zimmermann zunächst ständiger Gastdirigent und schließlich Chefdirigent. Von 1997 bis 1999 war er GMD des Volkstheaters in Rostock. Jurowski ist seit 1998/1999 ständiger Gastdirigent des Rundfunk-Sinfonieorchesters Berlin. Seit Beginn der Spielzeit 2001/2002 ist Michail Jurowski ständiger Dirigent an der Deutschen Oper Berlin. Als erfahrener Opern- und vielseitiger Konzertdirigent widmet er sich in besonderem Maße dem zeitgenössischen Musikschaffen, aber auch dem russischen Repertoire und repertoireabseitigen Ausgrabungen, etwa Franz Lehárs.

Ton Koopman

* 1944 (Zwolle, Holland). Der international gefragte Organist und Cembalist tritt seit einigen Jahren zunehmend als Dirigent in Erscheinung. Er hat nacheinander verschiedene Ensembles geleitet, darunter die von ihm gegründete Musica da Camera (1966), die Musica Antiqua Amsterdam (1970) und das Amsterdamer Barock-Orchester (1979) mit dem er bis heute zusammenarbeitet, unter anderem an einer Gesamteinspielung sämtlicher kirchlicher und weltlicher Bachkantaten, die bis 2004 abgeschlossen sein soll. Als Organist hat er bereits eine Einspielung sämtlicher Bachschen Orgelwerke vorgelegt. Als Interpret barocker und klassischer Partituren praktiziert er lustvoll die strengen Prinzipien historischer Aufführungspraxis. Er ist auch Autor vieler Fachartikel und musikwissenschaftlicher Bücher. So gab er u. a. 1995 gemeinsam mit dem Bach- und Mozartforscher Christoph Wolff den ersten Band eines dreibändigen Werkes ›Die Welt der Bach-Kantaten‹ heraus. Ein zweiter, den weltlichen Kantaten gewidmeter Band folgte 1997. Ton Koopman hat eine Professur für Cembalo am Königlichen Konservatorium in Den Haag und ist Ehrenmitglied der Royal Academy of Music in London.

Jiří Kout

* 1937 (Prag). Er absolvierte am Prager Konservatorium ein Orgelstudium und erhielt dort zugleich seine Ausbildung als Dirigent. Er gewann mehrere Dirigenten-Wettbewerbe, war einige Jahre an der Oper in Pilsen tätig und wurde 1973 als Dirigent ans Nationaltheater in Prag verpflichtet. Dort hat er viele Werke von Mozart, Wagner, Verdi, Puccini, Dvořak, Smetana und Janáček dirigiert und immer wieder auch die Konzerte der Tschechischen Philharmonie, des Prager Symphonischen Orchesters und des Prager Rundfunk-Orchesters geleitet. Mit Beginn der Spielzeit 1976/1977 gehörte Kout der Deutschen Oper am Rhein Düsseldorf/Duisburg an, dirigierte dort ein umfangreiches Repertoire und gastierte mehrfach an der Bayerischen Staatsoper in München. Er entschloß sich, nach Deutschland überzusiedeln und wurde Erster Kapellmeister am Düsseldorfer Opernhaus, wo er bis 1985 blieb. Von 1985 bis 1991 war er Generalmusikdirektor und Operndirektor in Saarbrücken. 1993/1994 GMD des Leipziger Opernhauses, wo er kurz vor seinem Abschied mit Messiaens ›St. François d'Assis‹ Furore machte. 1996 wurde er Chefdirigent des NHK-Orchesters Tokyo. Seine Janáček-, Strauss- und Wagnerdirigate, aber auch sein Einsatz für Poulenc haben weit über Berlin hinaus Aufsehen erregt. Jiri Kout ist hochgeschätzer Gast an den Opernbühnen und in den Konzertsälen im In- und Ausland. Vor allem mit den Werken von Strauss, Wagner und Janáček steht er am Pult der wichtigsten Spielstätten der musikalischen Welt, ob in New York (Metropolitan), Chicago, San Francisco, Stockholm, Paris, Los Angeles, London, aber auch in Glyndebourne. Seit Anfang der Spielzeit 1996/97 ist er Chefdirignet des Sinfonieorchesters St. Gallen (Schweiz).

LORIN MAAZEL

* 1930 (Neuilly-sur-Seine bei Paris). Sohn amerikanischer Eltern. Nachdem die Familie 1932 in die USA übersiedelte, erlernte er in Los Angeles im Alter von fünf Jahren Klavier und Violine. Bereits mit neun Jahren dirigierte er das Los Angeles Philharmonic Orchestra. Maazel studierte Philosophie, Literatur und Musik, bevor er 1953 in Italien sein professionelles Debüt als Dirigent gab. Nebenher ist er immer wieder als hervorragender Geiger solistisch und in Kammermusik hervorgetreten. Auch als Komponist hat er auf sich aufmerksam gemacht. 1965 bis 1971 war er GMD der Deutschen Oper Berlin und Chef des Berliner Radio Symphonie Orchesters. 1972–1982 leitete er das Cleveland Orchestra, er war Principle Guest Conductor des Philharmonia Orchestra in London (1976–1980), General Manager und Artistic Director der Wiener Staatsoper (1982–1984) und Musikdirektor des Orchestre National de France (1988–1990), gleichzeitig Music Director des Pittsburgh Symphony Orchestra seit 1988. 1993 wurde er Chefdirigent des Symphonieorchesters des Bayerischen Rundfunks in München. 2002 wird er bei den New Yorker Philharmonikern als Chefdirigent Nachfolger Kurt Masurs. Zu seinem Repertoire gehören insbesondere klassisch-romantische Werke. Aber auch Mahler und Puccini, Strauss und Bartók, Wagner, Gershwin und Luciano Berio weiß er mit Drive und expressiver Klangfülle effektvoll zu dirigieren. Seine umfangreiche Diskographie bezeugt es. Er ist ein ›Vollblutmusiker‹ und einer der international begehrtesten Pultstars. Maazels enorme Professionalität und Virtuosität ist gepaart mit Talent zum Showmaker. Das Dirigierpult ist ihm Bühne stilvoll-eleganter Selbstinszenierungen, die ihn als einen der letzten ›Maestri‹ in romantischem Sinne erscheinen lassen.

KURT MASUR

* 1927 (Brieg/Schlesien). Sein erstes Theaterengagement trat er in Halle an der Saale an, weitere Stationen waren die Theater in Erfurt, Leipzig, Schwerin sowie die Komische Oper Berlin. 1970–1998 leitete er das traditionsreiche Leipziger Gewandhausorchester und machte es zum Vorzeigeorchester der DDR, das er auf vielen Gastspielen in aller Welt präsentierte. Uraufführungen zahlreicher ostdeutscher Komponisten gehörten zu seiner Pflichterfüllung als angesehenster und ausgezeichnetster Dirigent der DDR. In der Vor-Wende-Zeit (1989)

trat Kurt Masur bei den historischen Montagsdemonstrationen in Leipzig auch politisch hervor. Seit 1991 leitete er das New York Philharmonic Orchestra, das er 2002 verlassen wird. Im November 1998 bot ihm das London Philharmonic Orchestra die Position des Chefdirigenten an, die Masur in der Saison 2000/01 antrat. 2002 wird er Musikdirektor des Orchestre National de France. Masur gilt weithin als Inbegriff deutscher Kapellmeisterkultur und Lordsiegelbewahrer der sogenannten deutschen Musiktradition.

Zubin Mehta

* 1936 (Bombay/Indien). Er studierte zwei Semester Medizin in Bombay, konzentrierte sich danach aber ganz auf die Musik. Er absolvierte eine Dirigentenausbildung an der Wiener Musikakademie bei Hans Swarowsky. Zubin Mehta war Gewinner des Internationalen Dirigentenwettbewerbs von Liverpool und Preisträger des Kussevitzky-Wettbewerbs in Tanglewood. Er wurde Chefdirigent des Montreal Symphony Orchestra (1961 bis 1967), des Los Angeles Philharmonic Orchestra (1962 bis 1978) und der New Yorker Philharmoniker (1978 bis 1991). Zubin Mehta ist Musikdirektor auf Lebenszeit des Israel Philharmonic Orchestra und Musikdirektor des Festivals Maggio Musicale in Florenz. Er dirigiert regelmäßig Konzerte mit den Berliner und den Wiener Philharmonikern, Vorstellungen an der Metropolitan Opera New York, an der Wiener Staatsoper (Ehrenmitglied seit 1997), der Bayerischen Staatsoper, am Royal Opera House, an Covent Garden, London, an der Mailänder Scala, in Montreal, Chicago, Florenz und bei den Salzburger Festspielen. Seit 1998 ist er Bayerischer Generalmusikdirektor und damit musikalischer Leiter der Bayerischen Staatsoper und des Bayerischen Staatsorchesters. Zubin Mehta hat zahlreiche Opern- und Konzertaufnahmen auf CD veröffentlicht und gehört zum internationalen Jet-Set der hochkarätigsten Dirigentenszene. Zubin Mehta ist im symphonischen wie im Musiktheaterrepertoire so kompetent wie nur wenige andere Dirigenten. Der stets von glamouröser Aura umgebene einzige indische Dirigent von Weltgeltung gilt als Alleskönner und scheut auch vor Massenveranstaltungen in Fußballstadien o. ä. nicht zurück.

Ingo Metzmacher

* 1957 (Hannover). Aufgewachsen mit Musik des 19. Jahrhunderts, beschäftigte er sich früh mit Neuer Musik. Klavier-, Theorie- und Dirigierstudium in Hannover, Salzburg und Köln. Seine ersten Sporen erarbeitete er sich als Korrepetitor an der Frankfurter Oper. Ab 1985 wurde er Dirigent und Pianist des ›Ensembles Modern‹ und etablierte sich international im Konzertfach. Regelmäßig tritt er mit dem Scottish Chamber Orchestra und den Bamberger Symphonikern auf (mit denen er u. a. eine Gesamteinspielung der Sinfonien von Hartmann erarbeitete). 1985 wurde er Solorepetitor bei Michael Gielen in der Frankfurter Oper, 1987 Kapellmeister am ›Musiktheater im Revier‹ in Gelsenkirchen. 1988 und 1989 dirigierte er in Brüssel Schrekers ›Fernen Klang‹, Bergs ›Wozzeck‹ und Schuberts ›Fierrabras‹. Weitere erfolgreiche Dirigate in Brüssel, Stuttgart, Basel, Dresden und Wien. 1992 studierte er die UA von W. Rihms ›Eroberung von Mexiko‹ in Hamburg ein. 1993 leitete er bei den Salzburger Festspielen Luigi Nonos ›Prometeo‹. Seit 1997 ist Metzmacher als gefeierter Dirigent vor allem des Repertoires des 20. Jahrhunderts GMD in Hamburg und musikalischer Chef der Hamburger Staatsoper. Auch bei den Berliner Philharmonikern, an der Pariser Bastille-Oper und in den USA hat Ingo Metzmacher bereits erfolgreich gastiert.

Kent Nagano

* 1951 (Morro Bay, Kalifornien). Der Sohn japanischer Einwanderer debütierte 1977 an der Oper in Boston und wurde 1978 Musikdirektor in Berkeley, wo er u. a. das gesamte Orchesterwerk von Messiaen aufführte. Seit 1989 war er Musikdirektor der Opéra National de Lyon, die er zu einem der interessantesten Opernhäuser Frankreichs machte. Zahlreiche CD-Produktionen belegen das. Von 1986 bis 1989 arbeitete er regelmäßig mit dem Ensemble Inter Contemporain, seit 1990 auch mit dem London Symphony Orchestra, und 1992 wurde er Chefdirigent des Hallé-Orchesters. Mit der Saison 2000/2001 übernahm Kent Nagano als Chefdirigent und Künstlerischer Leiter die musikalische Verantwortung für das Deutsche Symphonie-Orchester Berlin. Er ist inzwischen auch gefeierter Dirigent der Oper in Los Angeles. Die großen Konzerthäuser der Welt reißen sich um den erfrischend und aufregend ›anderen‹, jugendlich wirkenden Dirigenten mit seinen oft unkonventionellen Konzertprogrammen. Im Sommer 1998 löste er bei den Salzburger Festspielen mit Messiaens ›St. Francois d'Assise‹ Begeisterungsstürme aus. Seine Diskographie reicht von Operngesamtaufnahmen des romantischen Repertoires über Mahler bis zu zeitgenössischer Musik.

Roger Norrington

* 1934 (Oxford/Großbritannien). Zunächst Sänger und Instrumentalist übernahm er 1962 den Londoner Schütz Choir, leitete die Kent Opera (1969–1984), gründete 1975 das London Baroque Ensemble und 1978 die London Classical Players, mit denen er immer wieder aufsehenerregende Interpretationen und Einspielungen realisiert. 1997 wurde er als Nachfolger Sandor Veghs Chefdirigent der Camerata Academica Salzburg. Seit der Saison 1997/98 regelmäßige Zusammenarbeit mit dem Gewandhausorchester Leipzig und dem Berliner Philharmonischen Orchester. Seit 1998 ist Norrington Chefdirigent des RSO Stuttgart. Er ist ein Außenseiter unter den Vertretern der Historischen Aufführungspraxis mit unorthodoxen Auffassungen und lustvoll-undogmatischer Musizierhaltung. Er widmet sich sowohl der Alten Musik als auch der großen Sinfonik der Klassik, Romantik und Spätromantik. Seine reiche Diskographie belegt seine Vielseitigkeit, aber auch seine interpretatorische Phantasie und Originalität.

Mikhail Pletnev

* 1957 (Archangelsk/Rußland). Er wurde als Sohn eines Musikerehepaares geboren. Aufgrund seiner außergewöhnlichen musikalischen Begabung begann er schon mit 13 Jahren ein Klavierstudium an der Moskauer Zentralschule für Musik, das er 1974 am Moskauer Konservatorium fortsetzte. Als Einundzwanzigjähriger gewann er 1978 den ersten Preis und die Goldmedaille beim Internationalen Tschaikowsky-Klavierwettbewerb in Moskau. Nach dem Ende der Sowjetunion ließen Platteneinspielungen, zahlreiche Konzerttourneen und Klavierabende in den prominenten Musikzentren der Welt Mikhail Pletnev in ganz Europa sowie in Japan, Israel und in den USA bekannt werden. Zunehmend weitet der Pianist seine Karriere auch als Dirigent aus, vor allem mit dem von ihm gegründeten Russischen Nationalorchester, mit dem er inzwischen auch CDs produziert.

Sir Simon Rattle

* 1955 (Liverpool/Großbritannien). Rattle studierte an der Royal Academy of Music in London. Von 1974 bis 1977 war er Assistant Conductor beim Bournemouth Symphony Orchestra und der Bournemouth Sinfonietta. Danach arbeitete er mit dem Philadelphia Orchestra, der London Sinfonietta und dem Los Angeles Philharmonic Orchestra, dessen Erster Gastdirigent er von 1981 bis 1994 war. 1980 wurde er mit nur 25 Jahren Chefdirigent des City of Birmingham Symphony Orchestra, das er zu einem der besten und interessantesten Orchester des Landes machte, wofür er 1994 von der Queen geadelt wurde. In kontinuierlicher Aufbauarbeit bis Ende der Spielzeit 1996/97 machte er Birmingham zu einem Musikzentrum und das CBSO auf vielen Gastspielen (1998 auch bei den Salzburger Festspielen) international bekannt; daneben wurde er aber auch in den großen Opernhäusern zu einem international geschätzten Gastdirigenten. Rattle hat die führenden Orchester Amerikas wie Europas inzwischen mehrfach dirigiert. Seit 1992 ist er Erster Gastdirigent des Orchestra of the Age of Enlightenment. Er hat sowohl beim Glyndebourne Festival als auch an der English National Opera und dem Opernhaus Covent Garden ein breites Spektrum von Opern mit dem größten erfolg dirigiert (Janáček, R. Strauss, Wagner, Mozart, Prokofjew und Gershwin). Sein Repertoire ist sehr groß. Ein Schwerpunkt seiner Arbeit liegt auf Werken des 20. Jahrhunderts. Aber auch das klassische und romantische Repertoire gehört zu seinem Betätigungsfeld, ob mit den Wiener Philharmonikern oder dem Berliner Philharmonischen Orchester, dessen Chef (und Nachfolger Claudio Abbados) er 2002 wird. Auch auf dem CD-Markt spielt Simon Rattle bereits eine kommerziell nicht zu unterschätzende Rolle.

Kurt Sanderling

* 1912 (Arys, Ostpreußen). Noch vor der Machtergreifung der Nationalsozialisten emigrierte Sanderling nach kurzen Erfahrungen als Korrepetitor an der Berliner Charlottenburger Oper in die Sowjetunion, arbeitete zunächst als Pianist und Dirigent beim Moskauer Rundfunk und wurde dann neben Jewgeni Mravinskij Dirigent der renommierten Leningrader Philharmoniker. 1960–77 war er Chefdirigent des Berliner Sinfonie-Orchesters (BSO) in Ost-Berlin, 1964–67 gleichzeitig auch Chef der Staatskapelle Dresden. Seit 1977 dirigierte er auch auf den internationalen Konzertpodien, seit 1979 war er regelmäßig zu Gast beim Nippon Symphony Orchestra in Tokio. Er dirigierte viele Uraufführungen ostdeutscher Komponisten, u. a. von Siegfried Matthus, Ernst Hermann Meyer, Rudolf Wagner-Régeny.

Giuseppe Sinopoli

* 1946 (Venedig), † 2001 (Berlin). Sinopoli studierte am Konservatorium seiner Heimatstadt Musik und promovierte 1971 an der Universität von Padua in Medizin. 1986 absolvierte er Kurse bei Stockhausen und Maderna in Darmstadt. Bei Hans Swarowsky in Wien lernte er ab 1971 das Handwerk des Dirigierens. 1972 erhielt er einen Lehrstuhl für zeitgenössische und elektronische Musik in Venedig und setzte gleichzeitig seine Studien bei Hans Swarowsky fort. 1981 dirigierte er die Uraufführung seiner eigenen Oper ›Lou Salome‹ (Libretto von Karl Dietrich Gräwe) an der Bayerischen Staatsoper. Bereits 1977/1978 hatte er mit spektakulären Aufführungen von Verdis ›Aida‹ und Puccinis ›Tosca‹ am Teatro la Fenice in Venedig international auf sich aufmerksam gemacht. Mit Verdis ›Macbeth‹ an der Deutschen Oper Berlin schaffte er den internationalen Durchbruch. Auch Verdis ›Attila‹ 1980 an der Wiener Staats-

per, ›Aida‹ in Hamburg, ›Luisa Miller‹, ›Macbeth‹ und ›La Fanciulla del West‹ an verschiedenen Opernhäusern in Deutschland in den folgenden zwei Spielzeiten zeigten ihn als herausragenden Verdi-Dirigenten. 1983 debütierte er mit ›Manon Lescaut‹ an Londons Covent Garden, mit ›Tosca‹ 1985 an der Met. Schon 1983 war Giuseppe Sinopoli zum Chefdirigenten des Orchesters der Accademia Nazionale di Santa Cecilia im Rom berufen worden. Die gleiche Position bekleidet er seit 1984 beim London Philharmonic Orchestra. Kurzzeitig war er GMD der Deutschen Oper Berlin, an der er sich allerdings mit Götz Friedrich überwarf und vorzeitig kündigte. An Mailands La Scala debütierte er 1994 mit der ›Elektra‹ von Richard Strauss. 1985 debütierte er mit ›Tannhäuser‹ in Bayreuth, wo er in den folgenden 15 Jahren regelmäßig dirigierte. Zuletzt studierte er den neuen ›Ring‹ im Jahre 2000 ein. Seit 1990 war er auch Künstlerischer Leiter des sizilianischen Festivals Taormina Arte. Er dirigierte als Gast die bedeutendsten Orchester der Welt: das New York Philharmonic, die Berliner Philharmoniker, das Chicago Symphony Orchestra und das Israel Philharmonic Orchestra. 1992 trat er sein Amt als Chefdirigent der Sächsischen Staatskapelle Dresden an, das er bis zu seinem Tode bekleidete. Neben seiner musikalischen Laufbahn hatte er kontinuierlich Archäologie studiert und, wenn es seine Zeit erlaubte, archäologische Grabungen durchgeführt. Nur wenige Wochen vor seiner Verteidigung als Doktor der Archäologie starb er. Giuseppe Sinopoli war ohne Frage einer der tiefsinnigsten und kosmopolitischsten Dirigenten seiner Generation. Er wurde unerwartet aus einem von Aktivität strotzenden und noch vielen Zukunftsplänen und -projekten vorgezeichneten Leben gerissen. Sinopoli starb am 20. April 2001 während einer ›Aida‹-Vorstellung in der Deutschen Oper Berlin. Postum wurde sein für sein künstlerisches Denken aufschlussreicher Roman ›Parsifal in Venedig‹ herausgegeben.

Sir Georg Solti

* 1912 (Budapest). An der Franz Liszt-Akademie in Budapest studierte er bei Bartók, E. von Dohnányi, Kodály und Weiner. Nach dem Abschluß wurde er Korrepetitor an der Staatsoper Budapest. 1937 war er Toscaninis Assistent in Salzburg, ein Jahr später debütierte er als Dirigent an der Stastsoper Budapest. Vor den Nationalsozialisten in die Schweiz geflohen, gewann er 1942 den ersten Preis im Fach Klavierspiel beim Goncours International in Genf. Nach dem Kriege wurde Georg Solti, dem aufgrund seiner herausragenden pianistischen Begabung eine Pianistenkarriere vorausgesagt wurde, 1946 GMD der Bayerischen Staatsoper in München, 1952 wechselte er als GMD und Operndirektor nach Frankfurt am Main. 1961 übernahm er die Leitung der Covent Garden Opera in London. 1971 ist der britische Staatsbürger Solti in den Adelsstand erhoben worden. 1969–1991 war Georg Solti Chef des Chicago Symphony Orchestra. 1971 wurde er Chefdirigent des Orchestre de Paris, zwei Jahre später übernahm er die musikalische Leitung der Grand Opéra in Paris. 1979 wurde Solti Chefdirigent des London Philharmonic Orchestra, 1592 Leiter der Salzburger Osterfestspiele. Er war einer der letzten musikalischen Universalisten und Großmeister jüdisch-europäischer Dirigentenschule. Seine schier unübersehbaren Schallplatten- und CD-Einspielungen sind inzwischen Legende, vor allem seine Aufnahmen des Wagnerschen ›Rings‹ und der Richard Strauss-Opern mit Birgit Nilsson haben Schallplattengeschichte geschrieben. 1997 starb Georg Solti plötzlich und unerwartet während eines Urlaubs in Südfrankreich (Antibes).

CHRISTIAN THIELEMANN

* 1959 (Berlin). Er begann ein Klavierstudium bei Prof. Helmut Roloff. Zusätzlich nahm er privaten Dirigier- und Kompositionsunterricht. Mit 18 Jahren wurde Thielemann Korrepetitor an der Deutschen Oper Berlin (bis 1981); dann wechselte er in gleicher Funktion nach Gelsenkirchen, dann nach Karlsruhe und Hannover. Er wurde Herbert von Karajans Assistent in Berlin und bei den Salzburger Festspielen, trat aber auch als Pianist unter Karajan in Berlin, München und Zürich auf. Daniel Barenboim assistierte er in Bayreuth. 1985 wurde Christian Thielemann Erster Kapellmeister der Deutschen Oper am Rhein/Düsseldorf. Von 1988–92 war er Generalmusikdirektor der Nürnberger Oper, wo er u. a. mit Pfitzners ›Palestrina‹, Webers ›Euryanthe‹, Strauss' ›Der Rosenkavalier‹ und ›Salome‹, Wagners ›Die Meistersinger von Nürnberg‹, ›Tannhäuser‹ und ›Tristan und Isolde‹ auf sich aufmerksam machte. Er gab schon damals zahlreiche Gastspiele in Italien: am Teatro la Fenice in Venedig, wo er u. a. 1983 zum 100. Todestag von Richard Wagner den ›Parsifal‹ dirigierte, aber auch am Teatro Communale von Florenz und am Teatro Regio in Turin. 1993 wurde er zum Ersten Gastdirigenten des Teatro Communale di Bologna ernannt. Er leitete das Orchester der Mailänder Scala, der Accademia di Santa Cecilia Rom. Am Opernhaus Zürich dirigierte er ›Jenufa‹, 1988 gab er mit derselben Oper sein Debüt am Royal Opera House Covent Garden London, wo er 1994 auch ›Elektra‹ musikalisch leitete. Sein Amerika-Debüt gab Christian Thielemann 1991/92 an der San Francisco Opera mit einer Neuproduktion von Strauss' ›Elektra‹. 1993 debütierte er mit großem Erfolg an der Metropolitan Opera New York mit Strauss' ›Der Rosenkavalier‹ sowie mit dem Chicago Symphony Orchestra. 1994/95 eröffnete er die Spielzeit der Metropolitan Opera mit ›Arabella‹. Er trat in der Carnegie Hall mit dem Philadelphia Orchestra auf und gastierte beim Minnesota Orchestra. Sein Debüt als Dirigent an der Deutschen Oper Berlin gab Christian Thielemann im Dezember 1991 mit ›Lohengrin‹. Ein weiterer Höhepunkt seiner bisherigen Karriere war sein Debüt mit den New Yorker Philharmonikern im Oktober 1995. Ab der Spielzeit 1997/98 wurde er als Nachfolger von Rafael Frühbeck de Burgos neuer Generalmusikdirektor der Deutschen Oper Berlin. Kurz nach der Nominierung Udo Zimmermanns zum Nachfolger des Intendanten Götz Friedrich kündigte Thielemann zum nicht verlängerten Vertragsende des Intendanten auch seinen Vetrag. Auf Bemühen der Berliner Kulturpolitiker wurde er 2001 erneut als GMD der Deutschen Oper Berlin zurückgewonnen, obwohl Udo Zimmermann Fabio Luisi als GMD vorgesehen hatte. Christian Thielemann hat bereits einige CDs mit Musik von Wagner, Pfitzner, Weber, Schumann, Beethoven und Richard Strauss eingespielt. Er ist zweifellos einer der – wenn auch umstrittenen – Shootingstars unter den Dirigenten seiner Generation.

RALF WEIKERT

* 1940, (St. Florian/Österreich). Weikert erhielt seine erste musikalische Ausbildung am Linzer Bruckner-Konservatorium. An der Hochschule für Musik und darstellende Kunst in Wien beendete er bei Hans Swarowsky sein Studium. Bis 1977 war Ralf Weikert Chefdirigent und musikalischer Oberleiter am Theater der Stadt Bonn. Als stellvertretender Generalmusikdirektor wechselte er anschließend an die Frankfurter Oper und kam 1981 als Chefdirigent des Mozarteum-Orchesters und Generalmusikdirektor ans Landestheater nach Salzburg. 1974 debütierte Ralf Weikert an der Wiener und 1975 an der Hamburgischen Staatsoper, 1979 an der Deutschen Oper Berlin, 1981 an der Bayerischen Staatsoper München, 1987 an der

Metropolitan Opera New York und 1997 an der San Francisco Opera. Seit 1971 war Ralf Weikert ständiger Dirigent der Salzburger Festspiele, der Festspiele in Aix-en-Provence, der Bregenzer Festspiele sowie 1987 auch der Arena von Verona. Als Konzert- und Operndirigent gastierte Ralf Weikert in allen bedeutenden Musikzentren Europas, Skandinaviens, der USA und Japans. Zahlreiche Schallplattenaufnahmen des Opern- und Konzertrepertoires sowie Radio- und Fernsehproduktionen in Europa und Amerika standen unter seiner Leitung. Von 1983 bis 1992 war Ralf Weikert Musikalischer Oberleiter des Opernhauses Zürich. Seither arbeitet er als freier Dirigent in Oper und Konzert mit ständigen Gastverträgen am Opernhaus Zürich, der Wiener Staatsoper, der Bayerischen Staatsoper München und an den Pulten der führenden Orchester in Europa, Amerika und Japan.

Bruno Weil

* 1949, (Hahnstätten/Deutschland). Weil ist Schüler von Franco Ferrara und Hans Swarowsky. 1975 wurde er Kapellmeister am Staatstheater Wiesbaden, zwei Jahre später wechselte er in gleicher Funktion ans Staatstheater Braunschweig. Nachdem er 1979 den Zweiten Preis beim Herbert-von-Karajan-Wettbewerb gewonnen hatte, begann für Weil eine enge Zusammenarbeit mit Karajan. 1981–1989 war er Generalmusikdirektor in Augsburg, seit 1994 bekleidet er die gleiche Position in Duisburg. Zugleich ist er Principal Guest Conductor des Tafelmusik Orchestra Toronto geworden. Auch mit dem Orchestra of the Age of Enlightenment hat er viel musiziert. Regelmäßige Gastverpflichtungen verbinden ihn außerdem seit 1982 mit den Salzburger Festspielen und seit 1991 mit der Wiener Staatsoper. 1993 gründete er in Irsee/Allgäu sein eigenes Festival KLANG & RAUM, ein Forum für Konzerte auf Originalinstrumenten, daneben leitet er eines der ältesten Musikfestivals in den USA, das Carmel Bach Festival. Bruno Weil ist gern gesehener Gast der großen Orchester im In- und Ausland, er hat zahlreiche CDs mit dem Ensemble ›Tafelmusik‹ aufgenommen, seine Haydn-Einspielungen sind vielfach preisgekrönt und haben Maßstäbe gesetzt. Aber auch seine Ausgrabung der Johann-Christian-Bach-Oper ›Endimione‹, seine Beethoven- und Offenbach-Aufnahmen, zuletzt sein ›Freischütz‹, der erste auf Originalinstrumenten, haben Aufsehen erregt.